西南政法大学新文科系列

证据法学

Evidence Law

主　编｜潘金贵

副主编｜王剑虹　包冰锋

撰稿人｜潘金贵　王　彪　王剑虹
以撰写章节先后为序｜闫召华　包冰锋　张吉喜
向　燕　李冉毅　颜　飞
谷佳杰

法律出版社
——北　京——
始创于 1954 年

好书,同好老师和好学生分享

图书在版编目(CIP)数据

证据法学 / 潘金贵主编. -- 北京 : 法律出版社,
2022(2025.4 重印)
ISBN 978 -7 -5197 -6850 -8

Ⅰ. ①证… Ⅱ. ①潘… Ⅲ. ①证据－法学－中国－教
材 Ⅳ. ①D925.013

中国版本图书馆 CIP 数据核字(2022)第 110606 号

证据法学
ZHENGJU FAXUE

潘金贵 主编

责任编辑 宋丽娜
装帧设计 凌点工作室

出版发行 法律出版社
编辑统筹 法律教育出版分社
责任校对 王 丰
责任印制 刘晓伟
经　　销 新华书店

开本 710 毫米×1000 毫米 1/16
印张 25.25　**字数** 461 千
版本 2022 年 8 月第 1 版
印次 2025 年 4 月第 5 次印刷
印刷 永清县金鑫印刷有限公司

地址:北京市丰台区莲花池西里 7 号(100073)
网址:www. lawpress. com. cn
投稿邮箱:info@ lawpress. com. cn
举报盗版邮箱:jbwq@ lawpress. com. cn

销售电话:010 - 83938349
客服电话:010 - 83938350
咨询电话:010 - 63939796

书号:ISBN 978 - 7 - 5197 - 6850 - 8　**定价**:56.00 元

作 者 简 介

潘金贵 法学博士，西南政法大学法学院教授、博士生导师，西南政法大学证据法学研究中心主任。

张吉喜 法学博士，西南政法大学法学院教授、博士生导师。

闫召华 法学博士，西南政法大学法学院教授、博士生导师。

向　燕 法学博士，西南政法大学法学院教授、博士生导师。

包冰锋 法学博士，西南政法大学法学院副教授、博士生导师，西南政法大学证据法学研究中心副主任。

王剑虹 法学博士，西南政法大学法学院副教授、硕士生导师，西南政法大学证据法学研究中心副主任。

颜　飞 法学博士，西南政法大学法学院副教授、硕士生导师。

王　彪 法学博士，西南政法大学法学院副教授、硕士生导师。

谷佳杰 法学博士，西南政法大学法学院副教授、硕士生导师。

李冉毅 法学博士，西南政法大学法学院讲师、硕士生导师。

前　　言

证据是认定案件事实的基础，是实现司法公正的基石。随着我国法治建设的发展，证据立法有了长足的进步，我国已经初步构建了较为系统的证据规则，基本建立了具有中国特色的证据制度。证据制度的不断完善，对于保障司法实践正确处理案件具有极其重要的意义，也给证据法学研究提供了更为广阔的空间。司法实践中，公安司法人员以及律师等法律从业人员的证据意识普遍增强，证据素养不断提高，证据裁判的理念成为共识。证据法学理论研究日益繁荣，涌现出一批优秀的研究成果，研究态势方兴未艾。随着理论界和实务界对证据重要性认识的不断提升，证据法学日益受到重视，逐步成为“显学”。2018 年教育部发布的《普通高等学校本科专业类教学质量国家标准》之《法学类教学质量国家标准》中已经明确将“证据法”作为各高校根据办学特色开设的“其他专业必修课程”之一。这表明国家教育行政主管部门已经充分认识到了证据法学的重要性，已经正式将“证据法”确定为高校法学本科专业必须学习的一门课程，已经正式认可“证据法”是一门独立的法学学科。为了使法科学生对于证据法学的基础理论、证据法的基本规则和司法实践中证据运用的基本情况等相关知识有较为系统的了解，我们特编写了本教材。

本教材以阐述我国证据法为主，结合新颁布的法律、司法解释、规范性文件中有关证据的规定，对我国证据法进行了较为系统的详细阐释，同时对外国证据法以及联合国有关证据法的规定作了适当介绍，以开阔学习视野。本教材力求理论与实践相结合，既注意适当阐述证据法学的基础理论和基本知识，吸纳证据法学理论研究的最新成果，也适当介绍司法实践中运用证据的基本情况，并通过每章附录的“典型案例评析”和“主要文献著述”以增强实践操作及理论研习的指导性。本教材以大学本科法学专业学生为主要对象，亦可作为研究生和司法人员学习研究的参考书。

本教材由主编潘金贵教授统一审定。作者具体分工如下（以撰写章节先后为序）：

潘金贵:第一、三章;

王 彪:第二、四、十三章;

王剑虹:第五、六章;

闫召华:第七章第一至四节,第二十三章,第八章第一至七节,第二十四章第一至三节;

包冰锋:第七章第五节,第十五章,第二十章第三、四节;

张吉喜:第八章第八节,第十九章,第二十章第一、二节,第二十一章第一、二节,第二十二章第一、二节;

向 燕:第九、十章,第二十四章第四节;

李冉毅:第十一、十二、十四、十八章,第二十四章第五节;

颜 飞:第十六、十七章;

谷佳杰:第二十章第三、四节,第二十一章第三、四节,第二十二章第三、四节。

本教材虽经多次讨论、统稿,但难免存在不足之处,诚望赐教指正。

西南政法大学证据法学研究中心主任 潘金贵

2022 年 2 月

缩略语表

全称	简称
《中华人民共和国宪法》	《宪法》
《中华人民共和国刑事诉讼法》(1979年)	1979年《刑事诉讼法》
《中华人民共和国刑事诉讼法》(1996年)	1996年《刑事诉讼法》
《中华人民共和国刑事诉讼法》(2012年)	2012年《刑事诉讼法》
《中华人民共和国刑事诉讼法》(2018年)	《刑事诉讼法》
《中华人民共和国监察法》	《监察法》
《中华人民共和国刑法》	《刑法》
《中华人民共和国律师法》	《律师法》
《中华人民共和国人民法院组织法》	《人民法院组织法》
《中华人民共和国人民检察院组织法》	《人民检察院组织法》
最高人民法院、最高人民检察院、公安部、国家安全部、司法部《关于办理死刑案件审查判断证据若干问题的规定》	两院三部《办理死刑案件证据规定》
最高人民法院、最高人民检察院、公安部、国家安全部、司法部《关于办理刑事案件排除非法证据若干问题的规定》	两院三部《非法证据排除规定》
最高人民法院、最高人民检察院、公安部、国家安全部、司法部《关于办理刑事案件严格排除非法证据若干问题的规定》	两院三部《严格排除非法证据规定》
最高人民法院、最高人民检察院、公安部、国家安全部、司法部《关于推进以审判为中心的刑事诉讼制度改革的意见》	两院三部《以审判为中心意见》
最高人民法院、最高人民检察院、公安部《关于办理刑事案件收集提取和审查判断电子数据若干问题的规定》	两院一部《电子数据规定》
全国人大常委会《关于司法鉴定管理问题的决定》	人大常委会《司法鉴定管理决定》
最高人民法院《关于适用〈中华人民共和国刑事诉讼法〉的解释》	最高法《刑诉法解释》

最高人民法院《人民法院办理刑事案件庭前会议规程(试行)》	最高法《庭前会议规程》
最高人民法院《人民法院办理刑事案件排除非法证据规程(试行)》	最高法《排除非法证据规程》
最高人民法院《人民法院办理刑事案件第一审普通程序法庭调查规程(试行)》	最高法《法庭调查规程》
最高人民检察院《人民检察院刑事诉讼规则》	最高检《规则》
公安部《公安机关办理刑事案件程序规定》	公安部《规定》
《中华人民共和国国家赔偿法》	《国家赔偿法》
《中华人民共和国民事诉讼法》(2007 年)	2007 年《民事诉讼法》
《中华人民共和国民事诉讼法》(2012 年)	2012 年《民事诉讼法》
《中华人民共和国民事诉讼法》(2017 年)	2017 年《民事诉讼法》
《中华人民共和国民事诉讼法》(2021 年)	《民事诉讼法》
最高人民检察院《人民检察院办理网络犯罪案件规定》	《检察规定》
《中华人民共和国行政诉讼法》(1989 年)	1989 年《行政诉讼法》
《中华人民共和国行政诉讼法》(2017 年)	《行政诉讼法》
最高人民法院《关于适用〈中华人民共和国民事诉讼法〉的解释》(2015 年)	最高法 2015 年《民诉法解释》
最高人民法院《关于适用〈中华人民共和国民事诉讼法〉的解释》(2022 年)	最高法《民诉法解释》
最高人民法院《关于适用〈中华人民共和国行政诉讼法〉的解释》	最高法《行诉法解释》
最高人民法院《关于民事诉讼证据的若干规定》(2001 年)	最高法 2001 年《民诉证据规定》
最高人民法院《关于民事诉讼证据的若干规定》(2019 年)	最高法《民诉证据规定》
最高人民法院《关于行政诉讼证据若干问题的规定》	最高法《行诉证据规定》
《中华人民共和国民法典》	《民法典》
《中华人民共和国监察法实施条例》	《监察法实施条例》
联合国《公民权利和政治权利国际公约》	联合国《两权公约》
联合国《禁止酷刑和其他残忍、不人道或有辱人格的待遇或处罚公约》	联合国《禁止酷刑公约》

目　录

第一编　绪　论

第二编 证 据 论

第一编

绪　　论

第一章 证据法学概述

第一节 证据法的概念和性质

一、证据法的概念

证据法是法学体系中重要的部门法。对于如何界定证据法的概念,学理上存在争议。由于世界各国证据法的法律规定差异很大,所以在理解证据法的概念时很难得出一致的结论。综合各国证据立法来看,证据法可以分为狭义的证据法和广义的证据法。

(一)狭义的证据法

狭义的证据法,是指国家制定或认可的关于在诉讼过程中收集、运用、审查、判断证据以认定案件事实的专门法律规范。从各国证据立法来看,狭义的证据法主要表现为两种形式:(1)英美法系国家的成文证据法典。例如,美国的《联邦证据规则》《加利福尼亚州证据法典》;英国的《1984 年警察与刑事证据法》《1995 年民事证据法》;澳大利亚《1995 年证据法》等。(2)我国制定的有关诉讼证据的专门司法解释。例如,最高法《民诉证据规定》;2002 年最高法《行诉证据规定》;2010 年两院三部《办理死刑案件证据规定》、两院三部《非法证据排除规定》;2017 年两院三部《严格排除非法证据规定》等。在我国除了法典之外,司法解释是最为重要的法律规范,因此,我国专门针对诉讼证据有关问题制定的司法解释,属于狭义证据法的范畴。一般而言,狭义的证据法是证据法学研究的主要内容,是诉讼过程中办理案件、处理证据问题时主要的法律依据。

(二)广义的证据法

广义的证据法,是指国家制定或认可的涉及收集、运用、审查、判断证据以认定案件事实的所有法律规范。广义的证据法首先涵盖了狭义的证据法,其次还表现为以下形式:(1)大陆法系国家诉讼法典中关于证据的规定。大陆法系国家一般没有制定专门的证据法典,涉及诉讼证据问题通常在诉讼法典中加以规定。我国证据立法也主要规定在诉讼法典中,同时围绕诉讼法典颁布的司法解释中也有不少关于证据的规定。(2)各国实体法典中涉及证据的规定。从各国立法来看,其实体法中有不少涉及证据的法律规范。例如,德国《刑法典》第186条规定,“捏造或散布足以使他人受到蔑视或受到贬低的事实,而不能证明其为真实的”,构成恶意中伤罪,据此,被告人应当承担其散布的事实真实的证明责任;法国《民法典》贯彻一个思想,“认为证明责任分配问题不是简单的技术性规定,而是实体法上对权利义务关系和当事人的利益分配,因此应当在实体法中规定”[1];我国《刑法》第395条提到,“国家工作人员的财产、支出明显超过合法收入,差额巨大的,可以责令该国家工作人员说明来源,不能说明来源的,差额部分以非法所得论”,规定了巨额财产来源不明罪被告人的证明责任;我国《民法典》第15条规定,“自然人的出生时间和死亡时间,以出生证明、死亡证明记载的时间为准;没有出生证明、死亡证明的,以户籍登记或者其他有效身份登记记载的时间为准。有其他证据足以推翻以上记载时间的,以该证据证明的时间为准”;等等。(3)非诉讼领域涉及证据的法律规范。在我国一些不属于诉讼范畴的法律领域,如监察调查、行政执法、仲裁、公证、审计等领域,也有不少涉及证据的法律规范。例如,2021年《监察法实施条例》中涉及证据的相关规定;《治安管理处罚法》第60条关于“伪造、隐匿、毁灭证据或者提供虚假证言、谎报案情,影响行政执法机关依法办案的”,予以行政处罚的规定;《仲裁法》第43条规定:“当事人应当对自己的主张提供证据。仲裁庭认为有必要收集的证据,可以自行收集”等。广义的证据法是证据法学研究的全部内容,相关规定也是办理案件过程中处理证据问题时重要的法律依据。

二、证据法的性质

关于证据法的性质,理论界有不同的认识。本书认为,证据法性质的特殊之处在于其具有双重属性,这体现在以下几个方面。

(一)证据法兼有程序法和实体法的双重属性

按照规定内容的不同,可以将法律划分为实体法和程序法。实体法所规定的主要是法律关系主体的实体权利与义务;程序法规定的主要是实现法律关系主体的实体权利和义务的程序或方式。证据法是程序法还是实体法抑或兼有实体法和程序法的双重属性?对此理论界有不同的观点。有的观点认为,证据法是程序法的组成部分,如我国台湾地区著名诉讼法学者陈朴生先生认为:“刑事证据法,乃刑事诉讼法之一部。”[2]陈光中先生主编的《证据法学》也认为证据法具有程序法的性质。[3] 有的观点则认为证据法兼有实体法和程序法的双重属性,理由是:有

---

〔1〕 张卫平主编:《外国民事证据制度研究》,清华大学出版社2003年版,第456页。

〔2〕 陈朴生:《刑事证据法》(重订本),台北,三民书局1992年版,第1页。

〔3〕 参见陈光中主编:《证据法学》(第4版),法律出版社2019年版,第3页。

一些有关证据的法律规范出现在实体法中，而且这些证据规范与实体权利义务的分配密切相关。[4] 本书赞同后一种观点，但认为应当表述为证据法兼有程序法和实体法的双重属性更为准确，主要理由如下：

1. 证据法具有程序法的基本属性。从诉讼角度来看，证据的收集、运用、审查、判断等均是程序运行中的问题，很多证据规则都与程序规定紧密相关。大陆法系国家具有悠久的法律史，其诉讼证据规定在诉讼法典中，证明人类社会在诉讼制度的发展进程中，已经充分认识到证据法与程序法密不可分。英美法系国家虽然对证据法和程序法分别立法，但是并不改变其诉讼模式下证据的收集、运用、审查、判断依然是程序运行中的问题，尤其在强调程序正当的英美法系国家，很多证据规则原本就是基于对程序的规制而创设的。因此，证据法首先具有程序法的基本属性。

2. 证据法兼有实体法的部分属性。证据法不是单纯的程序法问题，相当部分的证据规则源于实体法规范。较为典型的如证明责任分配的某些规则、证明对象的范围界定、推定规则等，无论是在刑事诉讼还是民事、行政诉讼中，实体法律中都有相应规定。此外，虽然证据的收集、运用、审查、判断等问题属于程序法范畴，但证据本身很大程度上属于实体法范畴，如故意杀人犯罪现场遗留的凶器，所反映的是犯罪构成中客观方面的犯罪工具内容，被害人的尸体所反映的是犯罪构成中客观方面的犯罪对象内容等。本书并不否认证据法中大部分条款具有程序法的性质，但是忽视证据法中相当部分法律规范具有实体法的性质是不适当的。证据法无疑兼具部分实体法的性质，因此在学习、研究证据法时不能脱离相关实体法的内容。

（二）证据法兼有公法和私法的双重属性

按照是否涉及国家和个人的关系，可以将法律划分为公法和私法。公法是调整国家与个人之间关系的法律，私法是调整平等主体之间法律关系的法律。关于证据法是公法还是私法，学界有不同观点。有的观点认为证据法属于公法。[5] 本书认为，证据法兼有公法和私法的双重属性，主要理由如下：

1. 证据法具有公法的基本属性。我国刑事诉讼法中的证据法、民事证据法和行政证据法中的部分规定以及监察调查、行政执法中的证据法调整的是公安机关、人民检察院、人民法院、监察机关、行政执法机关与当事人、其他诉讼参与人、行政相对人等人员之间有关证据收集、审查和判断的权利义务关系，涉及国家专门机关权力的运行，具有公法的基本属性。证据法的公法性质，决定了在证据规则设计中应当处理好保证国家权力有效行使和保障公民权利不受非法侵害之间的关系，努

---

〔4〕 参见陈光中主编：《证据法学》（第4版），法律出版社2019年版，第3页。

〔5〕 参见陈光中主编：《证据法学》（第4版），法律出版社2019年版，第4页。

力实现二者的平衡。

2. 证据法兼有私法的部分属性。在民商事领域，由于当事人意思自治是民事法律关系的核心内容，因此在民事诉讼中，民事证据法很大程度上必须尊重当事人的意思自治，故很多条文都具有私法性质，最典型的如最高法《民诉证据规定》中大量增加了当事人自认规则的条文，以及涉及双方当事人自行协商举证时限、协商确定具备相应资格的鉴定人等规定。此外，在进入行政诉讼后，行政机关和行政相对人之间是平等主体之间的关系，因此行政诉讼中的证据法在很大程度上也必须尊重当事人的意思自治，故最高法《行诉证据规定》中不少条文都具有私法性质。

第二节　证据法的渊源和立法模式

一、证据法的渊源

证据法的渊源是证据法律规范的存在形式。任何国家的证据法渊源都与其法律体系存在密切关系。在我国，证据法的渊源是一个多层次的法律规范体系，可以划分为以下层面。

（一）宪法

宪法是国家的根本大法，具有最高的法律效力，是制定一切法律的根据。我国《宪法》虽然没有直接表述证据问题的条文，但是《宪法》中的一些条文都与证据存在一定的关联，是其他法律作出相应证据规定的基础。例如，我国《宪法》第 13 条第 1 款规定："公民的合法的私有财产不受侵犯。"第 33 条第 3 款规定："国家尊重和保障人权。"第 37 条规定："中华人民共和国公民的人身自由不受侵犯。任何公民，非经人民检察院批准或者决定或者人民法院决定，并由公安机关执行，不受逮捕。禁止非法拘禁和以其他方法非法剥夺或者限制公民的人身自由，禁止非法搜查公民的身体。"第 39 条规定："中华人民共和国公民的住宅不受侵犯。禁止非法搜查或者非法侵入公民的住宅。"这些规定为部门法制定有关证据收集的法律规范奠定了基础。

（二）诉讼法

我国证据立法采用的是大陆法系模式，没有制定专门的证据法典，而是将证据的一些基本规则集中规定在诉讼法中。我国《刑事诉讼法》《民事诉讼法》《行政诉讼法》中有关证据的规定构成了我国证据法的核心内容。我国《刑事诉讼法》在第一编第五章（第 50 ~ 65 条）共 16 个条款、《民事诉讼法》在第一编第六章（第 66 ~ 84 条）共 19 个条款、《行政诉讼法》在第五章（第 33 ~ 43 条）用 11 个条款对证据问题进行了专门规定。此外,还有一些涉及证据的规定散见于三部诉讼法有关诉讼程序的章节之中。从证据法制的角度来看,我国现行三部诉讼法关于证据的规定还比较粗疏,有待进一步加以完善。

(三)其他法律

全国人民代表大会及其常务委员会制定的与证据法有关的其他法律也是证据法的渊源之一。这些法律主要包括《刑法》《民法典》《监察法》《行政处罚法》《治安管理处罚法》《行政复议法》《海事诉讼特别程序法》《律师法》《电子签名法》《数据安全法》等法律中规定的与证据相关的条款。例如,《刑法》第395条规定的巨额财产来源不明罪以及第282条第2款规定的非法持有国家绝密、机密文件、资料、物品罪,就蕴含了被告人对自己巨额财产的来源以及持有国家绝密、机密文件、资料、物品的合法性要承担举证责任。《民法典》对一些民事法律关系中涉及的证据问题作了不少规定,如第1121条第2款规定:"相互有继承关系的数人在同一事件中死亡,难以确定死亡时间的,推定没有其他继承人的人先死亡。都有其他继承人,辈份不同的,推定长辈先死亡;辈份相同的,推定同时死亡,相互不发生继承。"第1165条第2款规定:"依照法律规定推定行为人有过错,其不能证明自己没有过错的,应当承担侵权责任。"这些条款涉及证据法中的推定规则。《监察法》第33条第1、2款规定:"监察机关依照本法规定收集的物证、书证、证人证言、被调查人供述和辩解、视听资料、电子数据等证据材料,在刑事诉讼中可以作为证据使用。监察机关在收集、固定、审查、运用证据时,应当与刑事审判关于证据的要求和标准相一致。"《海事诉讼特别程序法》用专章共11个条款就海事证据保全作出了规定。《电子签名法》第5条规定了数据电文视为原件的要求,第8条规定了判断数据电文真实性需要考虑的因素,以及第14条规定了电子签名与手写签名具有同等的证明效力。《数据安全法》第32条第1款规定:"任何组织、个人收集数据,应当采取合法、正当的方式,不得窃取或者以其他非法方式获取数据。"第35条规定:"公安机关、国家安全机关因依法维护国家安全或者侦查犯罪的需要调取数据,应当按照国家有关规定,经过严格的批准手续,依法进行,有关组织、个人应当予以配合。"这些法律的相关规定均属于证据法的内容。

(四)法律解释

在我国,全国人大常委会和最高人民法院、最高人民检察院单独或者联合其他部门颁布的涉及证据规则的一些立法解释和司法解释,也是证据法的主要渊源。尤其在三部诉讼法关于证据的规定较为粗疏的情况下,诸多的法律解释很大程度上成为我国证据法的最重要组成部分。其中涉及证据的立法解释相对较少,典型的如人大常委会《司法鉴定管理决定》,而大量的证据法律解释主要是司法解释,其大致可以分为两类:

1. 核心的证据司法解释。在刑事证据法方面，核心的证据司法解释主要包括两院三部《办理死刑案件证据规定》和两院三部《非法证据排除规定》；2017 年 6 月 27 日施行的两院三部《严格排除非法证据规定》；最高检《规则》第五章“证据”的规定；最高法《刑诉法解释》第四章“证据”的规定。在民事证据法方面，核心的证据司法解释主要是 2002 年 12 月 21 日制定并于 2019 年进行较大修订的最高法《民诉证据规定》。在行政证据法方面，核心的证据司法解释是 2002 年 6 月 4 日制定的最高法《行诉证据规定》。这些核心的证据司法解释是目前在刑事诉讼领域、民事诉讼领域和行政诉讼领域最为详实也最为重要的证据规则，是办理刑事、民事、行政案件时最主要的证据法律依据。

2. 相关的证据司法解释。最高人民法院和最高人民检察院还分别针对司法实践中的典型证据问题或个案证据问题，颁布过一些证据方面的单行司法解释，或者在一些并非专门针对证据问题的司法解释或文件中有涉及证据的相关规定。例如，最高人民法院 2013 年发布的《关于建立健全防范刑事冤假错案工作机制的意见》、两院三部《以审判为中心意见》以及最高法《庭前会议规程》、《排除非法证据规程》、《法庭调查规程》、《民诉法解释》、《关于与案件有直接利害关系的人能否当证人等问题的复函》（已失效）、《关于人民法院在审判工作中能否采用人类白细胞抗原作亲子鉴定问题的批函》（已失效）等；最高人民检察院发布的《关于严禁将刑讯逼供获取的犯罪嫌疑人供述作为定案依据的通知》（已失效）、《关于 CPS 多道心理测试鉴定结论能否作为诉讼证据使用问题的批复》、《关于“骨龄鉴定”能否作为确定刑事责任年龄证据使用的批复》等。此外，还有最高人民法院、最高人民检察院联合其他部门发布的相关司法解释，如两院一部《电子数据规定》等。这些相关司法解释内容较为广泛，但一些解释针对性、指导性较强。

（五）行政法规和部门规章

这是指国务院颁布的行政法规和相关行政部门颁布的行政规章中有关证据法的规定。这些法规和规章为我国行政机关开展法律活动提供了基本的证据规范。例如，国务院颁布的《道路交通安全法实施条例》第 92 条第 1 款规定的“发生交通事故后当事人逃逸的，逃逸的当事人承担全部责任。但是，有证据证明对方当事人也有过错的，可以减轻责任”，就涉及证据法问题。由于公安部主管同刑事违法犯罪行为作斗争的主要执法工作，因此，其所颁布的涉及证据的规章也相应较多和较为重要。例如，公安部《规定》、《公安机关办理行政案件程序规定》等规章中就有专门章节涉及证据规则。公安部颁布的《道路交通事故处理程序规定》第 34 条第 2、3 款规定：“对涉嫌饮酒或者服用国家管制的精神药品、麻醉药品驾驶车辆的人员，公安机关交通管理部门应当按照《道路交通安全违法行为处理程序规定》及时抽血或者提取尿样等检材，送交有检验鉴定资质的机构进行检验。车辆驾驶人员当场死亡的，应当及时抽血检验。不具备抽血条件的，应当由医疗机构或者鉴定机构出具证明。”此外，原国家工商行政管理局、审计署、国家统计局等部委也从本部门工作出发，颁布过一些涉及证据的法律规范，如原国家工商行政管理局颁布的《对〈关于模拟证据有关问题的请示〉的答复》(已失效)、审计署颁布的《审计机关审计证据准则》(已失效)、国家统计局颁布的《关于对屡次迟报认定问题的复函》(已失效)等。

(六)其他规范性文件

我国证据法的渊源还包括省级人大、政府颁布的地方性文件以及地方公安司法机关颁布的一些地方性证据规则。前者主要集中在民事、行政领域，涉及行政复议、税务稽查以及解决劳动争议等方面证据问题，如《辽宁省行政复议规定》、《大连市地方税务局税务稽查案件证据规则(试行)》以及《山东省劳动人事争议仲裁证据规则》等；后者如《江苏省关于刑事审判证据和定案的若干意见(试行)》、《四川省高级人民法院、四川省人民检察院、四川省公安厅关于规范刑事证据工作的若干意见(试行)》、《贵州省高级人民法院、贵州省人民检察院、贵州省公安厅刑事案件基本证据要求》、《山东省高级人民法院民事诉讼证据规则(试行)》等，以及专门用于调整某一种证据行为的地方性证据规则，如《浙江省高级人民法院刑事庭审证人询问规则(试行)》、《广东省法院民事、经济纠纷案件庭前交换证据暂行规则》(已失效)等。需要指出的是，这些地方性规则是我国近年来推行证据制度改革中实务部门探索的产物，效力有限，多属于内部指导性文件。随着相关法律或者法律解释的不断出台，这些证据规则在相应领域已经不宜适用，但是对于证据法的学习和研究来说，仍然有一定的价值。

(七)国际条约

我国已经签署并批准的与证据法有关的国际公约主要有联合国《禁止酷刑公约》、联合国《反腐败公约》、《关于从国外调取民事或商事证据的公约》、《承认和执行外国仲裁裁决公约》等。我国已经签署但尚未批准的与证据法紧密相关的重要国际公约是联合国《两权公约》。这些条约中有不少涉及证据的相关规定，例如，联合国《两权公约》第 14 条第 2 款规定：“凡受刑事控告者，在未依法证实有罪之前，应有权被视为无罪。”第 3 款(戊)(庚)项规定：“讯问或业已讯问对他不利的证人，并使对他有利的证人在与对他不利的证人相同的条件下出庭和接受讯问。”“不被强迫作不利于他自己的证言或强迫承认犯罪。”联合国《反腐败公约》第 28 条规定：“根据本公约确立的犯罪所需具备的明知、故意或者目的等要素，可以根据客观实际情况予以推定。”第 32 条第 1 款规定：“各缔约国均应当根据本国法律制度并在其力所能及的范围内采取适当的措施，为就根据本公约确立的犯罪作证的证人和鉴定人并酌情为其亲属及其他与其关系密切者提供有效的保护，使其免遭可能的报复或者恐吓。”我国已经缔结的条约,是我国法律的渊源之一,我国应当履行。我国未缔结或者无须缔结的国际性条约,如《欧洲人权公约》、《美洲人权公约》,以及其他国际性组织如欧洲人权法院涉及证据方面的典型判例等,可以作为学习、研究证据法的参考。

二、证据法的立法模式

在现代法治国家,证据法都具有非常重要的地位,但是在世界范围内证据法并没有统一的立法模式。在不同法系甚至同一法系的不同国家,证据法都呈现出不同的样态,总体而言,大致可以分为两种立法模式。

(一)英美法系证据法的立法模式

英美法系的证据法立法模式以英、美两国为代表。现代英美法系国家都有自己的成文证据法与判例证据法,且以成文证据法为主,这是英美法系在证据法领域不同于其他部门法领域的重要特色。英美法系证据法的立法模式主要体现为针对证据规则进行单独立法,制定专门的证据法典,因此可以称之为“单立式”模式。具体而言,有以下三种形式:

1. 制定统一证据法典,即将所有诉讼领域涉及的证据问题在一部法典中统一作出规定,在效力上适用于所有诉讼的审判程序。一般而言,主要是针对刑事证据、民事证据的内容统一作出规定。这以美国为典型代表。美国是现代英美证据法的集大成者,其证据立法主要采取统一的证据法典模式。代表性的法典主要有《联邦证据规则》《加利福尼亚州证据法典》《佛罗里达州证据法典》等。此外,如印度《1872 年证据法》和澳大利亚《1995 年证据法》等也采取这种立法模式。

2. 制定单行证据法,即针对不同的诉讼领域涉及的证据问题专门作出相应的规定,只适用于相关的诉讼领域。这以英国为典型代表。英国是英美法系证据法的发源地,其证据立法主要采取单行证据法的模式。这种模式又分为两种形式:其一,就刑事证据法和民事证据法分别集中立法,代表性的法律如英国《1964 年民事证据法》《1979 年刑事证据法》《1995 年民事证据法》等;其二,就诉讼中某些特定问题制定单行的证据法,如英国《1984 年警察与刑事证据法》和《1999 年青少年审判与刑事证据法》,南非共和国《1998 年证人保护法》和加拿大《1998 年 DNA 鉴定法》等。

3. 判例证据法,即通过判例确立证据规则。几乎英美法系的所有国家都有判例形成的证据规则,这是英美法系实行判例法制度在证据法领域的重要体现。

(二)大陆法系证据法的立法模式

大陆法系的证据法立法模式以法国、德国、俄罗斯等欧洲大陆国家为代表。大陆法系证据立法主要采取将证据制度规定在相应的诉讼法典或其他相关法典之中的模式。这种模式将证据法律规范与其他法律规范混为一体,可以称之为“混合式”模式,但在具体做法上存在一定的差别,主要体现为:

1. 主要在诉讼法中就证据规范作出规定,但在实体法中也有所规定。在大陆法系国家,证据规范主要规定在诉讼法典中,即刑事证据法主要是在刑事诉讼法典中作出规定,民事证据法主要是在民事诉讼法典中作出规定,但是在实体法中也会涉及证据规范的部分规定。例如,德国《刑法典》第186条、第323条a项等条款就对涉及被告人的证明责任问题作出了规定;法国《民法典》中就有相当部分关于民事证据规定的内容。

2. 在诉讼法中就证据规定的具体体例上,存在不同的情形。例如,在刑事证据立法的体例上,大致就有四种情形:(1)在刑事诉讼法中,对证据法没有集中、系统的规定,有关证据规范分散规定在通则以及相应的诉讼程序之中,如法国、德国的刑事诉讼法;(2)在刑事诉讼法中,不是在通则而是在一审程序中用专章或专节就证据的基本原则和证据能力问题予以集中规定,至于收集、审查和判断证据的具体程序规定则散见在总则或其他具体的程序中,如日本和韩国刑事诉讼法;(3)在刑事诉讼法中,除将法庭证据调查的规则规定在审判程序中外,其他所有有关证据的内容都集中规定在刑事诉讼法典第一部分的某一专门章节中,如意大利的刑事诉讼法;(4)在刑事诉讼法的总则部分,将证据的定义、种类等作为一章专门予以规定,同时在侦查、起诉和审判程序中就证据的收集、审查和判断等分别予以规定,如俄罗斯刑事诉讼法。

我国证据法的现行立法模式,采取的是大陆法系的做法,证据法的内容主要规定在刑事诉讼法、民事诉讼法和行政诉讼法中,同时在相应的实体法中也有所规定。对于我国证据立法应当采取何种模式,理论界有不同的看法。一些学者主张应当借鉴英美法系的立法模式,但在具体思路上有的学者主张制定单行证据法,有的学者主张制定统一证据法典,并都曾经提出了具体建议方案。[6] 本书认为,任何一种立法模式均有其可取之处,也会存在一定的不足之处,符合本国法律传统和具体国情的模式才是最好的模式。鉴于我国法律制度具有较强的大陆法系特征,我国现行的采取大陆法系证据立法模式的做法更能够适应我国的法律土壤,也更符合我国的现实国情。这也可能是主张借鉴英美法系证据立法模式的思路未被立法机关认同和采纳的原因所在。当然,这并不排斥我国证据法在具体的制度设计上吸收英美法系国家证据法的合理内容,从而促进我国证据制度的不断完善。

---

〔6〕 参见陈光中主编:《中华人民共和国刑事证据法专家拟制稿(条文、释义与论证)》,中国法制出版社2004年版;江伟主编:《中国证据法草案(建议稿)及立法理由书》,中国人民大学出版社2004年版。

第三节 证据法学的学科特征、研究对象和研究方法

一、证据法学的学科特征

（一）证据法学作为法学学科的独立性

证据法学是研究证据和证据法的法学学科。关于这门学科的称谓，中外学者有较大争议，有的将其称为“证据”或“证据学”，有的将其称为“证据法”或“证据法学”。例如，19世纪初期英国最著名的证据法学家边沁（J. Bentham）的代表作定名为《证据原理导论》（*An Introductory View of the Rationale of Evidence*），而英国19世纪以前最有影响的证据法学家吉尔伯特（Gilbert）的专著就定名为《证据法》（*The Law of Evidence*）；我国20世纪90年代初，中国人民大学出版社出版的由陈一云教授主编的比较有代表性的证据教材就定名为《证据学》[7]，而近年来我国诉讼法学者出版的相关教材一般都定名为“证据法学”。对于此门学科的称谓问题，本书主张采用“证据法学”，不仅考虑到其研究的主要是法律所规定的证据制度，而且还考虑到其是法学的一门分支学科。

对于证据法学能否作为一门独立的学科，理论界有不同的看法。否定证据法学是一门独立学科的学者的主要理由是我国没有独立的证据法典。本书认为，虽然我国没有独立的证据法典，但是判断证据法学能否作为一门独立的学科，不应以是否有独立的证据法典为标准，关键是看其是否已经形成相对独立的研究对象、较为完整的理论体系和较为系统的学科架构。制定独立的证据法典是英美法系的立法模式，如果以此为标准，是否应当认为大陆法系国家均没有证据法学？但实际上，大陆法系国家的证据法学研究相当深入，如德国学者对证明责任法的研究就非常具有代表性。作为成文法国家，我国制定的现行法典数量已经远远大于法学学科数量，这说明有独立的法典并不意味着就能成为独立的法学学科。相反的是，行政法学等没有对应的统一法典，却同样成为一门独立的法学学科。我国现有法学学科没有哪一门能够完全包容证据法学的内容，相反证据法学却涉及诸多学科的内容。从各国证据法来看，较之于一些法学学科，证据法学具有更为悠久的发展历史，是人类法制文明的体现之一。在国外，尤其是英美法系国家，证据法学更是一门“显学”，其早已经具备了系统的学科结构和理论体系，证据法学的研究成果可

〔7〕 陈一云主编：《证据学》，中国人民大学出版社1991年版。

谓汗牛充栋。随着我国法治建设进程的不断推进，理论界和实务界对证据问题的重视程度不断提升，证据立法不断进步，证据制度不断完善，证据法学研究不断深入，证据法学已经形成了相对独立的研究对象和较为完整的理论体系，已经具备了系统的学科架构。因此，证据法学应该作为一门独立的法学学科。

需要指出的是，2018年教育部发布的《普通高等学校本科专业类教学质量国家标准》之《法学类教学质量国家标准》中已经明确指出：法学专业核心课程采取"10+X"分类设置模式。"10"指法学专业学生必须完成的10门专业必修课程，"X"指各高校根据办学特色开设的其他专业必修课程，其中，"证据法"即其他专业必修课程之一。教育部2021年发布的《法学类教学质量国家标准（2021年版）》所采取的"1+10+X"分类设置模式中，再次将"证据法"列为其他专业必修课程之一。这充分表明国家教育行政主管部门已经认识到了证据法学的重要性，已经正式认可证据法学是一门独立的法学学科。

（二）证据法学的学科特征

1. 综合性

证据法学是一门具有典型综合性特征的法学学科。证据法学既包括刑事诉讼、民事诉讼、行政诉讼等所有诉讼领域的证据规则内容，也包括非诉讼法律领域的证据规则内容；既包括程序法的内容，也包括实体法的内容；既包括刑事法的内容，也包括民商事法律的内容；既包括社会科学的内容，也包括自然科学的内容。因此，学习和研究证据法学必须对前述领域都有所了解，综合掌握，必须要坚持"实体程序一体化""刑事民事行政诉讼一体化"等宏观的视野才能做到融会贯通，只学习和研究某一方面的证据法都可能失之偏颇。

2. 交叉性

证据法学以证据法律规范为基本内容，其核心是证据规则，但同时包含了许多与证据有关的交叉学科的知识，如哲学、逻辑学、法医学、侦查学、痕迹学、笔迹学、犯罪心理学、司法精神病学、审计学、会计学以及计算机科学等自然科学的相关知识等。证据法学中的很多问题都有赖于交叉学科的知识才能更好地理解和把握。例如，诉讼证明标准的问题在很大程度上就是一个哲学中认识论在诉讼中的具体运用问题，脱离了辩证唯物主义认识论，客观真实与法律真实相结合的证明观就失去了理论根基。再如，言词证据的收集、审查、判断，就必须借助于心理学的一般规律。又如，随着现代科学技术的发展，"电子数据"已经成为新的"证据之王"，而电子证据的收集、审查、判断就需要具备一定的计算机科学知识等。证据法学交叉性很强的学科特点，决定了学习证据法学必须要广泛涉猎相关知识领域，具有开阔的视野，兼收并蓄，才能达到知识的融会贯通。而证据法学研究必须充分利用相关交叉学科的研究成果，实现与相关学科知识的有机结合，才能进一步地开阔研究视野,拓宽研究领域,促进证据法学研究的繁荣。

3. 实用性

正所谓“打官司就是打证据”,证据法学的相关知识具有极强的应用性、实践性。在司法实践中,证据在很大程度上将决定案件的诉讼结局,一些冤假错案的酿成归根结底是证据方面出了重大问题。办案质量的好坏,一方面取决于证据规则是否健全,另一方面在很大程度上取决于办案人员证据素养的高低。对于公安司法人员以及律师而言,证据的收集、运用、审查、判断,既要遵循基本的证据规则,也要讲究必要的应用技巧。例如,侦查人员讯问犯罪嫌疑人是获取口供的常见取证方法,但如何让犯罪嫌疑人如实供述,则需要侦查人员在遵守刑事诉讼程序的前提下,综合运用预审学、心理学等多方面的知识和技巧。再如,英美法系法庭调查中著名的交叉询问制度,就对控辩双方律师的规则运用能力和询问技巧提出了很高的要求。因此,认真学习和努力掌握证据法学的相关知识是法科学生将来从事法律实务工作必须具备的基本素养。

二、证据法学的研究对象

综合来看,证据法学的研究对象主要包括证据法律规范、证据基础理论和证据运用实践三个方面。

(一)证据法律规范

法学学科的研究对象首先不能脱离法律规范本身,因此,无论是狭义的证据法还是广义的证据法,无论是其他国家的证据法律规范还是我国的证据法律规范,都属于证据法学首要的研究对象。研究证据法律规范,要准确解读证据法条文的字义、词义及其内容含义,同时还要研究证据法律规范的结构,把握证据法律规范之间以及与其他法律规范之间的关系,这是对证据法律规范本身进行研究的基础。另外,要准确了解证据法律规范,不能仅仅局限于对证据法律规范的外在形式进行研究,还必须对其内在的精神进行研究,包括立法的背景、立法的指导思想及其所反映的法律价值选择等,研究重点之一是探讨从立法上如何健全和完善证据法,形成科学的证据制度。

(二)证据基础理论

理论是开启智慧的钥匙,是指导实践的指南。只有加强对证据法学基础理论的研究,才能制定和不断完善科学的证据法律规范,才能不断科学地解决司法实践中与证据运用和证据法实施有关的疑难问题。人类如何查明案件事实真相的进步过程,就是一个证据法理论发展的过程。在人类证据理论发展的历史长河中,古今中外的证据法学者提出了诸多的理论和学说。这些证据理论对于定分止争、查明案件事实、维护社会秩序无不起到了重要的作用。加强对证据基础理论的探讨,揭示证据理论发展的规律，创新证据理论体系，是证据法学研究的重要内容。需要指出的是，西方国家证据基础理论研究已经取得了相当的成就，而我国证据法学理论研究虽然自党的十一届三中全会以来取得了长足的进步和较为丰硕的成果，但总体而言，证据法学基础理论研究还比较薄弱，还需要充分学习借鉴域外证据法学相关理论，拓宽研究视野，从而进一步丰富我国证据法学基础理论。

（三）证据运用实践

司法实践是检验法律是否合理、是否完善的标准。证据法学作为一门实践性很强的应用型学科，必然要将与证据运用和证据法实施有关的司法实践作为研究对象，即研究证据法律规范在司法实践中适用和实施的具体情况，从中总结经验，发现和解决具体实施过程中存在的问题。通过研究与证据运用和证据法实施有关的司法实践，如当前我国司法实践中存在的刑讯逼供、冤案错案和证人不出庭作证等问题，可以提出改进立法、司法的建议和意见。同时，要加强对司法实践中不断出现的新问题、新课题的研究，如在信息网络技术条件下，如何通过证据法对科技证据在司法实践中的广泛应用进行规范等，加强对司法实践的指导，推动证据法学针对司法实践的需要不断探索如何进一步健全证据法律制度的路径。

三、证据法学的研究方法

掌握正确、科学的研究方法对促进研究工作的有效开展非常重要。从根本上说，证据法学研究必须坚持马克思主义的唯物辩证法的研究方法，具体而言，主要应当掌握系统研究、比较研究、实证研究、交叉研究的方法。

（一）系统研究的方法

系统研究的方法，是指将证据法学作为一个整体知识体系来进行研究，而不是孤立地研究某项具体的证据原则、制度和程序。采取系统研究的方法是证据法学所具有的综合性学科特征的必然要求。这就要求证据法学研究必须具有开阔的学术视野，将所有相关知识都纳入证据法学的范畴来加以系统研究。

（二）比较研究的方法

比较研究的方法，是指在不同证据法制度之间进行比较，从中探寻证据法学的发展规律。证据法学中的比较研究，既包括纵向比较，也包括横向比较。纵向比较主要是进行不同时期的证据制度的比较，对于自古至今的证据制度，我们应该予以扬弃、继承和吸收。横向比较主要是同一时期的证据制度的比较，主要包括两个方面：其一，刑事、民事、行政诉讼中证据制度和理论的比较。通过比较，找出共性和差异，并分析其原因，从而总结三种诉讼证据制度和理论的一般规律和原理，促进三种诉讼证据制度和理论的完善。其二，中外证据制度和理论的比较。比较的目的是通过借鉴外国的有益经验，促进我国证据制度的完善和证据法学研究的繁荣。

(三)实证研究的方法

实证研究的方法,是指通过实践调查,然后对客观实践情况进行具体分析,最后得出认识结论的一种研究方法。与单纯的理论研究相比,实证研究往往更有说服力,更有助于实践问题的解决。具体来说,在证据法学研究领域,实证研究的具体方法主要包括:(1)个案分析,即对实践中典型案例的证据问题进行深入研究;(2)统计分析,即运用统计学的方法对一定范围内的案件进行数据分析,得出更具有广泛性的结论;(3)问卷调查,即由调研人员先设计出系列问题,然后让一定数量的相关人员回答,最后就回答结果进行统计分析并得出结论的研究方法;(4)座谈访谈,即通过与公安司法人员以及律师等人员的交流和座谈,以了解和掌握司法实践中证据运用的相关情况;(5)推动试点,即将精心设计的证据制度、证据规则在一定范围内的司法部门试用,根据试用效果不断修正、总结,以此探索出适合我国国情的证据制度。

(四)交叉研究的方法

交叉研究的方法,是指利用其他交叉学科的研究成果来探讨证据法学中的相关问题,如借鉴心理学的研究成果研究被告的供述心理、证人的作证心理。采取交叉研究的方法实际上是学科的相互渗透、融合问题,是证据法学所具有的交叉性学科特征的必然要求。

典型案例评析

案例1-1 云南杜培武杀妻案:职权主义诉讼模式下的证据法〔8〕

1998年4月20日晚,昆明市公安局通讯处民警王晓湘及昆明市石林县公安局副局长王俊波(以下简称"二王")被人枪杀。4月22日下午,王晓湘的丈夫、昆明市公安局戒毒所民警杜培武被拘押讯问。在专案组,杜培武被反复讯问4月20日的活动情况,接着三天三夜不让他睡觉以迫使其交代问题,从4月22日下午到5月2日连续10天被留置讯问。7月2日杜培武被刑事拘留,7月19日,被送到昆明市第一看守所关押。杜培武于7月28日分别向驻所检察官和市检察院提出刑讯逼供控告书,并向驻所检察官展示他手上、脚上、膝盖上受刑被打后留下的伤情。7月29日,该检察官当着两名管教干部及上百名在押犯的面为杜培武验伤、拍照。10月20日昆明市人民检察院以杜培武犯故意杀人罪向昆明市中级人民法院提起

〔8〕 参见云南省高级人民法院刑事判决书,(2000)云高刑再字第9号。

公诉。12月17日，昆明市中级人民法院开庭审理杜培武故意杀人案。开庭不久杜培武就向法庭展示他手腕、膝盖及脚上被办案人员殴打留下的伤痕，当庭控告办案人员对其刑讯逼供，并要求公诉人出示驻所检察官于7月29日在看守所为他拍下的可证明他遭受刑讯逼供的伤情照片，但未得到理睬。

杜培武的辩护律师为其作无罪辩护，提出以下辩护意见：(1)指控被告人杜培武犯有故意杀人罪的取证程序严重违法。杜培武在侦查阶段受到刑讯逼供是真实客观存在的。(2)本案没有证据证明被告人杜培武具备故意杀人的主观动机。杜培武与王晓湘关系尚好，并不知道“二王”之间有何关系，其预谋杀人的可能性极小，杜培武犯缺乏主观犯意。(3)客观方面没有证据能够证明杜培武实施了故意杀人行为。一是杜培武没有作案时间；二是公诉机关说不出明确的案发地点；三是即使气味鉴定取证程序合法，由于嗅源没有与王晓湘的气味进行鉴别，加上市公安局两条警犬一条肯定一条否定的鉴定结论，无法说明杜培武是否到过车上；四是杀人凶器即王俊波手枪去向不明。

1999年1月15日本案第二次开庭审理。杜培武悄悄地将他在遭受刑讯逼供时被打烂的一套衣服藏在腰部，带进法庭。开庭不久，他再次提出刑讯逼供问题，要求公诉人出示照片，这次公诉人只承认照了一张，但又说：“找不着了。”杜培武当着法官、公诉人、律师在内的几百名旁听者的面，扯出被打烂的衣服，证明他曾经遭到刑讯逼供，其有罪供述是无效的，但法庭依然未对此予以重视。2月5日昆明市中级人民法院作出一审判决，判处杜培武死刑。3月8日，杜培武以“没有杀人，公安机关刑讯逼供”为由向云南省高级人民法院提出上诉。10月20日，云南省高级人民法院以“根据本案的具体情节和辩护人所提其他辩护意见有可采纳之处”为由，终审改判杜培武死刑、缓期二年执行。11月12日，杜培武入监服刑。

2000年6月，昆明公安机关破获杨天勇等八人抢劫杀人案，缴获王俊波被抢手枪等赃物，犯罪嫌疑人供认1998年4月20日“二王”被杀系该团伙所为。7月6日，云南省高级人民法院对杜培武故意杀人案再审，以(2000)云高刑再字第9号刑事判决书宣告杜培武无罪并予释放。

2001年8月3日，负责办理杜案的宁兴华、秦伯联因刑讯逼供罪被昆明市五华区人民法院分别判处有期徒刑一年零六个月，缓刑二年和有期徒刑一年，缓刑一年。

| 评析 |

我国刑事诉讼模式具有较强的职权主义特征，长期以来重视发现案件的实体真实，而对于程序的正当性关注不够，相应地，我国的刑事证据法也体现出职权主义的特点。杜培武案是国内的特大案件，一方面，杜培武本人的身份是警察，两被害人的身份是警察，而真凶杨天勇的身份也是铁路公安处的警察；另一方面，该案

暴露出我国在职权主义刑事诉讼模式下证据制度中的一些突出问题,如证据规则尤其是非法证据排除规则不完善;对辩护律师提出的证据疑点不重视;对被告人的合理辩解理由不认真审查;在案件明显事实不清、证据不足的情况下采取判处死缓的"留有余地"的判决而不敢"疑罪从无"作出无罪判决等。杜培武案中涉及的诸多证据问题是证据法学教学、研究的典型。虽然杜培武在入狱一年后即因真凶被抓住而平冤昭雪。但也应当看到,此类案件的产生均与案发时我国的法制建设尚处于起步阶段有很大关系,随着我国法制建设的不断进步,此类案件已经非常鲜见。

案例1-2 美国辛普森杀妻案:当事人主义诉讼模式下的证据法[9]

1994年,前美式橄榄球运动员辛普森(O. J. Simpson)杀妻一案成为当时美国最为轰动的事件。辛普森曾是全美最杰出的橄榄球明星。他因为涉嫌杀害其前妻尼科尔·布朗及其男友戈尔·德曼而被审判。该案被称为美国的世纪审判。

检方向法庭提交了如下证据:(1)在辛普森位于罗金汉的私人住宅里,寻获了一只血手套,据说符合辛普森手掌大小,是他曾经用过的样式,而在布朗邦迪街住宅的犯罪现场找到另一只手套,与之成对。这只血手套上,有跟戈尔·德曼衬衫一样的纤维、布朗和戈尔·德曼的头发、野马跑车上的灰尘及一个黑人四肢上的毛发。据说,手套上的血迹也与戈尔·德曼、布朗和辛普森的相符。(2)在辛普森卧室地板上发现有血渍的袜子,检方声称该血渍的DNA检测反应与辛普森和布朗的吻合。(3)在犯罪现场房屋后门所发现的血迹。检方声称该血迹保存得比较完整,DNA检测反应与辛普森的吻合。(4)在辛普森野马跑车上多处发现的血迹:驾驶室旁边的车门(辛普森的)、车内地板(布朗的)及中间置物箱(戈尔·德曼、布朗和辛普森的)。(5)犯罪现场被害者身旁的血滴,检方声称该血渍的DNA检测反应与辛普森的吻合;采集其中一滴血,经过传统的血清检验证明,与辛普森的吻合。(6)在犯罪现场发现的毛发与衣服纤维。(7)在犯罪现场遗留的血脚印。脚印与辛普森尺寸相合,属于布鲁明戴尔百货公司里一家布鲁诺·马利鞋店(辛普森经常光顾)所卖的一双160美元的休闲鞋子。(8)在辛普森罗金汉住处不同地点(车道上、大厅里)多次发现少量血迹,都证明是辛普森的。测试反应揭示:卧室的浴室水槽和莲蓬头有血迹。此外,检方还揭示辛普森有婚姻暴力史并具备作案时间。

辛普森聘请了包括哈佛大学终身教授亚伦·德肖维茨在内的辩护"梦之队"

---

[9] 关于辛普森杀妻案的相关内容,可以参见[美]亚伦·德肖维茨:《合理的怀疑:从辛普森案批判美国司法体系》,高忠义、侯荷婷译,法律出版社2010年版;[美]威廉·迪尔:《追凶十八年:我证明辛普森无罪》,袁木松译,中国检察出版社2013年版;等等。

团队为其辩护。对于检方提供的上述证据,辩护方提出强烈质疑,包括:(1)警察用毯子覆盖尸体,使尸体上找到的物证的来源存在其他可能性。(2)在从尸体采集毛发和纤维样本前,尸体已被移动。(3)警方没有按洛杉矶警察局规定的程序通知验尸官到场。(4)警方没有搜查证进入辛普森的私人住宅。(5)进行搜查的警察菲利普·范耐特对事实"轻忽、毫不在意"。(6)尸体经过解剖,但法医艾温·高登没有被检方传召作证。(7)采血样者之一是实习警察,以前没承担过这样的任务。(8)范耐特将辛普森血液样本放在没有封闭的玻璃瓶中达3小时,去喝咖啡,1.55毫升血液去向不明,检方无法解释。(9)刑事鉴识人员第一次调查时没有在门和袜子上找到血迹。(10)采血的样本数量在一些环节缺乏记录。(11)负责侦办本案的富尔曼警官存在种族歧视,其证言不可靠。

1995年10月3日该案宣判时,美国一时陷入停顿:时任总统克林顿推开了军机国务;前国务卿贝克推迟了演讲;华尔街股市交易清淡;长途电话线路寂静无声。数千名警察全副武装,如临大敌。据CNN统计数据表明,大约有1.4亿美国人收看或收听了"世纪审判"的最后判决。陪审团判决结果:辛普森无罪。但在此后的民事诉讼中,辛普森被判决对两人的死亡负有责任。

|评析|

辛普森杀妻案在证据法学上是一个非常值得研究的经典案例。辛普森杀妻案的审判结果引起极大争议,70%的美国白人认为辛普森是有罪的,但大多数黑人为这一无罪判决感到欢欣鼓舞,而在理论界和实务界对于辛普森是否有罪也一直存在巨大的争议。该案余波久久未息:辛普森被判决无罪后,在随后的民事诉讼中被判赔了巨额赔偿;由于承担巨额的律师费以及支付赔偿款后几近破产,辛普森出版了关于该案的一本书,在新书发布会上有记者直接问起是否是凶手,其停顿后回答自己是凶手(因受禁止双重危险原则的保护,即使其承认是凶手也不能再对其进行追诉);有美国刑侦专家指出辛普森实际上是和其子一起作案,其为了保护其子故选择了沉默,而警方在侦查过程中完全忽视了还有其他人参与作案的相关证据,若将其子纳入侦查则本案中的一些疑点均迎刃而解;也有警察著书证明辛普森无罪;等等。

辛普森杀妻案之所以被判无罪,有很多因素,包括种族矛盾问题、陪审团组成问题(陪审团由八名非裔美国人、两名西班牙裔美国人、一名美国印第安人和一名白种人组成)等,但根本上是在当事人主义诉讼模式下对抗制庭审证据调查的结果,与英美法系证据法中证据规则的缜密、非法证据排除规则的严格、交叉询问制度的技巧运用以及排除合理怀疑的证明标准把握等均有很大的关系。这一案件表面上看,控诉证据很多、很有力,但经过辩护方的挑剔和质疑,却变得疑点不少。该案由陪审团对案件事实进行裁判,而正是陪审团"外行审判"的特性催生了英美国家证据法的发展和完善。英美法系国家之所以有细密而完善的证据制度，正是为了满足陪审制度良性运作的需要。无论辛普森是否杀人，从本案中我们都可以充分体会到诉讼模式与证据制度的紧密联系。在对抗制诉讼模式下，辩护方有足够的空间与控诉方展开诉讼上的竞争，对控诉方提供的证据提出强而有力的质疑，充分利用证据规则并抓住证据的疑点不放，从而争取胜诉的结果。这或许正是对抗制诉讼模式的魅力所在。

主要文献著述

1. 陈光中主编:《中华人民共和国刑事证据法专家拟制稿(条文、释义与论证)》,中国法制出版社 2004 年版。
2. 江伟主编:《中国证据法草案(建议稿)及立法理由书》,中国人民大学出版社 2004 年版。
3. 何家弘、张卫平主编:《外国证据法选译》,刘品新等译,人民法院出版社 2000 年版。
4. [美]米尔吉安・R. 达马斯卡:《比较法视野中的证据制度》,吴宏耀、魏晓娜等译,中国人民公安大学出版社 2006 年版。
5. [美]罗杰・帕克、[美]迈克尔・萨克斯:《证据法学反思:跨学科视角的转型》,吴洪淇译,中国政法大学出版社 2015 年版。

第二章　证据法的理论基础

第一节　认　识　论

运用证据认定案件事实是一个认识过程，在我国，需要接受辩证唯物主义认识论的指导，将认识论的基本原理与诉讼证据运用的特殊规律结合起来，形成诉讼认识论，作为证据法的基础理论。

一、辩证唯物主义认识论

（一）物质论

辩证唯物主义认为，世界是物质的，物质是运动的。这种物质论对证据法的最大指导作用在于，它表明任何案件应该都是客观存在的、真实发生过的。这种客观存在不依赖人们的感觉而存在，但又能为人们的感觉所反映。

案件发生后，会留下两种类型的证据材料，这些证据材料就像一些碎片，通过对这些碎片的整理能够“复原”案件的事实真相。

一种是各种类型的物质和痕迹，如案发现场遗留的血迹、指纹、拖痕等。从物质论的角度来说，要确保办案人员收集的各种证据材料，确实就是案件发生过程中所产生的物质或痕迹。对此，法律或者司法解释有明确规定。例如，2021 年最高法《刑诉法解释》第 86 条第 1 款规定：“在勘验、检查、搜查过程中提取、扣押的物证、书证，未附笔录或者清单，不能证明物证、书证来源的，不得作为定案的根据。”从物质论的角度来看，该规定就是为了确保办案人员所收集的证据材料就是办案人员所声称的案件发生过程中产生的物质或痕迹。

另一种是在人的脑海中留下的印象。案件发生过程中总会有人的参与，否则便是意外事件，不能称之为案件。一般来说，案件发生后，除非与案件有关的人全部死亡，否则，与案件相关的信息总会在相关人员的脑海中留下一定的印象。这些相关人员就与特定案件有关的印象进行陈述，从而形成犯罪嫌疑人、被告人供述和辩解、被害人陈述以及证人证言等言词证据。从物质论的角度来看，为了确保相关人员作出的言词证据确实是与案件有关的，法律或者司法解释对言词证据的获取和使用有严格的限制。例如,对言词证据的获取从取证主体、取证方法和取证程序等方面均有明确而严格的规定,违反相关规定所获取的言词证据可能会被排除。

(二)反映论

辩证唯物主义认为,物质运动的结果必然呈现一定的形态。物质运动形态具有特定性、稳定性与反映性。反映性表明,任何案件的特征都能在其特征反映体中得到良好的反映,且能够为人们所认识。[1] 反映论表明,各种证据就是案件的反映。如前所述,案件发生后,就会留下各种类型的物质或者痕迹,这些物证或者痕迹就是案件的反映。通过对这些物质或者痕迹的认识,人们可以发现案件的事实真相。

需要注意的是,证据对案件事实的反映,并非机械的反映,诉讼参与人对证据的认识具有一定的能动性。诉讼参与人对证据的认识过程,既可能完整地反映案件的事实真相,也可能仅反映案件的某一片段,还可能因为各种原因而未能反映案件的事实真相。正是诉讼参与人对证据的认识过程存在这种复杂性,法律或者司法解释在承认诉讼参与人可以通过证据认定案件事实的同时,也从程序和证据规则方面对诉讼参与人运用证据的过程进行规制。

(三)可知论

辩证唯物主义认为,人的思维是至上的,能够认识现存世界的一切事物和现象。在这一点上,中外皆如此。就英美法系而言,其证据法学有理性主义传统,认为有关过去发生事件的认知是可能的。[2] 只有坚持可知论,通过证据认定案件事实才具有正当性基础。

根据辩证唯物主义可知论,诉讼参与人通过发挥主观能动性,运用经验、常识和逻辑,能够对证据材料进行有效的审查判断,能够通过证据材料认定案件的事实真相。如前所述,案件发生后,总会留下各种物质或者痕迹,诉讼参与人通过对这些物质和痕迹的分析,结合经验、常识和逻辑,是能够发现案件的事实真相的。否认这一点,裁判便缺乏正当性基础。

需要注意的是,辩证唯物主义所主张的可知论是相对的,即在承认人类对无限发展着的物质世界的认识能力是无限的同时,也承认人对客观世界的认识能力的有限性。从证据法的角度来说,承认辩证唯物主义可知论的相对性,意味着有些案件事实真相在短期内无法查清,有些案件甚至永远都无法查清。对此问题,诉讼法

---

〔1〕 参见何家弘、刘品新:《证据法学》,法律出版社 2013 年版,第 43 页。

〔2〕 参见[英]威廉·特文宁:《反思证据:开拓性论著》(第 2 版),吴洪淇等译,中国人民大学出版社 2015 年版,第 91 页。

通过规定证明责任制度、再审制度等予以回应。例如，证明责任制度不仅仅是对举证责任的分配，还是对事实无法查清（在法律上表现为举证达不到法定的证明标准）时如何分配不利后果进行了规定。这就意味着，证明责任制度是以有些案件事实无法查清作为假设前提的。再审制度的存在，也意味着法律认为有些案件的事实认定可能存在错误，需要通过再审制度予以纠正。

二、诉讼认识论

诉讼认识是一种特殊的认识活动，诉讼认识是一种为解决法律纠纷而展开的发现案件事实真相的认识活动，诉讼认识需要在法律规制下发现案件的事实真相。具体来说，诉讼认识具有以下几点特殊性：

1. 诉讼认识是对历史事实的认识。诉讼认识是对过去发生的案件事实的认识，这种过去发生的案件事实本质上属于历史事实。具体来说，为查明案件事实真相而展开的活动本质上属于对历史事实的认识，具有历史认识的一般特点：裁判者的处境与历史学家非常相似，即裁判者和历史学家都只能通过证据认定过去发生的事实；认知方式的间接性，即无法直接感知，而只能借助于证据和逻辑推理才能获得对过去事实的认识；认识目的是确证某一表述具体历史事实的单称命题，而非探寻普遍命题或规律，即均是对过去发生的特定事实的认识；认识结果上的或然性，即由于证据的稀缺性、证据运用中可能出现的错误等因素，导致借助证据进行回溯性推论，在结果上必然包含着一定程度的或然性。〔3〕诉讼认识是对历史事实的认识，这一论断提醒我们注意诉讼认识过程中可能出现错误的环节，以便尽可能减少错误发生的可能性。

2. 诉讼认识受制于法律的各种限制。诉讼认识虽然在本质上属于对历史事实的认识，但与历史认识不同，诉讼认识受制于法律规范的限制，具有自身的特点。

(1)诉讼认识与诉讼利益。诉讼认识虽然与历史认识一样，都是面向过去发生的事实，但诉讼认识与历史认识不同的是，诉讼认识还对当下和将来的诉讼利益的分配有重要的影响。一般来说，对历史事实的认识不会涉及当下的利益分配。而诉讼认识则不同，诉讼的产生源于当事人之间的利益纷争。在民事案件中，当事人之间无法就相关利益达成一致意见才会诉诸司法机关；在刑事案件中，案件事实能否认定，直接决定被告人的财产、自由甚至生命是否会被依法剥夺。诉讼认识不仅仅涉及案件事实的发现问题，而且还涉及重大的诉讼利益，诉讼认识直接决定各

---

〔3〕参见吴宏耀：《诉讼认识论纲——以司法裁判中的事实认定为中心》，北京大学出版社2008年版，第18－21页。

种类型的诉讼利益在当事人(或者控辩双方)之间如何分配。

由于诉讼认识与诉讼利益之间关系密切,诉讼参与人的相关诉讼行为直接影响最终的诉讼利益的分配。由此,诉讼参与人可能会因为诉讼利益的影响而不能客观地参与诉讼认识活动。对此问题,相关司法解释确立了一系列提示性规定,例如,根据最高法《刑诉法解释》第 143 条第 2 项的规定,与被告人有亲属关系或者其他密切关系的证人所作的有利于被告人的证言,或者与被告人有利害冲突的证人所作的不利于被告人的证言,应当慎重使用,有其他证据印证的,可以采信。

(2)诉讼认识与诉讼期限。对历史事实的认识没有时间限制,一些重大历史事实的认识,可能会需要几代人持续不断地努力。诉讼认识则不同,由于诉讼认识涉及诉讼利益的分配,涉及社会冲突的解决,涉及社会关系的修复,诉讼认识有严格的期限限制。例如,三大诉讼法中都有严格的审限制度,要求法院在审限内必须作出相应的裁判。此时,即使诉讼认识达不到法律要求的程度,法院也应当根据证明责任制度作出相应的裁判。再如,为督促当事人及时进行相应的诉讼行为,民事诉讼法有大量的关于举证时限的规定。

(3)诉讼认识与程序法。诉讼认识与历史认识一样,都注重证据的运用。但两者在认识方法方面存在重大差异:历史认识可以采取几乎所有合适的有助于真相发现的方法,但诉讼认识则只能按照程序法的规定获取证据。例如,刑事诉讼法对侦查机关的取证手段有严格的限制,侦查机关不得采取刑讯逼供等非法方法获取证据。再如,刑事诉讼法对取证主体有明确的规定。

法律不仅对诉讼认识可以采取的方法进行限制,而且规定了违反法律规定的不利后果,即相关证据可能被排除。例如,根据《刑事诉讼法》第 56 条第 1 款的规定,采用刑讯逼供等非法方法收集的犯罪嫌疑人、被告人供述和采用暴力、威胁等非法方法收集的证人证言、被害人陈述,应当予以排除。

(4)诉讼认识与实体法。诉讼认识与历史认识一样,都追求案件事实真相的还原,但与历史认识不同的是,诉讼认识不追求案件事实的完全还原。一方面,受诉讼资源、诉讼期限等限制,诉讼认识无法完全还原案件的事实真相;另一方面,诉讼认识的目的是妥善解决各种类型的案件,诉讼认识只需要以实体法为依据,发现有实体法意义的案件事实。例如,在刑事案件中,只需要发现与犯罪构成要件密切相关的案件事实,对与犯罪构成要件关系不大的案件细节不需要有准确的认识。因此,诉讼认识是以实体法为指引的认识,诉讼认识只需还原与实体法有关的案件事实。

第二节　价　值　论

在现代社会,人们普遍认识到运用证据认定案件事实不仅是一个认识过程,还涉及一系列价值选择问题。一般认为,在诉讼认识过程中,应当兼顾事实真相发现之外的价值,那种为了认识案件事实真相可以不择手段的观点已经不为人们所认同。根据美国学者劳丹(Lany Laudan)的观点,刑事司法的第一个核心目标是发现犯罪真相,避免错误判决。第二个目标是建立在这个认识前提之上的:不管我们怎么努力避免错误,错误总是在所难免,需要在错判无罪和错判有罪之间进行选择。第三个目标是非认识论的政策价值。[4] 其中,第一个目标涉及典型的认识论问题,即如何发现案件的事实真相。第二个目标既涉及认识论的问题,也涉及价值论的问题,即在错误判决不可避免的情况下,选择哪一种错误判决的价值选择问题。第三个目标则是典型的价值论问题,即事实发现之外的一系列价值选择,包括人权保障、程序公正、特定社会关系的维护和诉讼效率等。

一、司法人权

我国《宪法》第二章规定了公民的基本权利,公民的基本权利与诉讼关系密切。一方面,公民的基本权利受侵害,可以通过诉讼寻求救济;另一方面,公民的基本权利在诉讼过程中也可能受到侵害,如公安司法机关在取证过程中侵害犯罪嫌疑人、被告人、证人、被害人等相关人员的基本权利。在后一种情形下,就面临司法人权的保障和不同价值之间的选择问题。

在现代社会,人们普遍认识到,在诉讼过程中应当保障相关诉讼参与人员的司法人权,不能为了发现案件真相不择手段。以刑事诉讼为例,《宪法》第 37 条规定了公民的人身自由权,第 39 条规定了公民住宅不受侵犯的权利,第 40 条规定了公民的通信自由和通信秘密权,在案件办理过程中,这些权利可能会被公安司法机关非法干预。在这种情况下,如果仅仅考虑认识论因素,即案件事实真相的发现,公安司法机关通过侵犯犯罪嫌疑人、被告人宪法权利的方式获取的证据仍然可以作为证据使用。但考虑到司法人权保障的价值需要,立法明确规定部分通过侵犯犯罪嫌疑人、被告人宪法权利的方式(如刑讯逼供)获取的证据应当予以排除。

---

〔4〕 参见[美]拉里·劳丹:《错案的哲学:刑事诉讼认识论》,李昌盛译,北京大学出版社 2015 年版,第 1－2 页。

二、程序公正

一般认为,诉讼公正可以分为实体公正与程序公正。所谓实体公正,是指在准确发现案件事实真相的基础上给予当事人应得的对待。所谓程序公正,是指不取决于案件实体结果,法律程序本身所体现出的价值。实体公正与程序公正之间的关系可以表现为以下几种形态:一是实体公正与程序公正皆可实现;二是实体公正与程序公正皆不可实现;三是实体公正可以实现,但程序公正无法实现;四是实体公正无法实现,但程序公正可以实现。理想的状态是,实体公正与程序公正皆可实现。例如,通过正当的法律程序查明案件的事实真相,并在此基础上准确地适用实体法作出相应的裁判。

实体公正的实现与认识论关系密切,即如何通过证据有效地发现案件的事实真相。程序公正的实现则与价值论关系密切,即在发现案件的事实真相的同时,如何确保程序公正的价值得以实现。如前所述,理想的状态是实体公正与程序公正均得以实现,但由于各种现实条件的制约,实体公正与程序公正往往难以兼顾。例如,严格遵守法定程序取证,程序公正得以维护,但可能难以取得有效的能够证明案件事实的证据材料,导致实体公正难以实现。反之,违反法定程序获取的证据可能有效地证明案件事实,但却违背了程序公正,在这种情况下,为了维护程序公正,法律或者司法解释可能会排除相关证据。

三、社会关系或者国家利益

除了实体公正和程序公正之外,有些案件的办理,还要考虑对特定社会关系或者国家利益的维护,这在证据法中的特免权制度中体现得最为典型。

为了准确认定案件事实,法庭需要得到尽可能全面的证据,所有了解案件的人都有作证的义务。因此,从原则上讲,任何案件知情人都有出庭作证的义务和责任。但法律实际上并不要求所有案件知情人都要出庭作证,法律赋予某些人免于作证特权。法律之所以这样规定是因为在各种社会利益中有比有助于法庭认定案件事实更为重要的利益。[5] 在英美法系,特免权包括婚姻家庭关系特免权、律师—委托人交流秘密特免权、其他职业特免权(包括医生—患者特免权、神职人员交流特免权、记者特免权)以及公共特免权(包括政府信息特免权、线人特免权)等。之所以有这些特免权,就是为了维护家庭关系、律师职业以及其他职业的发展等社会关系或者国家利益。

在我国,可以视为确立的特免权是配偶、父母子女特免权和律师—委托人交流

---

〔5〕 参见马跃:《美国证据法》,中国政法大学出版社 2012 年版,第 146 - 147 页。

秘密特免权。《刑事诉讼法》第193条第1款规定，“经人民法院通知，证人没有正当理由不出庭作证的，人民法院可以强制其到庭，但是被告人的配偶、父母、子女除外。”对于该规定，有学者认为可以作善意解释，即我国确立了配偶、父母子女特免权。[6] 但主流观点认为，该规定并未确立配偶、父母子女特免权，而是仅规定配偶、父母子女免予被强制出庭。《刑事诉讼法》第48条规定：“辩护律师对在执业活动中知悉的委托人的有关情况和信息，有权予以保密。但是，辩护律师在执业活动中知悉委托人或者其他人，准备或者正在实施危害国家安全、公共安全以及严重危害他人人身安全的犯罪的，应当及时告知司法机关。”《律师法》第38条规定：“律师应当保守在执业活动中知悉的国家秘密、商业秘密，不得泄露当事人的隐私。律师对在执业活动中知悉的委托人和其他人不愿泄露有关情况和信息，应当予以保密。但是，委托人或者其他人准备或者正在实施危害国家安全、公共安全以及严重危害他人人身安全的犯罪事实和信息除外。”据此，虽然两部法律的相关用语有所不同，但主流观点认为我国立法确立了律师—委托人交流秘密特免权。律师—委托人交流秘密特免权的确立，可能在具体个案中不利于案件事实真相的发现，但从长远来看，却有利于维护律师与委托人之间的信任关系，进而维护律师行业的发展。而律师行业的发展，对于法治社会的建立和完善有重要作用。

四、诉讼效率

特定时期的司法资源是有限的，对案件事实真相的探究、对程序公正的维护还要受制于特定时期司法资源的限制。从证据法的角度来看，由于司法资源的有限性，可能无法也没有必要收集所有与案件有关的证据材料。根据美国《联邦证据规则》的规定，“如果相关证据的证明价值为以下一个或者多个危险所严重超过，则法院可以排除该证据：不公平损害、混淆争点或者误导陪审团、不当拖延、浪费时间或者不必要地出示重复证据”。所谓“不当拖延、浪费时间或者不必要地出示重复证据”，就是基于诉讼效率的考虑。在我国，虽然没有类似于美国《联邦证据规则》的规定，但一些涉及证据的规定中也有基于诉讼效率的考虑作出的规定。例如，最高法《庭前会议规程》中第14条第3款规定：“……公诉人提供的相关证据材料确实、充分，能够排除非法取证情形，且没有新的线索或者材料表明可能存在非法取证的，庭审调查举证、质证可以简化。”第16条规定：被告人及其辩护人申请收集、调取证据材料，人民法院“认为有关证据材料与案件无关或者明显重复、没有必要的，可以不予准许”。《民事诉讼法》第142条第3款规定：“当事人要求重新调查、鉴定或者勘验的，是否准许，由人民法院决定。”司法实践中，公安司法机

[6] 参见易延友：《证据法学：原则　规则　案例》，法律出版社2017年版，第379页。

关在处理个案时,有时会出于诉讼效率的考虑不收集或者拒绝采纳与案件相关的证据材料,这也是诉讼要兼顾公正和效率的体现。

典型案例评析

案例2-1 德国格夫根绑架案:警察不得已威胁嫌疑人的法律后果[7]

2002年9月,格夫根绑架了其同学的弟弟,一名11岁的男孩,后在取赎金时被捕。为了查明人质下落,警察对他进行了威胁。格夫根被迫供述了杀人藏尸的事实,并把警察带到了被害人尸体所在地。警察随后对尸体进行了勘验,并提取了有关物证。其间,格夫根的母亲聘请的律师曾试图与嫌疑人接触,但直到格夫根被从抛尸现场带回后才被允许会见。

被告人在德国法兰克福地区法院初次庭审时提出,其在侦查阶段受到的身体伤害和性虐待威胁违反了德国《刑事诉讼法典》第136条a款和《欧洲人权公约》(以下简称《公约》)第3条,由此申请法院终止诉讼程序或者至少基于暴力威胁的持续性影响而排除其在警察面前所作供述,并禁止使用从非法陈述中派生的实物证据。法庭经过审查,裁定排除了被告人在警察、检察官及法官面前作出的受到了非法取证手段“毒害”的所有陈述,但驳回了格夫根的其他申请。在之后的审判中,被告人承认绑架杀人,并在法庭上重新作了完整的供述。据此,并结合其他证据,初审法院以故意杀人罪和抢劫罪判处被告人终身监禁。

宣判后,格夫根就该案审理中的法律问题上诉至德国联邦最高法院。格夫根认为,作为对联邦法院判例法的发展,联邦法院应当认识到,警察以酷刑相威胁的行为已经不仅仅是一个证据排除的问题,还构成了诉讼程序推进所面临的无法克服的障碍,因此,法兰克福地区法院驳回程序终止申请的裁定是错误的。最高法院以缺乏依据为由驳回了格夫根的上诉,但未对裁定理由作进一步解释。

不久,格夫根又就普通法院的裁定向德国联邦宪法法院提起了违宪之诉。格夫根指出,警方在初次讯问时曾以刑讯和性虐待相威胁,而在该案的特定情境下,这样的威胁行为本身就属于《公约》第3条意义上的酷刑;该行为侵犯了他依据德国《基本法》第104条第1款享有的在拘禁期间获得人道待遇及免受酷刑的权利,也损害了德国《基本法》第1条所赋予的人格尊严权,完全满足了排除通过该侵权行为直接或间接获取的任何证据的条件。但经过审理,联邦宪法法院于2004年

[7] 周翠:《破案后:德国刑事司法档案》,新星出版社2015年版,第1-63页。

12 月 14 日裁决，对格夫根的宪法诉求不予支持。

2005 年 6 月 15 日，格夫根申诉至欧洲人权法院，声称他受到的威胁已构成《公约》第 3 条所禁止的酷刑，尤其是派生实物证据的使用侵犯了他获得公正审判的权利。受理案件后，欧洲人权法院第五分庭在 2007 年 4 月的一个决定中部分宣告了格夫根申请的可采性，但一年后又裁决，申诉人不能继续声称是违反《公约》第 3 条行为的受害人，国内法院的诉讼程序也符合《公约》第 6 条的规定。2008 年 9 月，格夫根又根据《公约》第 43 条和欧洲人权法院《法庭规则》第 73 条的规定，要求大审判庭审理此案。大审判庭在评析申诉人与被申诉人主张、听取第三方意见并参酌第五分庭判决后最终裁决，申诉人虽然仍然可以声称是违反《公约》第 3 条行为的受害人，但他仅仅是受到了非人道的待遇，而且派生实物证据的使用并未影响审判的公正性。

｜评析｜

格夫根案虽然发生在德国，但却非常典型地彰显了证据运用过程中认识论与价值论的冲突问题。格夫根系在取赎金时被抓，被抓后，人质下落不明且不知是生是死，情况非常危急，但其对此保持沉默。为了营救人质，警察决定对格夫根进行逼供，但意外的是，整个警察局居然找不到一个愿意对格夫根进行逼供的人。最终，有一名警察愿意一试，该名警察威胁了格夫根，格夫根供述其已将人质杀害，人质的尸体在一个桥洞中。根据格夫根的供述，警察在该桥洞中找到了被害人的尸体。

该案的最终结局是，格夫根的有罪供述被排除，但由于其当庭承认杀害了被害人，且有其他证据证明其犯罪，格夫根仍被定罪。威胁格夫根的警察及其上司也被定罪，被处以警告以及罚金缓期执行的刑罚。格夫根案虽然已经过去很多年，但该案涉及的证据认识论和价值论的冲突问题至今仍被广泛讨论。

主要文献著述

1. 吴宏耀：《诉讼认识论纲——以司法裁判中的事实认定为中心》，北京大学出版社 2008 年版。
2. 廖永安：《民事证据法学的认识论与价值论基础》，中国社会科学出版社 2009 年版。
3. 吕卫华：《诉讼认识、证明与真实——以刑事诉讼为主要研究对象》，中国人民公安大学出版社 2009 年版。
4. ［美］罗纳德·J. 艾伦：《理性　认知　证据》，栗峥、王佳译，法律出版社 2013 年版。
5. ［美］亚历克斯·斯坦：《证据法的根基》，樊传明、郑飞等译，中国人民大学出版社 2018 年版。

第三章　证据法的基本原则

第一节　证据裁判原则

证据裁判原则，也称为证据裁判主义，是指认定案件事实应当以证据为依据。证据裁判原则的基本理念可以通俗地归纳为“用证据说话”。[1] 在不同的诉讼领域，对于证据裁判原则的要求有所不同。在刑事诉讼中，由于涉及公民的财产、自由乃至生命，涉及社会公共安全与秩序，因此对于发现案件的真相更为关注，也更为强调证据裁判原则。而在民事诉讼、行政诉讼领域，由于存在较多的法律推定和承认当事人的处分权，所以不像刑事诉讼领域那样强调严格意义上的证据裁判原则。当然，这并非否认民事诉讼、行政诉讼领域对于争议事项的认定也需要依据证据。

大陆法系普遍奉行证据裁判原则。一方面，大陆法系要求，裁判必须依靠证据；另一方面，其严格规范法官调查证据的程序，以规范法官权力的行使，并最终达到发现真相的要求。因此，大陆法系法律大多明文规定了证据裁判原则。其中，日本《刑事诉讼法》第 317 条“认定事实应当根据证据”的规定被认为是立法上对证据裁判原则的经典表述。在英美法系国家，法律和诉讼理论中没有直接明确证据裁判原则，但其证据法中大量存在的规范证据关联性、可采性的规则以及关于证据出示、认定等规定，都与证据裁判原则有相通之处，体现了证据裁判的精神。西方法谚称，“在法庭上，没有事实，只有证据”，可谓是对证据裁判理念的集中反映。

一、证据裁判原则的意义

证据裁判原则在诉讼中具有非常重要的意义，是诸多进步、文明的诉讼理念与原则的要求和体现。具体表现在：

1. 证据裁判原则是诉讼进步与文明的重要体现。从历史上考察，最早体现了证据裁判原则基本精神的是法定证据制度。法定证据制度虽然存在一些缺陷，它

---

〔1〕 参见［美］李昌钰、杰瑞·拉比欧拉：《让证据说话》，吴丹红译，中国政法大学出版社 2018 年版。

所蕴含的证据裁判精神较之现代证据裁判原则的内涵也有一定差距,但是其积极意义不容否定。例如,法定证据制度否定了所谓的神明裁判,强调认定事实必须依据证据,其他任何东西都不是认定事实的根据;法定证据制度对证据证明力的事先规定,内含了要求裁判者必须按照事先确定的证据规则作出裁判的精神;等等。因此,法定证据制度与神示证据制度下的水审、火审等通过神的意志裁判案件的做法相比,无疑是诉讼进步与文明的重要体现。

2. 证据裁判原则是发现案件真实的保障。无论是大陆法系还是英美法系,诉讼的基本目的都是发现案件的真实。然而,如何发现案件真实,遵循不同原则会导出不同的结果。基于证据裁判原则,对于认定事实的证据资格、证明方式、证明对象及证明标准等方面作出严格的要求,为发现案件真实最大限度地提供了保障。

3. 证据裁判原则可以防止法官作出裁判时的恣意擅断。法官形成裁判时应当依其内心确信,但内心确信的形成,不应当是任意的,而是应当有所约束,以防止法官恣意擅断,保障诉讼公正。证据裁判原则就是对法官恣意擅断进行有效约束的最佳机制。"证据裁判主义不仅要求法官必须依证据而为事实之认定,而且对于一定之证据限制法官为自由心证,如无证据能力、未经合法调查,显与事理有违或与认定事实不符之证据,不得作为自由心证之依据。除此之外,补强证据之有无,及科学证据之取舍,法官亦无自由判断之余地。"[2]

4. 证据裁判原则是增强司法裁判的确定性和权威性的重要保障。证据裁判原则要求裁判的作出应以证据为根据,这就避免了以主观臆断或者其他不具有证据能力的证据材料作为认定案件事实基础的问题,因而能够增强司法的确定性。同时,通过证据裁判原则,减少裁判形成过程中带来的争议,限定裁判者自由裁量的范围,能够增强裁判的公信力,维护司法权威。

二、证据裁判原则的适用

从各国关于证据裁判原则的规定来看,该原则的适用主要体现在以下三个方面。

(一)据以作出裁判的证据的资格

证据裁判原则的适用,首先需要解决证据资格的问题。关于证据资格问题,在大陆法系国家,由关于证据能力的规范调整;在英美法系国家,则由证据的可采性规则调整。在大陆法系国家,证据能力包括两方面的要求:一是证据材料不被法律禁止;二是证据应当经过法定的调查程序。只有满足了上述两方面的要求,才能做

---

〔2〕 蔡墩铭:《刑事证据法论》,台北,五南图书出版股份有限公司1999年版,第428页。

到证据由裁判者据以进行裁判。在英美法系国家,普通法上早已存在诸如传闻证据规则、品格证据规则、自白任意性规则、意见规则、最佳证据规则等,以规范证据的可采性。在普通法上,法律问题和事实问题的区分具有重要的意义。作为一般原则,在任何由法官和陪审团共同审判的案件中,所发生的法律问题由法官决定,事实问题则由陪审团决定,证据的可采性问题一向被视为法律问题。虽然证据的证明力由陪审团决定,但以确定证据的可采性为目的,对基础性事实进行调查判断却属于法官的职责范围。法官在判断某材料是否可以进入法庭调查程序时,证据规则仍是规范证据资格的主要依据,法官对证据可采与否的判断是在证据规则约束下进行的。可见,在英美法系,可以进入法庭调查程序而对法官或者陪审团形成心证发挥作用的证据,应当是不被证据规则所禁止的材料。

(二)需要运用证据证明的事实的范围

对于需要运用证据证明的事实的范围,各个国家规定有所不同。在德国,证据裁判原则所要求的事实仅指为裁判的形成所必需的事实,而不包括程序法的事实。在日本,作为证据裁判原则要求的事实,是需要运用证据加以证明的实体法事实,不包括众所周知的免证事实和诉讼法上的事实。在英美法系国家,根据相关性规则,除非法律另有规定,任何与待证事实具有相关性的材料都具有证据资格。总的来说,两大法系普遍重视影响审判裁决的犯罪事实或者争议事实的证明,这也是证据裁判原则的必然要求。

(三)运用证据进行证明的方式

在大陆法系证据法理论中,将证据分为严格证明和自由证明。所谓严格证明,是指运用诉讼法中规定的法定证据方法,经过法律规定的证据调查程序进行的证明;所谓自由证明,是指运用除诉讼法中规定的法定证据方法之外的证据方法,不受法律规定的约束而进行的证明。从证据裁判与自由心证的关系来看,证据裁判所要求的证据必须经过严格证明。一般而言,对于实体法事实,主要是与定罪量刑有关的事实,一般要求严格证明,此即证据裁判原则的范围;而对于程序法事实,包括某些辅助证明的事实,或者被告人否认其罪行的证明,可采用自由证明的方式。在英美法系国家,一般没有严格证明和自由证明之分,但是基于程序正当的理念,其程序法规则和证据法规则中对于运用证据进行证明的方式也多有明确的规定。

(四)诉讼终结"疑案"的处理方式

案件经过一定的诉讼期限后,必须予以终结。如果在诉讼终结时,案件事实已经查清,只需依法作出裁判,这也是证据裁判原则的基本要求。但是在诉讼终结时,如果案件事实仍然处于真伪不明的状态,即所谓事实不清、证据不足的"疑案"样态,如何对案件作出处理则更能体现证据裁判原则的基本精神。在案件处于疑案样态时,应当坚持证据裁判原则,根据现有证据作出裁判,并按照"疑点利益归于被告”“有利被告”的原则作出处理。

三、证据裁判原则在我国证据法中的体现

我国诉讼法中没有明确规定证据裁判原则，但是在一些条文中体现了证据裁判的精神。例如，《刑事诉讼法》第55条第1款规定：“对一切案件的判处都要重证据，重调查研究，不轻信口供。只有被告人供述，没有其他证据的，不能认定被告人有罪和处以刑罚；没有被告人供述，证据确实、充分的，可以认定被告人有罪和处以刑罚。”第175条第4款规定：“对于二次补充侦查的案件，人民检察院仍然认为证据不足，不符合起诉条件的，应当作出不起诉的决定。”第200条第3项规定：“证据不足，不能认定被告人有罪的，应当作出证据不足、指控的犯罪不能成立的无罪判决。”这些规定较为充分地体现了证据裁判的基本精神。

我国司法解释层面已经确立了证据裁判原则。例如，两院三部《办理死刑案件证据规定》第2条和最高法《刑诉法解释》第69条均规定：“认定案件事实，必须以证据为根据。”这是对证据裁判原则最为明确的规定，是刑事诉讼中强调证据裁判重要意义的最为充分的体现。此外，最高法《民诉证据规定》第85条规定“人民法院应当以证据能够证明的案件事实为根据依法作出裁判。”最高法《行诉证据规定》第53条规定：“人民法院裁判行政案件，应当以证据证明的案件事实为依据。”这是对民事诉讼、行政诉讼中贯彻证据裁判原则的重要体现和要求。因此，虽然法典层面没有明确规定，但是可以认为我国刑事、民事、行政诉讼中均已确立了证据裁判原则。另外，《监察法实施条例》第60条第1款规定“监察机关认定案件事实应当以证据为根据，全面、客观地收集、固定被调查人有无违法犯罪以及情节轻重的各种证据，形成相互印证、完整稳定的证据链”，也反映了监察机关在办理监察案件时的坚持证据裁判的理念。

第二节 自由心证原则

自由心证原则是指证据证明力的有无、大小及其如何运用，法律不作预先规定，而由法官秉持“良心”“理性”自由判断，形成内心确信，从而对案件事实作出裁判的原则。简言之，自由心证原则是法官自由评价证据证明力的原则。自由心证原则尊重了法官在证据采纳、采信方面的自由裁量权，它是与法定证据相对应的证据法原则，是自由心证证据制度的核心。

自由心证原则诞生于法国。1791年，法国制宪会议通过了由法学家迪波尔(Duport)提出的关于自由心证的法案。根据法国现行《刑事诉讼法》第353条的

规定,重罪法庭退席之前,庭长应宣读以下训词:“法律不过问法官形成自我确信的理由,法律也不为法官确定某种规则并让他们必须依赖这种规则去认定某项证据是否完备、是否充分。法律只要求法官平心静气、集中精神、自行思考、自行决定,本着诚实,本着良心,依其理智,寻找针对被告及其辩护理由所提出之证据产生的印象。法律只向法官提出一个概括了法官全部职责范围的问题:‘你已有内心确信之决定吗?’”这段训词被认为是自由心证的经典表述。在其他大陆法系国家,也都确立了自由心证原则。在德国,自由心证原则要求法官根据个人的自由确信而确定证据。法官的个人确信,指他的个人确认。这种确认,必须依据明智推理,建立在对证据结果之完全、充分、无相互矛盾地使用之上。[3] 俄罗斯《民事诉讼法》第56条规定:“法官在公正、全面、充分地审查一切证据的基础上,按照内心信念对证据进行判断。任何证据对法官都没有预设的效力。”日本《刑事诉讼法》第318条规定,“证据的证明力,由法官自由判断”。日本《民事诉讼法》第247条规定:“法院作出判决时,应当斟酌口头辩论的全部旨意和调查证据的结果,依据自由心证判断对于事实的主张是否应认定为真实。”在英美法系国家,关于证据证明力的规定较为少见,其证据规则大多规范证据的证据能力,而很少限制证据的证明力,对于证据的证明力问题,由裁判者自由判断,这与大陆法系国家的自由心证原则并无本质的差异。

一、自由心证原则的基本内涵

自由心证原则的要义有二:第一,自由判断原则,即证据的证明力由法官自由判断,法律不作预先规定。法官判断证据证明力时,不受外部的任何影响或法律上关于证据证明力的约束。不仅一个个孤立的证据能够证明何种事实及证明程度如何由法官自由判断,而且所有证据综合起来能否证明起诉的犯罪事实或其他有关事实以及证明程度如何,也由法官自由判断。在相互矛盾的证据中确定何者更为可信,同样委诸法官自由判断。第二,内心确信原则,即法官须依据证据,在内心“真诚地确信”,形成心证,由此判定事实。具体而言,自由心证原则的基本内涵包括以下内容。

(一)证据方法上不作限制

基于自由心证原则,法律在原则上不对证据方法作出限制。法官为了对待定事实形成心证,在证据方法的选择原则上是自由的,这种证据方法的不受限制包括以下两方面含义:一是原则上对特定事实的认定的证据方法不应当受到限制;二是

---

〔3〕 [德]约阿希姆·赫尔曼:《德国刑事诉讼法典》,李昌珂译,中国政法大学出版社1995年版,“引言”,第17页。

所有的人与物都可以成为证据方法。

（二）证据能力上的限制

自由心证原则是以证据裁判原则为基础的，自由心证的前提必须是有证据存在，而且作为自由心证前提的证据必须是具有证据资格并经过法庭调查充分之后的证据。大陆法系较为强调经过合法的证据调查程序，因而证据能力的范围较窄，而英美法系则规定了大量的证据规则以制约对证据能力的判断，对证据能力的限制较多。

（三）证明力的自由评价

对证据证明力的自由评价是自由心证原则的核心，是否事先具体规定各种证据证明力的大小也是自由心证原则与法定证据模式的一个根本区别。前述日本《刑事诉讼法》对法官自由判断证据证明力的规定可谓是证明力自由评价在立法上得到确认的典型立法例。

（四）裁判者根据内心确信认定事实

所谓内心确信，是指法官通过对证据的审查判断所形成的内心信念，即心证达到了深信不疑的地步。法官内心确信的形成必须符合以下条件：其一，法官必须直接接触证据；其二，法官必须站在客观、中立的立场上；其三，内心确信必须从本案的情况中得出；其四，法官必须斟酌本案的全部证据、辩论的全部意旨认定事实。

二、自由心证的规制

自由心证原则为法官判断证据证明力的主观思维活动提供了充分的自由空间，但是这种自由从来不是完全不受约束的恣意和擅断。为了防止法官在心证上的恣意和擅断，必须建立必要的自由心证的制约机制，这主要包括以下两个方面。

（一）内在制约机制

自由心证源于经验法则的无限性，但又必须受制于经验和逻辑法则的相对确定性。经验法则和逻辑规则构成了对法官自由心证的内在制约。一定社会群体下的经验法则具有显著的稳定性和趋同性，法官作为社会共同体的一员，形成并分享了所在群体最常见和一般的经验，具备了“常识”，因此，只要裁判者不滥用职权，作出的判断就能符合一般人的思维习惯。法官的自由判断要根据经验法则和逻辑法则作符合逻辑的推理，得出的结论必须要接受经验和逻辑的检验。不论自由心证中的“自由”有多大的弹性和力度，都不得违反那些反映特定社会存在的一般规律性经验法则、逻辑法则和伦理法则，法官的自由只能是相对的、有条件的，绝对的自由心证是不存在的。

（二）外在制约机制

仅有内在制约是不够的，内在制约并不能单独发挥作用，因为并不存在一个具体明确的外在监督者来时刻监督法官的主观思考过程是否符合经验和逻辑。因此,就必须通过一定的外在制约方式来起作用。这种外在制约,主要是指立法通过制定证据规则与程序规则,在法官对证据证明力判断方面予以限制约束,以防止其恣意擅断。通过诉讼程序和证据规则对法官评判证据时的自由裁量权进行制度化制约,根据证据评断的过程,可以分为事先制约、形成心证过程中的制约和事后制约。事先制约包括法官回避制度、合议制、控方向审判方移送材料范围的限制以及对法官素质的要求等;法官形成心证过程中的制约包括对传闻证据和供述的证据能力的限制、补强证据规则、关联性规则以及证明标准的制约等;事后制约包括救济程序和判决书对法官心证形成过程的详尽展示等。

三、自由心证原则在我国证据法中的体现

我国传统诉讼理论对自由心证持批判态度,往往将自由心证与恣意、擅断联系起来,主张实事求是的原则,反对将自由心证作为认定事实的证据法原则。实际上,自由心证与实事求是并非截然对立,在很大程度上,自由心证是建立在实事求是基础上形成的心证。20 世纪 90 年代后,理论界对自由心证逐渐达成共识,认识到诉讼中法官凭借良心和理性自主判断证据认定事实是认识规律的必然要求。最高法 2001 年《民诉证据规定》第 64 条第一次对自由心证原则作出了较为明确的规定:“审判人员应当依照法定程序,全面、客观地审核证据,依据法律的规定,遵循法官职业道德,运用逻辑推理和日常生活经验,对证据有无证明力和证明力大小独立进行判断,并公开判断的理由和结果。”其后在最高法《行诉证据规定》第 54 条作出了类似规定:“法庭应当对经过庭审质证的证据和无需质证的证据进行逐一审查和对全部证据综合审查,遵循法官职业道德,运用逻辑推理和生活经验,进行全面、客观和公正地分析判断,确定证据材料与案件事实之间的证明关系,排除不具有关联性的证据材料,准确认定案件事实。”这无疑是我国立法上确认自由心证原则的重大进步。

我国的证据制度是建立在世界可知性的认识论基础之上的。依照认识论原理,为了认识案件真相,必须发挥审判人员的主观能动性,使其能够根据案件具体情况评判证据的可采性和证明效力,而不是预先规定各种证据的证明力。如果抛开认识论基础,仅从自由心证证据制度的核心,即证据的证明力之有无及强弱,不是由法律预先规定而是完全交由法官自由判断的角度讲,我国证据制度也是如此。因此,我国审判人员评判证据同样拥有自由心证制度下法官所具有的自由裁量权,同样存在法官通过判断证据而形成心证的事实。但是,我国在法官独立评价证据方面,尚存在与诉讼规律的要求不一致的地方。一方面,我国诉讼程序不够完善,尤其是证据规则方面不够健全,使我国法官在评判证据时受到的来自法律程序和

证据规则的约束还不足,从这个意义上讲,我国法官在评判证据方面,拥有相对更大的自由裁量权;另一方面,我国审判体制存在院、庭长审查决定案件,审判委员会讨论定案等行政化而非司法化的做法,这又与自由心证原则所要求的法官应当独立自主地评价证据不相符合。不过,随着我国程序规则和证据规则的不断完善和司法体制改革的逐渐深入,自由心证原则必将会在我国得到完全的确立和贯彻。

第三节　直接言词原则

直接言词原则是直接原则和言词原则的合称。直接原则又称直接审理原则,是指法官、陪审员必须亲自接触案件的所有材料,在审判庭上审查证据,检验物证,让当事人、证人、鉴定人出庭并亲自听取他们的口头陈述,听取法庭辩论,然后据以对案件的实质问题作出裁判。言词原则又称言词审理原则、言词辩论原则或口证原则,是指法院审理案件,特别是当事人及其他诉讼参与人对诉讼材料的提出和进行辩论,要在法官前以言词及口头形式进行,这样取得的材料才能作为法院裁判的依据。

直接言词原则是大陆法系国家在审判阶段适用的重要原则,起源于德国 19 世纪的立法改革,是为了克服书面审理程序带来的弊端而确立的。现代大陆法系国家普遍采取直接言词原则。例如,法国《刑事诉讼法》第 452 条规定,证人应当口头作证。德国《刑事诉讼法》通过对审判程序的规定,要求法院在判断证据和作出裁判时,只能以审判时所获得的结果为依据。日本《刑事诉讼法》第 43 条第 1 款规定:"判决,除本法有特别规定的以外,应当根据言词辩论而作出。"在英美法系国家的立法或者判例中,没有规定直接言词原则,但确立了与之相似的传闻证据法则,即除非另有规定,法庭之外的陈述不得采纳的规则。该规则客观上也会起到确保法官与证人亲自接触、直接听取其陈述以及质证的作用。虽然直接言词原则与传闻证据法则之间存在一些不同,但两者都是基于共同的理念,即基于公正审判的要求和基于发现真实的需要。

一、直接言词原则的意义

直接言词原则之所以在大陆法系国家被普遍确立和强调,在于其具有重要意义:

1. 有利于保证自由心证结果的正确性,从而保证查清案件事实。直接言词原则要求庭审法官必须对证据直接进行审查,一切作为定案的证据均须在法庭上查证属实,涉及言词证据时,要求被告人、证人等必须出庭进行口头陈述。只有在审判法官亲自聆听陈述的情况下，产生的感知、形成的判断才易于接近事实真相，有利于判断证据的可信性，有利于形成正确的内心确信。

2. 有利于实现程序的公正价值。通过直接言词原则，有助于保障程序的平等性、参与性，有助于实现程序的自治性和公正性，确保案件得到公正的处理，避免法官由于不直接接触证人等而产生误判。

3. 有利于提高诉讼效率。实行直接言词原则，在法庭审理过程中，对于双方当事人的事实争议、证据争议和适用法律的争议，法官可以及时加以整理，明确审理方针，从而推进诉讼进程。同时，通过当事人充分参与庭审，可以增加判决的信服力，减少上诉的发生，大大降低当事人的诉讼成本和国家的审判成本。此外，还避免了法院大量庭外取证的做法，减少了法院不必要的费用支出，节省国家的司法资源。

二、直接言词原则的适用

从各国立法来看，直接言词原则主要包括以下几项要求：(1)法庭审判必须在被告人、检察官等亲自在场的情况下进行，即“在场原则”。除法律明确规定允许缺席审判的特殊情形外，诉讼各方尤其是被告人必须出庭。(2)在法庭审判过程中，所有提供言词证据的人必须出庭作证，其证词只有经过控辩双方的盘问质证，才具有法律效力。(3)法官必须以直接采证的方式获得证据。在审查中未经法官本人直接查证的证据，不能作为定案的依据，即使在侦查、预审中经过警察、检察官、预审法官调查的证据，也不能例外。法官对证据的调查和采纳必须亲自进行。(4)直接审理案件的合议庭或者陪审团对案件事实所作的裁判，除非上级法院依法定程序变更或者撤销，任何人都无权更改。只有自始至终直接接触证据的审理者才有权作出裁判。(5)法官审判必须持续而集中地进行，一般不得间断。法庭审理过程也不得中途更换法官。(6)诉讼各方以言词方式进行陈述。一切诉讼中的程序，如讯问被告人、询问证人、被害人陈述、调查证据、检察官指控、律师辩护、法官的审判，都必须以言词陈述的方式实现。

鉴于诉讼的复杂性，直接言词原则也有其例外规则，主要包括：(1)非讼案件原则上采取间接审理和书面审理。基于非讼案件的特征，一般无须适用直接言词原则，但此类案件的处理也并不必然排除直接言词审理。(2)对于即将灭失或者以后难以取得的证据，依法进行证据保全的，在开庭审理时可以以宣读证据保全笔录来代替直接审理。现场勘验笔录、现场检查笔录也可以根据情况缓和适用直接原则。(3)一审法院仅就程序事项所作的裁决以及复审法院仅就一审判决所适用的法律进行的审查和判决一般不适用直接言词原则。(4)直接言词原则一般仅适用于普通程序，而不适用于简易程序。(5)在法律明确规定的其他特殊情况下，可以排除直接言词原则的适用。

三、直接言词原则在我国证据法中的体现

我国立法上并未明确规定直接言词原则,但在诉讼法和相关司法解释的一些条文上对直接言词原则的精神有所体现。例如,《刑事诉讼法》第 192 条规定:"公诉人、当事人或者辩护人、诉讼代理人对证人证言有异议,且该证人证言对案件定罪量刑有重大影响,人民法院认为证人有必要出庭作证的,证人应当出庭作证。人民警察就其执行职务时目击的犯罪情况作为证人出庭作证,适用前款规定。公诉人、当事人或者辩护人、诉讼代理人对鉴定意见有异议,人民法院认为鉴定人有必要出庭的,鉴定人应当出庭作证。经人民法院通知,鉴定人拒不出庭作证的,鉴定意见不得作为定案的根据。"第 193 条第 1 款规定:"经人民法院通知,证人没有正当理由不出庭作证的,人民法院可以强制其到庭,但是被告人的配偶、父母、子女除外。"《民事诉讼法》第 71 条规定:"经人民法院通知,证人应当出庭作证……"第 81 条规定:"当事人对鉴定意见有异议或者人民法院认为鉴定人有必要出庭的,鉴定人应当出庭作证。经人民法院通知,鉴定人拒不出庭作证的,鉴定意见不得作为认定事实的根据;支付鉴定费用的当事人可以要求返还鉴定费用。"此外,刑事诉讼法还相应规定了证人作证的保护制度、补偿制度以及证人拒不出庭或者出庭后拒不作证的惩戒制度等,这些规定无疑将会提高证人、鉴定人出庭作证率,是贯彻直接言词原则的具体体现。

但是,过去很长一段时间,我国司法实践中存在证人出庭率低、书面证言大量使用、侦查卷宗成为裁判的主要依据、二审不开庭、审判委员会讨论定案等问题,这些都与直接言词原则相悖,其中证人不出庭是最为突出的问题。究其原因,一方面是由于立法给证人不出庭"开了口子",从而使这种现象成为"常态"有了法律依据,如《刑事诉讼法》第 195 条规定对未到庭的证人的证言笔录,应当当庭宣读。这种规定固然有考虑现实国情等方面的因素,但是与直接言词原则肯定是不一致的。另一方面是由于司法实践中有的法官存在"嫌麻烦"的心理,觉得证人出庭会影响庭审效率,甚至有的法官担心证人出庭改变证言后会对案件的处理带来不好的影响,因此对于证人出庭有一定的抵触而怠于通知证人出庭。

随着我国证据制度的不断改革,以前曾经同样困扰诉讼的鉴定人不出庭的问题,在对鉴定人出庭规则日益严格的情况下,在司法实践中已经有很大改变。经人民法院通知的,鉴定人基本上能够出庭接受质询,这也表明我国在贯彻直接言词原则方面在不断进步。司法改革是循序渐进的过程,随着改革的推进,司法理念的革新,公民法律素养的提高,证人出庭作证问题必然会得到有效解决。此外,我国还应当在集中审判原则、卷证移送制度、证据运用规则等方面不断改革和完善,从而更好地贯彻落实直接言词原则。

第四节 遵守法制原则

遵守法制原则，从证据法角度解读，是指司法人员或执法人员在司法或执法过程中，必须严格遵守法律的规定，收集、运用证据，查明案件事实，依法办案的原则。法治是规则之治，法制是法治的基础，遵守法制原则是建设法治国家的基本要求。任何司法或执法活动都是为维护国家法制服务的，其本身必须遵守法律的有关规定。如果司法、执法人员用非法的手段去司法和执法，"执法之人为了执法而犯法"，则既有害于国家的法制，也有悖于司法、执法活动的宗旨。

一、遵守法制原则的意义

1. 约束办案人员，防止公权力拥有者滥用权力。从理论上说，遵守法制原则适用于所有参与司法或执法活动的人，即除了司法人员或执法人员外，还包括所有的非行使国家职能的参与人，如当事人及其律师、证人等，这些人在参与司法或者执法活动时也必须遵守国家法律。但是，遵守法制原则最主要的适用对象是在司法或者执法过程中行使国家职能的办案人员，包括法官、检察官、侦查人员、行政执法人员、仲裁员、公证员等。这些人在办案过程中必须严格遵守法律的有关规定，才能树立良好的执法形象，确保司法或执法活动的权威性。

2. 保证案件质量，增强案件处理结果的公信力。证明活动本身是司法活动的一部分甚至是核心部分，司法人员或执法人员只有在证据的收集、运用、判断等过程中严格遵守法律的相关规定，严格依法办案，才能保证发现案件的真相，确保案件的质量，增强案件处理结果的公信力，实现司法公正。

二、遵守法制原则在司法证明中的具体要求

在司法活动中，要切实贯彻遵守法制原则，主要应当做到以下几点：

1. 加强证据法制建设，完善证据法律制度。有法可依是司法、执法的基础和前提，如果不先确立规则，执行规则也就无从谈起。我国曾经相当长的时间内在证据规则方面存在严重不健全、不完善的问题，导致司法实践中公安司法人员无法可依，办案质量无法保证。因此，国家应当通过立法活动，不断地健全、完善证据法律制度，使司法人员、执法人员在司法、执法活动中处理证据问题时有法可依，于法有据。

2. 严格按照法律规定去收集运用证据。在司法证明过程中，既不能允许任何人在证据收集运用中享有特权，也不能非法侵犯任何公民的人身权利和民主权利，司法人员、执法人员及其他诉讼参与人应当严格按照法律规定去收集、使用证据，

以非法方法等获取的证据不得作为定案的依据。

3. 切实做到依法取证、依法举证、依法质证和依法认证。就司法证明的四个基本环节而言，取证是举证、质证和认证的基础，取证工作的质量在很大程度上决定着举证、质证、认证工作的质量。同时，取证又是一种自主性或随意性很强的行为，往往表现为权力与权利的冲突，很容易出现违法乱纪和侵犯人权的情况。因此，依法取证是遵守法制原则的关键所在，同时，举证、质证和认证活动也必须依法进行。

三、遵守法制原则在我国证据法中的体现

我国证据法制建设一度相当落后，证据规则不健全。在立法上，诉讼法中关于证据的条文粗疏，同时长期缺乏较为系统的关于证据的司法解释乃至规范性文件，这使得司法实践中遇到具体问题时往往出现无法可依的现象。同时，在司法人员、执法人员理念中，依法取证、举证、质证、认证的意识不强，存在不按法律规定办案，尤其是在取证环节更是存在较为严重的非法取证现象等问题，这些都是在司法证明活动中不遵守法制原则的体现。

随着我国证据法制建设的发展，我国的证据立法工作取得了长足的进步，在诉讼法典、司法解释以及规范性文件中对证据规则作出了很多具体的规定，尤其是最高法《民诉证据规定》《诉证据规定》，两院三部《办理死刑案件证据规定》《严格排除非法证据规定》等重要的司法解释以及最高法《庭前会议规程》《排除非法证据规程》《法庭调查规程》等规范性文件的先后出台，基本解决了我国证据方面无法可依的局面，初步建立了具有中国特色的证据法律制度。目前，重中之重是应当强化司法人员、执法人员的证据规则意识，严格按照证据规则办理案件，建立遏制刑讯逼供等非法取证现象的有效机制，并进一步健全完善我国的证据规则体系，从而彻底实现我国证据制度的法制化。

典型案例评析

案例3－1　河北聂树斌故意杀人、强奸案：证据裁判原则下疑罪从无的实际运用〔4〕

1994年8月5日，河北省石家庄市液压件厂女工康某在该市西郊孔寨村附近一块玉米地里被强奸杀害。聂树斌被指控为该案嫌犯。1995年3月15日，石家庄

〔4〕　最高人民法院刑事判决书，(2016)最高法刑再3号。

市中级人民法院作出一审判决，以故意杀人罪及强奸妇女罪判处聂树斌死刑。聂树斌提出上诉。1995年4月25日，河北省高级人民法院作出（1995）冀刑一终字第129号刑事附带民事判决，并根据最高人民法院授权高级人民法院核准部分死刑案件的规定，核准聂树斌死刑。

2005年1月，涉嫌犯故意杀人罪被河北省公安机关网上追逃的王书金，被河南省荥阳市公安机关抓获后自认系本案真凶。[5] 此事经媒体报道后，引发社会关注。2007年5月，聂树斌近亲属向河北省高级人民法院和多个部门提出申诉，请求宣告聂树斌无罪。2014年12月4日，根据河北省高级人民法院请求，最高人民法院指令山东省高级人民法院复查本案。山东省高级人民法院对本案进行全面审查后建议最高人民法院启动审判监督程序重新审判。最高人民法院于2016年6月6日作出（2016）最高法刑申188号再审决定，提审本案。2016年11月30日，最高人民法院第二巡回法庭作出了本案的再审判决。

最高人民法院再审判决对聂树斌案存在的疑点进行了非常深入的证据分析，认为：(1)聂树斌被抓获之时无任何证据或线索指向其与康某被害案存在关联；(2)聂树斌被抓获之后前5天的讯问笔录缺失，严重影响在卷讯问笔录的完整性和真实性；(3)聂树斌有罪供述的真实性存疑，且不能排除指供、诱供可能；(4)原审卷宗内案发之后前50天内证明被害人遇害前后情况的证人证言缺失，严重影响在案证人证言的证明力；(5)聂树斌所在车间案发当月的考勤表缺失，导致认定聂树斌有无作案时间失去重要原始书证；(6)原审认定的聂树斌作案时间存在重大疑问，不能确认；(7)原审认定的作案工具存在重大疑问；(8)原审认定康某死亡时间和死亡原因的证据不确实、不充分；(9)原办案程序存在明显缺陷，严重影响相关证据的证明力。

综上，最高人民法院认为原判据以定案的证据没有形成完整证据锁链，没有达到证据确实、充分的法定证明标准，原审认定聂树斌犯故意杀人罪、强奸妇女罪的事实不清、证据不足，据此判决如下：(1)撤销河北省高级人民法院（1995）冀刑一终字第129号刑事附带民事判决和石家庄市中级人民法院（1995）石刑初字第53

---

〔5〕 王书金供述称多次强奸、杀人，并称石家庄西郊玉米地的奸杀案也是他所为。2006年，邯郸市中级人民法院开庭审理了王书金一案，但起诉书内只字未提与聂树斌案关联的石家庄西郊玉米地奸杀案。2007年3月，邯郸市中级人民法院作出一审判决，以故意杀人罪、强奸罪判处王书金死刑。王书金提出上诉，坚称石家庄西郊玉米地奸杀案是其所为，而河北检方庭审中则坚持否认王书金系聂树斌案真凶。2013年9月，河北省高级人民法院驳回王书金上诉、维持原判。2020年11月，最高人民法院将王书金案发回重审。2020年12月22日，王书金案重审案二审宣判，王书金犯故意杀人罪和强奸罪判处死刑。2021年2月2日，经最高人民法院核准并下达执行死刑命令，河北省邯郸市中级人民法院对王书金执行了死刑。关于王书金到底是不是聂树斌案的真凶，几乎成了不解之谜。

号刑事附带民事判决。(2)原审被告人聂树斌无罪。

|评析|

聂树斌案是对我国刑事诉讼影响深远的一个案件,也是证据法学研究中非常值得探讨的一个案件。由于聂树斌已经被执行死刑,案发十年后王书金自认真凶而检方坚决否认,法院亦不予认定,使得案情扑朔迷离,尤其对王书金是否真凶涉及的相关证据问题,理论界、实务界分歧很大。而除却王书金是否本案真凶不论,从最高人民法院本案再审判决对证据的深入分析论证,可以得出一个结论:原审认定聂树斌犯故意杀人罪、强奸妇女罪确系事实不清、证据不足。而最高人民法院聂树斌案的再审判决书从多个角度、多个层次对原审存在的证据问题进行了深入的分析,非常有说服力地阐释、论证了原判据以定案的证据没有形成完整的证据锁链,没有达到证据确实、充分的法定证明标准,事实不清、证据不足。该判决书不仅是一份优秀的法律文书,也是一份优秀的证据分析报告,堪称刑事案件证据分析的典范之作,充分证明了司法实践中办理案件时强化证据分析说理的重要性和必要性,也充分体现了证据裁判原则指导下裁判文书释法说理"用证据说话"的司法理念。

聂树斌案是基于证据裁判原则,在事实不清、证据不足的情况下适用疑罪从无原则的典型案例。从在卷证据来看,虽然聂树斌本人一直认罪,但其供述有诸多疑点;虽然也有客观证据在卷,但重要物证的来源不清、证明力明显不足;虽然有供证一致的情形,但又存在证据链条不完整、不可靠的问题,据以定罪的证据没有达到犯罪事实清楚、证据确实充分的法定证明标准,因而最高人民法院作出聂树斌无罪的判决。此案充分彰显了证据裁判原则和疑罪从无原则的诉讼价值。

案例3-2　湖北佘祥林杀妻案:不遵守法制的后果〔6〕

1994年1月20日,佘祥林的妻子张在玉离家出走后下落不明,张的亲属怀疑其被佘祥林杀害。同年4月11日,京山县雁门口镇吕冲村九组窑凹堰水面上发现一具女尸。京山县公安局通过尸体检验、组织辨认后认为此女尸系张在玉。经侦查,怀疑作案凶手为张在玉的丈夫佘祥林。

随后,佘祥林因涉嫌犯故意杀人罪被批准逮捕,在经过漫长的审讯并受到严酷的刑讯逼供后,佘祥林详细交代了独自杀人沉尸的经过。佘祥林的申诉材料反映出侦查人员对其进行了殴打等刑讯逼供。疲劳审讯连续10天11夜,不让其喝水和睡觉,并对其进行了指供和诱供。

鉴于案情重大,京山县人民检察院于1994年5月将佘祥林故意杀人案移送至

〔6〕　湖北省京山县人民法院刑事判决书,(2005)京刑再初字第7号。

荆州市人民检察院。检方审查起诉后，要求警方补充侦查相关证据，但京山县公安局回应无法补充取证。1994年9月，荆州市人民检察院将佘祥林以故意杀人罪起诉至荆州市中级人民法院。1994年10月13日，荆州市中级人民法院判决：被告人佘祥林犯故意杀人罪，判处死刑，剥夺政治权利终身。佘祥林对此判决不服，上诉至湖北省高级人民法院。1995年1月10日，湖北省高级人民法院裁定：事实不清，证据不足，发回重审。随后，由于行政区划的变更，此案被移送至荆门市。该案经过市、县两级政法委协调及其处理意见，绕开了湖北省高级人民法院。1998年6月15日，京山县人民法院判决被告人佘祥林故意杀人罪成立，判处有期徒刑15年，附加剥夺政治权利5年。佘祥林不服，又提出上诉。同年9月22日，湖北省荆门市中级人民法院驳回上诉，维持原判。

2005年3月28日，“死者”张在玉突然回到了吕冲村。2005年3月29日，荆门市中级人民法院紧急下发再审决定书。同年4月13日，京山县人民法院再审后判决佘祥林无罪。

| 评析 |

佘祥林案是一起震惊全国的重大冤案。此案的发生有多种原因，如辨认错误、先定后审、违反级别管辖规定、未正确把握证明标准等，但其中侦查人员未依法取证，刑讯逼供是根源所在。我国1979年《刑事诉讼法》虽然没有明确规定非法证据排除规则，但是其第32条已经明确规定“严禁刑讯逼供和以威胁、引诱、欺骗以及其他非法的方法收集证据”。而佘祥林案中，侦查人员不仅采用了刑讯逼供的方法，而且采用了疲劳审讯、饥饿、指供、诱供等非法方法，完全没有遵守法律的规定。而在审查起诉以及审判过程中，有关检察院和法院已经意识到本案在证据上存在若干重大疑点，但最后都没有坚持原则，在明知证据不足的情况下继续追诉定罪，且采取了严重违反刑事诉讼级别管辖制度的规避法律的做法，最终酿成冤案。可见，司法实践中办理案件时坚持遵守法制原则具有非常重要的意义。

主要文献著述

1. 易延友：《证据法学：原则　规则　案例》，法律出版社2017年版。

2. 秦宗文：《自由心证研究：以刑事诉讼为中心》，法律出版社2007年版。

第四章　证据法的历史沿革

第一节　人类社会早期的证据法

在人类历史的早期，各种纠纷和讼争已经存在，一些习惯成为纠纷解决的依据。有关证据的法律制度是人类社会发展到一定阶段的产物，人类社会早期的证据立法散见于综合性法典之中，如古巴比伦的《汉谟拉比法典》、古印度的《摩奴法典》以及5世纪西欧墨洛温王朝的《萨利克法典》等文献中均有关于证据制度的相关记载。一般认为，人类社会早期的证据制度具有"神证"的特点，实行的是神示裁判证据制度。神示裁判证据制度是凭借神的各种启示来判断案件是非曲直的一种证据制度。相关内容在上述法典中均有所体现。例如，《汉谟拉比法典》规定，如果某自由民的妻子被人告发有通奸行为，但是她自己不承认，那么法官就会命人把该女子扔到河里去。如果那个女子沉到水里去，就证明她有罪；如果她没有沉下去，而是浮在水面上，就证明她无罪。再如，《摩奴法典》规定，如果法官依证言和物证不能准确认定案件事实，则可以"神明裁判"来审查证据和证明案件事实。作为《摩奴法典》之补充的《那罗陀法典》，其第102条就规定了火审法、水审法、秤审法、毒审法、圣水审、圣谷审、热油审和抽签审等八种"神明裁判"的方法。

神示裁判证据制度也是日耳曼各族在社会形态早期阶段使用的一种证明方法和裁判方法。在欧洲证据制度的发展史中，神示裁判证据制度占有十分重要的地位，有近千年的历史。在日耳曼民族统治欧洲后，神示裁判证据制度开始在欧洲被广泛使用，并占主导地位。日耳曼民族的神示裁判的方法各式各样，但被广泛使用的主要有水审、火审、决斗审和宣誓决诉四种。

"神明裁判"是人类社会早期普遍采用的裁判方法，但"神明裁判"并不是每个案件都会采用的方法。一般来说，只有那些疑难复杂、事实真伪不明的案件才会使用"神明裁判"的方法。无论是哪一种形式的"神明裁判"，司法人员的职责主要是主持裁判，而不是查明案件的事实真相并在此基础上适用法律。

一、神示裁判证据制度的各种形式

(一)水审

水审是指通过一定的方式使当事人接受水的考验,显示神意,并以此判定当事人对案情的陈述是否真实,或者被控告人是否有罪。水审又分为冷水审和沸水审。

冷水审是日耳曼部族曾经广泛使用的一种裁判方式。冷水审的程序大体如下:如果被告人否认指控并选择冷水审,就会把他的手脚捆住,命人在其腰上系一根绳,绳上打一个结,绳结到身体的距离有具体规定。然后把被告人放进水中,如果被告人和绳结都在水面下,则无罪,若绳结保持干燥,则证明有罪。这样的判断标准,主要是因为古日耳曼民族认为水是世界上最纯洁的,不接纳任何污秽的东西,被告人入水而不沉,则认为他受到水神的唾弃,从而说明他的陈述是虚假的,或者他是有罪的;相反,如果被告人沉入水中,则认为纯洁的水神接纳了他,他的陈述是真实的,或者他是无罪的,在这种情况下,亲友必须捞救,以免无罪的人反遭溺死。需要注意的是,由于民族传统的不同,水审判定的标准也有一定区别,如古巴比伦人在审理案件的时候也经常采用"水审法",但认定是否有罪的标准恰恰相反,即如果一个人沉没则表明他有罪。

沸水审也是一种常用的神明裁判方式。《萨利克法典》第53条规定:"如果有人被判处沸水锅的考验,那么,双方可达成协议,使被判决者可赎回自己的手,并须提出共同宣誓的证人。"沸水审的程序大体如下:如果被告人否认指控并选择沸水审,就要接受沸水的考验。考验前要进行三天的宗教仪式。考验时被告人要把手伸进沸水至手腕处为止。重罪的考验要求把肘部以下的半臂都伸进去,然后伤处被包起来等待三天后检查。如果烫伤已日有起色,渐趋痊愈,法官则认为是神意所致,因而他是诚实的、无辜的;反之,如果伤口日渐脓肿溃烂,无法愈合,则可以此判断他的陈述是虚假的,或者他是有罪的。沸水审适用的理念:沸水代表《圣经·旧约》中的大洪水,只有正直的人才能从大洪水中幸免。

(二)火审

火审是另外一种常用的神明裁判形式。欧洲9世纪法兰克人《麦玛威法》就规定:凡犯盗窃罪,必须交付审判。如在神判中为火所灼伤,即被认为不能经受火审的考验,处以死刑。反之,如不为火所灼伤,则可允许其主人代付罚金,免除死刑。火审可以分为燃火审和热铁审。燃火审就是让被告人手持燃火,或者让其在火中行走,看其是否受伤,以判断其是否有罪。热铁审又分为手之热铁审、足之热铁审和舌之热铁审。手之热铁审的做法就是让被告人手拿着一块烧红的铁走一段规定的距离,大约3米远。被告人受指控的罪名较轻时,用约450克重的铁块;罪名较重时,用约1.5千克的铁块。然后看其是否受伤,以判断其是否有罪。足之热铁审就是让被告人蒙着眼睛从火红的煤块上走过，然后把火烧的伤口包起来。三天之后验看伤口。若愈合了，则被告人无罪；反之，则有罪。舌之热铁审就是让被告人用舌头去舔热铁。这种方法主要是为检验被告是否说谎。火审与宗教仪式紧密相连。在考验开始前，先要进行三天的宗教仪式，通常由牧师或神父等神职人员主持；被告人要经历斋戒、祈祷、用圣餐饼、驱邪和祝福。热铁审中的牧师祷词通常为："噢，上帝，公正的法官，你是和平的缔造者，你作出公正的审判，我们谦卑地祈求你赐福，让这块炽热的烙铁彰显神灵，凭它对未决的争执进行公正的检验。倘若此人欲洗刷嫌疑，证明自己的清白，就亲手拿起这块炽热的烙铁，他会安然无恙；倘若他有罪，便让你最公正的大能在其身上昭显真相。邪恶压不倒正义，谬误永远战胜不了真理。愿主保佑。"宗教仪式预示着上帝的参与，保障了火审裁决的权威性。

火审的适用理念：人们从远古的时候就相信如果一个人没有罪，他就不怕火烧，因为神灵会保佑他。

（三）决斗审

决斗是中世纪早期欧洲大陆法兰克人的习俗。英国在诺曼底征服之前没有决斗审程序。英美法中世纪的决斗审是由诺曼人从欧洲大陆引入英国的，一直到19世纪都有适用。决斗审一般只适用于重罪案件，但在11～13世纪的英国，决斗审也适用于共谋犯罪案件。在这类案件中，自首并告发同伙的犯罪人可以成为控方证人指控其他同案犯而使自己免于指控。但是，他们必须要与指控的同案犯进行决斗。具体程序如下：

双方当事人被带到法庭之后，原告要作出正式的控告。原告在指控中要陈述特定的事实以及事实中的所有情节，不能夸大。另外，在被告人被带到原告面前时，原告要对他进行确认。随后，被告人要进行口头答辩。在正式的决斗日之前，控辩双方都要提供担保，以保证按时出庭。如果被告人不能提供保证金，将会被羁押至决斗日。在决斗日到来的时候，控辩双方要全副武装出庭。到庭之后，被告人一般会首先进行宣誓，原告也要进行宣誓。宣誓之后，原被告双方都被带到决斗的地点。并且，任何人在决斗开始之前都不能和他们讲话。到达了决斗场之后，他们还要在法官面前再次进行宣誓。然后，国王委派的官员会当众宣布众人保持肃静，任何人在决斗过程中都不能随意走动、大声叫喊，无论他们听到或看到什么。如果有人不遵守规定，根据国王的法律，他将被监禁一年零一天。

随后，原被告双方就手持棍棒，开始决斗。如果原告被打败，或者经过一整天的决斗，直到天空中星星出现尚未决出胜负，对被告人的所有控告包括同一犯罪指控中的其他共谋指控都将被撤销。然而，如果被告人被打败，原告还要和其他被指控的共谋犯进行决斗。在有数个被告人的案件中，如果原告被前面的被告人打败，那么其他还没有和原告决斗的被告人只有在提供担保之后才能离开，除非法官有理由将其拘留；如果不能提供保证金，他们将被赶出王国或者被终身监禁。

决斗的适用理念：当时的人们认为，神灵会给掌握正义的一方以力量，让他在与非正义一方的对抗中取胜。在审理案件时，让争执双方武力决斗，获胜的一方必然是正义者。

（四）宣誓决诉

宣誓决诉是对欧洲大陆法诉讼制度影响最深远的一种神明裁判形式。宣誓决诉程序大体如下：宣誓决诉程序由原告启动。原告首先传唤被告人出庭。被告人同意出庭的，说明原被告双方均愿意将案件交给法庭裁决。在正式庭审中，原告在法庭上首先必须进行庄严的宣誓。这种宣誓是预备性宣誓。预备性宣誓的主要功能在于原告通过这种宣誓来证明他提出指控是善意的、属实的，倘若提出的控告被证实不真实，他愿意接受处罚。原告在宣誓之后必须以正确的套语并配合一定的动作详细地向被告人陈述他的主张，并要求被告人对指控作答。同时，原告还要提出控方证人，展示伤口，提出其他可见的证据来支持指控。这里的“控方证人”不是事实证人，而是原告的宣誓辅助人。宣誓辅助人要对原告的指控进行宣誓保证，以强化指控的真实性。

在原告完成上述的指控行为之后，被告人必须要对原告的指控进行答辩。因为被告人承担证明自己无罪的责任或权利。如果被告人承认原告的诉讼主张，案件很快就了结。相反，如果被告人以宣誓否认原告的主张。对此，法官就会作出中间裁决要求被告人提出宣誓涤罪人，通过他们的证词来洗清自己。

被告人要根据法律规定，提出一定数目的宣誓涤罪人。宣誓涤罪人的人数因案情轻重、当事人的社会地位和财产状况不同而不同，具体可以从一人至数十人不等。宣誓涤罪人不属于事实证人，他们不是因为了解案情作证，而是通过宣誓向法庭保证被告人的宣誓是真实的。宣誓涤罪人一般都是从被告人的亲属、朋友或者邻居中选出，这些人对被告人的品格比较了解。宣誓涤罪人可以由被告人提出，也可以通过抽签选出，还可以由法官来任命。

在被告人提出宣誓涤罪人之后，法官要向宣誓涤罪人宣布宣誓的套语，要求他们逐字逐句地按照套语来进行宣誓。在复述的过程中出现一丁点儿错误对被告人的案件来说都是致命的。早期，宣誓涤罪人是一起进行宣誓，后来被要求一个一个单独进行。

宣誓决诉以“品格”证人作为裁判的基础，在神示裁判制度中是一种相对理性的证明形式。

二、对神示裁判证据制度的评价

神示裁判证据制度与其说是一种证据制度,不如说是一种裁判制度。或者说,它既是一种裁判制度,也是一种证据制度。神示裁判证据制度在欧洲中世纪早期特定的历史背景下,虽然具有一定的积极意义,但也不可避免地带有一定的历史局限性。

神示裁判证据制度的积极意义主要体现在:一方面,它充分体现了程序的公正性。神示裁判证据制度是弹劾式诉讼的重要内容。在神示裁判程序中,控告由私人提起,审判以公开、言词辩论的方式进行,原告和被告人在诉讼中居于主导地位,且具有平等的诉讼地位,拥有对等的诉讼权利。法官完全处在消极仲裁者的地位,判决的制作者不是法官而是"神灵",法官仅仅是"神灵判决"的公布者。整个神裁程序充分体现了程序的公正性。另一方面,它毕竟给纠纷的解决提供了一种方式或者途径。它是与当时的社会生产力较为低下以及人们的认识能力局限性相适应的一种纠纷解决方式,而且以"神灵"名义发布判决也有利于提高司法判决的权威性,有助于维护社会秩序的稳定。

神示裁判证据制度的历史局限性主要体现在:从现代诉讼的视角来看,它是一种非理性的裁判方式。在神示裁判证据制度下,案件事实不是根据目击证人、物证、书证等能够发现案件事实真相且具有客观性的证据来认定,而是将某些自然现象视为"神的启示"来发现案件"事实真相"。另外,整个诉讼缺乏专门的证据调查程序,对诉讼形式的选择实际上就是对裁判方式的选择。这种简单的、粗线条的、充满宗教色彩的事实认定方式,显然不利于发现案件真实。总体而言,它是一种落后的非理性的证据制度。

第二节　英美法系证据法的历史沿革

1215 年,第四次拉特兰宗教会议明令禁止在宗教法庭的审判中使用神明裁判。随后,欧洲许多国家也相继废除了神明裁判。丹麦和英格兰分别于 1216 年、1219 年宣布放弃神判,1230 年、1231 年苏格兰和西西里分别下令禁止神判,1274 年挪威马格努斯六世颁布的法典删除了关于神判的条款,西班牙于 1247 年颁布《维斯卡法典》禁止神判法令,13 世纪中期和 1320 年瑞典两次颁布对神判的禁令。[1]

---

[1] 参见[英]罗伯特·巴特莱特:《中世纪神判》,徐昕、喻中胜、徐昀译,浙江人民出版社 2007 年版,第 7 页。

意大利大部分北部城市的神判在12世纪左右消亡，其余城市则相对较晚。在法国，中部地区的神判较早消亡，如图鲁兹地区为1159年，而北部地区则消亡较晚，大概为12世纪末期以及13世纪早期。在德国，神判消亡较晚，1220～1235年的《萨克森明镜》依然规定了此种证明制度。直至13世纪下半叶甚至14世纪初，仍有一些法律规定了神判，如《莱比锡地方法》（大约为1325年）。匈牙利于13世纪末、波兰于14世纪初、卡西米尔于14世纪中叶、塞尔维亚于1354年、波希米亚于1355年（查尔斯四世的《卡洛琳娜王室法令》）、克罗地亚于14世纪废除神判。〔2〕在废除了神明裁判之后，英美法系与大陆法系的证据制度分道扬镳，走上了不同的道路。

在废除神明裁判后，英美法系国家证据制度的发展大体经历了两个发展阶段：第一个阶段是知情陪审团阶段，时间大概是12世纪至14世纪。因为陪审团是由12名了解案件情况的当地居民组成，因此又被称为"知情陪审团"或者"邻里陪审团"。由于陪审员是根据自己对案情的了解来判案，所以法律没有必要就证据问题作出规定，这一时期的证据制度很不发达。第二个阶段是不知情陪审团阶段，时间大概是在14世纪之后，陪审团由不知情的普通民众组成，此时，陪审员变成了纯粹的事实认定者，其通过听审获取案件信息并在此基础上作出裁判。现代英美法系的证据制度是随着不知情陪审团的形成和发展而发展起来的。

一、知情陪审团审判与英美法系早期的证据制度

（一）知情陪审团审判制度的概况

神明裁判废止之后，欧洲面临着刑事司法制度的危机。英国在1066年引进了法兰克王国陪审团调查土地的制度。1219年，这种陪审团调查应用到所有王室法院的刑事审判中。这一时期知情陪审团审判的运作主要有以下几个特点：

1. 在继续使用私人控告制度的同时，建立公众控告制度，即指控陪审团控告制度。私人控告是神示裁判诉讼中最主要的控告方法。在1215年第四次拉特兰宗教会议之后，公共利益的观念开始在教会法中出现。陪审团制度在英格兰的引进，也标志着公共利益观念在英美法的确立。

2. 在诉讼中，没有严格的审前程序和审判程序之分。造成这种状况的主要原因，就是指控陪审团和审判陪审团之间具有连续性。指控陪审团和审判陪审团的陪审员都来自案发地的村、镇。在指控陪审团担任过陪审员的人，在审判陪审团中经常可以继续担任陪审员审理案件。另外，陪审员本身了解案件事实，实际上缩短或简化了繁琐的调查程序，审前调查程序没有存在的空间。

---

〔2〕 参见张保生主编：《证据法学》，中国政法大学出版社2018年版，第98页。

3. 无论是指控陪审团还是审判陪审团，陪审员都必须是了解案件情况的人。陪审员获取案件信息通常有三种途径：(1)陪审员自己目击案件事实的发生；(2)陪审员通过社区传闻或谣言获取案件事实；(3)在审判过程中，陪审员从被告人、被害人、验尸官、郡长以及其他证人在法庭上的言词陈述中获取案件信息。其中，第一种途径是陪审员适格性的首要条件。

4. 法官在审判中扮演积极的角色。早期法官在审判中履行的职责主要有：(1)审查所选的陪审员是否对案件事实有认知；(2)在法庭上展示指控陪审团的起诉书；(3)征求被告人是否愿意接受陪审团审判的意见；(4)主持陪审团的遴选程序；(5)陪审团选出之后，对陪审团作出指示；(6)在陪审团作出裁决之后宣布结果。这些都充分体现出法官的积极性。

5. 被告人在审判中的地位相对消极。被告人在诉讼中可以选择由陪审团进行审理，法官有时候会诱使被告人同意接受陪审团审判。在法官认为指控陪审团的指控成立时，被告人可以以正当理由申请陪审员回避，比如被告人提出该陪审员和他是“死对头”或者提出该陪审员想霸占他的土地。被告人可以自白，法官也可以诱使被告人自白。被告人和法官在法庭上可以进行问答式的谈话，但是这种谈话有时候充满敌对气氛，被告人在法庭上所说的内容及其表达方式都会影响陪审团。

(二)知情陪审团下的证据制度

在知情陪审团审判中，陪审员都是了解案件事实的社区成员，任何证据制度在这种审判模式下都显得不是很重要。陪审员事先了解案件事实使陪审团可以在被告人选择这种审判方式之后，就直接作出裁决。在这种情况下，法律没有必要对证据问题作出具体、详细的规定。法律没有对陪审团获取案件信息的渠道作出任何限制，既可以是耳闻目睹，也可以是道听途说。在审判中，法官也不会询问陪审员获取案件信息的来源。这一时期的证明模式属于“自由证明”，即法律对司法证明活动没有任何限制，司法者在采纳证据和运用证据认定案件事实的时候享有完全的自由。

二、现代陪审团制度的形成与英美法系证据制度的发展

(一)现代陪审团制度形成概况

14 世纪晚期，英国的知情陪审团制度发生了重大转变：陪审团在审理案件、作出裁决过程中主要依据证据和法庭辩论的情况。这一转变的主要原因是，随着社会经济的发展，社区在不断地扩大，找到了解案情又满足法定人数的陪审员是一件十分困难的事。到了 18 世纪，现代意义的陪审团就已经形成。这一时期的陪审团审判运作大体有以下特点：

1. 审前程序已经形成，审前与审判程序有了显著的区分。英国审前程序的形

成与治安法官制的形成和发展密切相关。英国的治安法官在1327年出现。早期的治安法官负责维护国王的和平,即维护社会治安。后来,治安法官开始从事刑事司法方面的工作,调查犯罪。16世纪中期,法律授权治安法官在提出指控之前讯问犯重罪的嫌疑人,也可以询问证人和控告者。这时,治安法官已经担负起审前的调查和监督任务,其开始成为审前程序的主宰者。

2. 事实问题和法律问题开始分离,在审判中分别由陪审团和法官负责。由于陪审团不再由了解案情的人组成,审判必须要经过公开的庭审才能实现。关键证人必须要出庭,任何书面的证言都要向法官宣读。在一定程度上,巡回法官不再过分依赖陪审团。为了实现法官对审判的控制,法官在审判过程中通常会就法律问题向陪审团发布指示,检测和监督陪审团的裁决。在这种状况下,对事实问题与法律问题的裁决开始分属两个不同的审判主体,即陪审团负责裁决事实问题、法官负责裁决法律问题。

3. 被告人与控告者、控方证人在法庭上要进行对质,这是发现案件真相的有效手段。虽然在案件的审判过程中可以宣读书面证言,但是书面证言必须要在被告人在场的情况下宣读。控告者和控方证人在向法庭提出口头证词时也必须要被告人在场。

4. 被告人在法庭上不得委托辩护人辩护,法官实际履行辩护人的职责。在1696年之前的刑事审判中,法律禁止律师出庭为被告人进行辩护,但是在审前程序中却允许律师为被告人代理诉讼。导致这种状况主要原因就是,在审前程序中,律师只代理涉及答辩的事项(有罪答辩或无罪答辩),这些问题只与法律有关而与事实无关。而在正式庭审中,陪审团和法官主要解决的是事实问题,因此律师不得代理。在庭审中,法官实际扮演着辩护人的角色。法官在审判中要对控方的起诉书认真地进行审查,而且法官在审判中有义务监督审判的合法性。在法庭调查活动中,如果被告人不能对控告者或控方证人进行有效的询问,法官会帮助被告人向控告者或控方证人询问。另外,法官也会在对陪审团的指示中指明控方案件的缺陷。

5. 被告人在法庭上没有作证的权利,导致其在法庭上的辩解陈述不具有证据能力。在英美法证据制度的历史发展中,被告人的有罪供述始终都是一种独立的证据种类——自白。然而,被告人的辩解陈述却一直都没有取得法定证据的地位。直到19世纪中后期,受边沁功利主义法哲学思想的影响,英美法才赋予被告人作证权。

(二)现代英美法系证据制度的形成

陪审团的转变推动了英美法系证据制度的形成,以非职业法官为审判主体的对抗制审判模式也在英格兰渐渐形成。对抗制审判制度一个十分重要的特征,就是尽可能地照顾非职业法官——陪审团发现案件事实真相。为了防止陪审团的心证在认定案件事实时受到不当证据信息的"污染",15~19 世纪,英美法系国家创造或改造出一系列的证据规则,以规范对抗制诉讼中的证据活动。

15~18 世纪,英美法出现了六个非常重要的证据规则:(1)证人适格性的规则。例如,根据当时的法律,当事人、夫妻、儿童等都没有作证的资格。(2)特免权规则。例如,当事人与诉讼代理人之间的秘密交流特免权制度开始出现。(3)强制证人作证规则。凡是有资格作证的证人必须要出庭作证,法庭有强制证人出庭作证之权力。(4)不得强迫自证己罪规则。这一规则被从教会法引入了英美普通法中。(5)被告人的品格证据规则。(6)传闻证据规则的范围得到了扩大,包括所有的书证。

在 18 世纪,英美法又出现了一些非常重要的证据规则:(1)交叉询问规则。18 世纪早期就出现了交叉询问规则,随着辩护律师庭审技能的发展,到了 18 世纪 80 年代,交叉询问已经在刑事审判中被广泛使用,并且成为早期证据法著作中的一个重要内容。(2)最佳证据规则。(3)证人的弹劾和补强规则。(4)交叉询问中的诱导性规则。(5)证人的作证顺序规则。(6)保证文件证据真实性的相关规则。

到了 19 世纪,英美法学者对证据法学进行了深入和系统的研究。对以往的证据理论进行的归纳、总结,以及对司法实践的反思,推进了英美法上述证据规则的完善。19 世纪中后期,被告人作证制度的确立,标志着现代英美法证据制度的最终形成。

综上,英美法的证据制度是在陪审团和对抗制审判框架下产生和发展起来的,英美法的证据制度在很大程度上是陪审团审判模式的产物。脱离开陪审团制度是无法完全理解英美法复杂的证据制度和精深的证据法理论的,而这一系列复杂、细致的证据规则正是英美法证据制度的基本特征。

第三节　大陆法系证据法的历史沿革

在欧洲废除神明裁判后,大陆法系的证据制度大体上经历了两个发展阶段:一是法定证据制度阶段,时间大约从 13 世纪至 18 世纪;二是自由心证阶段,时间大约从 18 世纪末至今。

一、法定证据制度

从诉讼制度和证据制度的角度来看,英美法系与大陆法系的分野是在 13 世纪。1215 年,第四次拉特兰宗教会议改变了欧洲大陆的裁判制度。教皇英诺森三世颁布法令,禁止宗教人员再参与神明裁判,[3]同时在教会法庭推行纠问式诉讼。与纠问式诉讼相适应的证据制度就是法定证据制度。法定证据制度,是指法律事先规定出各种证据的证明力和评断标准,法官必须严格遵循这些规则,没有自由裁量权。

大约从13世纪开始,欧洲大陆国家确立了纠问式诉讼制度。在此后的二百多年内,欧洲大陆国家的证据制度具有一个基本的特征,即法官在诉讼过程中享有运用证据查明案件事实的绝对自由。换言之,法律对法官收集证据和运用证据的活动没有任何限制性的规定,法官可以完全根据个人的知识、经验、兴趣、好恶或者良知来采信证据和认定事实。那时的司法证明属于完全的自由证明的模式。大约从16世纪开始,欧洲大陆的一些国家相继确立了法定证据制度。其中,比较有代表性的法律有1532年的《加洛林纳法典》、法兰西王国1670年的《刑事法令》、1853年的奥地利《刑事诉讼法典》以及1857年的俄罗斯《帝国法规全书》。

法定证据制度把证据按形式进行分类,一般分为完全的证据和不完全的证据两类。一个完全的证据,就是确定案件事实、判断被告人有罪的充分依据。不完全的证据可以作为被告人有犯罪嫌疑、应受刑讯拷问的根据。不完全的证据又可分为不太完全的证据、多一半完全的证据和少一半完全的证据,几个不完全的证据凑在一起可以构成一个完全的证据。

例如,1857年俄罗斯《帝国法规全书》规定:完全的证据包括:(1)受审人的坦白是所有证据中最好的证据;(2)书面证据;(3)亲自勘验;(4)具有专门知识的人的证明;(5)与案件无关的人的证明。不完全的证据包括:(1)受审人相互之间的攀供;(2)询问四邻得知的犯罪嫌疑人的个人情况和行为;(3)实施犯罪行为的要件;(4)表白自己的宣誓。该法第323条还规定,被告人的自白必须是在法院里在法官面前供认的,"在法庭外所作的坦白应认为无效;但是,如果经具有信用的证人加以证明,就构成具有一半效力的证据"。

奥地利1853年《刑事诉讼法典》对被告人的自白作为完全的证据,规定了下列条件:(1)必须是确定的、明晰的、表达透彻的,不是出于含糊不明的手势和符号;(2)必须是完全的记忆并在健全的理智状态下的陈述;(3)必须根据独立的和详尽的陈述,不是只根据所提问题的肯定答复;(4)必须与重要各点和有关犯罪行为的现象资料相符合;(5)必须在法庭调查中或在有权进行侦查的人员的面前陈述。

---

[3] 由于神明裁判必须有宗教人员的主持,禁止宗教人员参与神明裁判,便事实上废除了神明裁判。关于神明裁判逐渐衰微乃至消失的原因和过程,参见[美]詹姆士·Q. 惠特曼:《合理怀疑的起源——刑事审判的神学根基》,佀化强、李伟译,中国政法大学出版社2016年版,第81-127页。

法定证据制度对于证据达到何种情况才能定案也作了规定。例如,奥地利1853年《刑事诉讼法典》第312条规定,强奸案件必须具备下列条件才能定罪判刑:(1)切实证明确有强暴行为;(2)证人证明被强奸人曾经喊叫旁人来救助;(3)她的身上或被告人的身上,显出血迹、青斑或撕破的衣服,能够证明抗拒的情况;(4)立刻或当天提出报告。另外,法定证据制度以封建等级制为基础,对证据的效力进行区分:男子的证言优于妇女的;学者的证言优于非学者的;显贵者的证言优于普通人的;僧侣的证言优于世俗人的。

尽管法定证据制度在司法实践中有许多弊端,但是这种带有定量分析特征的证据制度是对人类司法证明活动作出规制的一次尝试。法定证据制度的优点主要体现在:(1)法定证据制度的确立,有效遏制了法官评判证据认定案件事实的主观随意性,实现了司法证明规则和标准的统一。(2)法定证据制度具有科学性和合理性的因素:法定证据制度确立了以证据为定案依据,第一次比较充分地贯彻了证据裁判原则精神;法定证据制度提出了"完全的证明"的概念,认为只有被告人自白和两个可靠证人的证言才能定案,拒绝间接证据作为定案的根据。据此可以看出,法定证据制度尊崇的是"客观真实"这一证明标准。这一标准对于准确定案具有积极的意义。

法定证据制度的缺陷主要表现在:(1)该证据制度在评断证据证明力的问题上过于死板,缺乏灵活性,在很大程度上剥夺了法官的自由裁量权。(2)法定证据制度容易导致刑讯逼供的泛滥。在法定证据制度下,由于法律规定被告人的口供可以构成"完全的证明",而且法律对司法官员获取口供的方法没有限制,所以刑讯逼供自然就成为司法官员的常规取证手段。

二、自由心证证据制度

自由心证,是指证据的取舍和证明力的大小及其运用问题,法律不作预先的规定,完全由法官凭"良心""理性"自由判断,形成内心确信,从而对案件事实作出结论。

17、18世纪,欧洲封建统治逐渐走向腐朽,为了反对维护封建等级特权的观念和制度,启蒙思想家提出了自然法理论和人权理论。洛克提出天赋人权以反抗封建等级观念,强调自然状态下人人平等,并提出"法律面前人人平等""法无明文不为罪"等思想;孟德斯鸠提出"三权分立",以限制权力集中造成的行政与司法专横;卢梭提出主权在民,主张建立法制国家。资产阶级以这些思想为指导,夺取政权后,在法制建设中,确立了一系列法制原则和制度。这些思想也是自由心证证据制度确立的思想基础。法国的启蒙思想家在抨击旧制度下的司法体制时,强烈要求引进英国的陪审团制度。法国大革命胜利之后,英国的陪审团制度果然被植入法国的司法中。法定证据制度在诉讼中被废止,自由心证证据制度得以确立。它最初出现在1791年法国发布的训令中,1792年又被写入法兰西《刑事诉讼法典》,1808年《刑事诉讼法典》对它作了更详尽的规定。可以说,法国是自由心证制度的发源地。

法兰西1808年《刑事诉讼法典》第342条对自由心证作了经典性的表述:"法律不要求陪审员报告他们确信的方法;法律不给他们预定一些规则,使他们必须按照这些规则来决定证据是不是完全和充分的;法律所规定的是要他们集中精神,在自己良心的深处探求对于提出的反对被告人的证据和被告人的辩护手段在自己的理性里发生什么印象。法律不向他们说:'你们不要把没有某种笔录、某种文件、多少证人或多少罪证……所决定的证据,看作是充分证实的。'法律只向他们提出一个能够概括他们职务上的全部尺度的问题:'你们是真诚的确信?'"1877年德意志帝国《刑事诉讼法》第260条规定:"法官应根据从全部法庭审理中所得出的自由心证来确定证据调查的结果。"1892年沙俄《刑事诉讼条例》第119条规定:"治安法官应根据建立在综合考虑法庭审理时所揭露的情况基础上的内心确信,来裁判受审人有无罪过的问题。"

自由心证可以概括为两项原则:自由判断原则和内心确信原则。自由判断原则,是指证据的证明力由法官自由判断,法律不作预先规定。法官在判断证明力时,不受外部的任何影响或法律上的拘束。内心确信原则,或称心证原则,即法官必须在内心"真诚地确信",形成心证,由此判定事实。所谓"心证",是指法官通过对证据审查所形成的确定信念。

自由心证的自由判断原则和内心确信原则,其主观色彩较为明显。为了准确发现案件真实,防止法官主观擅断,禁止纯粹的自由裁量,立法、法理解释和司法对自由心证作了一些限制:(1)要求法官在运用自由心证原则时须站在客观立场并遵循逻辑上和经验上的一般法则,从而对证据的证明力作出合理的判断;(2)法官在判决时必须叙明裁判的根据和理由;(3)通过一些证据适用和判断的规则来影响法官对证据效力的判断,进一步保证法官判断的客观性。

第四节 中国证据法的历史沿革

我国证据制度的发展大体经历了三个阶段:第一个阶段是中华法系阶段。这一时期的证据制度是在我国古代特有诉讼制度下的特有证据制度。第二个阶段从清朝末期和民国初期开始,随着诉讼制度欧洲化,我国证据制度继受了大陆法传统。第三个阶段从中华人民共和国成立至今,特别是1979年《刑事诉讼法》颁布至今。

一、我国古代证据制度

我国是一个具有悠久历史的文明古国。自公元前21世纪夏王朝的建立开始，已经经历了四千多年的历史。我国依次经历了奴隶制社会、封建制社会、半殖民地半封建社会和社会主义社会。在清王朝灭亡之前，我国的证据制度一直保持着基本特征的相对稳定。

（一）我国古代的神示裁判证据制度

与欧洲中世纪神示裁判证据制度相比，我国古代的神示裁判证据制度适用比较少，消失也比较早。但在早期奴隶制社会时期，神示裁判的断案方法在诉讼中也有使用。甲骨卜辞中有这样的记载："贞：王闻唯辟？""贞：王闻不唯辞？"意思是，商王在对刑事被告人定罪量刑时要用占卜的方式请求神的旨意，问神是否应该对被告人用刑。《周礼》还记载："有狱讼者，则使盟诅。"这说明当时打官司的人要通过宣誓来证明自己陈述的真实性。后东汉王充在《论衡·是应》篇中讲过："儒者说云：廌者，一角之羊也，性知有罪，皋陶治狱，其罪疑者，令羊触之，有罪则触，无罪则不触。"这种以兽触罪者的传说，可能就是我国古代的神明裁判方法。

（二）中华法系证据制度的特点

在清末修法、欧洲大陆法证据制度植入我国之前，中华法系的证据制度一直保持着相对稳定的发展态势。我国古代的诉讼制度具有典型的纠问式特征。与此相适应，中华法系的证据制度也体现出某些纠问式的特点。

1. 奉行"口供至上"，认为被告人的口供是一种定罪的最好证据。据《资治通鉴》解释"狱辞之于囚口者为款。款，诚也，言所吐者皆诚实也"，即狱囚在受审时供述的犯罪证词是真实可信的，是最好的证据。因此封建法律规定"断罪必取输服供词"，"罪从供定，犯供最关紧要"。一般的案件都需要供词才能定罪。这与欧洲大陆的纠问式诉讼有类似之处。但是，对于被告人的口供也不能盲目相信，法官要认真进行审查判断。南宋时期的胡太初在《昼帘绪论·治狱篇》就曾经指出："凡罪囚供款，必须事实著实，方可凭信。"

2. 刑讯逼供是法定的取证手段，法律对刑讯的条件、方法、适用对象和违律刑讯者的责任都作出明确规定。封建法律崇尚"无供不录案""无供不定罪"，从而导致刑讯逼供被广泛适用。从秦汉到明清的历代封建法律制度都将刑讯逼供明确规定在法律中。《礼记》中记载："仲春之月……毋肆掠，止狱讼。""肆掠"就是严刑拷打。在春季，为了保证农业生产的正常进行，要限制对劳动力的刑讯，在其他季节则可以刑讯为诉讼手段。《睡虎地秦墓竹简》的《封诊式·治狱》规定："治狱，能以书从迹其言，毋笞掠而得人情为上；笞掠为下；有恐为败。"这说明当时的法律已经充分肯定了刑讯逼供的合法性。封建法律不仅确认了刑讯制度的合法性,而且对刑讯的方法、刑讯的工具以及刑讯的程度都作出了明确的规定。《唐律·断狱》就规定:“诸应讯囚者,必先以情,审察辞理,反复参验;犹未能决,事须讯问者,立案同判,然后拷讯。违者,杖六十。”刑讯不能用在“以五声听狱讼、求民情”、反复核对证言之前,而只能在此之后,并且仍然难以作出决断时,才能刑讯。违者要受到“杖六十”的处罚。“诸拷囚不得过三度,数总不得过二百,杖罪以下不得过所犯之数。拷满不承,取保放之。”如果受审人经过三次拷讯仍不招供,就只能取保释放。“即有疮病,不待差而拷者,亦杖一百;若决杖笞者,笞五十;以故致死者,徒一年半。若依法拷决,而邂逅致死者,勿论。”囚犯因患疮病,不等病愈就进行拷打,因而致死的,司法官吏应负刑事责任;但是依法拷讯,由于意外造成囚犯死亡的,法律则免除其刑事责任。除此之外,唐律还对缓拷、免拷的对象,以及拷打身体的部位、刑讯工具的长短宽窄等都有具体的规定。唐朝以后各封建王朝的法律,基本上是效仿《唐律》制定的。直到中华民国建立之后,刑讯逼供才被明令废止。

3. 证人证言是定罪的重要依据,实行众证定罪法,并确立了“亲亲相隐”等法律规则。《唐律·断狱》有“八议请减老小”之规定,即“诸应议、请、减,若年七十以上,十五以下及废疾者,并不合拷讯,皆据众证定罪,违者以故失论”。那些皇亲贵族、年老年少、身体有残疾不能拷问的被告人,就只能依靠其他证据认定案件事实,即“据众证定罪”。明清律也有相关规定。“亲亲相隐”是我国封建法律的一项重要原则。汉朝时,法律规定了“亲亲得相首匿”的内容。唐律在继承发展汉律的基础上,确立了“同居相隐”的原则,即同财共居之人、大功以上亲属、外祖父母、子孙、孙之妇、夫之兄弟以及兄弟妻,可以相互隐瞒罪行而不负责任;部曲、奴婢可以为主人隐瞒罪行而不负刑事责任;谋反、谋大逆及谋叛等重大犯罪不适用“亲亲相隐”。根据“亲亲相隐”原则,属于得相隐的成员不得为证人。

4. 除了人证之外,物证、勘验和书证也是认定案件事实的重要依据。在我国古代诉讼中,物证及其勘验技术在诉讼中已经被广泛适用。秦朝的《睡虎地秦墓竹简》就有记载,如果有人抓住犯罪者见官,也要把有关的物证,如私铸的钱、装钱的袋子、被盗的马匹衣物等同时交给官府。在物证勘验技术方面,《唐律》规定:“诸诈病及死、伤,受使检验不实者,各依所欺减一等。若实病及死、伤,不以实验者,以故入人罪论。”到了宋朝有了《检验格目》《检验正背人行图》等检验、勘验专著和《洗冤集录》《棠阴比事》《折狱龟鉴》等法医学方面的专著。清朝则颁布了《验尸图格》。这些都表明我国古代的物证及物证技术已经相当发达。关于书证,宋朝的《名公书判清明集》就有记载:土地界至之争要以规定的“十道图”为据;争夺田产及物业交易等民事纠纷,则以券契和税丁籍为证。可见,书证在诉讼中也得到了广泛的适用。

5. 在审查判断证据方面,从奴隶制社会到封建制社会,一直都坚持使用"以五声听狱讼,求民情"的方法。《尚书·吕刑》记载"两造具备,师听五辞;五辞简孚,正于五刑",即当时的司法机关"断狱息诉"时,都要求原、被告双方当事人到齐后进行陈述,由司法官以察听五辞的方法,审查判断其陈述的真伪,并以其供词作为定罪判刑的主要根据。所谓"五辞"也就是"五听",《周礼·秋官·小司寇》中有以"五听"断狱的说法。"以五声听狱讼,求民情:一曰辞听,二曰色听,三曰气听,四曰耳听,五曰目听",即司法官在审理案件时,要注意受审人讲话的内容是否合理,讲话时神色是否从容,气息是否平和,精神是否恍惚,眼睛是否有神,据此来断定其陈述的真伪和案件的是非曲直。《唐律》中的《断狱律》也有类似规定:"诸应讯囚者,必先以情审察辞理、反复参验。"《疏议》又注解为"依狱官令,察狱之官,先备五听,又验诸证言",要求断狱在审讯时必须依据情理审查供词的内容,然后还应同其他证据相比较,进行检验。可见,以"五听断狱讼"的审判方法在我国古代社会一直备受推崇。

6. 在疑罪案件中,虽然有"疑罪唯轻"的规定,但总体上仍然坚持"有罪推定"。早在夏朝的时候就有人提出过一条为后人所传诵的"与其杀不辜,宁失不经"的案件处理原则。其意思是,为防止错杀无辜,疑罪不应定罪处刑。但《尚书·吕刑》则记载,周穆王时,"墨辟疑赦,其罚百锾",即触犯了墨刑之罪,而有可疑,难以断定是否有罪时,可以采取以铜赎罪的办法处理。《唐律》也有"诸疑罪各依所犯以赎论"的类似规定。也就是说,对疑罪不处其所控之罪的真刑,而改处该罪的赎刑。后世基本继承了这种疑罪的处理方法。从实质上讲,中国古代社会的"疑罪唯轻"原则仍然坚持的是疑罪从有,有罪推定。

二、我国近现代的证据制度

从鸦片战争开始,我国的封建制度开始逐渐地土崩瓦解。在清末预备立宪和修律活动的推动下,古老的中华法系开始解体。随着西方的法律观念和制度的不断输入,近代意义上的证据制度逐步在我国得以确立。

1902 年清朝统治者委派沈家本、伍廷芳为修订法律大臣,主持修订清朝的法律。在修订法律的过程中,晚清政府先是将《大清律》修订成《大清现行刑律》,后又制定新法《大清刑事民事诉讼法》,并于 1906 年颁布。该法吸收了大量西方近现代刑事诉讼法的内容,但在送交各省督抚评议时受到阻力,未能通过。这是我国近代史上诉讼立法的第一次尝试。

1910 年,修订法律馆聘请了日本法学家冈田朝太郎起草《大清刑事诉讼律》。该部立法仿效日本 1890 年《明治刑事诉讼法》。日本该部刑事诉讼法是在《治罪法》的基础上参酌德国 1877 年《刑事诉讼法》的精神制定而成。而日本 1880 年制定颁布的《治罪法》又是效仿法国法。所以,清末修法立宪时期,日本刑事诉讼法具有典型的欧陆法特征。因此,《大清刑事诉讼律》因效仿日本法也具有大陆法系的特征。虽然《大清刑事诉讼律》因清王朝的灭亡未得到执行,但对民国时期的立法影响较大。1921 年,北洋政府颁布了《刑事诉讼条例》和《民事诉讼条例》,它们都是以清末刑事诉讼律草案和民事诉讼律草案为基础制定而成的,其是我国历史上第一部正式颁布的刑事诉讼法和民事诉讼法。在南京国民政府统治时期,第一部刑事诉讼法典在 1928 年颁布,第二部在 1935 年颁布;民事诉讼法典分别在 1930 年 12 月和 1931 年 2 月颁布。上述法典都继承了大陆法系传统。因此,从清末修法立宪开始,沿袭了几千年的中华法系诉讼制度和证据制度消失,取而代之的是大陆法系的诉讼制度和证据制度。

大陆法系证据制度与英美法系证据制度相比,有两个突出特征:(1)在证据制度的立法模式方面,采取的体例是将有关证据的内容作为诉讼法典的一个组成部分,没有单独的证据立法或独立的证据部门法。而且证据部分的内容也没有独立成章或节,而是分散在各程序阶段的条款中。上述的《大清刑事诉讼律》、北洋政府颁布的《刑事诉讼条例》和《民事诉讼条例》、南京国民政府颁布的《刑事诉讼法典》和《民事诉讼法典》,均体现出这一特征。(2)继受了大陆法证据裁判和自由心证原则。1911 年《大清刑事诉讼律(草案)》第 326 条规定:"认定事实应依证据。证据之证明力任推事自由判断。"1922 年北洋政府《刑事诉讼条例》第 305 条和第 306 条规定,"犯罪事实,应以证据认定之";而证据"由法院自由判断之"。1928 年南京国民政府《刑事诉讼法》第 268 条、第 269 条规定,"犯罪事实应依证据认定之","证据之证明力,由法院自由判断之"。1930 年南京国民政府《民事诉讼法》第 222 条规定:"法院为判决时,应斟酌全辩论意旨及调查证据之结果,依自由心证,判断事实真伪。"可见,近现代我国的证据制度也开始实行自由心证证据制度,具有典型的大陆法特征。

三、我国当代的证据制度

我国当代的证据制度萌芽于革命根据地时期。中华人民共和国成立后,废止国民党政府颁布的"六法全书",并在借鉴苏联社会主义立法和总结革命根据地司法实践的基础上构建了现在的证据制度。

早在新民主主义时期就有了当代证据制度的立法实践。1931 年 12 月 31 日,中央执行委员会非常会议通过的《中华苏维埃共和国执行委员会训令》就规定:"在审讯方法上,为彻底肃清反革命组织及正确地判决反革命案件,必须坚决废除肉刑,而采取收集确实证据及各种有效方法。"到了抗日战争时期,抗日根据地的各革命政权颁布了一系列的法令和决定。这些法令和决定始终强调办案必须坚持实事求是、调查研究、重证据不轻信口供、严禁刑讯逼供的原则。例如，1941 年 5 月 1 日公布的《陕甘宁边区施政纲领》规定："改进司法制度，坚决废止肉刑，重证据不重口供。"1942 年 2 月公布的《陕甘宁边区保障人权财权条例》规定："逮捕人犯不准施以侮辱、殴打及刑讯逼供、强迫自首，审判采取证据主义，不重口供。"解放战争时期，人民民主政权又颁布了一些法律和文件，强调定罪证据必须确实、充分，否则被告应予释放或宣告无罪。例如，华北人民政府和苏北人民政府于 1948 年颁布的《关于县市公安机关处理刑事案件权责的规定》均明确规定："若被告仅有嫌疑没有积极的证据可以证明被告确系犯罪时，即不能论罪科刑。"《晋察冀边区行政委员会关于人民法庭工作的指示》要求："证据不足者应收集证据弄清事实，下次再审或宣告无罪。"上述这些规定，标志着我国实事求是、重调查研究、不轻信口供、严禁刑讯逼供等证据原则的初步形成。

中华人民共和国成立之后，人民政权在废除国民党旧法统和总结革命根据地司法工作经验的基础上建立新的证据制度。1950 年《人民法庭组织通则》指出："受理案件后，应认真调查证据，研究案情，严禁刑讯。"1954 年《宪法》、《人民法院组织法》和《人民检察院组织法》在 1949 年后首次用法律形式确定了证据方面的原则。1963 年《刑事诉讼法》草案的"证据"一章，对证据的内容作了较全面系统的规定。这种证据制度在法典中独立成章的立法模式，显然是受了苏联的影响。这一时期的证据制度由于受到"左"倾法律虚无主义思想的干扰，一些与证据制度密切相关的诉讼原则如无罪推定原则受到错误的批判，影响了证据制度的发展。1966 ~ 1976 年"文革"期间，法制被破坏殆尽，根本谈不上证据制度的适用问题。

1978 年 12 月党的十一届三中全会的召开，标志着我国的证据制度进入了一个新的发展阶段。1979 ~ 1991 年，我国先后制定了《刑事诉讼法》、《民事诉讼法》和《行政诉讼法》。这三部诉讼法典，都各自设置了"证据"专章，对证据的概念、种类、收集、审查判断、举证责任和证明要求等作出了明确的规定。由于我国的诉讼立法受苏联影响较大，证据制度的立法模式及其内容，都具有不同于英美法系、大陆法系证据制度的方面的特征。近几年，我国各司法机关相继独自或联合出台了《民诉证据规定》《行诉证据规定》《办理死刑案件证据规定》《非法证据排除规定》《电子证据规定》《严格排除非法证据规定》等重要的专门关于证据的司法解释，它们是迄今为止最为详实的证据规则。此外，在最高法《刑诉法解释》等司法解释中也专章规定了大量与证据有关的内容。这些证据规则的制定主要借鉴了外国证据法尤其是英美证据法的规定，在结合本国国情的基础上形成了具有中国特色的证据制度，将我国证据制度的发展推向了一个新的阶段。但是，这些司法解释仍然存在效力偏低、基本条款粗疏等问题，还需要进一步改革和完善。

典型案例评析

案例4－1 中国古代窦娥冤案:行政官兼理司法,刑讯逼供合法化的办案模式[4]

窦天章因无钱还债,把女儿窦端云送到蔡家当儿媳妇(童养媳),窦端云改名窦娥。婚后不到两年,窦娥丈夫去世,窦娥与蔡婆相依为命。蔡婆向赛卢医讨债不成反而差点被勒死,恰好为张驴儿父子所救。不料张驴儿是个流氓,趁机搬进蔡家后,逼迫婆媳与他们父子成亲,窦娥严词拒绝。

蔡婆想吃羊肚汤,张驴儿想借毒死蔡婆而霸占窦娥(张驴儿以告发企图勒死蔡婆之事威胁,向赛卢医讨来毒药),不料反而被父亲误吃、毒死了父亲。张驴儿于是诬告窦娥杀人之罪。太守桃杌严刑逼供,窦娥不忍心婆婆连同受罪,便含冤认罪,被判斩刑。

窦娥被押赴刑场。临刑前,窦娥为表明自己冤屈,指天立誓,死后将血溅白练而血不沾地、六月飞霜(降雪)三尺掩其尸、楚州亢旱(大旱)三年,结果全部应验。

三年后,窦娥的冤魂向已经担任廉访使的父亲控诉。案件重审后,赛卢医发配充军、昏官桃杌革职永不叙用,张驴儿斩首,窦娥冤情得以昭彰。最后窦娥的冤魂希望父亲窦天章能够将亲家蔡婆接到住所,代替窦娥尽孝道,窦父应允。

|评析|

窦娥冤虽然是元代戏剧剧情,但该案中窦娥被冤枉、太守桃杌的办案方式以及窦娥洗冤的偶然性在我国古代社会可谓具有普遍性。古代社会行政官兼理司法的传统,意味着地方官缺乏司法的专业性,往往依据个人生活经验办案。在窦娥冤这部戏剧中,太守桃杌凭个人经验认为,张驴儿不会毒害自己的父亲,加之张驴儿诬告,便认定系窦娥作案,最终通过刑讯逼供获取了窦娥的认罪供述。可以说,古代社会人类认知能力的普遍低下,不专业的司法官过于依赖个人经验办案,以及法律允许刑讯逼供等因素是造成窦娥冤案的原因。因此,冤案的平反往往需要借助于偶然因素甚至超自然力量。在窦娥冤这部戏剧中,窦娥之所以能够沉冤得雪,不仅是因为其父亲担任廉访使,更是因为其通过冤魂向父亲控诉。窦娥冤通过戏剧的方式在一定程度上反映了我国封建社会的司法状况。

---

[4] 源于中国古代戏曲作家关汉卿所著《窦娥冤》改编而成的豫剧。

案例4-2 英国近代李尔本案:反对强迫自证其罪原则的确立与沉默权的起源

1637年12月,李尔本与约翰·沃尔顿一起被捕。被捕的原因是从荷兰往英格兰输入煽动性书籍。在该案中,李尔本在接受总检察长的首席书记官讯问(类似于治安法官在重罪案件中进行的预审)时,就他被告知的指控回答了提问,但拒绝回答他认为可能引起新事实的问题,声称"根据上帝的法律,我知道这是允许的。并且我认为,根据我国的法律,我可以坚持正当的辩护,而我的指控人应当被带来与我对质,以便证明其对我的指控"。接着他又拒绝了总检察长要他在讯问笔录上签名的要求。几天之后,当他被带到星座法院办公室时,他又以没有收到正式传票,也没有收到起诉书为由而坚决拒绝进行宣誓,并且说"我年纪轻轻的,不太懂宣誓的性质",后来又说,他认为这种宣誓不合法。正式审判时,他再次拒绝进行宣誓,但辩称指控是完全虚假的,那些书籍是他所不认识的另一个人运进英国的;同案被告人约翰·沃尔顿也拒绝宣誓并且对宣誓的合法性提出质疑。结果两人因拒绝宣誓而分别被判处枷刑、罚款500英镑,李尔本还被判处鞭刑,受到500次鞭打,并且在鞭打后在颈手枷中站立两小时。鞭刑过程中,李尔本一直大声惨叫,也一直痛斥审讯的不公。伦敦的民众愤怒了,大批民众包围了行刑吏,各种呼叫声响入云霄。

1640年,英国资产阶级革命爆发了,查理一世被推上断头台。1641年5月,英国议会下院决议星座法院对李尔本的判决是"违法的,侵犯臣民的自由的,也是血腥的,野蛮的和暴虐的",予以撤销。

|评析|

在刑事诉讼中,犯罪嫌疑人、被告人具有两种身份,即当事人和案件信息提供者。作为案件信息提供者,犯罪嫌疑人、被告人是否实施了犯罪,其本人往往最为清楚。基于趋利避害的考虑,犯罪嫌疑人、被告人会极力否认犯罪或者在讯问时保持沉默。此时,侦讯人员可能会通过暴力等方法获取口供,进而否定了犯罪嫌疑人、被告人作为刑事诉讼主体的当事人地位。对口供的获取,必须通过合法的方式进行,但在人类历史上,直到反对强迫自证其罪原则确立之前,通过暴力等方法获取口供的情况曾普遍存在。一般认为,李尔本案件是反对强迫自证其罪原则的标志性案件,英国由此率先在法律中确立了反对强迫自证其罪的原则。[5] 不少学者

---

〔5〕 对此,有学者持不同意见。该学者认为,1661年英国议会再次立法明确规定禁止刑事诉讼中的"职权宣誓"以及其他强迫宣誓人在可能受到刑事处罚的事项上自我控告或表明自己清白的宣誓。到这时为止,可以认为英国法已经在刑事诉讼中确立了被告人"不自我控告"的权利。参见孙长永:《沉默权制度研究》,法律出版社2001年版,第26页。

认为这是现代英美法系国家沉默权制度的起源。此后，反对强迫自证其罪原则成为现代法治国家的一项重要诉讼原则，并成为联合国刑事司法准则所确定的“公正审判”的最低限度保障之一。据此，犯罪嫌疑人、被告人摆脱了单纯的口供提供者的身份，成为刑事诉讼中具有主体地位的当事人。

主要文献著述

1. 祖伟：《中国古代证据制度及其理据研究》，法律出版社 2013 年版。
2. 郭成伟主编：《中国证据制度的传统与近代化》，中国检察出版社 2013 年版。
3. 李培锋、潘弛：《英国证据法史》，法律出版社 2014 年版。
4. [英]罗伯特·巴特莱特：《中世纪神判》，徐昕、喻中胜、徐昀译，浙江人民出版社 2007 年版。
5. [美]詹姆士·Q. 惠特曼：《合理怀疑的起源——刑事审判的神学根基》，佀化强、李伟译，中国政法大学出版社 2016 年版。

第二编

证　据　论

第五章　证 据 概 述

第一节　证据的概念与功能

一、证据的概念

证据的概念问题是证据法学的基本理论问题。从语言学上讲,“证”依《说文解字》的解释“證,告也”,其现代基本词义是“凭据”,即帮助断定事理的东西;《说文解字》对“据”的解释是“據,杖持也”,其现代基本含义为“可以用做证明的事物”。虽然人们在日常生活中也使用证据这一概念,但是,由于它在法律事务中具有特别重要的地位和最高的使用频率,所以“证据”一词仍然在很大程度上属于专门的法律术语。但“证据”一词在成为法律概念后,却变成一个复杂多义的词语。早在六十多年前,就有学者指出:“证据之定义甚多,有仅指证据原因(证据资料)而言者,有指证明结果而言者,有包含证明、证明结果、证明原因而言者,更有指证明、证明结果、证明原因与证据方法而言者,议者纷纷,莫衷一是。”日本学者田口守一曾说过:“‘证据’一词是多义词,有各种各样的定义。”

我国的证据法学理论中,证据概念问题也一直存在较多的争议,总的来说,有关证据概念的学术观点有以下几种。

(一)事实说

“事实说”将证据界定为“证实、澄清或查明争议事实或争议之点的事实”。《牛津法律大词典》对“证据”一词解释为:“事实,从事实中推断出的结果及陈述。这些事实、结论及陈述有助于法院或其他调查主体确信某些尚不知道但正在调查之中的事实和情况。”我国1996年《刑事诉讼法》第42条即持此种观点,认为证据是“证明案件真实情况的一切事实”,此种观点旨在强调证据的客观性、真实性。

多年以来,证据概念的“事实说”一直在我国学术界占统领地位,并深深地影响着司法实践。但近年来一些学者对“事实说”提出了质疑,如何家弘教授指出“无论是从司法实践来看还是从认识论的角度来看,‘不属实者非证据’的观点均难以立足……就真假的价值观念而言,‘证据’一词是中性的,它可真可假,也可以同时包含真与假的内容。诚然,在法律上界定证据的概念,可以使用更为具体明确的语言,但不应偏离这一词语本身所具有的基本含义"。[1]

有学者则认为,就文法逻辑而言,"事实说"将证据与事实画等号,混淆了证据与定案根据的区别:既然证据可用来证明案件的"真实事实",那么,刑事诉讼法又何来证据只有"经过查证属实,才能成为定案的根据"之类的说法呢?既然证据已经能够证明案件"真实情况",那么,那种为审查证据真实性而举行的举证、质证、辩论活动岂不就是多余的吗?事实上,所谓"证据"不过是裁判者用来认定案件事实的根据。[2] 未经法庭上的举证、质证和辩论,这些证据有可能是虚假的、伪造的、不真实的,既有可能是与案件事实毫无关联的,也有可能是非法取得或者不符合法定证据资格的。所谓"定案的根据",说的其实是证据审查的结果,也就是裁判者经过一系列法定的审理程序,最终将那些具备真实性、相关性和合法性的证据,采纳为定案的根据。与此同时,裁判者在采纳这些证据的同时,也采纳了这些证据所记载的案件事实,并经过综合的推理,根据这些证据事实最终形成了对案件事实的整体认识,从而完成了对案件事实的认定过程。因此,从"证据"到"定案的根据",所经历的其实是整个刑事诉讼对证据的审查判断过程。

因此,将"证据"定义为"事实"的观点,在理论上难以自圆其说,在实践中自相矛盾,它否定了法庭审判过程的独立价值,将刑事诉讼的起点视为案件的结局。这种观点只能带来证据适用上的混乱,且无助于建立完备的证据规则体系。事实上,假如证据就是能够证明案件真实情况的"客观事实",其"客观性"和"真实性"也已得到证明,那么,我们为什么还要对其进行审查判断呢?如果证据都是客观真实的,我们又何必允许控辩双方在法庭上就每个证据的证明力进行质证和辩论呢?如果证据就等于定案的根据,法庭又为什么还要将某些证据排除于法庭之外呢?

(二)原因说

这种学说认为,证据是法官确信某一事实存在或不存在的原因,即"证据是法官形成心证的原因"。英国著名的法学家边沁就坚持这种观点。他认为,"在最广泛的意义上,把证据假设为一种真实的事实、成为相信另一种事实存在或者不存在的当然事实"[3]。我国台湾地区陈朴生教授亦持这种观点。他认为:"证据,乃为证明要证事实,使臻明了之原因,亦称证明之手段,即依据已知之资料,因而使法院得以确信其事实为真实之义。"[4]

(三)结果说

这种学说认为,诉讼证据是对待证事实举证与调查的结果,如日本法学家松岗

---

[1] 何家弘主编:《新编证据法学》,法律出版社 2000 年版,第 92－93 页。

[2] 参见毕玉谦:《民事证据法及其程序功能》,法律出版社 1997 年版,第 7－8 页。

[3] 转引自崔敏主编:《刑事证据理论研究综述》,中国人民公安大学出版社 1990 年版,第 2 页。

[4] 陈朴生:《刑事证据法》,台北,三民书局 1979 年版,第 69 页。

正义认为,“证据者,举证和证据调查的结果也”[5]。

(四)方法(手段)说

这种学说认为,证据是认定某一争议事实的方法与手段,故这一学说又称为手段说。英国学者威廉·肖即指出,“从广义上说:‘证据’一词是能够使未知或存在争议的事实变得清楚的一切手段”[6]。苏联学者克林曼教授认为,“证据不是别的东西,而是确定真实情况的一种手段”。英国法学家菲利普认为,“证据即证明事实的方法”[7]。所谓手段与方法是一种主观性的行为。但值得注意的是,运用证据来证明案件事实并不就是还原与证明;还原与证明只是证据所要追求的目的而已。

(五)信息说

这种学说认为,“对诉讼证据既不能称之存在,也不能称之为意识,而是关于案情的信息”[8]。日本学者松尾浩也认为,“证据是多种多样的,但所有证据的共同特点是,它们都是反映特定事实的信息媒体”[9]。

(六)统一说

这种学说认为,证据是证据的内容(事实材料)与证据形式(证明手段)的统一,即“从科学的观点来看,在诉讼证据中,形式和内容是辩证的统一。内容,就是事实材料,也就是有关事实的情况;而诉讼证据的形式,则是证明手段。对于诉讼证据来说,必须具有这两种要素。证明手段如不包括案情和事实,那就什么也不能证明,相反,如果说事实材料不是根据法律规定的证明手段取得的,它们就不能用作诉讼,也不能成为法院判决的依据”[10]。

(七)材料说

这种学说将证据界定为证明案件事实的材料。[11] 我国《刑事诉讼法》第50条第1款规定:“可以用于证明案件事实的材料,都是证据。”刑事诉讼法对证据概念的重新界定,克服了“事实说”所存在的一些缺陷。一方面,立法者将证据称为“材料”,而不再定义为“事实”,这显示出对证据运用的常识、经验和规律的尊重,也解决了原有的将“事实”混同于“材料”的逻辑难题。另一方面,将证据定义为“可用

---

[5] 转引自毕玉谦:《民事证据法及其程序功能》,法律出版社1997年版,第3页。

[6] 转引自吴高庆:《证据法学》,清华大学出版社2010年版,第72页。

[7] 转引自崔敏主编:《刑事证据理论研究综述》,中国人民公安大学出版社1990年版,第2页。

[8] 转引自熊志海:《诉讼证据概念与属性新解》,载《探索》2001年第5期。

[9] [日]松尾浩也:《日本刑事诉讼法》(下卷),丁相顺译,中国人民大学出版社2005年版,第26-27页。

[10] 沈达明:《英美证据法》,中信出版社1996年版,第18页。

[11] 参见何家弘、刘品新:《证据法学》,法律出版社2004年版,第108页。

于证明案件事实的材料”,也不再对证据提出可证明案件“真实情况”的过高要求,回到了刑事诉讼运用证据的逻辑起点,将证据与定案根据明确区分开来,这显然是一种立法上的进步。不仅如此,“材料说”在注重证据表现形式的同时,也没有走向另一个极端。立法者也注重了证据内容与证据形式的统一,强调证据既是一种材料,也要能够证明案件事实。从表现形式来看,证据是各种法定的证据材料;而从证据所要证明的内容来看,证据又是能够证明案件事实的材料,可以说,在刑事诉讼法已经为证据下定义的立法传统的情况下,这种对“材料说”的采纳无疑是一种较为合理的选择。

二、证据的功能

证据是诉讼的前提与基础。离开证据,不仅诉讼活动将无法进行,案件事实将无法认定,诉讼任务也将无法完成。具体而言,证据在诉讼活动中的重要功能体现在以下几个方面:

1. 证据是进行诉讼活动的基本条件。从一定意义上讲,诉讼过程就是收集、运用、认定证据的过程。现代的诉讼活动中,裁判必须建立在诉讼证据的基础之上。以刑事诉讼为例,其各个诉讼环节均离不开证据。刑事案件的立案需要有证据证明是否有犯罪事实发生且需要追究刑事责任。自诉案件的自诉人如不能提出足够的证据,人民法院就不会受理其自诉;在侦查阶段,如果没有证据证明有犯罪事实,就不能对犯罪嫌疑人适用逮捕;在起诉、审判环节,如证据达不到确实、充分的程度,人民检察院就不能提起公诉,人民法院也无法定罪判刑。

2. 证据是认定案件事实的唯一手段。在诉讼活动中,争议的案件事实均为发生在过去的事实,而办案的公安司法人员通常不在现场,因此要对业已发生的案件事实作出正确的认定,就必须通过充分、全面地收集与案情有关的证据,并运用证据,经过正确的推理、判断,才能查明案情、发现案件的事实真相。从某种意义上来说认定案件事实的工作与历史学家的工作具有一定的相似性,即都必须通过现存的材料去认识发生在过去的事件。一方面,二者都必须进行逆向思维,即从现在去认识过去,从结果去认识原因;另一方面,二者对过去的事件的认识都不是直接实现的,而是间接地通过各种“证据”来实现的。在诉讼活动中,已经发生的案件事实可能因时间久远被淡忘,或因客观条件的变迁而改变,亦可能因人为掩盖而被歪曲,故办案人员查明案情的唯一途径,即通过深入细致的调查研究收集与本案有关的证据,通过考查证据与案件事实之间的客观联系进行判断与推理,从而准确地再现案件事实情况。故证据是司法人员认定案件事实的唯一手段。

3. 证据是实现司法公正的重要基础。司法公正,是指司法人员在司法活动过程和结果中应当坚持和体现公平、正义的原则,严格依法办事,准确认定案件事实与适用法律，对案件作出适当、合理的判决。证据对于司法公正的主要作用包括以下两个方面：

(1)证据有利于实现诉讼的实体公正。案件实体公正能否实现主要在于司法是否能运用证据准确地认定案件事实。而证据具有揭示案件真实情况的作用，发现案件真实情况是对案件作出符合客观实际的正确裁判的重要基础，所以，证据是实现案件实体公正的重要因素之一。

(2)证据有利于实现诉讼的程序公正。诉讼过程通常是由法律、司法解释等加以规范。证据制度则是诉讼法的重要组成部分，它同样可以限制司法人员的权力、保障当事人的权利，进而为实现程序公正发挥切实的作用。例如，严禁公安司法人员以刑讯逼供和以威胁、引诱、欺骗或其他非法方法收集证据，那么以前述非法手段所取得的被追诉人的供述、被害人陈述及证人证言，则不能作为指控犯罪及定案的根据；证据未经质证，不能用作定案根据；公安机关侦查终结、人民检察院提起公诉、人民法院作出有罪判决，必须做到案件事实清楚、证据确实充分、排除合理怀疑。由此可见证据对程序公正的实现亦有较为重要的作用。

4. 证据是维护当事人合法权益的有力武器。具体而言，包括：

(1)证据是当事人提出自己主张及请求的重要依据之一。参与诉讼的当事人通常都与案件具有直接的利害关系，他们有自己的诉讼主张及诉讼请求，并且希望司法机关能认可其主张及诉讼请求，以维护自己的合法权益。但如果当事人只是提出了诉讼主张及请求，而不依据确实充分的证据来论证其请求的合理性，其主张就很难为司法机关所接受。相反，如果当事人能够运用证据论证自己的诉讼主张，直至说服司法机关接受其主张，就能更好地维护自己的合法权益。

(2)证据也是保障无辜的人不受法律追究的重要保障。例如，在刑事诉讼中，证据不仅能证明当事人犯罪，也能证明当事人无罪或罪轻。公安司法人员只有坚持全面收集、运用证据，把对案件的处理建立在切实可靠的证据上，才能保障无罪的人不受刑事追究，避免冤假错案的发生。

5. 证据是进行法制教育的生动材料。在诉讼活动中，证据的宣传教育功能主要表现在三个方面：

(1)对诉讼当事人的宣传教育作用。例如，在刑事诉讼中，犯罪嫌疑人为了掩盖犯罪事实，总是企图隐藏、毁灭、伪造证据；当罪行暴露后，又往往百般抵赖、负隅顽抗；只有在具有确凿、充分证据的情况下，他们才会低头认罪，坦白交代。

(2)对广大人民群众的宣传教育作用。公安司法机关在刑事诉讼中，以确实、充分的证据揭露犯罪，证实犯罪，广大人民群众通过证据，可以了解到犯罪行为是怎样发生的，对社会及被害人造成怎样的损害，并能让人们深切感受到犯罪的危害性，也让其认识到无论罪犯多么狡猾，犯罪手法多么隐蔽，终究难逃法网，从而激发公民同犯罪做斗争的自觉性和积极性。

(3)对潜在的有犯罪倾向的人的威慑作用。公安司法机关通过在刑事诉讼中以确实、充分的证据来追诉被告人,还能对社会上有可能实施犯罪的人起到教育威慑作用,使其不敢以身试法,从而有利于维护社会的和谐与稳定。

第二节 证据、事实、事实认定的关系

事实是证据法的逻辑起点,事实认定是司法证明的逻辑终点。证据是与案件事实相关的信息,是事实认定的必要条件。事实、证据和事实认定,在逻辑上是一种命题、论据与结论的关系。

一、证据与事实

“事实是裁判的基础,在刑事司法过程中,必须认真对待事实。”[12]从哲学意义上讲,事实是指在特定时空条件下发生的某一事件;从法学意义上讲,证据则是证明该事件真伪的依据。在证据法中,事实通常是指案件事实。在诉讼中,双方当事人运用证据证明其主张的案件事实,裁判者则综合审查判断证据以对案件事实进行认定。从证据法学理论来看,案件事实是用证据来证明的对象,即待证事实,它对法律解决诉讼争端至关重要。

在证据法中,案件事实具有法定性。由于案件事实的复杂性与司法资源的有限性,所以法律规范往往会对需要证明的案件事实作出界定,如最高法《刑诉法解释》第72条规定:“应当运用证据证明的案件事实包括:(一)被告人、被害人的身份;(二)被指控的犯罪是否存在;(三)被指控的犯罪是否为被告人所实施;(四)被告人有无刑事责任能力,有无罪过,实施犯罪的动机、目的;(五)实施犯罪的时间、地点、手段、后果以及案件起因等;(六)是否系共同犯罪或者犯罪事实存在关联,以及被告人在犯罪中的地位、作用;……”这些规定既为事实调查者收集证据指明了方向和范围,也为事实认定者判断控方是否适当履行了其证明责任提供参照。

同时,证据法中的事实还具有可撤销性。证据所证明的事实“是一种事实主张,而不是事实本身”。既然事实主张需要承担证明责任的一方用证据证明,那么就应当允许对方当事人用证据来进行反驳。在审判中,基于诉讼利益的不同,诉讼双方往往会提出不同的甚至是完全对立的事实主张,且通常会提出证据来证明各

〔12〕 杨波:《刑事诉讼事实形成机理探究》,载《中国法学》2022年第2期。

自主张的事实存在。同时,证据的真伪决定了事实是否存在,即使是在证据确凿的情况下,也可能因“推理错误”而造成错案,这就决定了诉讼中的事实是可以被推翻的。

案件事实与证据的关系,在某些方面类似本质和现象、内容和形式的关系。事实是整体,证据是片段;事实具有本源性,证据具有表征性。从诉讼认识论的角度看,证据与案件事实的逻辑关系更多的是一种经验证明,而不是一种客观存在的相关性。证据的相关性是以假定证据的真实性为前提的,侧重的是证据与证明对象之间的形式性关系。

二、证据与事实认定

现代司法奉行证据裁判原则,即“认定案件事实,必须以证据为根据”,法官必须依据证据并通过推理来认定案件事实。“原则上,真实可以被发现;正确地认定事实(accuracy in fact - finding)是公正裁判的必要前提。”〔13〕因此,案件事实认定对司法裁判起着至关重要的作用,司法证明的主要任务就是认定案件事实。我国诉讼法学研究中,事实发现理论是探究事实问题遵循的核心理论。传统的事实发现理论以探究案件事实真相为唯一指向,主张全部诉讼活动的目的就是“如何保证司法人员能够正确认识案件事实,亦即如何保证主观符合客观”〔14〕。

运用证据认定案件事实是证据裁判原则的核心要求。事实认定过程包括举证、质证和认证。举证和质证是诉讼双方的证明活动。认证则是事实认定者采信证据的评价活动,它既是事实认定者的一个内心确信过程,也是对证据进行审查判断、能动解释的过程。具体来说,在司法实践中运用证据来进行事实认定主要包括两个方面:一是确定单个证据的证据能力和证明力问题,就是通常说的证据审查判断问题;二是确定对案件事实的司法证明问题,主要是指运用证据来证明案件事实的问题。

事实认定者在运用证据认定案件事实的过程中应遵守有关证据规则。证据规则是证据法原则在诉讼中的具体体现,是一系列证据在收集、运用和审查判断各个环节上应当遵循的程序性准则。它在案件事实认定中的作用是对证据的证据能力、证明力和司法证明过程进行规范。

同时事实认定也是认识主体对事实客体的能动建构过程,它也是一个经验推论过程。事实认定者在对证据进行评价形成心证从而认定案件事实的过程中,发

---

〔13〕 [美]希拉里·普特南:《理性、真理与历史》,童世骏、李光程译,上海译文出版社 1997 年版,第 55 页。

〔14〕 陈一云:《证据学》,中国人民大学出版社 1991 年版,第 96 页。

挥主要功能的是经验法则和逻辑规则。例如,一个证据对要件事实的证明有无相关性或者有多大证明力,一般并不能由立法者预先设定一套规则来套用,而只能由事实认定者按逻辑和经验来作出判断。经验和逻辑贯穿司法证明的全过程,其中经验法则在证据判断方面发挥选择作用,逻辑规则在案件事实认定方面发挥推理作用,两者对证据的推理和对事实的认定往往结合在一起,共同完成由证据到事实认定的心证过程。

三、案件事实与客观事实

证据是用于证明案件事实的材料。诉讼中,事实认定者运用证据对事实作出认定后,所认定的事实即为案件事实。因此,在证据、事实与事实认定的关系上,还存在两个需要厘清的概念:客观事实和案件事实。

一般认为,客观事实是指哲学意义上的事实,即在特定时空条件下发生的某一事件,可以称之为"已然事实"。而案件事实则是法学意义上的事实,是指事实认定者依据在案证据认定的事实,可以称之为"法律事实"。例如,凶手王某于某年某月某日某时于某地用匕首杀死了被害人陈某即为客观事实。如果凶杀案一直没有被发现,则不存在案件事实。但如果凶杀案被举报,侦查机关立案侦查,法官根据在案证据认定王某是否确实杀死了陈某这一事实,即为案件事实。

需要指出的是,客观事实是客观上已经发生的事实,而案件事实是一种为了查明客观上已经发生的事实而通过运用证据这一方式去认定的事实,因此案件事实实质上只是一种证据证明的事实。运用证据进行事实认定的结果具有一定的不确定性,所认定的案件事实与已经发生的客观事实可能相一致,也可能不完全一致,甚至完全相反。例如,法官综合全案证据依法认定王某是杀死陈某的凶手,且所认定的案情与客观发生的案情完全一致,则案件事实与客观事实相一致;法官综合全案证据依法认定王某是杀死陈某的凶手,但所认定的案情在犯罪方法等方面与客观发生的案情略有出入,不过并不影响认定王某确实杀死了陈某这一核心事实,则案件事实与客观事实不完全相一致;法官综合全案证据认为指控王某是杀死陈某的凶手证据不足,作出了无罪判决,而王某客观上确实是杀死陈某的凶手,但因为证据不足而逃脱了法网,则所认定的案件事实与客观事实完全相反。

案件事实与客观事实之间前述关系产生的基本原理在于客观事实是已经发生的、过去的既往事实,不可能重复,也不可能再造,并且客观事实发生在法庭之外,事实认定者非当事人,未亲眼所见,未亲历其中,故只能通过证据来尽量重建客观事实。因此,事实认定者凭借证据认定案件事实的思维过程属于"回溯性认识","难以用自然科学的实验方法来加以判定"。而基于回溯性认识的特点,以及办案人员的证据素养、法律素养、逻辑分析能力、生活经验乃至证据规则是否完善等因素,“无论事实认定者的内心确信程度多高,所认定的事实都不可能必然正确”[15],即由于已经发生的事实的不可逆性,依据证据所作出的事实认定可能与客观发生的事实出现偏差,而根据证据裁判原则,认定案件事实只能以证据为依据,因此在真伪不明的情况下,裁判者只能根据在案证据的情况综合审查判断后作出裁判,认定案件事实而不是认定客观事实。裁判者需要做的就是运用证据尽量准确地认定案件事实,尽量确保查明案件事实真相。

典型案例评析

案例5-1　内蒙古呼格吉勒图故意杀人、流氓案:证据是认定案件事实的基础[16]

1996年4月9日21时左右,被害人杨某某被发现因被扼颈窒息死于内蒙古第一毛纺织厂宿舍57栋平房西侧的公共厕所女厕所内。公安机关经侦查后认定报案人呼格吉勒图是凶手。呼和浩特市中级人民法院于1996年5月17日判决认定呼格吉勒图犯故意杀人罪,判处死刑,剥夺政治权利终身;犯流氓罪,判处有期徒刑5年,决定执行死刑,剥夺政治权利终身。呼格吉勒图不服,提出上诉。内蒙古自治区高级人民法院于1996年6月5日裁定驳回上诉,维持原判,并根据最高人民法院授权高级人民法院核准部分死刑案件的规定,核准以故意杀人罪判处呼格吉勒图死刑,剥夺政治权利终身。1996年6月10日呼格吉勒图被执行死刑。

2005年10月23日,系列强奸、杀人案的嫌疑人赵志红落网并交代其曾在第一毛纺厂家属区公共厕所内杀害了一名女性。2006年,内蒙古司法机构组织了专门的调查组复核此案。2014年11月20日,呼格吉勒图案进入再审程序。

内蒙古自治区高级人民法院经审理后认为:

1.原审被告人呼格吉勒图供述的犯罪手段与尸体检验报告不符。呼格吉勒图供称从杨某某身后用右手捂杨某某嘴,左手卡其脖子同时向后拖动杨某某两三分钟到隔墙,与“死者后纵隔大面积出血”的尸体检验报告所述伤情不符;呼格吉勒图供称杨某某担在隔墙上,头部悬空的情况下,用左手卡住杨某某脖子十几秒钟,与“杨某某系被扼颈致窒息死亡”的尸体检验报告结论不符;呼格吉勒图供称杨某某担在隔墙上,对杨某某捂嘴时杨某某还有呼吸,也与“杨某某系被扼颈致窒息死亡”的尸体检验报告结论不符。

2.血型鉴定结论不具有排他性。刑事科学技术鉴定证实呼格吉勒图左手拇指

[15]　张保生:《事实认定及其在法律推理中的作用》,载《浙江社会科学》2019年第6期。

[16]　内蒙古自治区高级人民法院刑事判决书,(2014)内刑再终字第00005号。

指甲缝内附着物检出O型人血，与杨某某的血型相同；物证检验报告证实呼格吉勒图本人血型为A型。但血型鉴定为种类物鉴定，不具有排他性、唯一性，不能证实呼格吉勒图实施了犯罪行为。

3. 呼格吉勒图的有罪供述不稳定，且与其他证据存在诸多不吻合之处。呼格吉勒图在公安机关侦查阶段、检察机关审查起诉阶段、法院审理阶段均供认采取了卡脖子、捂嘴等暴力方式强行猥亵杨某某，但又有翻供的情形，其有罪供述并不稳定。呼格吉勒图关于杨某某身高、发型、衣着、口音等内容的供述与其他证据不符，其供称杨某某身高1.60米、1.65米，尸体检验报告证实杨某某身高1.55米；其供称杨某某发型是长发、直发，尸体检验报告证实杨某某系短发、烫发；其供称杨某某未穿外套，尸体检验报告证实杨某某穿着外套；其供称杨某某讲普通话与杨某某讲方言的证人证言不吻合。原判认定的呼格吉勒图犯流氓罪除其供述外，没有其他证据予以证明。

同年12月15日，内蒙古自治区高级人民法院作出终审判决：(1)撤销内蒙古自治区高级人民法院(1996)内刑终字第199号刑事裁定和内蒙古自治区呼和浩特市中级人民法院(1996)呼刑初字第37号刑事判决；(2)原审被告人呼格吉勒图无罪。

｜评析｜

证据是刑事诉讼的基石，既是进行刑事诉讼活动的基本条件，也是认定案件事实的唯一手段。公安司法人员在办案过程中，应切实强化证据意识，不仅应当根据证据来认定案件事实，而且所依据的证据必须客观真实、合法有效。呼格吉勒图冤案的发生，证据收集运用中的错误是原因之一，如被告人呼格吉勒图的供述与案件的客观情况不符、血液鉴定结论不具有排他性等。我国《刑事诉讼法》第50条第3款规定："证据必须经过查证属实，才能作为定案的根据。"这是证据使用的根本原则，违背这一原则就有可能导致冤假错案，放纵罪犯或者侵犯公民的合法权利。检察机关审查逮捕、审查起诉和复查刑事申诉案件、人民法院审理案件都必须注意对证据的客观性、合法性进行审查，才能及时防止和纠正冤假错案。

案例5-2 甘肃高承勇强奸杀人案：DNA技术新发展助推破案[17]

1988年至2002年，甘肃省白银市白银区先后发生多起强奸残害女性的杀人案件，首案距今已有28年之久。其间，内蒙古自治区包头市昆都仑区也发生过类似案件。犯罪分子作案手段十分残忍，受害人中年龄最小的仅8岁，社会影响极其恶劣，在当地造成严重恐慌。2001年8月，此案被公安部列为督办案件。

---

〔17〕 甘肃省白银市中级人民法院刑事判决书，(2017)甘04刑初字第15号。

2004年8月，公安部将白银、包头两地案件并案，确定为甘蒙“8·05”系列强奸杀人案。尽管各级公安机关全力侦破此案，但案件迟迟没有取得实质性突破。2016年8月26日，犯罪嫌疑人高承勇在白银市落网，甘蒙“8·05”系列强奸杀人案成功告破。

从警方披露的侦破细节来看，DNA技术的新发展对于本案的侦破起到了非常大的助推作用。首先是高承勇同姓氏的远房堂叔因行贿被监视居住，警方因此采到了此人的血样。经Y－DNA检验分析后，此人遗传数据输入违法犯罪人员Y－DNA数据库中。初步对比，结果与甘蒙“8·05”系列强奸杀人案嫌犯的Y－STR DNA信息相符合。这一初步检测的结果表明，案犯与此人有相同的Y染色体遗传，是同一家族的男性成员，所以嫌犯应姓高。为了进一步确认，样本又送到甘肃省公安厅鉴定中心，做Y－DNA复核检验，结果符合，从而进一步确定案犯应为高姓。此后，警方询查了该家族所有的男性成员，经排查分析，确认高承勇具备作案条件，为甘蒙“8·05”系列强奸杀人案的嫌犯。高承勇归案后，其指纹和DNA与案发现场指纹和DNA检验对比，确认来自同一个体，本人也对犯罪事实供认不讳。

2018年3月30日，甘肃省白银市中级人民法院审理查明，被告人高承勇于1988年5月至2002年2月，先后在甘肃省白银市、内蒙古自治区包头市作案11起，共致11名女性被害人死亡。法院依法最终判处被告人高承勇死刑，剥夺政治权利终身，并处没收个人全部财产。宣判后，高承勇当庭表示不上诉。2019年1月，高承勇被依法执行死刑。

｜评析｜

甘肃省白银市连环强奸杀人案曾是震惊全国的久侦不破的“悬案”。此案的侦破与科学证据的运用特别是DNA证据的运用有着直接的关系。在该案中，警方采用了大量传统侦查手段长期未能查明犯罪嫌疑人，但DNA技术的进步为该案的最终告破打下了基础。警方通过偶然机会获得的实际犯罪人亲属的DNA信息与数据库中嫌疑人DNA信息的比对，确定了犯罪嫌疑人所在的家族，从而大大缩小了筛查的范围，并最终抓获了凶手。此案充分表明，现代科学证据的发展和进步，对于公安司法机关在诉讼中办理案件时有广泛的运用空间和前景，理论界和实务界应当对证据技术的新发展予以高度重视。

主要文献著述

1. 张保生:《证据法的理念》,法律出版社 2021 年版。

2. 张保生、童世骏主编:《事实与证据首届国际研讨会论文集:哲学与法学的对话》,中国政法大学出版社 2018 年版。

3. 于辉:《案件事实论证:一种批判性思维的研究进路》,法律出版社 2018 年版。

4. 毕玉谦:《民事证据法及其程序功能》,法律出版社 1997 年版。

5. [新加坡]何福来:《证据法哲学:在探究真相的过程中实现正义》,张保生等译,中国人民大学出版社 2021 年版。

第六章　证据的基本属性

第一节　英美法系证据法的证据属性

证据的关联性与可采性是英美证据法中证据的基本属性。有可采性的证据必然具有关联性，但是并非所有具有关联性的证据都有可采性。

一、证据的关联性

英美证据法理论非常重视证据的关联性。美国法学家米尔建·R. 达马斯卡（Mirjan R. Damaska）称："相关性概念是奠定英美证据法原理大厦的基石之一：它处于证据词典的核心地位，在实际的法律论述中扮演着重要角色。"[1]英国法学家斯蒂芬（J. Stephen）认为，"关联性是被用于说明任何两项彼此存在如下联系的事实，即按照事情的一般过程，一项事实本其自身或者与其他事实的联系，为另一事实过去、现在或者未来的存在或者不存在提供证明或者提供可能性"[2]。美国学者摩根（Morgan）则将证据的关联性分为一个问题的两个方面，即与案件事实之间同时具有逻辑关联与法律关联。他认为，直接证据由于与案件事实具有当然联系，因此其关联性既体现为逻辑上的关联，也体现为法律上的关联。倘若某情况证据在推论上并无公平合理之可能，无阐明疑难之处之可能，无助于发现真实之可能，或无发现待证事实之可能，则皆属无逻辑上的关联，均应属于排除之列。证据的法律关联，系指法律对其立证价值的判断。

在英美证据法上，建立在相关性原理基础之上的相关性规则被视为规范证据运用的"黄金规则"，诉讼证据的关联性受到极大的重视，不仅在理论上得到强调，在立法中亦有所体现。如美国《联邦证据法则》第 401 条规定："'有关联性证据'指具有下述盖然性的证据，即任何一项对诉讼裁判结案有影响的事实的存在，若有此证据将比缺乏证据时更有可能或更无可能。"美国《联邦证据法则》第 402 条更

---

〔1〕［美］米尔建·R. 达马斯卡：《漂移的证据法》，李学军译，中国政法大学出版社 2003 年版，第 76 页。

〔2〕转引自张建伟：《指向与功能：证据关联性及其判断标准》，载《法律适用》2014 年第 3 期。

加明确地规定:“所有关联性证据均可采纳。无关联性的证据不可采纳。”

二、证据的可采性

在英美法系国家,只有那些具备可采性的证据才有出现在法庭上的资格。原则上,一个证据具备了“可采性”是指一种证据可以接受法庭调查的资格,不具有可采性的证据不仅不能成为定案依据,而且还不得出现在正式法庭审判程序之中。美国有学者将“可采性”形象地描述为“可采性是涉及何种事实和材料将准许陪审团听、看、读甚至可能是摸或闻的一种决定”〔3〕。

英美法系对证据可采性的限制较为严格,并制定了大量的证据规则对证据可采性加以限制。英美法系实行陪审团审判制度,案件事实的认定主要由陪审团进行,而大多数陪审员为不懂法律的普通公民,他们缺乏司法审判经验,往往会以一种过于直观的思维模式看待案件。为了防止陪审团成员在认定事实上产生偏见或掺杂过多的感情因素,法律便对证据的使用范围加以限制,从而促进陪审团对案件事实的客观认定。另外,在英美法系陪审团审判模式之中的法官指示程序中,在陪审团进行评议之前,法官会就事实认定过程中应当注意的一系列法律问题作出指示,而各种证据的可采性恰恰是其中的一项重要内容。可以说,英美法系的可采性规范之所以更为复杂和精细,在很大程度上正是为了适应这种指示程序的需要。

在英美法系,法律对可采性问题很少作积极的规定,而通常是消极地以无可采性或可采性受限制的情形加以规定。因此,不可采纳的证据成为英美法上证据可采性问题的重心。一般来说,不具可采性的证据包括两种情况:一是缺乏关联性的证据;二是应排除的证据。其中关联性关注的是证据对待证事实的证明作用,排除规则关注的则是证据证明作用的发挥不得在技术上或政策上造成不适当的负面影响,如意见证据、品格证据等。

第二节 大陆法系证据法的证据属性

在大陆法系证据法中,原则上任何一个证据要转化为法院据以认定案件事实的根据,都必须同时具备双重证据资格,即证据能力与证明力。

一、证据能力

证据能力作为一个正式概念主要见于日本、德国等证据法学理论和相关立法

---

〔3〕 [美]华尔兹:《刑事证据大全》,何家弘等译,中国人民公安大学出版社 1993 年版,第 10 页。

之中。它是指某一材料用于严格证明的能力或者资格,即在诉讼中能够作为证据加以调查并得以采纳,其解决的是证据在法律上所具有的法庭准入资格的问题。有学者认为,证据能力是“在特定之诉讼事件,一定之证据具有作为严格证明资料之法律上资格”〔4〕。严格证明来自德国的证据理论。按德国学者的观点,证明分为严格证明与自由证明,其中严格证明是针对犯罪事实是否存在及与刑罚权的范围有关的待证事实严格依据证据法的规定进行的证明。严格证明具有严格的形式性,包括法定证据方法的限制与法定调查程序的限制。自由证明是针对若干程序事实而进行非依严格证据法的规定、主要依靠法官的裁量而进行的形式较为灵活的证明。自由证明并没有法定证据方法的限制和法定调查程序的限制。

证据能力并非指事实层面上所指的证据对案件事实的证明价值,而是源于法律的规定,即证据能力是一个法律概念,它不是从证据在事实上是否具有证明价值的角度为证据设定资格限制。证据能力的规范是立法者主观意志的体现,即立法者设立证据能力规范主要是基于一定的技术性或政策性目标,它是人为设定的产物。

在大陆法系的证据法学中,证据能力是一个单一的概念,即证据能力应当是证据可以进入正式审判程序接受调查的资格。某个证据一旦被认定具有证据能力,便可以进入法庭的严格证明程序,并成为法官自由心证的对象。较之英美法系,大陆法系关于证据能力的规则相对较少,其主要原因在于大陆法系国家职权主义的诉讼模式。在大陆法系传统的职权主义审判程序中,法庭对证据的“采纳”与“采信”程序并未明确区分,往往由同一名法官或同一个合议庭在正式审理时一并解决。在庭审过程中,双方当事人的质证既可以针对证据能力也可以针对证明力。在实践中,如果说一项证据被认定不具有证据能力,所能引起的唯一程序性法律后果就是法庭不得在判决理由中引用该证据。因此,这样一种审判模式在运行过程中便将证据能力由一种接受法庭调查的资格变成了作为定案依据的资格。

大陆法系尤其德国法对于证据能力的限制主要通过证据禁止及程序禁止来达到。证据禁止是对作为定案根据的证据材料的范围加以限制,如非出于任意性的自白,一般不认为具有证据能力。所谓程序禁止是指法官判定某证据材料是否具备证据能力还必须经过合法的调查程序,否则可能产生证据排除的后果。

由此可见,“可采性”与“证据能力”都属于证据法为证据所确立的法庭准入资格。但两者也有一些区别:(1)可采性侧重于强调不具有可采性的证据不得为陪审员接触,以避免陪审员受到不当的误导。而大陆法系中的证据能力规则既强调某一不合法的证据不得进入法庭,也要求法官、陪审员在法庭审理中不得将其作为

---

〔4〕 转引自吴高庆:《证据法学》,清华大学出版社2010年版,第81页。

裁判依据。(2)可采性既包括法律政策方面的要求,也包含限制证据相关性的规则。而大陆法系中的证据能力则属于单纯的法律问题,主要指证据在取证手段、证据形式及证据调查程序等方面的法律资格。

二、证明力

所谓证明力,是指证据对于案件事实有无证明作用以及证明作用的大小。通俗地说,就是证据对证明案件事实有没有作用,如果说有的话,有多大的作用。

证明力是证据与案件事实之间联系的纽带,失去证明力,则证据不称其为证据。证据的证明力取决于证据是否具有客观性以及证据与案件事实之间是否具有关联性。这种关联性的体现是多种多样的且能够被认识的,对证明案件事实有实际作用,它需要而且可以在个案中通过人类的认识能力去把握,法律没有必要也不可能对其作出硬性规定。与证据能力不同,证明力是一个事实问题,并非法律可以加以规范的对象。因此对证明力的判断则主要依据经验法则和逻辑法则。

在英美法系国家的刑事审判中,证明力等事实问题由陪审团决定。法律对各种证据的证明力并不预先加以规定,而由陪审团自由裁量。“尽管已经由审判法官裁定可以采纳,但它仍要陪审团来决定其具有多大分量。如果有的话,作为事实确凿的认定者,陪审员们有权评价证据的说服力或可信度。他们完全可以认定其无分量,如果其可信度值得怀疑的话;他们也可以给其完全的分量,只要其具有说明力而且是均可反驳的。”[5]当然,由于陪审员是非法律专业人员,在某些情况下,对证据证明力作出判定前也需要听取法官相应的指示。

大陆法系证据制度围绕专业司法官员设计,法庭审判采用职业法官和非职业法官共同参与的模式,故职业法官既参与对证据能力等法律问题的判断,也要参与对证明力等事实问题的判断,即法官既是证据调查者,又是证据判定者。同时由于大陆法系的法官一般在审前都会阅读案件材料以为庭审作准备,对证据证明力的判定会在一定程度上依赖庭前阅读的案件材料,证明力判定结论的作出也不完全限于当庭。

我国的法律对证据的证明力及其判定多未予以明确规定,实践中裁判者对证据的证明力判定享有较大的自由裁量权。不过我国《刑事诉讼法》第 55 条第 1 款对口供的证明力判断问题作出规定:“对一切案件的判处都要重证据,重调查研究,不轻信口供。只有被告人供述,没有其他证据的,不能认定被告人有罪和处以刑罚;没有被告人供述,证据确实、充分的,可以认定被告人有罪和处以刑罚。”另外,我国的一些司法解释对证明力问题也有所涉及,如最高法《民诉证据规定》第

---

〔5〕[美]华尔兹:《刑事证据大全》,何家弘等译,中国人民公安大学出版社 1993 年版,第 16 页。

90 条规定:“下列证据不能单独作为认定案件事实的根据:(一)当事人的陈述;(二)无民事行为能力人或者限制民事行为能力人所作的与其年龄、智力状况或者精神健康状况不相当的证言;(三)与一方当事人或者其代理人有利害关系的证人陈述的证言;(四)存有疑点的视听资料、电子数据;(五)无法与原件、原物核对的复制件、复制品。”第 91 条规定:“公文书证的制作者根据文书原件制作的载有部分或者全部内容的副本,与正本具有相同的证明力。在国家机关存档的文件,其复制件、副本、节录本经档案部门或者制作原本的机关证明其内容与原本一致的,该复制件、副本、节录本具有与原本相同的证明力。”

三、证据能力与证明力的区别与联系

(一)证据能力与证明力的联系

作为诉讼证据的两大基本属性,证据能力与证明力之间存在较为密切的联系。在法理上,这种联系主要表现为以下几个方面:

1. 某些证明力问题可能会转化为证据能力问题。大陆法系的一些学者提出了“最低限度的证明力”的概念,并将此作为某一证据具有证据能力的条件之一。之所以会出现这一概念,则是由证明力作为一种事实问题的本质所决定的。证明力以证据与待证事实之间的关联关系为基础,根据常理或逻辑,当甲事实的存在使乙事实的存在具有一定程度的可能性时,我们就可以说甲事实与乙事实之间有关联性,前者可以作为证据来证明后者。但从本质上来说,整个世界就是一个普遍联系的整体,如果寻根究源的话,在世间任何两个事物之间都可能存在一定程度的关联性。出于效率考虑,在诉讼中用来作为证明依据的证据与案件事实之间的关联关系必然要达到某种程度的显著性,从而易于为常人的认识能力所把握。因此为了限制法庭证据调查范围的无限扩大,必须对证据在关联性上的程度有一个限制性规定,与待证事实在关联性上过于“遥远”的证据将被视为没有关联性。于是便出现了“最低限度证明力”这一概念。把“最低限度的证明力”作为证据能力的条件之一,也就意味着原本属于证明力的问题被转化为证据能力问题。但证明力在本质上又是一个无法量化的概念,因此“最低限度的证明力”中所谓的“最低限度”也无法表现为一个确定性的标准,而往往是就某些司法实践中反复出现的特殊情况以法律规则或判例的形式认定其不具有“最低限度的证明力”。

2. 某些情况下,证据的证明力会对证据能力产生影响。在诉讼中确定证据是否具有证据能力的方式大体上可以分为两类,即法定与裁量。在裁量模式中,证据的证明力对其证据能力可能会产生较大的影响。如普通法上有一项非常著名的证据排除权,即法官认为某个证据对被告人产生的不公正超过了它的证明作用时,可以排除该证据。从这项裁量权来看,其所包含的裁量因素主要是两个,即对被告人造成的不公正以及该证据的证明力。如前者超过了后者就应当排除该证据,否则应当采纳。由此可见,证据的证明力在某些情况下会对证据能力产生一定的影响。

(二)证据能力与证明力的区别

证据能力与证明力是证据法学上的两个基本概念。证据能力是出于诉讼的需要及政策、技术等考虑,由法律加以规定的。而证明力则是证据自身所固有的,其产生于证据的自然属性以及证据与案件事实之间的客观联系。因此证据能力与证明力的区别主要表现为以下两个方面:

1. 证据能力与证明力的判断方式不同。证明力一般由裁判者自由判断,仅在少数情形下才有证据的证明力由法律或司法解释加以规定的情形。例如,日本《刑事诉讼法》第 318 条规定:"证据的证明力由审判官自由判断。"德国《刑事诉讼法》第 261 条规定:"对证据调查的结果,由法庭根据它在审理的全过程中建立起来的内心确信而决定。"而证据能力一般不由裁判者自由判定。裁判者只能依据法律规定对证据的证据能力作出判断。

2. 证据能力与证明力的判断依据不同。证据能力的判断依据主要是法律规定的证据规则和相关法律规定。从各国的立法机关来看,对证据的证据能力立法通常只作消极性规定,即规定哪些证据没有证据能力、哪些证据的证据能力受限。而证明力的判断依据主要是经验法则和逻辑法则。

第三节 中国证据法的证据属性

长期以来,我国诉讼法学界对证据的基本特征的认识并不一致。对于此问题的主要争议表现于"两性说"与"三性说"之争。"两性说"认为,证据只具有客观性和关联性两个属性。而"三性说"则认为,证据应同时具有三种属性,即客观性、关联性和合法性,其中合法性是将诉讼证据与一般证据区别开来的基本属性。由此可见,"两性说"与"三性说"之争的焦点在于证据是否具有合法性。

坚持"两性说"的学者否认证据的合法性,其主要理由在于:(1)合法性不是证据的基本特征,它只是认定证据的诉讼程序问题。如果将合法性作为证据的基本特征,那么就会不可避免地将一些主观性因素加入证据之中,从而影响证据的客观性。(2)证据先于办案人员的收集、运用与判断能力而存在,认识它,它存在,不认识它,它也存在,否认这一点,就否认了通过诉讼程序认定案件事实的客观基础。(3)诉讼证据具有法律效力,并不等于证据本身具有法律性这种特征,诉讼证据所涉及的法律效力不是证据本身所产生的,而是审判人员依法赋予的。因此,它是诉讼程序中所涉及的问题,而不是证据本身的特征和属性。证据是否真实与收集证据的手段是否合法是两码事，故不能将证据的特征与收集、审查判断证据应遵守的程序混为一谈。(4)合法性是对证据的认识属性，而不是其本体的客观属性。[6]因此，如果这些理论延伸到实践中，就会造成主次不分的局面，使办案质量下降，可能还会导致冤假错案的出现。

坚持证据"三性说"的学者则认为，合法性是证据的基本特征之一，其理由在于：(1)刑事证据的合法性是刑事诉讼本身的特殊性决定的。众所周知，世界上很多国家都已采取了非法证据排除规则，对于采用刑讯逼供、威胁、欺骗、利诱及其他非法手段获取的证据不予采信，即便说证据材料确实是案件某一情节的真实反映也不例外。(2)刑事证据除具有一般证据的证明能力外，还必须符合法律的规定，才能具有证据效力。凡不是依法收集的证据或不符合法律要求的证据材料，不能纳入诉讼程序，因而不能成为刑事证据。(3)刑事证据在刑事诉讼法中有明确的规定。它不仅仅是一个收集、审查判断的问题，还有形式、来源、证明主体身份是否合法等问题。[7]

近年来，随着依法治国的不断推进，司法公正、保障人权已经成为司法诉讼活动的基本理念，非法证据排除规则在我国也越来越受到重视，在此背景下，证据的"三性说"日益成为证据基本特征的主流观点。

一、证据的真实性

真实是相对于虚假而言的，证据的真实性指证据的形式与所表现的内容是客观存在的而不是虚假的，即证据应当具有客观存在的属性，证据必须是伴随案件的发生、发展的过程而遗留下来的，不以人们的主观意志为转移而存在的事实。

证据必须是对客观事物的反映。从证据内容来看，证据是对客观事物的反映。虽然这种反映可能会存在一定的偏差或错误，但它必须以客观事物为基础，不能以主观臆断来代替客观事实。以证人证言为例，能够成为证据内容的，只能是证人所陈述的关于案件的事实和情节，而不是其对案件的分析推断。纯粹的主观想象、猜测、梦幻中的情节、占卦算命的预言等都因其不具有客观性而不能充当证据。

证据必须具有客观的外在表现形式。从证据的表现形式来看，证据必须具备客观存在的形式，必须是人们可以通过某种方式(如视觉、听觉、触觉等)所感知的东西。就物证、书证、视听资料等实物证据而言，这一点是不言而喻的；而对于证人证言、被害人陈述等言词证据来说，则表现为必须由证人、被害人等以口头或书面的形式表达出来，如果与案件有关的事实仅存在某人的大脑中，而没有以证人证

---

〔6〕 参见卞建林主编：《证据法学》，中国政法大学出版社2005年版，第146页。

〔7〕 参见陈卫东主编：《刑事证据问题研究》，中国人民大学出版社2016年版，第14页。

言、被害人陈述等形式体现出来,它无法进入诉讼程序,也不可能成为证据。

证据是不以人的意志为转移的客观存在。证据是随着案件的发生而出现的,它不以人们的主观意志为转移。证据的产生是由案件本身决定的,证明主体只能发现、认识它,并加以收集、固定和保管,而不能以主观猜测、随意捏造、任意歪曲的方式改变或替换收集到的证据材料。证据材料能否作为证据使用,也要以案发当时的情况而定,而不能根据案发后人为变化而定。

证据的真实性特征要求诉讼参与人和国家专门机关在证据调查中应善于鉴别和排除虚假的证据材料。具体而言,司法实践中要注意办案人员不能把任何个人的想象、推测、臆断、怀疑、虚构作为证据,否则必然造成错案假案。证据必须有正确的来源,对于无正确来源的,如道听途说、匿名信等,由于无法查证,不具备客观真实性,不能作为证据使用。

在此需要指出的是,所有证据都是人的主观认识与客观事物相结合的产物。严格地说,任何形式的证据中都包括人的主观因素,如证人证言、鉴定意见中既有案件事实、鉴定对象的客观描述,也包含着证人、鉴定人对客观事实的主观认识。再如,物证本身固然可以说是客观的,但是其自身却不能单独证明案件中的任何问题,任何物证要想证明案件中的有关事实,均与人的主观认识有关。如在某杀人现场上有一把带血的匕首,该物证本身难以单独直接证明案件的事实。要使其发挥证明作用,需要有人将它从现场提取并作为证据;然后要有人对它进行检验或辨认,以便确定它与案件事实或犯罪嫌疑人的联系。只有当有关专家通过对刀上的血痕或尸体伤口上痕迹进行鉴定后,确认它就是导致被害人死亡的那把凶器,或有关证人通过辨认确认它就是某个嫌疑人的刀时,它才能发挥证明的作用。而在这一过程中,也就不可避免地渗入了有关人员的主观因素。这正是司法和执法人员依靠证据处理案件时可能发生错误的根据之一,也是司法和执法人员必须对各种证据认真审查评断的原因之一。也就是说,在证据的形成过程中,只有先存在客观事实本身,才谈得上主体的主观意识作用,一项带有主观因素的证据材料能否成为证据,最终取决于它是否与事实真相吻合,经过筛选审查成为证据的证据材料必须与客观事实基本一致,否则就会酿成错案。

二、证据的关联性

证据的关联性,又称相关性,是指证据必须与需要证明的案件事实或争议事实具有一定的联系,且对证明案情具有实际意义。证据关联性的价值在于节约司法资源、提高诉讼效率,避免诉讼时间浪费在与案件事实无关的材料调查上,从而保证诉讼活动恰当而公正地进行,即"关联性概念可以节省时间,限缩诉讼双方开庭前所需准备的主题。最后,借由确保诉讼结果系得自多数人认为与争议事实有关之资料，而增加了审判的正当性”[8]。

司法实践中，主要从两方面评价证据的关联性：一方面，证据必须与案件事实存在客观联系；另一方面，证据必须能据以证明案件真实情况。

（一）证据必须与案件事实存在客观联系

所谓证据必须与案件事实存在客观联系，有以下几点内涵：

1. 证据与案件事实应存在某种联系。从哲学的角度来讲，事物之间的联系是普遍和绝对的，但显然不能用这种普遍存在的关联性来理解证据的关联性。有关联性的证据是指对查明案件真相具有一定实际意义的事实。例如，案发现场旁观者留下的足迹，就是与案件事实没有联系的事实，不能成为证据。再如，并非任何一份房屋买卖合同都是房屋买卖纠纷案件中的书证，只有以发生买卖纠纷的房屋作为标的物的那份房屋买卖合同，才能成为该案的书证。

2. 证据与案件事实之间的联系具有客观性。办案人员只能如实地反映证据与案件之间的联系，而不能主观臆造、牵强附会，否则就会定错事实，办错案子。司法人员在办案过程中，必须要尊重证据与案件待证事实之间的关系，如实评价证据对案件待证事实的证明作用，不能将没有客观联系的证据想当然地认为有客观联系。

3. 证据与案件事实之间的关联表现形式多样化。证据与案件事实之间的联系广泛而复杂，如时间联系、空间联系与因果联系、必然联系与偶然联系、肯定联系与否定联系等。例如，某案件发生后，曾连续下了三天雨。据气象台记录，下雨的时间是某年某月某日，这一证据与案件事实之间的联系是时间先后顺序上的联系，据此可推断案件发生的具体时间，此为时间联系。再如，案件现场发现一枚足迹，经鉴定与某人的足迹具有同一性，这一证据同某人到过现场的待证事实之间的联系就是必然联系。又如，案发时犯罪嫌疑人与朋友一起玩扑克的事实证明他没有作案时间，因而不是犯罪人，该证据与案件事实之间的联系则是否定联系。另外，证据与案件事实的联系还有重合关联的情形。例如，一张被改动的票据，既反映了行为人作案的时间、方法及后果，又是一份证明行为人作案的有力的书证。总之，无论证据与案件事实存在何种关联，其表明了证据反映了与案件有关的事实。

（二）证据必须能据以证明案件真实情况

并非所有与案件事实存在联系的事实都可以成为证据。事物间的联系是普遍存在的，只有那些对证明案情既有实质性又有证明性的材料，才是真正具有关联性的证据。

---

[8] [美]Arthur Best：《证据法入门：美国证据法评释及实例解说》，蔡秋明等译，台北，元照出版公司2003年版，第3页。

1. 实质性。所谓实质性,即将要证明的问题属于依法需要运用证据加以证明的待证事实。实质性描述的是证明对象与案件争点之间的关系。如果某一项证据并非指向本案的争议点问题,那么该证据在本案中就不具有实质性。同时,证据是用来证明待证事实的,如果案件事实是人所共知的事实或推定的事实,则证据就失去了关联性意义。故"诉讼一方可以证实所有与争议事实有关的情况,而不能去证实别的东西。这种相关的情况不仅包括主要争议事实本身的各个部分,而且也包括所有为辨明或解释主要争议事实所需要的辅助事实"[9]。另外,有学者还指出:"有时候一个证据可能与诉讼中的任何争点均无关联性,但可能因为陪审团或法官有其他资讯而有关联性。"[10]此即为"附条件的关联性"。

因此,在诉讼中,证据必须限制在与本案有关的争议事实内。诉讼一方仅能用证据证明与争议事实有关的情况,而不能用此去证明与本案争议事实无关的事项。不过值得注意的是,这种相关情况不仅包括主要争议事实本身的各个部分,也包括所有为辨明或解释主要争议事实所需的其他辅助事实。而且,实质性问题并非一成不变,证据是否具有实质性,关键在于它是否指向本案的争点问题。为识别一项证据是否具有实质性,可以通过考察对方提出该项证据的证明目的是什么,并进一步决定该证明目的是否有助于认定本案的争点问题来作出判断。

2. 证明性。所谓证明性,指证据依事物间的逻辑或经验关系具有使实质性问题可能更为真实或不真实的能力。证明性描述的是证据与主张之间的关系,它是一个逻辑问题,由事物与事物之间的客观联系所决定,即按事物的通常进程,其中一项事实与另一事实相联系,能大体证明另一事实在过去、现在或将来存在或不存在。

有些证据尽管与案件事实存在一定的客观联系,但并不能证明案件真实情况,因而不具有关联性。证据不具有证明性在实践中一般表现为两种情况:一是证据内容模糊不清,难以确定。如现场遗留的指纹,如果模糊难辨,无法作同一认定,则缺乏证据的关联性。二是虽然该证据内容清楚明确,但其与案件事实的客观联系尚未被人们所认识到,或者人们已经认识到该事实与案件事实之间的联系,但这种联系的规律性或趋势尚未被认识,这种情况下,该证据也不认为具有关联性。以指纹为例,尽管人们早就认识到它与案件事实之间的客观联系,但直至人们发现了指纹的三大规律(每人有各自独特的指纹,指纹终生不变,指纹可以分类),又发现了提取对比指纹的科学方法,指纹才作为证据得到广泛应用。再如,过去人们不知道

---

〔9〕 张建伟:《证据法要义》,北京大学出版社2009年版,第121-122页。

〔10〕 [美]Arthur Best:《证据法入门:美国证据法评释及实例解说》,蔡秋明等译,台北,元照出版公司2003年版,第12页。

人的血压、呼吸频率与人的说谎行为之间的客观联系,随着科技的进步,二者间的联系及联系的规律性得到证明,通过心理和生理测试获得的证据才对有关人员陈述的真实性问题具有了关联性。

综上所述,确定证据的关联性显然是一个重要而复杂的问题。有的事实比较明显,容易判断;有的事实则需要经过反复辨认、检验、鉴定、分析才能确认其关联性。因此,发现和确定证据的关联性,是办案人员的一项基本功,直接反映办案人员的业务能力和认识水平。在办案的过程中,办案人员要正确地认识和理解证据的关联性,必须注意以下几点:

第一,由于证据与案件事实之间的联系是客观存在的,其联系是不以办案人员的主观意志为转移的,办案人员分析认识这种联系时,既不能主观臆造,又不能牵强附会,更不能强加,否则就会导致冤假错案。

第二,由于证据与案件事实关联的形式、途径和方法是多种多样的。在联系的范围上,有时间和空间之分;在联系的途径上,有直接关联和间接关联之分;在联系的规律上,有的是因果关系的必然关联,个别情况下是偶然的巧合而形成的偶然关联;在联系的功能和作用上,有肯定关联和否定关联。且确定证据的关联性是一个非常重要又极为复杂的问题,因为有的事实比较明显容易判明;有的事实比较复杂不大容易判明;有的事实需要经过仔细地检查、辨认、检验和鉴定才能确定;有些言词证据,由于每个作证主体的背景不同、同本案的关系不同,所提供的证据的关联性的确定,要经过对比、分析、推理、实物验证等。只有正确地解决证据的关联性问题,在侦查阶段才能明确调查和收集证据的方向和范围,保证及时收集各种证据,查明案件真相;在起诉和审判阶段,才能防止错案,保证起诉和判决的质量。

三、证据的合法性

证据的合法性,又称证据的法律性、证据的许可性,是指证据的来源、形式、收集和认定等应符合法律的规定,证据才能在诉讼中使用。证据应该具有客观性和关联性,但并不是所有与案件事实有联系的客观事实都可以作为证据使用,证据必须是通过法定程序纳入法律领域的事实。证据的合法性是证据的客观性和关联性的重要保证,也是证据具有法律效力的重要条件。在我国,对证据合法性的基本内容主要包括以下几个方面。

(一)主体合法

所谓主体合法是指证据的收集及制作主体必须合法:

1. 取证主体合法。取证主体合法,是指证据应当由法定人员收集。我国《刑事诉讼法》第 52 条规定:“审判人员、检察人员、侦查人员必须依照法定程序,收集能够证实犯罪嫌疑人、被告人有罪或者无罪、犯罪情节轻重的各种证据……”《刑事诉讼法》第42条规定：“辩护人收集的有关犯罪嫌疑人不在犯罪现场、未达到刑事责任年龄、属于依法不负刑事责任的精神病人的证据，应当及时告知公安机关、人民检察院。”《律师法》第35条第2款规定：“律师自行调查取证的，凭律师执业证书和律师事务所证明，可以向有关单位或者个人调查与承办法律事务有关的情况。”这条规定实际上修改了现行《刑事诉讼法》第43条的规定，律师调查取证不再需要经人民检察院许可并经被害人同意，只需出示执业证书和律师事务所证明即可。另外，根据我国《刑事诉讼法》第54条第2款规定：“行政机关在行政执法和查办案件过程中收集的物证、书证、视听资料、电子数据等证据材料，在刑事诉讼中可以作为证据使用。”最高法《刑诉法解释》第75条也规定：“行政机关在行政执法和查办案件过程中收集的物证、书证、视听资料、电子数据等证据材料，经法庭查证属实，且收集程序符合有关法律、行政法规规定的，可以作为定案的根据。根据法律、行政法规规定行使国家行政管理职权的组织，在行政执法和查办案件过程中收集的证据材料，视为行政机关收集的证据材料。”因此，在刑事诉讼中，除审判人员、检察人员、侦查人员、行政执法人员、辩护律师以及被害人的诉讼代理人以外，其他人员无权收集证据。另外，行政机关超越其法定权限收集的证据材料，也属于主体不合法的情况，不能作为证据采用。

我国《民事诉讼法》第67条第1、2款规定：“当事人对自己提出的主张，有责任提供证据。当事人及其诉讼代理人因客观原因不能自行收集的证据，或者人民法院认为审理案件需要的证据，人民法院应当调查收集。”第64条规定：“代理诉讼的律师和其他诉讼代理人有权调查收集证据，可以查阅本案有关材料。查阅本案有关材料的范围和办法由最高人民法院规定。”由此可见，在民事诉讼中，当事人及其诉讼代理人、人民法院均为合法的取证主体。

我国《行政诉讼法》第32条规定：“代理诉讼的律师，有权按照规定查阅、复制本案有关材料，有权向有关组织和公民调查，收集与本案有关的证据。对涉及国家秘密、商业秘密和个人隐私的材料，应当依照法律规定保密。当事人和其他诉讼代理人有权按照规定查阅、复制本案庭审材料，但涉及国家秘密、商业秘密和个人隐私的内容除外。”第34条规定：“被告对作出的行政行为负有举证责任，应当提供作出该行政行为的证据和所依据的规范性文件。被告不提供或者无正当理由逾期提供证据，视为没有相应证据。但是，被诉行政行为涉及第三人合法权益，第三人提供证据的除外。”第40条规定：“人民法院有权向有关行政机关以及其他组织、公民调取证据。但是，不得为证明行政行为的合法性调取被告作出行政行为时未收集的证据。”

2. 制作主体合法。制作主体合法，是指某些系由办案人员等制作的证据，其制作主体必须符合法律的规定，如刑事诉讼中，勘验、检查笔录、辨认笔录必须由法定的侦查人员和其他法定人员进行制作；鉴定意见则应由具备法定资质的鉴定人员制作。

（二）形式合法

证据的形式必须合法，是指证据应当符合法律规定的形式要件的要求。形式合法分为两种情形：

1. 必须符合法律规定的证据形式即必须属于法定的证据种类。我国《刑事诉讼法》第48条第2款规定："证据包括：（一）物证；（二）书证；（三）证人证言；（四）被害人陈述；（五）犯罪嫌疑人、被告人供述和辩解；（六）鉴定意见；（七）勘验、检查、辨认、侦查实验笔录；（八）视听资料、电子数据。"我国《民事诉讼法》第66条第1款规定："证据包括：（一）当事人的陈述；（二）书证；（三）物证；（四）视听资料；（五）电子数据；（六）证人证言；（七）鉴定意见；（八）勘验笔录。"我国《行政诉讼法》第33条规定："证据包括：（一）书证；（二）物证；（三）视听资料；（四）电子数据；（五）证人证言；（六）当事人的陈述；（七）鉴定意见；（八）勘验笔录、现场笔录。以上证据经法庭审查属实，才能作为认定案件事实的根据。"不属于这些法定证据形式的，不得采纳为证据。

2. 证据必须符合特定的形式要件，如讯问笔录应当由犯罪嫌疑人、被告人签名或者捺印；询问笔录必须有证人的亲笔签名、捺印；对精神病的鉴定须由省级以上的人民政府指定的医院进行等。

（三）取证程序合法

违反法律规定的程序收集的证据，不能作为定案的根据。我国《刑事诉讼法》对讯问犯罪嫌疑人、被告人、询问证人和被害人、勘验、搜查、扣押、鉴定等取证程序都作了具体明确的规定。我国《刑事诉讼法》第86条规定："公安机关对被拘留的人，应当在拘留后的二十四小时以内进行讯问……"第118条规定："讯问犯罪嫌疑人必须由人民检察院或者公安机关的侦查人员负责进行。讯问的时候，侦查人员不得少于二人。犯罪嫌疑人被送交看守所羁押以后，侦查人员对其进行讯问，应当在看守所内进行。"这些条款均是对讯问取证程序的规范。

《民事诉讼法》对勘验物证等的程序作了明确规定。该法第83条第1款规定："勘验物证或者现场，勘验人必须出示人民法院的证件，并邀请当地基层组织或者当事人所在单位派人参加。当事人或者当事人的成年家属应当到场，拒不到场的，不影响勘验的进行。"

最高法《行诉证据规定》第57条规定，严重违反法定程序收集的证据材料，不能作为定案依据。《行政诉讼法》第35条则规定"在诉讼过程中，被告及其诉讼代理人不得自行向原告、第三人和证人收集证据"，即在行政诉讼过程中作为被告的行政机关如果自行向原告收集证据，那么其收集到的证据就会因程序违法而不能作为定案依据使用。

（四）取证方法合法

我国现行《刑事诉讼法》所规定应被排除的证据主要是指以非法方法所取得的证据。我国《刑事诉讼法》第52条规定："审判人员、检察人员、侦查人员必须依照法定程序，收集能够证实犯罪嫌疑人、被告人有罪或者无罪、犯罪情节轻重的各种证据。严禁刑讯逼供和以威胁、引诱、欺骗以及其他非法方法收集证据，不得强迫任何人证实自己有罪。必须保证一切与案件有关或者了解案情的公民，有客观地充分地提供证据的条件，除特殊情况外，可以吸收他们协助调查。"由此可见，我国刑事诉讼法所禁止的非法取证方法主要包括刑讯逼供，以威胁、引诱、欺骗以及其他非法方法。而根据我国《刑事诉讼法》第56条第1款规定："采用刑讯逼供等非法方法收集的犯罪嫌疑人、被告人供述和采用暴力、威胁等非法方法收集的证人证言、被害人陈述，应当予以排除。收集物证、书证不符合法定程序，可能严重影响司法公正的，应当予以补正或者作出合理解释；不能补正或者作出合理解释的，对该证据应当予以排除。"由此可见，我国刑事诉讼法所指的导致证据排除的非法取证方法主要包括刑讯逼供等非法方法及暴力、威胁等非法方法。

另外，最高法《行诉证据规定》第57条、第58条规定以偷拍、偷录、窃听等手段获取侵害他人合法权益的证据材料、以利诱、欺诈、胁迫、暴力等不正当手段获取的证据材料、以违反法律禁止性规定或者侵犯他人合法权益的方法取得的证据均不能作为定案依据。

（五）证据材料应经法定程序审查属实

我国《刑事诉讼法》规定，证据必须经过查证属实，才能作为定案根据；证人证言必须在法庭上经控辩双方或当事人询问、质证；物证必须当庭出示，请当事人辨认；未到庭的证言笔录、鉴定意见等应当当庭宣读，听取控辩双方或当事人双方的意见。未经法庭查证属实的材料，均不得作为定案的根据。

《民事诉讼法》及相关司法解释规定，人民法院应当按照法定程序，全面地、客观地审查核实证据；证据应当在法庭上出示，并由双方当事人互相质证；未经质证的证据，不能作为认定案件的依据。

典型案例评析

案例6－1　河南赵作海故意杀人案——非法取证的后果〔11〕

1997年10月30日,河南省商丘市柘城县老王集乡赵楼村村民赵振晌和邻居赵作海打架后,赵振晌失踪。1998年2月15日,赵振晌的侄子赵作亮到公安机关报案,称其叔父赵振晌已失踪4个多月,怀疑被同村的赵作海杀害,公安机关立即进行了相关调查。1999年5月8日,村民在淘井时发现一具无头、膝盖以下部分缺失的男性尸体,以为死者就是该村村民赵振晌,其家属报警,柘城警方遂将赵作海带走审讯,并认定赵作海为犯罪嫌疑人,于5月9日将其刑事拘留。

赵作海在公安机关遭到了严酷的刑讯逼供。据案发后审判侦查人员刑讯逼供罪的刑事判决书〔12〕载明:侦查人员采取不让赵作海休息、饿饭、木棍敲头、手枪砸头等刑讯逼供手段对赵作海轮流审讯。5月10日至6月18日,在受到严酷的刑讯后,赵作海被迫作了9次有罪供述。此外,赵作海的前妻赵小齐也遭到了警察的暴力取证,包括用棍子打、跪砖头且砖头上有棍子、每天只能吃一个馒头、经常几天不让睡觉等。

此后,警方两次将该案移交商丘市检察机关,都因"事实不清,证据不足"被退卷,要求补充侦查。1999年12月9日,检察机关最后一次退卷后,再未受理,而警方坚持认为赵作海是杀人凶手,不肯放人。检察院最后于2002年11月11日提起了公诉。2002年12月5日,商丘市中级人民法院以故意杀人罪判决赵作海死刑,缓期两年执行,剥夺政治权利终身。判决后,赵作海未上诉。2003年2月13日,河南省高级人民法院复核后作出裁定,核准商丘市中级人民法院的上述判决。

2010年4月30日,失踪多年的赵振晌回到柘城县家中。2010年5月5日下午,河南省高级人民法院决定启动再审程序。5月9日,赵作海被宣布无罪释放。

办理此案的6名警察被追究刑讯逼供罪,其中两名警察被判处有期徒刑2年,两名警察被判处有期徒刑1年6个月,一名警察被判处有期徒刑1年,一名警察被免予刑事处罚。

｜评析｜

赵作海案在我国刑事证据法发展史上具有重要意义,该案件直接催生了2010年两高三部《办理死刑案件证据规定》和《非法证据排除规定》。而《办理死刑案件

〔11〕　河南省高级人民法院刑事判决书,(2010)豫法刑再字第15号。

〔12〕　河南省开封市龙亭区人民法院刑事判决书,(2011)龙刑初字第72号。

证据规定》是我国第一个较为系统的关于证据审查判断的司法解释，具有很强的实践指导意义。造成赵作海案件出现“亡者归来”的原因是多方面的，但侦查人员采取刑讯逼供、暴力取证等非法取证方法收集证据无疑是根源，相关侦查人员也因为刑讯逼供付出了惨重的代价。司法实践证明，刑讯逼供往往造成冤假错案。2012年刑事诉讼法修改时，一定程度上基于对赵作海等案件被告人遭到刑讯逼供而酿成冤案的反思，增加规定了法典意义上的非法证据排除规则，即《刑事诉讼法》第56条规定：“采用刑讯逼供等非法方法收集的犯罪嫌疑人、被告人供述和采用暴力、威胁等非法方法收集的证人证言、被害人陈述，应当予以排除。收集物证、书证不符合法定程序，可能严重影响司法公正的，应当予以补正或者作出合理解释；不能补正或者作出合理解释的，对该证据应当予以排除。在侦查、审查起诉、审判时发现有应当排除的证据的，应当依法予以排除，不得作为起诉意见、起诉决定和判决的依据。”因此，公安司法机关办理刑事案件，应当坚持证据合法性原则，严禁采取刑讯逼供、暴力取证等非法取证方法。检察机关如果接到犯罪嫌疑人、被告人及其辩护人或者证人、被害人等关于刑讯逼供、暴力取证等非法行为的控告、举报及提供的线索，或者在审查案件材料时发现可能存在非法取证行为的，应当认真进行审查，通过当面讯问犯罪嫌疑人、被告人、查看犯罪嫌疑人、被告人身体状况以及调阅提审登记表、入所体检记录等途径，及时发现非法证据并依法排除非法证据。法院在审判中发现非法证据的，应当认真审查，依法予以排除。

主要文献著述

1. 俞亮：《证据相关性研究》，北京大学出版社2008年版。
2. 李明：《证据证明力研究》，中国人民公安大学出版社2013年版。
3. 孙远：《刑事证据能力导论》，人民法院出版社2007年版。
4. 赵培显：《刑事证据关联性研究》，中国检察出版社2018年版。
5. 郭志媛：《刑事证据可采性研究》，中国人民公安大学出版社2004年版。

第七章　证据的学理分类

第一节　证据分类概述

一、证据分类的概念

证据分类，是指从理论上对诉讼证据类型的划分，即根据不同证据的特征，按照不同的标准将证据划分为不同的类别。研究证据分类，旨在更好地认识不同证据的共性与差异，更好地掌握证据运用的客观规律，提高运用证据查明事实真相的能力。我国学者近年来对证据的分类方法渐趋一致，一般将证据分为言词证据与实物证据、原始证据与传来证据、直接证据与间接证据、本证与反证等类型。

在我国，证据分类有别于法定证据种类。我国《刑事诉讼法》将刑事证据分为八种，《民事诉讼法》和《行政诉讼法》将证据分为七种。法律规定的证据种类，实质上也是对证据的一种分类，但其是依据法律规定作出的划分，是法律的明文规定，具有法律效力，不具备法定表现形式的证据一般不能作为定案的根据，而证据分类则系学理上的类别划分，属于学理解释范畴，不具有法律效力。而且，证据的法定种类是法律依据一定的标准对证据进行的多元划分，而证据分类则是按照不同标准对证据进行“二分”所得的结果。这意味着某种证据在法定证据种类体系中只能找到唯一的归属，但却能在证据分类体系的不同标准下得到多重定位。例如，刑事案件中被追诉人的口供，在证据法定种类中属于犯罪嫌疑人、被告人的供述，而在证据分类中则通常可分别归为言词证据、原始证据和直接证据。

对证据进行分类研究的做法历史悠久。英国著名法学家边沁早在 18 世纪就曾对证据进行分类研究。边沁按照九个标准，将证据分为实物证据和人的证据，自愿证据和强制证据，言词证据、宣誓证据和书证，直接证据和间接证据，原始证据和传闻证据等不同类型。此后，分类成为对证据进行理论研究的一种重要方法，无论是英美法系还是大陆法系都比较重视。一般而言，受判例法传统的影响，英美法系通常无证据法定种类一说，证据种类和证据分类也并无严格的界限。而大陆法系以成文法为主，可能会在法典中列举规定证据的种类，因此，通常严格区分证据种类和证据分类。由于国情和证据制度不同，各证据理论对证据的分类方法也不尽一致。美国法学家格里菲斯主张将证据分为两类:直接证据和情况证据,而美国法学家威格莫尔则主张将证据分为三大类:直接证据、情况证据和言词证据。还有一些英美法学者将证据分为最佳证据和次要证据,口头证据、书证和实物证据等。而日本学者松尾浩也则将证据分为证人、证据文书和证据物,有证据能力的证据和没有证据能力的证据,直接证据和间接证据,弹劾证据和实质证据等。我国台湾地区林山田教授提出证据的五种分类,即人证、物证与书证;直接证据与间接证据;本证与反证;原始证据与传闻证据;主要证据与补强证据。我国台湾地区法学家陈朴生则主张六分法,将证据分为六大类。[1]

二、证据分类的意义

分类研究具有重要的理论价值,是人们认识和研究客观事物的一种重要的逻辑思维方法。分类研究法有利于把各种事物区别开来,深入揭示各种事物的共性和差异。通过对证据进行分类研究,可以充分揭示不同证据的不同特征,使某类证据所具有的复杂属性在不同的视角下得以显现,从而帮助人们理解该类证据在搜集、获取、固定、举示、审查判断等方面的一般规律,并借以将对证据概念、资格、属性、证明力及证据规则等的思考不断引向深入,对于证据法学的研究大有裨益。

证据的分类研究对于证据立法和司法实践也有指导意义。《刑事诉讼法》第54条第2款规定:"行政机关在行政执法和查办案件过程中收集的物证、书证、视听资料、电子数据等证据材料,在刑事诉讼中可以作为证据使用。"该款所明确列举的多个证据种类,在证据分类上均属于实物证据,而立法者之所以如此规定,显然是基于对实物证据与言词证据不同特性的权衡。由此不难看出证据分类对于立法的实际指导作用。在司法实践中,证据分类不管是对公安司法机关还是对诉讼当事人及其他诉讼参与人也都具有良好的指导作用。在证据分类理论的指导下,相关主体可以根据证据的不同特性全面正确地收集和运用证据,少走弯路,提高效率,尊重规律,充分发挥各种证据在认定案件事实中的作用。

第二节 言词证据和实物证据

一、言词证据和实物证据的概念

根据证据的内容及表现形式等的不同,证据可以分为言词证据与实物证据。

---

〔1〕 参见陈光中主编:《证据法学》(第4版),法律出版社2019年版,第209页。

凡以人类语言为内容及表现形式的证据,就是言词证据;凡以实物为内容和表现形式的证据,就是实物证据。

言词证据主要包括证人证言、当事人陈述、鉴定意见等。在刑事诉讼中,当事人陈述主要表现为犯罪嫌疑人、被告人供述和辩解,被害人陈述等。鉴定意见之所以属于言词证据,是因为鉴定意见本质上是鉴定人对案件中涉及的某些专门问题发表的个人意见,而且法律原则上也要求鉴定人到庭接受询问。而在英美法系国家,鉴定人属于"专家证人",鉴定意见属于"专家证言"。

就其内容而言,言词证据主要是相关主体基于对案件事实的感知进行的陈述。言词证据的形成通常需要经过感知—记忆—复述这样三个阶段,即案件事实在相关主体的意识中形成映像,并以言词形式外化为证明案件事实的证据。言词证据可以是口头的形式,也可以固定在一定的物质载体上,如记载在笔录中,具体表现为询问笔录、讯问笔录等。当然,也可以采取录音录像的方式固定陈述人的陈述。值得注意的是,言词证据与实物证据的划分还需要考虑证据的形成或制作方式。如果录音录像只是纯粹作为固定言词证据的一种手段,该录音录像本质上还是言词证据。但如果录音录像是在案发过程中自然形成的,是对案发过程的客观记录,即使里面包含人的陈述,在证据种类上也应归入视听资料,属于一种实物证据。例如,受害人拍摄的犯罪分子花言巧语的诈骗过程的录像或者录下的犯罪分子勒索赎金的电话录音材料就属于实物证据。

实物证据是以实物为内容和表现形式的证据。实物证据通常表现为客观的、不以人的意志为转移的物品或痕迹,也可以表现为对客观存在的如实写照及记录。在法定证据种类中,物证、书证、视听资料、勘验笔录,以及刑事诉讼中的检查笔录、侦查实验笔录、电子数据,民事诉讼中的电子证据,行政诉讼中的现场笔录等,都是实物证据。勘验、检查、侦查实验笔录或现场笔录是公安司法机关对与案件有关的场所、人身、物品、资料、尸体等勘验、检查或进行实验之后制作的书面记录。它不仅包括勘验、检查及实验过程中事实情况的文字记录,也包括现场绘图、现场照片等附件。它不仅是物证、书证等其他实物证据的固定和记录的方式,也可能如实全面记录勘验、检查及实验过程中相关事物的客观联系。勘验、检查、侦查实验、搜查、查封、扣押、提取等的笔录是对客观情况的记录而非办案人员的意见或陈述,因此属于实物证据。视听资料、电子证据是用录音磁带、录像带、电影胶片、电子计算机等相关设备存储的作为证明案件事实的声音、影像、图形或者数据资料。视听资料、电子数据不仅在表现形式上是一种有形的物质,在内容上也是一定的科学技术设备对客观存在的记录和反映,而不是人的感官对客观存在的表达,因而也属于实物证据。

在诉讼制度发展的特定时期,法律曾经赋予言词证据特殊的证明力,刑事诉讼中被告人的口供曾一度扮演“证据之王”的角色。然而，随着科学技术的发展和诉讼文明程度的提高，尽管言词证据依然在诉讼证明中发挥着举足轻重的作用，但那种一味迷恋和依赖言词证据的时代已逐渐成为历史，实物证据开始受到越来越多的重视。

二、言词证据和实物证据的特征

（一）言词证据的特征

1. 证据形式的动态性

言词证据是以人的陈述形式表现出来的对案件事实及牵涉到的某些专门问题的感知或认识，因此，与实物证据不同，它对案件事实的反映是直接的、生动形象的，其与待证事实之间的关联性也比较明显，一般无须进行专门的解读。当事人、证人作为案件事实的经历者，通常能够全面、详细、具体地反映案件事实，揭示出案件发生、发展的完整过程以及一些有法律意义的细节，公安司法人员可以从言词证据中把握案件的前因后果、来龙去脉，尤其是能借以了解当事人行为的动机、目的等主观心态，从而迅速判明案件的性质，发现案件的事实真相。这通常是实物证据无法比拟的。

2. 证据内容的真假混杂性

作为陈述人对案情的主观反映，言词证据的客观真实性很容易受到各种主客观因素的影响，出现虚假或失真。主要表现为以下三种情况：(1)考虑到与案件处理结果的利害关系，陈述人故意作虚假陈述。(2)由于受到外在的威胁、引诱或欺骗，或者受压迫性询问（讯问）环境的影响，陈述人违背自己的真实意愿作虚假陈述。(3)尽管陈述人想如实反映案情，但受感知能力、记忆能力、表达能力等客观因素的影响，导致陈述人的陈述不符合案件事实。事实表明，即使是目睹同一事件的众多证人，其提供的证据也存在这样那样的差别，很少有人能够完全准确地复述事件经过。因此，一般而言，言词证据的客观性不及实物证据。

3. 证据源的稳定性

陈述人在感知了案件事实后，案件事实的映像就会被大脑储存起来，一般情况下，能够保存相当长的时间。感知时受到的刺激越强烈，映像越清晰，保存的时间就越长。因此，言词证据的收集带有相对的持久性和可重复性。例如，对于同一个证人，可以通过多次询问，形成多份证人证言笔录，对于同一个犯罪嫌疑人、被告人经过侦查、审查起诉、审判等多个阶段的讯问，可以形成多份口供。这是有利于言词证据的收集与审查判断的。

4. 证据的易变性、反复性

言词证据的载体是人，而人的言语表达受到其思想的左右或者影响，因此，言词证据在司法实践中常常呈现出易变性、反复性，如犯罪嫌疑人、被告人供述时供时翻，证人证言的“翻证”，当事人陈述、被害人陈述的反复多变等，就是言词证据这一特征的反映。

（二）实物证据的特征

1. 证据形式的客观性和稳定性

实物证据表现为物品的形态、存在状况以及对现场、物品及人身情况的客观记载，表现为有形的物质实体，因此，与表现为人的陈述的言词证据相比，具有更强的客观性。与易受主观因素影响的言词证据不同，实物证据无论是形成于案发之前，还是伴随案件的发生而形成，抑或案发后才制作的，都是一种客观存在，而且一旦形成，其外部特征或记载的内容就会相对稳定。通过勘验、搜查、扣押、查封、冻结、调取或当事人提供等途径收集并保全固定之后，可以长期保持其原有形态，不易失真。实物证据本身不会“说谎”，它的证明力不会受人的思维影响而改变，因此，它是检验言词证据真实性的可靠依据。一般而言，实物证据对案件事实的证明更有说服力，更能经得起历史的考验。

2. 证明方式的被动性

实物证据又被称为“哑巴证据”。它虽然能够客观地记录下与案件事实相关的情况，但通常不能直观地反映案件事实，或者不能自动展示出其与案件事实间的客观联系，只能依赖相关主体发挥主观能动性，借助于一定的手段对其进行说明或解读。因此，实物证据能否证明案件事实及证明作用的程度在一定意义上取决于人类的认识能力。有些实物证据包含的信息容易被揭示，如一般的书证、视听资料，有些实物证据反映的案件信息需要进行辨认或比对，还有一些实物证据蕴含信息的识别就要依赖鉴定等科技手段，比如 DNA 证据、指纹、足迹、声纹等。

3. 证明对象的片段性

实物证据在证明对象上具有片段性、不完整性。实物证据通常只涉及案件事实的某个方面、某个情节、某个场景，无法单独反映案件主要事实。例如，现场提取到的犯罪嫌疑人的指纹，在排除了伪造现场的前提下，一般只能证明犯罪嫌疑人到过现场，但不能证明案件就是犯罪嫌疑人所为，更无法系统呈现犯罪的经过，必须与其他证据结合，才能证明案件的主要事实。所以，实物证据多数情况下都是间接证据。因此，运用实物证据时应该重视对实物证据与案件事实关联性的揭示，注重发挥多个证据的整体性作用。

4. 灭失后的难以替代性

言词证据，比如被告人的供述，在灭失以后还可以通过再次讯问予以收集。然而实物证据灭失之后却很难找到替代证据。物证、书证形成于案发之前或案发过程中，体现于特定的载体之上，而时间无法倒流，案件不能重演，因此，实物证据一旦灭失,就无法进行恢复。当然,也不允许用同类的物品或者相似的物品替代。视听资料亦是如此,由于其一般直接形成于案件事实,在灭失以后,不可能进行重新录制。然而,物证很可能因为受到自然或者人为因素的影响而出现毁损或灭失,有些实物证据比如血液、唾液等在受到污染后可能会传递出错误的信息。这就对实物证据的收集和保管提出了很高的要求。实物证据必须及时收集,并且对于任何收集在案的实物证据均应依照法律要求的方式和程序采取保全措施。

三、言词证据和实物证据的运用

言词证据和实物证据分类的意义在于使人们正确认识这两类证据的不同特征,并根据其特征采取不同的收集和审查判断的方法。

针对言词证据易受主客观因素影响及易变性等特征,在言词证据的取证、质证及认证活动中应当注意以下几个方面:(1)对言词证据的收集,应当依法通过询问、讯问等方式进行,禁止采用暴力、威胁、引诱、欺骗等影响陈述人意志自由的手段以及侵犯他人合法权益的手段。在刑事诉讼中,采用刑讯逼供等非法方法收集的犯罪嫌疑人、被告人供述和采用暴力、威胁等非法方法收集的证人证言、被害人陈述,应当予以排除。在民事诉讼和行政诉讼中,以严重侵害他人合法权益、违反法律禁止性规定或者严重违背公序良俗的方法取得的言词证据材料,也不能作为认定案件事实的依据。(2)为了防止因时间久远陈述人淡忘案情或者相关对象丧失辨认或鉴定条件,言词证据应当及时收集。并且应当根据案件的具体情况和证据的不同种类,采取不同的固定形式。言词证据的固定一般采取笔录的形式,但陈述笔录必须由陈述人签名、盖章。在特定情况下,也可由陈述人亲自书写知晓的案件事实或相关情况,并由陈述人、见证人等签名、盖章。选择自书方式固定言词证据的,如果陈述人没有书写能力,可由相关主体代书。言词证据的固定还可以采用声像固定法,即对陈述的全过程进行同步录音录像,这样可以大大减少翻证、翻供的比率。(3)对言词证据进行质证时,宜采用交叉询问的方式,即证人、鉴定人等到庭接受双方当事人的质询。当然,在符合法律规定的情形下,也可以书面的言词证据代替。(4)司法机关在对言词证据进行审查判断时,应当着重审查言词证据的真实性和合法性。为此,审查时应当注意陈述人的生理、心理状态,陈述人的个人品质和表达能力,陈述是基于直接的感知还是对他人感知的转述,感知案情及陈述时的客观环境和条件,陈述人与案件的利害关系,言词证据自身是否存在矛盾,言词证据与其他证据能否印证,有无采取非法的获取手段等。

实物证据的收集和固定应当遵守合法、及时、客观、全面的原则。(1)实物证据的收集必须依照法定程序进行,如经勘验、检查、搜查提取、扣押的物证、书证,必须附有相关笔录或者清单,该笔录或者清单上必须有侦查人员、物品持有人、见证人签名,并应当注明物品的特征、数量、质量、名称等。(2)由于实物证据容易灭失,所以在收集、固定时必须迅速及时,以防止自然因素导致实物证据的毁损、消失,或者人为原因被破坏、伪造或变造。(3)在固定、保全实物证据时,应当充分利用各种现代科学技术手段,确保实物证据不变形、不失真,进而保证法庭上所出示、宣读、播放的实物证据的内容,反映了实物证据的真实情况,如实记录了案件事实的本来面目。(4)收集实物证据时必须深入、全面、细致,以发现和提取各种有关联性的实物证据,包括那些细微的痕迹物证。在笔录型实物证据的制作中,也应当力求全面,如勘验、检查笔录应当准确记录提起勘验、检查的事由,勘验、检查的时间、地点,在场人员、现场方位、周围环境;现场、物品、人身、尸体等的位置、特征,勘验、检查、搜查的过程,固定证据的形式、方法,现场、物品、痕迹等的完好度和真实度等详细情况。

在审查判断实物证据时应当注意审查实物证据的来源、保管及鉴定过程,注意审查实物证据收集的全面性以及实物证据的真实性和关联性。然而,长期以来,由于片面强调实物证据的客观性、稳定性和鉴真的技术性,法律和司法解释中对实物证据认证的限制性规范不多,司法人员拥有较大的自由裁量权。而且在审查时往往只着眼于实物证据的关联性,忽略了实物证据的来源、提取经过和保管情况。两院三部《办理死刑案件证据规定》《非法证据排除规定》《严格排除非法证据规定》以及最高法《刑诉法解释》等司法解释颁布后,至少在刑事诉讼中,上述局面有所改变。一方面,上述解释明确了实物证据审查的内容。按照规定,对物证、书证,应着重审查其是否为原物、原件,收集程序、方式是否符合法律及有关规定,在收集、保管及鉴定过程中是否受到破坏或者改变,其与案件事实有无关联,收集的是否全面等。对勘验、检查笔录,应当着重审查勘验、检查是否依法进行,笔录的制作是否符合法律及有关规定的要求,勘验、检查笔录的内容是否全面、详细、准确、规范,勘验、检查笔录中记载的情况与被告人供述、被害人陈述、鉴定意见等其他证据能否印证等。对视听资料,应当着重审查其来源是否合法,制作过程中当事人有无受到威胁、引诱或者是否存在其他违反法律及有关规定的情形,是否载明制作人或者持有人的身份、制作的时间等信息,是否为原件,有无复制及复制份数,内容和制作过程是否真实,有无经过剪辑、增加、删改、编辑等伪造、变造情形,内容与案件事实有无关联性等。另一方面,《刑事诉讼法》及相关司法解释还确立了实物证据的排除规则。收集物证、书证不符合法定程序,可能严重影响司法公正,又不能予以补正或者作出合理解释的,对该证据应当予以排除。最高法《刑诉法解释》还明确要求,在以下情况下,实物证据也不得作为定案的根据:(1)物证的照片、录像、复制品,不能反映原物的外形和特征的;(2)对书证的更改或者更改迹象不能作出合理解释,或者书证的副本、复制件不能反映原件及其内容的;(3)在勘验、检查、搜查过程中提取、扣押的物证、书证，未附笔录或者清单，不能证明物证、书证来源的；(4)物证、书证的来源、收集程序有疑问，不能作出合理解释的；(5)勘验、检查笔录存在明显不符合法律、有关规定的情形，不能作出合理解释的；(6)侦查实验笔录所记录的侦查实验的条件与事件发生时的条件有明显差异，或者存在影响实验结论科学性的其他情形的；(7)视听资料系篡改、伪造或者无法确定真伪的，或视听资料制作、取得的时间、地点、方式等有疑问，不能作出合理解释的；(8)电子数据系篡改、伪造或者无法确定真伪的，或有增加、删除、修改等情形，影响电子数据真实性的，或存在其他无法保证电子数据真实性的情形的等。值得一提的是，最高法《刑诉法解释》还细化了电子数据以及技术调查、侦查证据审查的内容和方法；而最高法《民诉证据规定》第91条、第92条、第93条、第94条等增加规定了对公文书证、私文书证、电子数据等实物证据的审核认定方式。

总之，言词证据和实物证据在证据能力问题上各有特征，在证明力上也各有优劣，因此，在运用证据认定案情时，原则上应当综合运用这两种证据，取长补短，获得最佳的证明效果。

第三节　原始证据和传来证据

一、原始证据和传来证据的概念

根据来源与出处不同，证据可以分为原始证据与传来证据。认定某一证据是原始证据还是传来证据，其标准就是看在来源上该证据与案件事实的关系是直接的还是间接的。

原始证据就是未经中间环节而直接形成于案件事实或原始出处的证据。原始证据是在案件事实的直接作用或影响下形成的，直接源于证据生成的原始环境，因此，又被称为“第一手资料”或“原生证据”。例如，在刑事案件中，目击证人根据自己直接感知的情况提供的证言，犯罪嫌疑人、被告人对自己涉嫌的罪行所做的供述和辩解，被害人针对自己的受害经过所作的陈述，侦查人员从犯罪现场提取到的以及在搜查中扣押的物证、书证，直接录下案发经过的“母带”“原盘”；在民事、行政案件中，当事人提供的合同原本，欠条的原件，遗嘱的手稿，购物的原始发票、文件的原本、物证的原件，当事人对案件的陈述，证人基于自己对案件情况的直接感知提供的证言等，这些直接源于案件事实的证据都是原始证据。

传来证据是间接源于案件事实，经过复制、转抄、转述等中间环节而形成的证据。传来证据不是直接形成于案件事实，而是由原生证据衍生而来，所以又被称为

“第二手资料”或“派生证据”。例如,证人转述他人话语的证言,物证的照片或复制品,视听资料、电子数据的复制品,合同、文件的抄本或影印本,勘验、检查、侦查实验笔录的复印件等,这些源于原始证据或者第二手及第二手以上的材料的证据都是传来证据。

原始证据与传来证据划分的标准是证据的来源而不是取证的主体或者取证方式。原始证据和传来证据可以是办案机关直接调查所得,也可以是委托其他办案机关收集所得,可以是公安司法机关收集所得,也可以是当事人提供或者律师等其他取证主体收集。证据的来源表达的是证据与案件事实的关系,不同于证据的表现形式。在有些案件中,原始证据可能表现为复制品。例如,在某些对政府官员进行敲诈勒索的案件中,犯罪分子先手写或者打印一份勒索信,然后再复印成若干份寄发。这种情况下,勒索信无论是犯罪分子手写的、打印的还是复印的,都直接源于案件事实,属于原始证据。而案发以后侦查人员再对上述信件进行拍照、复制,得来的复制件才属于传来证据。再如,当事人通过复写方式制作的一式几份的合同文本、收据等书证,犯罪分子大量复制后销售的淫秽光盘、录像带,犯罪分子在作案过程中自己对有关证据拍摄的照片等证据的形成中虽然都使用了复制、复写手段,但其与案件事实的联系是直接的,都是原始证据。因此,形成传来证据的中间环节即所谓的转抄、转述、复制行为必须是独立于案件事实之外的,如果这些环节属于案件事实本身,则据以形成的仍然是原始证据。

在英美法系国家,有一种相似的证据分类是原始证据与传闻证据。两种分类有一个共同的特征是,在分类的标准上都考虑到了证据与案件事实的关系或者证据的来源。但是,两种分类之间区别也很明显:(1)二者适用的范围不同。英美法系原始证据与传闻证据的分类针对的主要是人证,更确切地说,主要适用于证人证言。而我国原始证据与传来证据的分类则适用于所有的法定证据种类。换言之,每一种法定证据既可能是原始证据,也可能是传来证据;不属于原始证据的证据,都是传来证据;传来证据既可能是人证,也可能是物证。(2)二者的分类标准不同。在英美法系国家,确定是否属于传闻证据要考虑双重因素:一是该陈述是否是当庭作出或接受过交叉询问;二是该陈述是否直接来源于案件事实。一般而言,庭外的书面陈述或者当庭的转述都属于传闻证据,原则上均应排除。但我国原始证据与传来证据的分类标准只是证据的来源。即便是庭外的陈述,只要直接来源于案件事实,也属于原始证据。(3)两种分类的证据法意义不同。在英美法系国家,传闻证据规则是一项证据的可采性规则。除法律规定的例外情形外,传闻证据没有证据资格,不能进入法庭,不能让陪审团接触。但在我国,原始证据与传来证据的分类主要是区分两类证据的证明力,法律并没有禁止采用传来证据,传来证据经查证属实的,可以作为定案的依据。

当然,原始证据与传来证据的划分是相对的。电子数据这种新类型证据的出现,对原始证据与传来证据的分类标准提出了一定挑战,因为这种证据在某些情况下很难区分原件与复制件。有鉴于此,最高法《民诉证据规定》第15条第2款规定:"……电子数据的制作者制作的与原件一致的副本,或者直接来源于电子数据的打印件或其他可以显示、识别的输出介质,视为电子数据的原件。"

二、原始证据和传来证据的特征

(一)原始证据的特征

原始证据与传来证据划分的最大意义,就在于揭示不同来源获取的证据的可靠性的差异和证明力的强弱。一般而言,原始证据具有以下特征:

1. 更大的可靠性和更强的证明力。较之于传来证据,一方面,原始证据直接形成于案件事实或第一来源,没有经过中间环节的转述、复制过程,从而也就减少了因中间环节导致信息失真的可能性,它对案件事实的反映是最直接、最原始的,从而更加真实可靠。另一方面,原始证据与案件事实的联系是直接的,同案件事实的距离更为接近,关联的紧密度更高,因此,相对于传来证据,原始证据证明力更强。当然,原始证据具有更强的可靠性并不意味着原始证据就绝对真实可靠,受到主客观因素的影响,它也有可能不符合案件事实,传递错误信息。而且,原始证据具有更强的证明力也只是一个一般性的经验总结,不一定适用于每一个案件。尤其是对于言词证据而言,在某些情况下,原始证据可能不比传来证据更能真实地反映案件情况。例如,在强奸案件中,受害人考虑到声誉,在对侦查人员陈述时否认了自己受到侵害的事实,但她曾经在案发后向她的某好友哭诉过受害的过程,此时,她的好友的转述虽然是传来证据,却比她本人的陈述更为可靠,证明力也更强。再如,某证人目睹了案发的经过,回家后将这些情况告诉了自己的亲人,几年之后,该证人可能因身体原因记忆力严重下降,此时,其亲人对案件事实的转述可能比目击证人本人的证言具有更大的证明价值。

2. 数量相对较少,收集难度相对较大。从司法实践来看,一个案件同时存在原始证据和传来证据的情况下,原始证据的数量往往少于传来证据。例如,听说案件事实的证人可能有很多个,但现场目击证人可能只有一个;合同的原件可能双方各执一份,但合同的复印件可能有多份;等等。当然这种情况不能绝对化。由于数量相对较少,因此,收集原始证据的难度往往会比传来证据大,如发现了多份复印件,但一直找不到原件等。不过,这种情况同样不能绝对化。

(二)传来证据的特征

相对而言,传来证据的可靠性、证明力要逊于原始证据。这取决于传来证据的两大特征:

1. 间接性。多数传来证据都是间接源于案件事实,直接源于原始证据。传来证据与案件事实之间,隔着原始证据这个环节,其可靠性就不及原始证据。有时候,传来证据还会经过多次“转手”,譬如,目击证人甲将看到的情况告诉乙,乙后来又告诉了丙,丙又转述给了丁,甚至继续传递下去。经过多个中间环节的传来证据,间接性就更为明显。一般来说,传来证据的可靠性和证明力,与其和案件事实之间的间隔多寡成反比。传来证据与案件事实之间的中间环节越少,其证明价值越大;反之,其证明价值就越小。

2. 依赖性。传来证据是在原始证据的直接作用或间接影响下形成的,因此,传来证据虽然也依赖于案件事实,但对原始证据的依赖更为直接。没有原始证据,就不可能有传来证据,而原始证据的真伪也直接影响着传来证据的可靠性。当然,传来证据的依赖性也是就其来源而言的。传来证据一旦形成,其对案件事实的证明作用可以是独立的,无须借助原始证据。传来证据的可靠性不仅由传播环节的多少和原始证据的可靠性决定,还会受到转述或复制方式的影响。如果某一原始文件通过手抄和复印形成两个传来证据,此时,虽然它们的来源相同,而且都经过了一次中间环节,但一般认为复印件更为可靠。

原始证据的证明力一般优于传来证据并不是说传来证据就完全不可靠,没有证明价值。传来证据在定案中仍然发挥着重要作用,具体表现在:(1)传来证据是发现原始证据的途径。在寻找证据时,以已经获得的传来证据为线索,顺藤摸瓜,穷根溯源,有可能获得原始证据。比如目击证人可能害怕犯罪分子报复而知情不报,不愿作证,但是他曾在酒后将看到的情况告诉过甲,公安机关找到了甲,根据甲提供的情况得以找到目击证人。(2)传来证据可用以审查、检验或佐证原始证据。传来证据虽然依赖于原始证据,但传来证据可以反映原始证据的可靠性。比如甲曾经杀死三人,其亲戚乙知道这一情况,并将该情况透露给好友丙,甲被抓获后,向公安机关供述只杀死一人,乙作证说杀死三人,丙的证言作为传来证据就能对原始证据乙的证言起到检验和佐证作用,也能帮助审查其他证据如犯罪嫌疑人、被告人供述的真实性。(3)在原始证据无法直接获取或不必直接获取时,传来证据是保存或显示原始证据原貌的有效方式。比如,因相关物证的体积太大,不便在法庭上展示,可以以该物证的照片替代。(4)在确实无法获得原始证据时,传来证据可以独立地作为定案的根据。比如目击证人甲将看到的情况告诉了乙,之后不久他就去世了,此时,乙的证言就可以独立作为定案的根据。当然,这种情况下,独立地作为定案根据是指独立于原始证据,不是说传来证据可以成为定案的唯一根据。

三、原始证据和传来证据的运用

根据原始证据和传来证据在可靠性和证明力上的特征,在运用这两类证据时应当注意以下几点：

1. 在证据的收集过程中，应当尽可能地发现、获取原始证据。我国三大诉讼法及相关司法解释中对于物证、书证、视听资料等证据明确了优先获取和使用原始证据的规则。根据相关规定，提交物证时，应当提交原物，提交原物确有困难的，可以提交与原物核对无误的复制件或者证明该物证的照片、录像等其他证据；提交书证时，应当提交书证的原件，提交原件确有困难的，可以提交与原件核对无误的复印件、照片、节录本；提交视听资料、电子数据的，应当提交有关资料的原件或原始载体，提交原件或原始载体确有困难的，可以提交复制件。因此，公安司法机关和当事人、诉讼代理人等应当根据法律的要求，积极主动地追根求源，尽最大努力发现、提取原始证据。

2. 人民法院在运用证据认定案件事实时，应当充分发挥原始证据的证明价值。人民法院在对物证、书证、视听资料等进行审查判断时，应注意审查证据是否为原件、原物，以及复制件、复制品与原件、原物是否相符，应充分发挥原始证据的证明效用。相关司法解释以及地方性证据规则中明确肯定了原始证据在证明力上的优势：一般情况下，原始证据的证明力大于传来证据；传来证据不能或者不能单独作为认定案件事实的依据；传来证据只有经与原始证据核实无误或经鉴定证明是真实的，才具有与原始证据同等的证明力。三大诉讼法及相关司法解释均要求，据以定案的物证、书证、视听资料等原则上应当是原物、原件。只有在原物、原件不便搬运、不易保存、无法调取或者依法应当由有关部门保管、处理或者依法应当返还等情况下，才可以使用物证的复制品或者书证、视听资料的复制件。而法院在对单一证据进行审核认定时，证据是否为原件、原物是需要重点考虑的内容之一。应当指出，任何规则都不能绝对化，对证明力的判断更是一项复杂的工作。原始证据证明力优先规则虽然有一定的法理与现实基础，但法官在运用的时候不能机械化，法律也不应对此规定得过于具体，甚至完全剥夺法官结合案情灵活裁量的权力。

3. 重视传来证据的收集与运用。在重视运用原始证据的同时，也不可忽略传来证据。运用传来证据时，除须遵循一般的证明规则外，还须注意：(1)取证主体应当全面收集任何能证明案件真实情况的证据，当然包括从原始证据派生而来的传来证据。不管经过了几重中间环节，传来证据均能够通过反映原始证据反映案件事实。在原始证据灭失的情况下，传来证据更会显得弥足珍贵。更何况，我们还可以借助传来证据，寻找、检验原始证据和相关证据。(2)相关主体在法庭上进行举证、质证，符合法定情形时，可以提供经司法机关核对无异的复制件或者复制品。最高法《民诉证据规定》第 12 条、第 13 条、第 15 条等还具体规定了部分实物证据的提交形式，并且要求，当事人以不动产作为证据的，应当向人民法院提供该不动产的影像资料。(3)传来证据在特定情况下具有与原始证据相同的证明力。最高法《民诉证据规定》第 91 条规定:“公文书证的制作者根据文书原件制作的载有部分或者全部内容的副本,与正本具有相同的证明力。在国家机关存档的文件,其复制件、副本、节录本经档案部门或者制作原本的机关证明其内容与原本一致的,该复制件、副本、节录本具有与原本相同的证明力。”(4)在运用传来证据时,为了最大限度地接近真相,应当使用离案件事实最近的传来证据,即经历中间环节最少的传来证据。(5)法院在对传来证据进行审查时,不仅应审查其本身的合逻辑性、合经验性,以及其与其他证据的印证关系,还应重点审查传来证据与原始证据的距离,也就是传来证据的来源情况。查明其有无确切的出处,第一来源是否可靠,经过了几重传播环节,每一个环节有无发生失真的可能。只有在查明其来源可靠,能够真实地反映原始证据之后,传来证据才能作为定案的根据。最高法《民诉证据规定》第 87 条、第 90 条要求,审判人员审核认定复制件、复制品时,应考察其是否与原件、原物相符;无法与原件、原物核对的复制件、复制品,不能单独作为认定案件事实的根据。

第四节　直接证据和间接证据

一、直接证据和间接证据的概念

根据证据与案件主要事实的证明关系不同,可以将证据分为直接证据和间接证据。凡是能够单独、直接证明案件主要事实的证据就是直接证据,相反,凡是不能单独、直接证明,需要结合其他证据才能证明案件主要事实的证据就是间接证据。

直接证据与间接证据划分的标准是证据对案件主要事实的证明方式。直接证据可以不依赖于其他证据对案件的主要事实起到证明作用,而间接证据只能证明案件事实中的某一情节或片段,必须结合其他证据才能证明案件的主要事实。所谓案件主要事实,在刑事诉讼中是指犯罪嫌疑人、被告人是否实施了指控的犯罪行为的事实,在民事诉讼中是作为主要诉讼标的的民事法律关系发生、变更、消灭或权利是否受到妨害的事实,而在行政诉讼中则指被诉行政机关的具体行政行为是否合法的事实。只要是能单独直接证明上述事实的证据都属于直接证据,反之,则是间接证据。刑事诉讼中犯罪嫌疑人、被告人对主要事实的供述或辩解,目击证人对犯罪嫌疑人、被告人实施犯罪行为过程的描述,证人提供的犯罪嫌疑人、被告人在犯罪发生时不在犯罪现场的证言等,均是直接证据。民事、行政诉讼中当事人对主要案件事实的陈述,记载主要法律关系发生、变更、消灭的书证,记载案发全过程的视听资料等,通常也都是直接证据。相比于直接证据,间接证据的种类和形式要广泛得多。除了不能单独证明案件主要事实的言词证据以外，绝大多数实物证据都是间接证据。刑事诉讼中犯罪分子使用的作案工具，遗留在现场的各种痕迹，民事、行政诉讼中作为当事人直接争议对象的财物，针对某个细节问题的鉴定意见等，它们虽然与案件主要事实存在或远或近的联系，但通常只能证明案件事实的某个片段、某个侧面，因而是间接证据。

直接证据和间接证据的分类与证据的来源或出处无关，与证据的种类和形式也没有必然联系。因此，直接证据和间接证据既可以是原始证据或传来证据，也可以是言词证据或实物证据，并且可以表现为不同的法定证据种类。从现场提取的犯罪工具虽然是原始证据，但却不能单独、直接证明案件主要事实，故而属于间接证据。而同监犯对某犯罪嫌疑人、被告人向自己透露的作案经过的转述虽然是传来证据，但却可以单独、直接证明案件主要事实，故而属于直接证据。直接证据多数情况下表现为言词证据，但也包含那些能单独、直接证明案件主要事实的实物证据，如房屋产权纠纷中的房产证，债务纠纷中合同或欠条等。间接证据主要表现为实物证据，但也涵盖那些不能单独、直接证明案件主要事实的言词证据，如证人提供的证明案件主要事实中的某个要素的证言。

应当指出，对于直接证据与间接证据的上述分类标准，尚存在一些不同意见。主要的质疑集中在三个方面：

第一，分类针对的证明对象问题。直接证据和间接证据的分类针对的是案件的主要事实，而案件的主要事实是相对于案件的一般事实或次要事实而言的。案件的主要事实需要证据证明，案件的一般事实也需要证据证明。因此，不少论者提出，既然用来证明案件主要事实的证据可以区分为直接证据和间接证据，那么，用来证明案件一般事实的证据也应该作这种区分。而这样一来，直接证据和间接证据的划分标准就应当修正为是否直接证明案件事实，而不是是否能直接证明案件主要事实。而且英美法系相似的证据分类——直接证据与环境证据就是针对的所有系争事实。我们无意否认在证据与案件的非主要事实的证明关系上同样存在直接性和间接性的问题，有些证据可以单独直接证明案件的非主要事实，而还有一些证据只能相互结合才能证明案件的非主要事实。但是，直接证据与间接证据的区分不是为了构建繁琐的“经院哲学”，而是为司法实践服务的。在实践中，长期以来，谈到直接证据和间接证据都是针对案件的主要事实。现有法律和司法解释中有关直接证据和间接证据的运用规则也是构建于这种认识之上的，而且案件主要事实证据的运用规则和案件非主要事实（如回避事项等程序法事实）证据的运用规则是有明显差异的。因此，在这种情况下，修正直接证据和间接证据的分类标准反而会使简单问题复杂化。

第二，标准的双重性问题。有论者认为，上述直接证据与间接证据的分类中同时存在两个标准:证据数量与证明的对象。从证据数量标准看就是证据是一个还是多个;从证明对象来看就是主要事实还是非主要事实。这两个标准同时适用,必然导致划分子项的相容与混乱。如果说能够单独证明案件主要事实的证据可以归为直接证据,必须相互结合才能证明案件主要事实的证据可以归为间接证据的话,那么,那些能够单独证明案件的非主要事实或者只能相互结合才能证明案件非主要事实的证据就没有了落脚之处。诚然,通说中直接证据与间接证据的分类是相对于案件主要事实而言的,这决定了直接证据与间接证据分类针对的对象并不包括案件中对判决有影响的所有证据,而只包括与案件主要事实有关、对案件主要事实有证明作用的证据。直接证据与间接证据的分类在逻辑上并不混乱。凡是与案件主要事实有关的证据,不属于直接证据,就是间接证据。如果所谓的非主要事实本来就是主要事实的一个环节、一个要素或一个部分,则那些能够单独证明或者只能相互结合才能证明这些事实的证据也属于间接证据。

第三,关于"单独"一词的理解问题。有人提出,以"单独"证明作为直接证据对案件事实证明上的特征是不严谨的,甚至是不合乎法律要求的。直接证据并不必然能直接证明案件的主要事实,[2]而且,孤证不能定案又是我国一项基本的司法原则,直接证据也不能自证真实,必须运用其他证据予以查证属实。本书认为,这是对"单独"一词的误解。"单独"强调的不是实际定案中是否可以使用"孤证",而是直接证据与案件主要事实的证明关系,或者说是直接证据所包含的证据事实与案件主要事实的关联程度。确切地说,"单独"的意思是指只要被查证属实,直接证据就可以不依赖于其他证据,直接反映出案件的主要事实。"单独"绝不意味着在具体的办案实践中依据孤证定案,或者直接证据不需要查证属实或其他证据印证。

二、直接证据和间接证据的特征

(一)直接证据的特征

1. 证明关系上的直接性。直接证据与案件主要事实之间是直接证明的关系,它同案件主要事实往往具有同一性或能够直接说明案件主要事实。例如,犯罪嫌疑人、被告人对自己涉嫌罪行的直接供认,作为一个直接证据,它可能详细包括犯罪的动机、目的等主观心态,犯罪的预谋或准备过程,犯罪的时间、地点、参与人数、采用的工具和手段,犯罪行为的实施过程,受害人的情况,赃物、赃款情况以及犯罪造成的其他实际危害结果,等等。这些事实,都是公安司法机关在刑事诉讼中需要

---

〔2〕 参见纪格非:《"直接证据"真的存在吗?对直接证据与间接证据分类标准的再思考》,载《中外法学》2012年第3期。

查明的主要事实。这些主要事实均可以在直接证据中得到反映。再如,在民事案件中,买方请求卖方交付某货物,但卖方却否认与买方之间有买卖关系存在,此时,买方拿出双方签订的买卖合同。该合同作为直接证据,能够直接证明双方存在买卖关系。当然,直接证据并不都是肯定性的,也有否定性的,如犯罪嫌疑人的辩解,证明犯罪嫌疑人不在现场的证人证言,能直接证明不存在某种法律关系的书证,证明未发生某侵权事实的视听资料等。根据否定性的直接证据,可以对案件的主要事实直接作出否定的判断。但显而易见,不管是肯定性的直接证据,还是否定性的直接证据,它们对案件主要事实的证明作用都是直截了当的,无须借助于其他证据,甚至无须经过逻辑推理。原则上,直接证据只要查证属实,就可以对案件主要事实直接加以确认。因此,整体上而言,运用直接证据认定案件事实的方法和过程相对较为简单。

2. 以言词证据为主要的表现形式。能够单独、直接证明案件事实的证据必须在内容上具备一定的系统性、完整性和连续性,而符合这些要求的主要是言词证据。因此,直接证据主要表现为言词证据。这一特征决定了:一方面,直接证据的种类和形式相对较为单一,获得渠道较为狭窄,数量较少,有些直接证据不易收集。例如,在刑事诉讼中,实践中依赖的直接证据主要是犯罪嫌疑人、被告人的供述与辩解,而其他理论上可能存在的直接证据,如目击证人的证言、视听资料等,由于受犯罪的隐蔽性、群众不愿作证等因素的影响,一般很难收集到。另一方面,直接证据容易受主客观因素的影响而出现失真。言词证据表现为陈述人的陈述,是人的思维活动的产物。这种证据不仅受客观环境和陈述人自身的感受力、记忆力、表达力的制约,也容易受陈述人主观意愿的影响而出现不真实的情况。例如:民事、行政诉讼中的当事人从自身的利益出发故意作虚假的陈述,或者故意隐瞒不利于自己的事实;证人被收买或受胁迫故意作伪证,或者因生理状况的限制而在提供证言时出现错误或偏差。而在刑事诉讼中,犯罪嫌疑人、被告人的供述和辩解就更加复杂,完全否认者有之,少供漏供者有之,时供时翻者有之,替人顶罪者亦有之。直接证据的表现形式决定了直接证据的不稳定性和可能的虚伪性。

3. 证明范围上的不一致性和不全面性。直接证据虽然都能单独、直接证明案件的主要事实,但不同的直接证据能够证明的主要事实的范围是不一样的。例如,证人证言和视听资料可能会展现出案件发生的全过程,却在说明行为人的主观方面上存有局限;被害人可以指认出犯罪嫌疑人,却可能无法复述犯罪行为的全部经过;同一案件中不同的犯罪嫌疑人、被告人的口供对案件主要事实的证明范围也可能大小各异。而且,直接证据的证明范围也是有限的。直接证据是相对于案件主要事实而言的,不一定能够证明所有案件事实。

（二）间接证据的特征

1. 证明关系上的间接性。单个间接证据对于案件事实的证明具有或然性，只是给出几种可能的结论。例如，公安机关在甲的家里查获了某盗窃案的赃物，此时至少有这样几种可能性：（1）东西确实是甲偷的，还未来得及销赃；（2）其他人盗窃的，而让甲窝赃或销赃；（3）甲从他人手中购买的，购买时明知是赃物或者不知道是赃物；（4）他人购买的，而在甲处暂存。如果不依赖其他证据，根本无法判断出其中哪种结论更为真实可靠。显然，间接证据不能单独、直接证明案件的主要事实，它同案件主要事实的联系不像直接证据那样直观。只有将各个间接证据证明的事实片段联系起来，才能说明或推论出案件的主要事实。间接证据是以"证据链条"的形式发挥对案件主要事实的证明作用的，为此，间接证据必须形成相互依赖、环环相扣的证据体系。每一个间接证据对案件主要事实的证明价值都建立在其他间接证据之上，缺少任何一环，案件主要事实可能就无法确立。间接证据的间接性实质上也揭示了间接证据的相互依赖性。

2. 证明过程上的推断性。和直接证据"一步到位"式的证明过程不同，一个间接证据只能证明案件事实中的某一个片段或环节，而不可能直接反映出案件的主要事实。所以，在运用间接证据认定案件主要事实时，必须综合运用演绎、归纳、推理以及反证法、排除法等逻辑证明手段，揭示出间接证据与间接证据之间、各间接证据与案件事实之间的客观联系，并将案件中的各个间接证据联系起来，组成一个结果排他的证据体系，从而最终将各个间接证据所证明的事实片段有机地联结为案件的主要事实。例如，在刑事诉讼中，在缺少直接证据的情况下，就需要借助间接证据，确定犯罪嫌疑人、被告人，逐步推理出作案的动机、目的、时间、地点和手段，进而认定犯罪事实。所以，相比而言，利用间接证据证明案件主要事实的过程难度较大，更加复杂。

3. 表现形式的多样性。间接证据同案件主要事实的联系多种多样，其存在的形式也不尽相同。因此，较之于直接证据，间接证据比较容易收集。一般而言，不管在民事、行政还是刑事案件中，据以定案的证据绝大多数都是间接证据。间接证据种类繁多，既可以是实物证据，也可以是言词证据。

三、直接证据和间接证据的运用

（一）直接证据的运用规则

直接证据在诉讼中当然是至关重要的证据，它与案件主要事实的关联性强，证明案件主要事实的过程相对简单易行，但直接证据也有不稳定性、较弱的客观性及证明范围上的不一致性和不全面性等内在缺陷。这就要求，在运用直接证据时应当注意：

1. 在具体案件中，应尽可能多地收集直接证据，以简化证明过程，节约诉讼成本。但是，对直接证据又不能过于迷信，甚至离开直接证据就不会、不愿、不敢认定案件事实。直接证据来源少，收集上有一定的难度，而且一般直接证据也无法证明定案所需的全部事实，所以，即使在收集到直接证据的情况下，也需要收集必要的间接证据。

2. 必须合法收集直接证据。直接证据主要是言词证据，在取证时采用暴力、威胁、引诱、欺骗等非法手段，不仅容易侵犯陈述主体的人身权利，损害程序正义，也很容易影响陈述主体的意志自由，从而无法保证直接证据内容的可靠性。因此，《刑事诉讼法》第52条明确规定，严禁刑讯逼供和以威胁、引诱、欺骗以及其他非法方法收集证据，不得强迫任何人证实自己有罪。而根据《民事诉讼法》、《行政诉讼法》的要求，以严重侵害他人合法权益、违反法律禁止性规定乃至严重违背公序良俗的方法形成或者获取的直接证据，也不能作为定案的根据。

3. 直接证据必须查证属实。直接证据具有证明过程上的直接性，但直接并不代表真实，尤其是那些表现为言词证据的直接证据，不真实的情况时有发生。如果不认真查证，轻信直接证据，就难以保证直接证据的真实性，从而导致错误认定案件事实。在审查直接证据的真实性时，既要注意取证主体是否采取了影响陈述人意志自由的手段，又要关注那些自愿提供的言词证据有无虚假的可能性；既要分析单个直接证据的逻辑自洽性，又要结合其他证据进行综合分析判断。

4. 重视证据体系的作用。要善于运用直接证据为主干，间接证据为补充的证据体系。原则上，直接证据只有得到间接证据的印证或者补强，才能认定案件事实。《刑事诉讼法》第55条规定，只有被告人供述，没有其他证据的，不能认定被告人有罪和处以刑罚。最高法《民诉证据规定》第90条也要求，“当事人的陈述”等“不能单独作为认定案件事实的根据”。

（二）间接证据的运用规则

间接证据虽然不能像直接证据那样单独、直接证明案件的主要事实，但间接证据与案件主要事实之间仍然存在某种必然的内在联系，因此，完全可以通过思维的加工，将这些分散的、间接的、片段式的联系转化为系统的、直接的、全面的联系。作为实践中表现形式多样、数量众多的一类证据，间接证据在诉讼中有着不可低估的作用。间接证据既是发现直接证据的手段，也是验证直接证据的“试金石”，而且也可以对直接证据起到印证、补充作用。在缺少直接证据的情况下，还可以运用间接证据的组合独立定案。但是，由于证明关系上的间接性及证明过程的复杂性等特征，在运用间接证据时，应当遵循以下两方面规则。

1. 单个间接证据的审查规则。（1）间接证据必须合法，即必须是由法定主体依据法定手段通过法定途径收集的符合法定形式的证据。（2）间接证据必须真实可靠。间接证据虽然客观性较强,但在使用之前也需要查证属实,如现场提取的痕迹是否为犯罪行为所留,鉴定意见依据的检材是否可靠。如果间接证据本身不确凿,据此推断出的案情结论当然就很难符合客观情况。可靠的间接证据不仅本身需要合乎逻辑和经验,也不能与其他已经查证属实的证据存在根本性的矛盾。(3)间接证据必须与案件事实具有关联性。间接证据必须与案件主要事实间存在客观的联系,不管这种联系在程度上多么微弱,或者表现为何种形式。这是间接证据具有证明力的前提,也是对各个间接证据进行准确定位,通过推理进行综合评价的基础。

2. 间接证据的独立定案规则。间接证据对案件主要事实的证明,有赖于若干间接证据的相互组合、相互印证。例如,在刑事诉讼中,根据最高法《刑诉法解释》第140条的规定,没有直接证据,认定被告人有罪的间接证据必须同时符合下列条件:(1)证据已经查证属实;(2)证据之间相互印证,不存在无法排除的矛盾和无法解释的疑问;(3)全案证据形成完整的证据链;(4)根据证据认定案件事实足以排除合理怀疑,结论具有唯一性;(5)运用证据进行的推理符合逻辑和经验。

总的来说,直接证据和间接证据各有优缺点,都是认定案件事实的重要根据。司法实践中,单依直接证据定案的情形为数不多,单凭间接证据定案的情形也相当少见。在诉讼证明活动中,应当将这两类证据相互结合,扬长避短,互相印证,互相补充,构建兼具确实性、完整性和一致性的证据体系。

第五节　本证和反证

一、本证与反证的概念

通常认为,根据证据与证明责任承担者之间的关系,证据可以分为本证与反证。一般而言,本证是指负有证明责任的一方当事人提出的,能够支持其主张,证明其主张的事实存在的证据,又称肯定证据、攻击性证据。而反证则指不负担证明责任的一方当事人提出的,否定、反驳对方当事人的主张,证明对方当事人主张的事实不存在的证据,又称否定证据、防御性证据。需要特别注意的是,由于本证与反证的分类标准本质上是证据与当事人主张的事实的关系,所以,和证据由谁提出以及提出证据者在具体诉讼中是处于原告还是被告的诉讼地位没有直接关系,不能认为原告提出的都是本证,被告提出的都是反证。在诉讼中,双方当事人乃至第三人都可以提出自己的事实主张,并且提出支持各自事实主张的本证,也都可以提出反驳对方事实主张的反证。法院收集的能够证明当事人主张的事实存在的证据是本证,证明当事人主张的事实不存在的证据则为反证。

本证和反证都是针对同一主张事实而言的。例如,甲诉乙返还1000元借款,并以欠条为据,乙提出反驳,并让丙出庭,证明写欠条时受到了甲的胁迫,事实上没有从甲处借钱。此时,甲主张的事实是1000元的借贷法律关系成立,而乙"主张"的则是该法律关系不成立,乙的"主张"只是甲的主张的"否命题"。事实上,乙可以以受胁迫为由否定借贷关系,也可以提出甲是赠与等其他否定借贷关系的理由。但不管是何种否定理由,两人的"主张"都是关于同一事实的,即借贷关系是否存在,一"主张"的成立必然能推出另一主张的不成立。在本案中,甲拿出的欠条就是本证,而乙提请的证人就是反证。同样是甲诉乙返还1000元借款,并以欠条为据,但乙提出答辩,说这1000元借款已经偿还,并且提出了甲亲自书写的收据为证。在这种情况下,甲主张借贷法律关系存在,而乙的抗辩中包含着自认,即对借贷关系存在本身并无异议,在此基础上提出该法律关系已经因偿还借款而消灭。乙的"主张"不再是对甲的主张的单纯否认,而是提出了一个新的事实,构成了一个新的主张,因此,为了证明这种新的主张而提出的收据就属于本证。

按照通说观点,可以将案件事实划分为主要事实、间接事实和辅助事实。主要事实又称为要件事实或直接事实,是指法律直接规定的能够直接引起某一法律效果产生、变更或消灭的必要条件的事实。间接事实是与直接事实存在直接关联,可以借助经验法则或理论原理推知直接事实成立与否的事实。而辅助事实是用于明确证据是否具备证据能力和证明力大小的事实。按照本证和反证的划分标准是其各自与证明责任之间的关系来看,结合证明责任作用的对象限于主要事实,很容易得出本证和反证的对象限于主要事实的结论。但结合主要事实和间接事实、辅助事实之间的逻辑关联,本书认为,作为本证与反证支持或否定对象的事实,既可以是案件的主要事实,也可以是案件的间接事实或辅助事实。肯定该事实的证据即是本证,否定该事实的证据即是反证。有关证据能力的事实也有可能成为证明对象或待证事实,因此,有关证据能力的证据同样也存在本证与反证的问题。例如,在刑事诉讼中,被告人提出侦查机关在取供时采取了刑讯手段,因此审前供述非法,应当排除。根据法律规定,该证据由控方提出,控方也应对有罪供述等证据的合法性承担证明责任,控方为了证明有罪供述系合法取得而提出的证据就是本证,而辩方提出的否定取供过程合法的证据即为反证。反证和单纯的证据答辩不同。证据答辩就是针对对方当事人提出的证据的合法性、客观性、关联性及证明力的强弱提出的质疑和反驳,从而说明该证据不能被采纳为定案根据或无法证明当事人主张的事实。简言之,证据答辩就是通过揭示证据瑕疵而间接否定对方主张的事实。当事人在证据答辩时无须提出证据。比如,在甲诉乙买卖合同纠纷一案中,甲诉称,乙购买了自己的货物后未付款。为此,甲提供的证据是双方签署的买卖合同。乙辩称,买卖合同不能作为乙收到甲的货物的证据。此时,乙的"辩称"即为证据答辩。该答辩的目的在于攻击买卖合同的关联性和证明力。如果甲不提供其他证据的话,就很可能败诉。后来,甲又提供了货物的出库单,在出库单上有乙的公司职工的签字,用以证明乙收到了货物。但乙又辩称,在出货单上签字的不是本公司的职工。此时,乙的"辩称"还是证据答辩,目的也是攻击出货单这份证据的客观性与关联性。如果甲不能进一步提出证据证明签字人与乙的公司的关系,原告的主张依然不能成立。

应当指出,本证与反证的划分是相对的,在某些特殊的情况下,同一个证据既可以作本证,也可以同时充当反证,这取决于其在具体的案件中证明待证事实时所实际发挥的作用。比如,甲诉乙返还1000元借款,并以欠条为据,在此,欠条是支持甲主张的事实成立的本证,但乙提出反驳,认为欠条系伪造,并要求对其进行笔迹鉴定,这时,该欠条及笔迹鉴定书又成为被告人乙否定原告主张的事实成立的反证。而且,本证与反证只是反映出证据对待证事实的证明作用,与对当事人有利与否没有必然联系。曾经有学者将对原告或被告是否有利作为划分本证与反证的标准,认为在民事诉讼中,对原告有利的就是本证,对原告不利(有利于被告)的就是反证。本书认为,该标准是不科学的。"有利"本身就是一个较为模糊的概念,是否有利缺乏明晰的界限。社会生活复杂多样,证据与当事人的利益关系也不可一概而论,有些证据既可能对原告有利,也可能对被告有利,而另有一些证据可能既对原告不利,又对被告不利。将对原告是否有利作为区分本证与反证标准的话,不仅将导致本证与反证外延混乱,也在一定程度上否定了原告提出反证、被告提出本证的可能性。这显然不符合诉讼和证明的基本规律。在刑事诉讼中也是一样,本证和反证可能有利于被告,也可能不利于被告。例如,控方主动提出的自首的证据,作为本证,如果从支持有罪指控的角度来看,这是不利于被告人的证据,然而,如果从量刑事实的角度来看,这又是有利于被告人的。

二、本证、反证与证明责任

由于以待证事实的判断为前提,本证与反证的划分与证明责任有着密切关系。通说认为,证明责任可以分为行为意义上的证明责任和结果意义上的证明责任。一般而言,本证都是由对待证事实负担结果意义上的证明责任的一方当事人提出,而反证则是由对待证事实不负担结果意义上的证明责任的当事人提出。但是,证明责任毕竟和本证与反证属于不同的范畴,证明责任解决的是由谁承担证明待证事实的义务问题,而作为一种证据分类方法,本证与反证关注的主要是证据对待证事实的证明作用,不能将两者相混淆。考虑到我国审判人员也可以主动或依照申请收集和提出证明待证事实存在或不存在的证据,而在刑事诉讼中,负担证明责任的追诉机关尤其是审查起诉机关还负担着全面收集、审查证据的客观责任，因此，不宜将是否负担证明责任作为划分本证与反证的绝对标准。

然而，不可否认，明确对主张事实或待证事实的证明责任是准确地区分本证与反证的一个重要步骤或手段，尤其是在判断反驳推定中提出的证据的性质时，对证明责任的分析就显得更为重要。我国《著作权法》《民法典》《刑法》及一些司法解释中就有类似的规定。这些法条规定的是一种特殊的证明方法——推定，即当前提事实已被确认时，直接推断出未知的结果事实存在，并允许当事人提出证据予以反驳。虽然在介绍推定理论时许多人将“当事人提出证据的反驳”概括地称为“反证”，但是，此处的“反证”不完全等同于证据分类意义上的反证。确切地说，当事人在反驳推定时提出的证据不一定是证据分类意义上的反证。通说认为，推定分为两种，即法律推定和事实推定。法律推定就是审判人员根据法律的规定，当基础事实存在时，在当事人未提出相反证据的情况下，认定推定事实存在。而事实推定则指法院从基础事实出发，根据逻辑和经验法则，推定与之相关的另一未知事实的存在。法律推定和事实推定对证明责任的影响是不同的。法律推定倒置和转换了结果意义上的证明责任，而事实推定仅仅转换了行为意义上的证明责任。在反驳事实推定时，对于推定事实的成立，当事人不负担结果意义上的证明责任，因此，其提出的否定推定事实成立的证据属于反证。在反驳法律推定时，需要区分两种情况：(1)当事人如果反驳的是推定事实，当事人对推定事实的不成立承担的是结果意义上的证明责任，为此提出的支持其主张的证据属于本证；(2)当事人如果反驳的是法律推定的前提事实，由于对前提事实，由主张适用法律推定的一方当事人承担证明责任，所以，反驳推定的当事人提出的证据属于反证。由于上述第一种情形的存在，德国证据法大师罗森贝克(Rosenberg)在谈到法律推定时就说：“通过反面的证明来对法律中的推定予以反驳不是反证，而是本证。”〔3〕我国也有论者有此主张，〔4〕为了使上述区分更加鲜明，应当将反驳法律推定统一描述为“反面证明”。

三、本证与反证的划分意义

本证与反证对于案件事实发挥着不同的证明作用，在作用力的方向上恰恰相反。把证据分为本证与反证不仅有利于正确认识两种证据的本质、意义和用途，方便理论研究，而且也具有重要的实践价值。具体表现为以下几点：

1. 调动当事人举证的积极性，增强诉讼的对抗性。本证与反证的划分不仅彰显了本证与反证的不同证明作用，而且明确了证明责任的分配规则，强化了当事人

〔3〕［德］罗森贝克：《证明责任论》，庄敬华译，中国法制出版社2002年版，第218页。

〔4〕参见何燕：《关于本证与反证之再思考》，载《国家检察官学院学报》2008年第2期。

积极履行证明责任的意识,从而有利于证明责任制度的贯彻。一般而言,主张事实的一方负有证明责任,如果想让自己的主张成为法院认定的事实,就必须对自己的事实主张提出一定的证据予以支持,并且要达到法律要求的证明程度,否则,就要承担败诉的风险。在对方当事人对主张事实一方主张的命题提出了反证的时候,主张方就面临更大的败诉风险。反驳主张的一方为了增加自己的胜算,也有权利提出证据,而且只需达到使事实真伪不明的程度,就可以实现推翻对方主张和请求的诉讼目的。正因如此,最高法《民诉法解释》第 108 条第 2 款规定:“对一方当事人为反驳负有举证证明责任的当事人所主张事实而提供的证据,人民法院经审查并结合相关事实,认为待证事实真伪不明的,应当认定该事实不存在。”这样的权利义务安排能够最大限度地调动起双方当事人的取证和举证的积极性,从而增加诉讼的对抗性,使案件事实在本证与反证的激烈较量中越辩越明。

2. 促使公安司法机关全面收集证据。本证与反证的划分可以督促法院在依职权主动调查收集证据时,站在中立、客场的立场,去除对当事人先入为主的偏见或对案件事实想当然的认识,既收集本证,又收集反证,全面查清案件事实。在刑事诉讼中,公安司法机关确立重视收集反证的观念具有重大意义。实践中,个别侦查人员只重视获取有罪供述,对无罪的辩解不记入笔录或不调查处理,不收集或不认真收集无罪、罪轻的证据;个别审查起诉人员也只注意审查口供等有罪证据,对被追诉者非法取供的申辩或者提出的反证置之不理甚至藏掖压制,将证据不足或存有疑点的案件起诉到法院;个别审判人员也带着有罪推定的眼光审查证据,重视有罪证据体系,认为被告人翻供或提出反证就是抗拒审判,认罪态度不好,限制辩护人的发言,在没有合理排除反证所导致的证据疑点时,就作出有罪判决。这种做法极大地侵害了犯罪嫌疑人、被告人的合法权益,极易导致冤假错案。因此,公安司法机关既要收集有罪、罪重、从重的证据,也不能忽视无罪、罪轻、减轻的证据。只有公安司法机关能够充分履行全面收集本证、反证的客观责任,才能从根本上保证对案件的公正处理。

3. 促进法官对证明标准的准确适用。本证与反证的划分具有证明标准适用上的意义,具体表现在:

(1)本证与反证的证明标准要求不同,从而可以提醒法官在准确判定待证事实和明确证明责任关系的基础上,综合判断双方当事人所提出的证据对于待证事实的证明需要达到的标准。最高法《民诉法解释》第 108 条规定:“对负有举证证明责任的当事人提供的证据,人民法院经审查并结合相关事实,确信待证事实的存在具有高度可能性的,应当认定该事实存在。对一方当事人为反驳负有举证证明责任的当事人所主张事实而提供的证据,人民法院经审查并结合相关事实,认为待证事实真伪不明的,应当认定该事实不存在。法律对于待证事实所应达到的证明标准另有规定的,从其规定。”通过该条规定可以直接看出,针对同一项事实承担证明责任的当事人所提出的本证和对方当事人所提出的反证分别需要达到的证明标准。具体而言,在民事诉讼中,提出本证的当事人对于待证事实承担着结果意义上的证明责任,需要用确实、充分的证据将待证事实证明到法官确信的程度,否则就要承担待证事实不被认定的不利后果;而提出反证的当事人不承担结果意义上的证明责任,其为了反驳负有证明责任的当事人所主张的事实而提出的反证只需要达到动摇法官对待证事实业已形成的内心确信,从而使待证事实处于真伪不明的状态即可。换言之,“本证若不能让法官确信该事实的真实性,便未实现其目的,而反证若能阻止法官确信该事实,便实现其目的”〔5〕。

(2)本证与反证是对立和相互独立的。本证和反证是双方当事人针对同一事实提出的证明作用截然相反的证据,而案件中的真实情况只能是客观的一种情形,因此不可能被同时证明为真。二者相互排斥,当本证成立时,反证就不能成立,而当反证成立时,本证也就应当被推翻。但需要注意的是,二者虽然方向相反,但却是相互独立的,在本证和反证有一种已被证明为假的情况下,审判人员不能据此直接认定另一种为真,即不能因本证假而推论反证真,或者因反证假而推论本证真,仍要对另一种证据进行认真的审查判断。最高法《行诉证据规定》就体现了这样的精神,其第6条规定:“原告可以提供证明被诉具体行政行为违法的证据。原告提供的证据不成立的,不免除被告对被诉具体行政行为合法性的举证责任。”

(3)本证与反证可以凸显当事人争议的焦点,并可以实现互相验证和揭露证据瑕疵的效果,这样审判人员可以根据当事人提供的大量本证和反证,合理确定庭审焦点,快速发现证据瑕疵和判断各类证据的证据价值,兼听则明,准确认定案件事实。

典型案例评析

案例7-1　王鹏等人利用未公开信息交易案:仅凭间接证据足以定案〔6〕

2008年11月至2014年5月,被告人王鹏担任某基金公司交易管理部债券交易员。因工作需要,某基金公司为王鹏等债券交易员开通了某系统6609账号的站点权限。自2008年7月7日起,该6609账号开通了股票交易指令查询权限,王鹏有权查询证券买卖方向、投资类别、证券代码、交易价格、成交金额、下达人等股票

〔5〕［日］中村英郎:《新民事诉讼讲义》,陈刚等译,法律出版社2001年版,第198-199页。

〔6〕最高人民检察院检例第65号(2020年)。

交易相关未公开信息。2009年3月2日至2011年8月8日，被告人王鹏多次登录6609账号获取某基金公司股票交易指令等未公开信息，王慧强、宋玲祥操作牛某、宋某祥、宋某珍的证券账户，同期或稍晚于某基金公司进行证券交易，与某基金公司交易指令高度趋同，证券交易金额共计8.78亿余元，非法获利共计1773万余元。被告人到案后均不认罪，并辩称没有获取、传递和利用未公开信息。

2015年12月18日，重庆市检察院第一分院以利用未公开信息交易罪对王鹏等人提起公诉。2018年3月28日，重庆市第一中级人民法院作出一审判决，以利用未公开信息交易罪，分别判处被告人王鹏等人有期徒刑，并处罚金。对三被告人违法所得依法予以追缴，上缴国库。宣判后，三名被告人均未提出上诉，判决已生效。

｜评析｜

在缺乏直接证据的情形下，如果间接证据能够形成完整的证明体系，且根据间接证据认定的案件事实足以排除合理怀疑，结论具有唯一性的，也可以依法认定案件事实。在该案中，虽然没有被告人的供述，但司法机关综合运用多个间接证据，形成了证明被告人利用了相关未公开信息的证据锁链：(1)通过某基金公司查询账号的使用权限、行为人电脑登录查询账号的操作日志、工作职责说明等证据，证明被告人能够查看并获取到未公开信息；(2)通过对三名被告人被指控犯罪时段和其他时段证券交易数据对比，以及与某基金公司股票交易指令对比等证据，证明其交易与未公开信息的关联性、趋同度及与其平常交易习惯的差异性；(3)通过专业背景、职业经历、接触人员等证据，证明交易行为不符合其个人能力、经验；(4)通过身份关系、资金往来等证据，证明双方具备传递信息的动机和条件，确定了被告人系未公开信息的唯一来源，从而证明被告人之间传递了未公开信息；(5)针对被告人的辩解，通过收集被告人能够获取未公开信息之前时间段的证券账户交易情况，用以比对与某基金公司的交易指令，对比在被告人能够获取未公开信息期间的时间段的交易情况，证明在被告人具有查询权限之前的趋同交易情况明显低于被告人具有查询权限之后，且被告人具有查询权限之前的交易习惯、盈利与之后明显存在重大差异，从而认定被告人的辩解明显不具有合理性、正当性；(6)结合交易结束时间的高度吻合以及案发后逃跑的异常行为，再借助证券市场的基本规律和一般人的经验常识，对上述证据材料进行综合判断，排除其他可能性，认定案件事实。

案例7-2　北京曹某故意杀人案：仅凭间接证据无法定案[7]

检察机关指控：被告人曹某经预谋在某小区的租住处，将其丈夫柳某杀害并碎

---

〔7〕 北京市第二中级人民法院刑事裁定书，(2013)二中刑初字第1256号。

尸,并于三日后将尸块抛至该小区东侧柏油路西侧便道绿化带内等处。被告人曹某作案后很快被公安机关查获归案,但被告人到案后拒不承认杀人行为。本案主要证据如下:(1)多名证人证明发现人体组织并报警的情况;(2)抛尸现场勘验检查笔录、现场照片及提取痕迹、物证登记表证明抛尸现场尸块情况,以及提取脱落细胞、肌肉组织、包裹尸块的旅行箱、塑料袋的情况;(3)法医学尸块检验报告证明送检9块尸块系来自同一个体,系死后被他人用锐器肢解,由于尸块不全,不能确定死因;(4)毒物检验报告证明死者生前大量饮酒,且服用佐匹克隆镇静催眠药;(5)破案报告证明破案经过,公安机关系以抛尸现场塑料袋上所写的人名为线索逐步锁定被告人(其承租了存放该塑料袋的房屋);(6)案发房屋勘验检查笔录、现场照片及提取痕迹、物证登记表证明在被告人承租的房屋卫生间、客厅冰箱内、厨房内发现多处血迹和人体组织,客厅地面提取足迹一枚,现场提取两个酒瓶,现场门锁无异常;(7)法医物证鉴定书证明死者系被告人丈夫,送检的所有具备检测条件的脱落细胞、血迹等生物学痕迹均为死者所留,不支持其他随机个体所留;(8)鉴定人出庭作证证明现场提取的足迹与被告人所穿鞋底花纹种类、大小大致相同,但因花纹的细节特征不清晰,不能做出同一性认定;(9)电梯、小区门口监控录像证明,案发时间段被告人多次乘坐电梯上下楼,其中一次拉一小拉车下楼,小拉车的袋体饱满,上有塑料袋类物品,后经小区北门出,短时间内又返回;(10)电子物证检验报告证明案发房屋内提取的笔记本电脑检出包含“深度睡眠”“憋死”“大容量旅行包”“抛尸”等内容的网页浏览痕迹;(11)案发地附近的金象大药房交易流水明细证明,案发时间段曾卖出佐匹克隆安眠药。

本案在庭审过程中,检察机关以本案证据发生变化为由,决定撤回对被告人曹某的起诉。审理法院认为,检察机关撤回起诉的理由成立,裁定准许检察机关撤回对被告人曹某的起诉。

|评析|

该案在审理过程中,形成两种观点:一种观点认为,本案缺乏直接证据,现有证据无法达到死刑案件的证明标准,应当以事实不清、证据不足宣告无罪;另一种观点认为,本案虽缺乏直接证据,但间接证据能相互印证,形成完整的证据体系,足以证明被告人实施了故意杀人、分尸、抛尸的犯罪事实。但前一种观点占据主流。该观点认为,本案缺乏直接证据,根据两院三部《办理死刑案件证据规定》,运用间接证据认定被告人有罪,应同时具备五个条件:一是间接证据经查证属实;二是间接证据间相互印证,不存在无法排除的矛盾和无法解释的疑问;三是间接证据已经形成完整的证据体系;四是依据间接证据认定的案件事实,结论唯一,足以排除一切合理怀疑;五是依间接证据进行的推理符合逻辑和经验判断。而在本案中,虽然存在大量间接证据,各在案间接证据也经查证属实,但间接证据不能形成完整证据链

条,不能得出被告人系本案犯罪主体的唯一结论。本案并不是一个有证据证明被告人无罪的案件,本案被告人是不是真凶既无法证实也无法证伪,在仅凭间接证据无法认定犯罪的情况下,应恪守证据裁判原则,对达不到证明标准的案件不得定罪处罚。

主要文献著述

1. 房保国主编:《言词证据研究》,知识产权出版社2012年版。
2. 邱爱民:《实物证据鉴真制度研究》,知识产权出版社2012年版。
3. 刘广三等:《刑事诉讼言词证据:程序与规则》,中国人民公安大学出版社2007年版。
4. 阮堂辉:《间接证据理论的思辨与实证》,人民出版社2009年版。

第八章　证据的基本规则

第一节　证据规则概述

一、证据规则的概念及意义

证据规则，是指约束取证、举证、质证、认证等诉讼证明活动的规范和准则。证据规则调整的内容包括证据范围的确认和一系列诉讼证明行为。所谓证据范围，是指何为证据及证据必须具备何种条件和形式。所谓诉讼证明行为则指证据的发现、提取、固定、提出或展示、质辩、审核认定等各项活动。证据规则约束的主体是一切与诉讼证明活动相关的单位或个人，包括公安司法机关、当事人及其辩护人或诉讼代理人、证人、鉴定人、勘验人以及参与诉讼的具有专门知识的人等。

证据规则是证据法的核心要素，确立证据规则的意义主要表现在以下四个方面：

1. 有利于准确查明案件事实，实现实体公正。准确认定事实是有效解决争端，维护当事人的合法权益，实现司法公正的前提。不可否认，某些证据规则如特权规则可能会妨碍真实的发现，但就整体上而言，证据规则立法的宗旨是通过适当的限制提高案件事实认定的准确性。证据规则作为规范事实认定之规则，"其核心功能指向事实认定的准确性"[1]。例如，直接言词证据规则或传闻证据规则有助于减少证据在多次传递过程中的失真现象，保证事实认定者能够直接面对最真实、可靠的证据；品格证据规则和意见证据规则有利于避免以偏见、猜测、评论或臆测替代事实，减少错误认证的风险；最佳证据规则是可以保证事实认定者接触到证明力更优的原件或原物；许多质证规则直接服务于事实认定的准确性。

2. 有利于约束诉讼证明活动中的公权力，防止权力滥用。在诉讼证明中，法官保有对证据能力和证明力问题一定程度上的自由判断权是十分必要的。但如果法官的自由裁量权得不到有效制约，也很容易导致审查判断证据时的主观擅断，而证

---

〔1〕 杨波：《以事实认定的准确性为核心——我国刑事证据制度功能之反思与重塑》，载《当代法学》2019 年第 6 期。

据规则恰恰能起到权力规制的作用。特别是在刑事公诉案件中,如果没有证据规则的适当约束,专门机关很容易在收集证据和运用证据的过程中滥用权力。

3. 有利于保障当事人等相关主体的诉讼权利及其他合法权益。权利保障是证据规则的重要功能之一。以非法证据排除规则为例。我国《民事诉讼法》、《行政诉讼法》均规定,凡是以严重侵害他人合法权益或者违反法律禁止性规定的方法取得的证据,不能作为认定案件事实的依据。而刑事诉讼法中的非法证据排除规则更为严格。然而,非法证据排除绝非一个仅仅基于证据合法性的维护而创设的排除规则。事实上,它并不排除所有欠缺合法性的证据,而只是排除那些通过侵犯基本人权的严重违法而获取的证据,就此而言,非法证据排除规则实质上也是一个人权保障规则。

4. 有利于提高诉讼效率。在证据规则的约束和指导之下,证明资源可以得到最佳配置,取证、举证、质证、认证活动能够有序进行,那些无关、多余的或不合法的证据材料被及时排除于法庭之外,相关证明主体也可以少走弯路,从而大大加速证明活动的进程,提高诉讼效率。

5. 有利于树立价值导向,保护社会利益。法律是道德的升华,证据法作为法律之一种,其所确立的相应规则同样可以发挥价值导向作用,反映社会共有的一些价值观和对某些特定社会利益的保护。例如,作证特免权规则就可以发挥价值观导向的作用,保护亲属关系、职业秘密、公务秘密等一些重要的社会利益。

二、证据规则的体系

证据规则的体系就是所有调整证据获取与运用的准则按照一定的秩序和内部联系组合而成的规范体系。证据规则包含于证据制度中,证据规则的许多内容又规定在程序法中,因此,要想准确把握证据规则体系,有必要先厘清证据规则与证据制度、诉讼程序规则两个范畴的关系。

通说认为,证据制度是一个国家各种法律法规中与证据有关的规定和规则的总称。证据规则与证据制度之间既有联系又有区别。证据制度是证据规则的上位概念,证据规则是证据制度的组成部分和具体内容。不同于证据制度包含的那些较为抽象的概念和原则,证据规则必须是具体的。证据规则"是诉讼实践中可操作的证据准则……它既不是一般的原则、精神或制度,也不是细枝末节,而是司法实践随手可用的尺度。它是实用的、规律性的证据操作规程,具有法律效力的证据准则"〔2〕。

证据规则同程序规则的关系非常复杂,无法截然分开。证据规则是广义上程

〔2〕 刘善春等:《诉讼证据规则研究》,中国法制出版社 2000 年版,"序言"。

序规则的一部分。而证据规则本身又可以分为带有“实体要素”的规则和带有“程序要素”的规则。前者如有关证据能力的规则和有关司法证明的范围、责任和标准的规则。后者则是旨在实施上述带有“实体要素”的规则的程序规范。带有“实体要素”的规则理所当然应当纳入证据规则体系之内,而那些带有“程序要素”的规则,则带有双重属性,既是“诉讼程序规则”,又是证据规则。

我国证据规则的体系主要由以下四个子系统相互联系而构成:

1. 取证规则。取证规则主要是规范证据的范围和发现、收集、提取、固定和保全证据活动的基本准则。具体包括证据的法定形式规则、取证主体规则、取证程序合法性规则、强制采证规则、证人资格规则、特权规则、职权查证规则以及证据保全规则。此外,还有刑事诉讼中特有的不得强迫任何人自证己罪规则、令状主义规则,以及行政诉讼中特有的被告人庭审阶段不得自行补充证据规则等。

2. 举证规则。举证规则主要是约束和限制证据的提出和交换活动的基本准则。具体包括最佳证据规则、证据展示规则、免于举证规则,刑事诉讼中的证据随卷移送规则,民事、行政诉讼中的证据失权(或举证期限)规则,以及行政诉讼中的原告举证受限规则。

3. 质证规则。质证规则是调整相关主体对在法庭上提出的证据进行说明和质辩活动的规范和准则。除了证据法有关质证的主体、客体、内容及质证的顺序以外,质证规则还包括证人等出庭作证规则、交叉询问规则、对特定事项的秘密质证规则、免予质证规则、诱导性询问规则、庭上补充证据规则、“新证据”质证规则、质证的效力规则等。

4. 认证规则。认证规则就是规范审判人员对业已经过质证的证据的证据能力和证明力进行审查判断活动的规则。具体包括关联性规则、鉴证规则、意见证据规则、传闻证据规则、非法证据排除规则、自白任意性规则、口供补强规则、证明力判断规则等。此外,还有调整认证过程的规则,如当庭认证规则。

当然,以上划分只是相对的,有些证据规则的约束力可能贯穿几个证明环节,如证人作证规则;而有的证据规则从不同的视角看可以归入不同的证明环节,如传闻证据规则等。

三、证据规则的分类

根据不同的标准,可对证据规则作不同的分类。

(一)实体性证据规则和程序性证据规则

根据证据规则所规制内容的性质不同,可将证据规则分为实体性证据规则和程序性证据规则。实体性证据规则是以规定和确认诉讼证明活动中相关主体的权利和义务以及职权和责任为主要内容的证据规则,如证明责任规则、证明标准规则、证明对象及免证事实规则、证据的形式和范围规则、关联性规则、自由心证规则等。而程序性证据规则是以保证上述权利或职权得以行使，义务或责任得以履行的有关程序为主要内容的规则。程序性证据规则主要规范证据的获取、提出、质辩、审查判断的具体程序，如固定证言的规则、对质的程序规则等。

（二）规范证据能力的证据规则、规范证明力的证据规则和规范证明过程的证据规则

根据证据规则调整的对象不同，可将证据规则分为规范证据能力的证据规则、规范证明力的证据规则和规范证明过程的证据规则。规范证据能力的证据规则是确认和调整证据的范围、形式和资格的证据规则，其核心内容就是明确什么样的证据材料可以被采纳为证据。规范证据能力的规则包括非法证据排除规则、传闻证据规则、意见证据规则等。规范证明力的证据规则主要约束的是审判人员对于证明力的评价，包括口供补强规则、孤证不能定案规则、证明力比较规则等。除了上述两种证据规则之外，证据规则还包括规范司法证明过程等规则，如证明责任规则、证明标准规则、证据的收集规则、交叉询问规则、质证的行为规范、司法认知规则等。

（三）权利性证据规则和义务性证据规则

证据规则还可以分为权利性证据规则和义务性证据规则。权利性证据规则是授权相关主体在诉讼证明活动中可以作出某种行为，或者要求他人作出或不作出某种行为的权利的规则，如特权规则、证据保全规则、证据展示规则、庭上补充证据规则等。义务性证据规则又可以分为命令性规则和禁止性规则。前者要求相关主体必须或应当作出一定的积极行为，如证明责任规则、强制采证规则；后者则是规定相关主体消极义务的规则，如不得强迫自证己罪规则。

（四）通用的证据规则和特殊的证据规则

这是根据证据规则适用范围的不同所作的分类。通用的证据规则是指在三大诉讼中普遍适用的证据规则，而特殊的证据规则是个别适用的证据规则，适用范围只限于某一种或两种诉讼。通用的证据规则包括证据范围和形式规则、取证程序合法性规则、证人作证规则、特权规则、最佳证据规则、证据展示规则，对特定事项的秘密质证规则、质证的效力规则、关联性规则、意见证据规则、推定规则、司法认知规则等。而特殊的证据规则也比较多，如民事诉讼中特有的自认规则，行政诉讼中特有的被告庭审阶段不得自行补充证据规则、原告举证受限规则，刑事诉讼中特有的“污点证人”作证豁免规则、不得强迫任何人自证己罪规则、口供补强规则、疑罪从无规则，以及适用于民事诉讼、行政诉讼的证据失权规则等。

此外，根据制定证据规则的依据不同，可以分为公理性证据规则（如关联性规则）和政策性证据规则（如非法证据排除规则、特免权规则）；根据是否允许在适用

证据规则时自主选择，还可以将证据规则分为强行性规则和任意性规则，或刚性规则和柔性规则。

第二节 关联性规则

一、关联性规则概述

关联性规则，又称相关性规则，是指只有与案件事实有关联性的事实材料才能作为证据使用，没有关联性的证据不具有可采性。在美国，相关性是证据具有可采性的基础条件。相关性规则是英美法系一项根本性的证据规则，也被称为规范证据可采性的"黄金规则"。美国著名证据法学家塞耶(James Thayer)将相关性规则概括为两条基本要求：一是消极原则，即不具有相关性，该证据不可采纳；二是积极原则，即一切具有相关性的证据都可采，除非按照可采性规则而被排除。[3] 塞耶的概括充分体现了相关性与可采性的关系：没有相关性的证据必然不具有可采性，而具有了相关性的证据，也不一定都可以被采纳为证据。相关性规则设立的主要目的是限定调查收集证据的范围，避免当事人在不相关的问题上浪费时间，也防止当事人将无相关性的证据材料提交法庭，从而误导陪审团。

证据材料是否具有相关性，由法官进行判断。法官通常通过"审中之审"或"预先审查"程序来解决此类问题。但法官没有主动排除不相关证据的义务，只有当事人提出"异议"时，法官才会对此作出判断。一般认为，法官在判断证据的相关性时，主要考虑两个方面的问题，即证据对于待证事实的实质性和证明性。实质性是指该证据用来证明的问题属于本案中具有特定法律意义的问题，也就是指向了本案中的争点问题。实质性主要是一个法律问题，判断的根据是实体法的相关规定。而证明性则是指证据对实质性问题的影响力，按照美国《联邦证据规则》中的表述，是"使决定某项待证事实的存在比没有该项证据时更有可能或更无可能"。证明性的判断依据不是法律，而是事物间内在的逻辑或经验关系。

法官在对证据的相关性进行判断时，主要靠常识、经验及逻辑法则。为了对法官的自由裁量权予以适当限制，防止相关性判断的恣意性，美国《联邦证据规则》还对特定证据的相关性作出了一些规定：(1)品格证据原则上不具有相关性，但也有例外，如当品格问题本身就是争议事实之一时；(2)类似事件或类似行为通常也被视为与争议的案件事实不具有相关性，但可用以证明动机、机会、预备等其他目

---

[3] See William Twining and Alex Stein, *Evidence and Proof: Basic Concepts of the Law of Evidence*, New York University Press, 1922, p. 552.

的;(3)一些特定的诉讼行为,如作不愿辩解又不承认有罪的答辩,也被视为缺少相关性,不得作为不利于被告的证据,但上述行为用于证明被告作伪证时,或者与其同时产生的其他陈述已被提交法庭时,可以采纳为证据;(4)一些特定的事实,如事件发生后某人实施补救措施的事实,一般情况下也被认为缺少关联性,但符合法定例外情形的除外;(5)在一些性犯罪案件中,被害人过去的行为,如有关受害人过去性行为方面的名声或评价方面的证据材料,不予采纳。

此外,在外国证据法中,基于对一些特定利益的考量,还确立了一些对证据相关性的限制规则,主要包括以下四个方面:(1)因公正或效率限制证据的相关性;(2)因公共利益限制证据的相关性;(3)因特定政策限制证据的相关性;(4)因程序正义限制证据的相关性。

二、我国的关联性规则

在我国,证据必须具有相关性虽然已是理论界和实务部门的共识,证据的相关性也是实践中司法机关审查判断证据的不言自明的重要标准。但是,我国在诉讼法和司法解释中并没有对证据的相关性作出明确规定,更没有如英美法系国家那些系统规定不相关证据的排除规则,仅仅在个别法条和司法解释中有相关性规则的零星体现。

《刑事诉讼法》第 120 条从犯罪嫌疑人权利的角度强调了犯罪嫌疑人、被告人供述和辩解的相关性,即犯罪嫌疑人"对与本案无关的问题,有拒绝回答的权利"。第 141 条又在规定查封扣押程序时强调了物证、书证的相关性,并把相关性作为查封、扣押物证、书证的重要标准,即"在侦查活动中发现的可用以证明犯罪嫌疑人有罪或者无罪的各种财物、文件,应当查封、扣押;与案件无关的财物、文件,不得查封、扣押"。最高法《刑诉法解释》第 139 条第 2 款规定:"对证据的证明力,应当根据具体情况,从证据与案件事实的关联程度、证据之间的联系等方面进行审查判断。"其第 82 条、第 97 条、第 108 条等又特别强调,在审查物证、书证、鉴定意见及视听资料时,证据与案件事实有无关联应当是着重审查的内容。此外,该解释又从质证程序的角度对"相关性"提出了要求。根据其第 247 条、第 261 条、第 262 条等的规定,质证主体对于证人、鉴定人、被告人、被害人、附带民事诉讼原告人和被告人的发问的内容应当与案件的事实相关,对于无关的问题,对方可以提出异议,审判长应在判明情况的基础上予以支持或驳回,对方未提出异议的,审判长也可以根据情况予以制止。控辩双方要求向法庭出示物证、书证、视听资料等证据时,对方提出异议,认为与案件无关的,审判长可以不予准许。部分司法解释中存在极少量的不相关证据不能作为定案根据的规定,如两院三部《办理死刑案件证据规定》第 24 条列举了鉴定意见不能作为定案根据的八种情形,其中第四种情形是"鉴定意见与证明对象没有关联的”。最高法《刑诉法解释》第 98 条也罗列了鉴定意见不得作为定案根据的九种情况，其中，第八种情况就是“鉴定意见与案件事实没有关联的”。

在民事诉讼和行政诉讼中，相关司法解释也对相关性规则有初步涉及。根据最高法《民诉证据规定》第 87 条的规定，审判人员在审核认定单一证据时，一个重要的考量标准就是“证据与本案事实是否相关”。第 88 条则要求，在审查全部证据时，“应当从各证据与案件事实的关联程度、各证据之间的联系等方面进行综合审查判断”。而最高法《行诉证据规定》第 54 条在规定认证的任务和目标时也强调，法官要对单一证据和全部证据进行全面、客观和公正地分析判断，“确定证据材料与案件事实之间的证明关系，排除不具有关联性的证据材料，准确认定案件事实”。

第三节　非法证据排除规则

一、非法证据排除规则概述

非法证据排除规则是指那些通过非法程序或手段取得的证据，不具有可采性或证据能力，不能为法庭所采纳。从证据的形式看，非法证据包括两类，即非法言词证据和非法实物证据。该规则的确立旨在维护宪法权利，抑制非法取证，并维护司法的纯洁性。民事诉讼、行政诉讼及其他类型的诉讼中也存在非法证据的排除问题，但由于刑事诉讼是权力与权利、发现真实与程序正当等冲突最为集中的领域，非法证据排除规则就成为刑事诉讼中最为重要的证据规则之一。

该规则最先产生于美国，如果自 1914 年的威克思诉美国案算起，非法证据排除规则在美国的确立已经超过百年。在产生之初，该规则仅仅作为法院强制执行美国宪法第 4 条修正案的方法之一，重点排除警察非法搜查和扣押获得的证据，而且仅适用于联邦法院系统。1961 年马普诉俄亥俄州案后，非法证据排除规则的适用范围从联邦扩展到各州。美国在排除非法证据的立场上较为坚决，不仅排除非法获取的证据，而且要求非法获取的证据不应当被用于获取其他证据，非法证据的派生证据即所谓的“毒树之果”也要排除。但排除规则在美国也不是一项绝对规则，“像其他任何救济手段一样，排除规则的适用严格局限于可以最有效实现其救济目的的那些情形”[4]。联邦最高法院通过判例确立了非法证据排除规则的一系

---

〔4〕 United States v. Calandra, 414 U.S. 338, 348(1974).

列例外,包括“稀释原则”“必然发现原则”“独立来源原则”“善意原则”。而且,在卡兰德拉案以后,排除规则还出现了“非宪法化”的倾向,[5]联邦最高法院逐渐限缩非法证据排除的范围,在严重程度低于酷刑的取证手段适用排除规则问题上,加入了更多实用主义的考虑。而作为排除规则的一部分,美国的“毒树之果”规则也正经历着由绝对性的“宪法命令”到“慎重的司法规则”的深刻变革。[6] (1)“毒树”范围不断限缩。在塔克案[7]中,联邦最高法院将“米兰达规则”归为一项不具有宪法属性的预防性规则,而对于仅仅违反该类规则的行为可以不提供“毒树之果”的救济。(2)“最终必然发现”原则证明标准的宽松。在尼克斯案中,联邦最高法院仅仅要求检察官以优势证据证明“假设的合法来源”,而在最近的哈德孙案中,也并未提高证明标准。[8] (3)“毒性”稀释方式的不断增多。自愿行为、追诉者的违法动机、被追诉行为的严重程度乃至排除证据的实际作用都成为法官考量时的参酌因素。

目前,世界上绝大多数法治国家,都确立起了非法证据排除规则,而且各有特色。德国《刑事诉讼法典》中规定了证据取得禁止和证据使用禁止制度。证据取得禁止是指严禁侦查机关采取法律之外的可能侵犯公民基本权利的取证措施;证据使用禁止则指法官不得使用特定证据作为裁判的依据。证据取得禁止不一定导致证据使用的禁止。违反了证据取得禁止规定而获取的证据经过法官的权衡可能被用作定案依据,而合法取得的证据也可能因为法官考虑到更需要保护的利益而被禁止使用。法国则借助诉讼行为无效制度规制非法取证问题,即通过宣告违反刑事程序的取证行为无效导出与该行为相关的证据材料的排除。

二、我国的非法证据排除规则

通过《刑事诉讼法》中的5条专门规定及相关司法解释,我国也已经在刑事诉讼中初步建立起相对完善而且特色鲜明的非法证据排除规则。

刑事非法证据的范围体现了有限排除或重点排除。我国刑事诉讼中需要排除的非法证据包括非法言词证据和非法实物证据。非法言词证据是指采用刑讯逼供等非法方法收集的犯罪嫌疑人、被告人供述和采用暴力、威胁等非法方法收集的证人证言、被害人陈述。所谓“刑讯逼供等非法方法”,最高法《刑诉法解释》第123条及两院三部《严格排除非法证据规定》第2条、第3条、第4条进一步将“刑讯逼

---

[5] 参见[美]约书亚·德雷斯勒、[美]艾伦·C. 迈克尔斯:《美国刑事诉讼法精解》,吴宏耀译,北京大学出版社2009年版,第379页。

[6] Pennsylvania Bd. Of Prob. And Parole v. Scott, 524 U. S. 357, 363(1998).

[7] See Michigan v. Tucker, 417 U. S. 433(1974).

[8] See Hudson v. Michigan, 126 S. Ct. 2159(2006); Nix v. Williams, 467 U. S. 431(1984).

供等非法方法”具体化为“殴打、违法使用戒具等暴力方法或者变相肉刑”“以暴力或者严重损害本人及其近亲属合法权益等进行威胁”“非法拘禁等非法限制人身自由的方法”等。而需要排除的非法实物证据限于违反法定程序收集的物证和书证,且必须满足三个条件:(1)该物证、书证的收集不符合法定程序;(2)可能严重影响司法公正;(3)不能作出补正或者合理解释。此外,最高法《刑诉法解释》第124条、两院三部《严格排除非法证据规定》第5条及最高检《规则》第68条还确立了重复供述排除规则,即一并排除刑讯获取供述之后被追诉人受该刑讯逼供行为影响而作出的与该供述相同的重复性供述,但也同时规定了例外情形。

刑事非法证据排除规则适用的阶段体现了全程排除。除了可在审判阶段排除非法证据,《刑事诉讼法》第56条第2款还要求,在侦查、审查起诉阶段发现有应当排除的证据的,也应当依法予以排除,不得作为起诉意见和起诉决定的依据。根据相关司法解释的规定,审查逮捕、审查起诉期间,犯罪嫌疑人及其辩护人申请排除非法证据,并提供相关线索或者材料的,人民检察院应当调查核实。人民检察院对审查认定的非法证据应当予以排除,不得作为批准或者决定逮捕、提起公诉的根据。在侦查期间,侦查机关对审查认定的非法证据,应当予以排除,不得作为提请批准逮捕、移送审查起诉的根据。两院三部《严格排除非法证据规定》第15条要求侦查机关必须在侦查终结时全面审查证明证据收集合法性的证据材料,依法排除非法证据。而按照两院三部《严格排除非法证据规定》第14条第3款以及最高检《规则》第71条的规定,对重大案件,人民检察院驻看守所检察人员应当在侦查终结前对讯问合法性进行核查。经核查,认为确有刑讯逼供、非法取证情形的,应当要求侦查机关依法排除非法证据。

审判阶段刑事非法证据排除的程序体现了及时申请、优先解决。除在庭审期间才发现相关线索或者材料等情形外,被告人及其辩护人申请排除非法证据,原则上应当在开庭审理前提出。被告人及其辩护人在提出申请时,应当提供相关线索或者材料,即向法庭提供涉嫌非法取证的人员的姓名、时间、地点、方式、内容等情况。对于上述符合条件的排除非法证据申请,人民法院应当召开庭前会议,核实情况,听取意见。人民检察院可以决定撤回有关证据。庭审期间,法庭决定对证据收集的合法性进行调查的,应当先行当庭调查。但为防止庭审过分迟延,也可以在法庭调查结束前进行调查。法庭对证据收集的合法性进行调查后,原则上应当当庭作出是否排除有关证据的决定。在法庭作出是否排除有关证据的决定前,不能对有关证据进行宣读、质证。取证合法性的证明责任由人民检察院承担,被告人无须承担侦查人员非法取证的证明责任。而检察机关对取证合法性的证明,可以通过两种方法进行:一是运用“现有的证据材料”,如侦查人员的讯问笔录、全程录音录像,犯罪嫌疑人进出看守所的体检记录等;二是提请人民法院通知有关侦查人员或者其他人员出庭说明情况。

值得一提的是，《监察法》还确立了监察机关适用于监察调查案件的非法证据排除规则：《监察法》第 33 条第 3 款明确要求“以非法方法收集的证据应当依法予以排除，不得作为案件处置的依据”；第 40 条第 2 款规定：“严禁以威胁、引诱、欺骗及其他非法方式收集证据，严禁侮辱、打骂、虐待、体罚或者变相体罚被调查人和涉案人员。”《监察法实施条例》第 64 条也作出了类似规定；《监察法实施条例》第 65 条对非法证据排除作出了明确规定：“对于调查人员采用暴力、威胁以及非法限制人身自由等非法方法收集的被调查人供述、证人证言、被害人陈述，应当依法予以排除。……收集物证、书证不符合法定程序，可能严重影响案件公正处理的，应当予以补正或者作出合理解释；不能补正或者作出合理解释的，对该证据应当予以排除。”不过，在非法证据排除的范围和标准等问题上，《监察法》与刑事诉讼中的非法证据排除规则不尽相同。

相对而言，我国民事诉讼和行政诉讼中的非法证据排除规则较为粗疏，而且还主要停留在司法解释的层面上。最高法《民诉法解释》第 106 条规定：“对以严重侵害他人合法权益、违反法律禁止性规定或者严重违背公序良俗的方法形成或者获取的证据，不得作为认定案件事实的根据。”最高法《行诉证据规定》第 57 条也有类似要求，该条还对排除证据的范围作了列举：严重违反法定程序收集的证据材料；以偷拍、偷录、窃听等手段获取侵害他人合法权益的证据材料；以利诱、欺诈、胁迫、暴力等不正当手段获取的证据材料；当事人无正当事由超出举证期限提供的证据材料以及不具备合法性的其他证据材料。

第四节　传闻证据规则

一、传闻证据规则概述

传闻证据规则，即传闻证据排除规则，它的直接要求是传闻证据不具有证据资格，不能进入审判程序。作为英美法系最具特色的证据规则之一，传闻证据规则被认为是英美证据法体系的核心与灵魂，是“杰出的司法体制对人类诉讼程序作出的一大贡献”，“其受重视的程度仅次于陪审制”。

传闻证据主要包括两种材料：一是证人在审判期日前在庭外就其所感知的案件事实所写的陈述书或许可他人制作的陈述笔录；二是传闻陈述，即证人在审判期日于法庭上就他人所感知的事实向法庭所作的转述。由于实行强制证人出庭作证制度，证人不出庭的情况很少出现，第一种传闻证据较为少见。因此，实践中排除的传闻证据主要是传闻陈述。传闻证据规则确立的依据主要有三个:(1)传闻证据本身的可信度低。传闻证据多增加了信息传递的环节,易受转述客观条件和转述人主观因素的影响,信息的准确度下降。(2)无从确保被告之反对诘问权。直接感知案件事实的人不出庭,剥夺了反询问方进行交叉询问的权利。(3)无从贯彻直接审理之要求。直接审理原则要求陪审团或法官只能将在法庭上直接调查过的证据作为裁决依据。然而,采用传闻证据,使裁决者无法直接听取原始人证的陈述,不利于形成正确判断。

当然,对传闻证据的排除也并不是绝对的,如果在特定情况下采纳该传闻证据非常必要,该传闻证据又有可靠性的保障,而且已经给了相对方质问的机会,该传闻证据就可以被采用。美国《联邦证据规则》第803条和第804条规定了传闻证据排除的两类例外:一类是陈述者可否作证无关紧要;另一类是陈述者不能到庭作证。第一类例外,是陈述者可否作证无关紧要的例外,即使陈述者可以出庭作证,这些证据也不会基于传闻证据排除规则而被排除在证据之外,如表达感觉印象、刺激的发泄等。第二类例外,是陈述者不能到庭作证的例外,如临终陈述、对己不利的陈述等。但传闻证据排除的例外在适用时通常需要满足严格的条件。例如,"先前的证词"之例外的适用条件为:先前证词必须是前一诉讼程序中经宣誓提出或经正式确认;该证言必须经过当事人双方的直接询问和交叉询问;不同审判程序所涉及的争议点必须是相同的;后一程序中存在证人不能出庭作证的情况。"对己不利的陈述"之例外的适用条件为:该陈述不利于陈述者的所有权或重大的其他利益;陈述人已经认识到这种不利;陈述是依据事实所作的表达,而不是推测和意见;陈述人没有说谎的动机;在审判时陈述人无法出庭。"公共文件中记载的陈述"之例外的适用条件为:制作和保存公共文件的目的在于公共使用,其内容必须是有关公共利益的事务;必须对公众开放,以接受监督;必须是在事件发生之后立即制作的;记录必须是由专司其责的人制作,而且制作人对记录内容的真实性充满确信。"心理状态"之例外的适用条件则是:其证明对象是该人在特定时间的心理状态;该陈述是在其诚实得到证明的情况下作出的。

不可否认,传闻证据排除规则具有深厚的价值内涵。第一,传闻证据排除规则是对抗式审判制度得以实现的重要手段,其可以保障当事人当庭对质和质辩权的实现,确保法官和当事人直接与提供陈述的证人接触,尽可能地与证据的来源接触,通过亲身的观察和感受,审查判断证据。第二,传闻证据本身具有的先天性弱点限制了它的证据价值,传闻证据排除规则有利于案件裁判的准确性。第三,传闻证据排除规则有利于诉讼公开、诉讼平等和诉讼民主等价值的实现。但传闻证据规则在长期的适用过程中也日益暴露出很多问题:众多的例外性规定增加了传闻证据规则的复杂程度,使法官和律师无所适从,而过于细密和繁杂的规则也使传闻证据规则的适用出现了教条和僵化。针对上述情况，英美法系国家在20世纪后半期开始对传闻证据规则进行了一系列重大的变革。

二、传闻证据规则对我国的启示

由于例外和限制众多，传闻证据排除规则实际上早已处于名不副实的境地，而且由于该规则的内涵与外延较难把握，其适用极为纷繁复杂，加之我国诉讼模式的特殊性，将英美法系的传闻证据规则引入我国是极为困难的。在大陆法系国家（地区），虽然传统上不实行英美法系意义上的传闻证据规则，但也存在能发挥类似效果的制度——直接言词原则。直接言词原则可再分为直接原则和言词原则。直接原则，又称直接审理原则，要求参加审判的法官必须亲自参加证据审查、亲自聆听法庭辩论。言词原则，又称言词审理原则，是要求当事人等在法庭上须用言词形式开展质证辩论的原则。根据该原则，只能以在法庭上直接调查过的证据作为裁判基础，记载审判前侦查、起诉活动中的讯问、勘验、扣押、搜查结果的书面材料以及扣押物等，都需要在法庭上进行调查。直接言词原则与传闻证据规则虽然在调整的对象、功能的侧重点、发挥作用的方式乃至作用效果等方面有一定的区别，但在追求准确裁判、公正审判等价值理念上有诸多相通之处。因此，我国当前一个更为可行的选择是，合理吸收英美法系传闻证据规则和大陆法系直接言词原则的内核，构建我国的直接言词原则。具体而言，可先采取以下四个方面的举措：

第一，在法律中明确规定直接言词原则。目前，我国三大诉讼法中，对于直接言词原则并无明确规定。所以，应当通过修改三大诉讼法或司法解释来明确规定直接言词原则。当然，受长期以来卷宗笔录中心主义诉讼方式等因素的影响，我国在相当长的时期内完全实现类似德国《刑事诉讼法》规定的直接言词原则有很大的困难，故而可以考虑结合实际情况设置一些例外，适度增加直接言词原则的弹性。

第二，完善证人、鉴定人出庭作证制度。证人、鉴定人在法庭上提供证言或发表意见，是直接言词原则的核心要求。我国《刑事诉讼法》第61条已明确规定了“证人证言法庭质证原则”，强调“证人证言必须在法庭上经过公诉人、被害人和被告人、辩护人双方质证并且查实以后，才能作为定案的根据”。而“完善证人、鉴定人出庭制度”也是近年来司法改革的重要内容。然而在实践中，证人出庭作证率仍然很低，达不到直接、言词质证的要求。证人、鉴定人出庭难，有证人、鉴定人方面的原因，因此，需要进一步完善证人保护制度、证人补偿制度、强制证人出庭作证制度等，但也不能忽视司法、立法等方面的因素。如果不能从深层次改变专门机关对证人出庭的排斥态度，不改变专门机关对于卷宗的依赖，不改变立法机关对待书面证据与言词证据不分优劣甚至更青睐书面证据的态度，想彻底解决证人出庭难的问题是不现实的。

第三,探索集中审理制度。原则上法院需持续集中地审理案件:审理时间要集中,即持续不间断审理;审理主体集中,即除非符合例外规定,否则需由同一审判组织审理;审理方式集中,即法官在当事人在场的情况下当庭审理。通过推行集中审理,可保证裁判者通过庭审对案件形成全面准确的认识,减少对卷宗的依赖和案外因素的干扰。

第四,注重发挥控辩双方或当事人双方在庭审中的作用,充分保障当事人的对质权。保障当事人的对质权是传闻证据规则和直接言词原则的共同理念之一。不管是在刑事诉讼中,还是在民事诉讼、行政诉讼中,不管是在普通程序中,还是在快审程序中,不管是单案审理、分案审理还是并案审理中,凡是对于当事人而言有质证利益的证据而且当事人没有放弃质证权时,司法机关均应切实保障其质证权的行使。

当然,直接言词原则实现的前提是司法人员要有推进直接言词审理的理念和能力,因此,直接言词原则的真正落实还有赖于司法人员特别是审判人员的规范化、专业化、职业化。

第五节　意见证据规则

一、意见证据规则概述

意见证据规则是一项规范证人陈述之内容的证据规则。依据证人证言的内容不同,证人所能提供的证言可以分为两类:一类是体验性陈述,即证人就自己直接感知的案件事实所做的陈述;另一类就是证人对相关事实的意见、信念或据此进行的推论。原则上,证人只能就其亲身感知的事实提供证言,而不能就这些事实进行推论,即不能提供所谓的意见证据,这就是意见证据规则的基本要求。

意见证据之所以原则上不具有可采性,主要基于以下两点考虑:一方面,意见属于证人的感想、判断和推论,容易受证人个体知识、经验包括情绪化因素及偏见的影响,主观性很强,容易影响案件事实的准确认定;另一方面,证人的职能是就其亲身体验的事实提供于法庭,对于不涉及专业知识的待证事实而言,根据一定的证据材料作出推论或判断,属于裁判职能,应当由陪审团或者法官负责。因此,证人提供意见证据,容易僭越裁判权,误导裁判者。

当然,意见证据规则也有两类例外规则,即专家证人例外规则和普通证人例外规则。

在英美法系国家,证人分为专家证人和普通证人,长期以来专家证人的意见都是可采纳的,这是意见证据规则最主要的例外。英国早在1972年《民事证据法》中就规定了专家证人所作的专家报告可以作为证据采纳,1988年更是在《刑事审判法》中规定了专家报告的可采性。美国等其他英美法系国家也均有关于专家意见可采纳的规定。所谓专家证人是指具有专业知识、特长或者相关技能的并且据其掌握的知识提供证言的人。在庭审时,专家证人可以就其专业知识领域中的某个问题提出专家意见。在美国,专家证人甚至可以对有待事实裁决者判断的关键事实争论提出自己的推断,但必须是根据自己的专业知识。专家证人的意见证据虽然具有可采性,但这并不是说对专家意见证据没有任何限制。(1)专家证言对裁判者并无强制力。证据是否具有可采性与证据是否最终被案件裁判者所采纳是两回事。作为案件事实的最终裁判者,陪审团或法官完全可以根据自己的理智判断专家证人意见的证明价值,专家意见只是"仅供参考"。(2)专家意见也需要经过庭审中的交叉询问。专家证人意见也可能发生错误,而交叉询问则是揭露错误的最好手段。(3)专家必须在其特定的专业领域作证,不得对其他专业问题作证。专家证人在作证之前,要经过一个"证人资格"认定程序,即由对方或己方律师就该证人接受教育培训的经历和获得专业技术资格的相关情况提问,确认其具有作为专家证人的资格。

普通证人或者外行证人对于事实的描述和基于事实的意见有时很难划清界限,因此,对于普通证人以其亲身体验为基础作出的某些推论,并不是一概不予采纳。美国《联邦证据规则》第701条规定,普通证人以意见或推理形式作出的证词如果是合理地建立在该证人的感觉之上并且对清楚理解该证人的证词或确定争议中的事实有益的,也可以作为证据使用。此外,判例法也形成了很多例外,包括:(1)一些基于个人经验的常识性判断,如依据味觉和听觉作出的合理推断;(2)比较事物的同一性或相似性的意见;(3)对观察到的某些外形、价值、数量、性质、色彩和对象精神状况的描述性意见;(4)对车速、温度、风力等的合理判断等。塞耶曾指出:"从某种意义上说,所有的证人证言实际上都是意见证据,是从现象和心理印象形成的结论。"证人的事实陈述中实际上经常包含一定的推理过程。因此,实践中百分之百地排除所有意见、推理或结论是难以做到的。因此,在司法实践中,关于意见证据规则的法律规定经常作为一种"告诫",对它的执行很大程度上取决于案件裁判者的自由裁量。

二、我国的意见证据规则

意见证据规则是英美法系的一项证据规则,大陆法系由于主要由职业法官进行审判,而职业法官受证人意见影响的可能性要远低于非职业的陪审团,因此,许多大陆法系国家都没有以明确规定限制证人提出意见。随着两大法系的相互融合和借鉴,意见证据规则也越来越受到传统大陆法系国家的重视。日本就在其《刑事诉讼法》中明确规定了意见证据的可采性问题。

我国传统审判模式与大陆法系接近,因此,一直以来均未在法律中明确规定意见证据规则,仅在司法解释层面对该规定有少量涉及。两院三部《办理死刑案件证据规定》第 12 条第 3 款规定:“证人的猜测性、评论性、推断性的证言,不能作为证据使用,但根据一般生活经验判断符合事实的除外。”最高法《刑诉法解释》第 88 条第 2 款规定:“证人的猜测性、评论性、推断性的证言,不得作为证据使用,但根据一般生活经验判断符合事实的除外。”最高法《民诉证据规定》第 72 条第 1 款规定:“证人应当客观陈述其亲身感知的事实,作证时不得使用猜测、推断或者评论性语言。”最高法《行诉证据规定》第 46 条规定:“证人应当陈述其亲历的具体事实。证人根据其经历所作的判断、推测或者评论,不能作为定案的依据。”这些规定有利于在案件审理中规范证人如实提供他们所感知的案件事实,避免裁判者对案件事实作出错误认定。需要注意的是,与英美法系国家不同,我国三大诉讼中的证人仅指普通证人,而不包括“专家证人”。因此,在英美法系国家,专家意见是意见证据规则的例外,而在我国,具有特定领域专业知识的专门人员,如鉴定人和有专门知识的人,是独立于证人之外其他诉讼参与人,其提出的意见根本不属于意见证据规则的调整范围。

我国自 20 世纪八九十年代开始的庭审方式改革明显吸收了英美法系对抗制庭审的内容,逐步建立起职权制与对抗制相结合的庭审模式,故而有必要吸收英美法系意见证据规则的合理因素,进一步完善我国的意见证据规则。应当在法律层面对意见证据规则及其例外作出一般性的规定,明确规定意见证据的内涵,意见证据的“一般不可采纳”原则,明确列举采纳意见证据的例外情形,如可允许证人提出与其亲身感知密切相关并有助于案件审理者理解其证言的意见。为了增强意见证据的可靠性,还可规定,提出意见证据原则上须出庭接受交叉询问,以尽可能减少意见证据中的非理性因素,更好地发现案件真相。同时,还应明确在意见证据最终能否被采纳的问题上,法官具有自由裁量权。

第六节　最佳证据规则

一、最佳证据规则概述

最佳证据规则是指应选择最有说服力和最令人信服的证据证明待证事实,如果有最佳的证据,非最佳的证据应被排除。作为英美法系一项古老的证据规则,最佳证据规则曾仅仅适用于文书证据,所以又被有些学者称为原始文书规则。最佳证据规则确立的理由主要是当文书材料提出以用于证明其内容时,原件的可靠性要远远大于复制件的可靠性。有学者对此作过精辟论述:“盖文字或其他符号,如差之毫厘,其意义则可能失之千里;观察时之错误危险甚大,尤以当其在实质上对于视觉有所似时为然。因此之故,除提出文书之原本以供检阅外,于证明文书之内容时,诈伪及类似错误之机会自必甚多。”〔9〕最佳证据规则最早起源于英国古代的“文书审”,即在某文书确立的权利关系有关的诉讼中,法官必须而且只能依据该文书作出裁决。“文书审”的原则后来逐渐进化为文书证据规则,其中最为重要的要求就是“原始文书的不可阙如”,该要求最终进化为现代的最佳证据规则。

最佳证据规则的直接要求是,以文书材料的内容证明案情时,应当尽可能提供该文书材料的原件。在适用该规则时,必须把握以下几个条件:(1)该证据属于文书材料。根据《美国法学会词典》对“文书”的界定,文书通常包括信函、文字、图画、声音或符号或其他结合物,此外还包括一些包含文字内容的非纸质载体。(2)该文书材料需与案件中的重大问题相关。法官应综合考量该材料的内容及相关的待证事实的重要和复杂程度,对于仅具有附属或表面意义的文书材料,不适用最佳证据规则。(3)该文书材料须以所载内容为证明手段。如果举证者无意以所载内容作为直接证据加以运用,而是适用于其他证明目的时,也不适用最佳证据规则。法官在适用该规则时,还应注意原件和复制件的识别标准。对此,美国《联邦证据规则》有明确的规定。

近年来,英美法的司法证明实践中发展出最佳证据规则的很多例外即允许使用复制件的情形,主要包括:原件遗失或损坏的(须提供者非出于不良动机遗失或毁损);原件无法获得(如公共记录)或者在对方的掌握之中而对方拒绝提供的;占有原件的第三人合法拒绝的;不可能出示原件的,如刻在墙壁上的文字等。但采用任何复制件必须满足的共同要求是,能够保证副本的可信性,而原件又无法或难以取得。

二、我国的最佳证据规则

我国三大诉讼中均初步确立了最佳证据规则,而且,最佳证据规则不仅适用于书证,也适用于物证、视听资料等。

最高法《刑诉法解释》第 83 条、第 84 条规定,据以定案的物证应当是原物。只

〔9〕［美］埃德蒙·摩根:《证据法之基本问题》,李学灯译,台北,世界书局 1982 年版,第 385 页。

有原物不便搬运、不易保存、依法应当返还或者依法应当由有关部门保管、处理的，才可以拍摄、制作足以反映原物外形和特征的照片、录像、复制品；必要时，审判人员可以前往保管场所查看原物；据以定案的书证应当是原件，取得原件确有困难的，可以使用副本和复制件。与此相似，《民事诉讼法》第73条第1款要求，“书证应当提交原件。物证应当提交原物。提交原件或者原物确有困难的，可以提交复制品、照片、副本、节录本”。最高法《民诉法解释》第111条还对《民事诉讼法》第73条规定的“提交书证原件确有困难”进行了列举式的解释。同时，最高法《民诉证据规定》第11～12条、第15条、第21～23条、第61条等均有对原件、原物的要求：当事人向人民法院提供证据，应当提供原件或者原物。如需自己保存证据原件、原物或者提供原件、原物确有困难的，可以提供经人民法院核对无异的复制件或者复制品。以动产作为证据的，应当将原物提交人民法院。原物不宜搬移或者不宜保存的，当事人可以提供复制品、影像资料或者其他替代品。当事人以视听资料作为证据的，应当提供存储该视听资料的原始载体。当事人以电子数据作为证据的，应当提供原件。人民法院调查收集的书证，可以是原件，也可以是经核对无误的副本或者复制件。人民法院调查收集的物证应当是原物。被调查人提供原物确有困难的，可以提供复制品或者影像资料。人民法院调查收集视听资料、电子数据，应当要求被调查人提供原始载体。提供原始载体确有困难的，可以提供复制件。对书证、物证、视听资料进行质证时，除非符合两种法定的例外情形，当事人应当出示证据的原件或者原物。在行政诉讼中，最高法《行诉证据规定》第10条同样要求，当事人向人民法院提供书证的，应当提供书证的原件，原本、正本、副本均属于书证的原件。提供原件确有困难的，可以提供与原件核对无误的复印件、照片、节录本。而在对书证、物证和视听资料的质证程序中，根据第40条的规定，当事人应当出示证据的原件或者原物，除非具有以下情形之一：(1)出示原件或者原物确有困难并经法庭准许可以出示复制件或者复制品；(2)原件或者原物已不存在，可以出示证明复制件、复制品与原件、原物一致的其他证据。值得注意的是，《监察法》对于最佳证据规则的要求似乎更加严格。该法第25条提出监察机关“采取调取、查封、扣押措施，应当收集原物原件”时，并没有设置任何例外。

应当说，上述规定的精神充分体现了最佳证据规则立法的潮流和趋势，也充分考虑了我国国情。但在司法实践中，由于“确有困难”等要求较为笼统抽象，最佳证据规则的执行情况有待改进。

第七节 证据补强规则

一、证据补强规则概述

证据补强规则,是指某些特定类型的证据法律要求必须有其他证据以佐证方式补强其证明力。证据补强规则实质上是一种数量规则,即特定类型的证据必须与其他证据合并提出,借以担保其真实性和证明价值。被补强的证据称为主要证据,充当佐证的证据则称为补强证据。

证据补强规则发端于18世纪的英国,而且初始阶段主要适用于刑事诉讼中的自白。但经过一个多世纪的发展,英美法系国家证据补强规则的适用范围,已经从自白扩展到言词证据。根据成文法及判例法的相关规定,英美法系证据补强规则适用的情形主要有两大类:

第一,自白的补强。在英国,对于缺少支持性证据的被告人的自白,法官通常会提醒陪审团小心谨慎地作出判断。法律还规定了在特定情况下法官必须给出这种缺乏佐证的提醒。美国部分司法管辖区也已经在立法和判例中确立了庭外供述的补强规则,即若依据庭外自白作为定罪的依据,该自白必须得到其他证据的补强。它的具体内容是,在自白之外应当提交证明"犯罪实体"的证据,而且这些补强证据无须将"犯罪实体"证明到排除合理怀疑的程度。

第二,证人证言的补强。在对叛国罪、伪证罪及同类罪行、针对妇女和儿童的某些性犯罪、超速驾驶罪等的审判中,不能仅依照一个人的证言就判处某人有罪。一个年幼的儿童可以不经宣誓作证,在此情形下,需要补强证据。使用一个共犯的证言对另一个共犯定罪时,法官必须向陪审团发出缺乏作证的提醒,否则,定罪将是无效的。即使在那些法律未强制要求补强的性犯罪案件中,依惯例,法官也应当提醒陪审团缺乏补强证据定罪的风险。

由于大陆法系国家将证据证明力的判断权全部委诸法官,在刑事诉讼中,除被告人的自白需要形式性的补强证据以外,其他证据的补强问题并无明确的规定。

二、我国的证据补强规则

证据补强规则在我国三大诉讼法及相关法律、司法解释中均有体现:

在刑事诉讼中,证据补强规则主要适用于口供。早在1979年《刑事诉讼法》制定时,出于对过度依赖口供现象的防范,就在其第35条明确要求:"只有被告人供述,没有其他证据的,不能认定被告人有罪和处以刑罚。"1996年《刑事诉讼法》

第46条、2012年《刑事诉讼法》第53条及2018年《刑事诉讼法》第55条承继了上述规定。公安部《规定》第70条第4款规定:“只有犯罪嫌疑人供述,没有其他证据的,不能认定案件事实;没有犯罪嫌疑人供述,证据确实、充分的,可以认定案件事实。”最高法《刑诉法解释》第141条还专门规定了一种较为特殊的口供补强情形,即“根据被告人的供述、指认提取到了隐蔽性很强的物证、书证,且被告人的供述与其他证明犯罪事实发生的证据相互印证,并排除串供、逼供、诱供等可能性的,可以认定被告人有罪”。此外,《刑事诉讼法》第214条、第220条等及相关司法解释中也间接包含了口供补强的精神。在这些规定中,即便被追诉人认罪认罚,但要想适用简易程序或者速裁程序还是必须具备“案件事实清楚、证据充分”或者“案件事实清楚,证据确实、充分”的条件,而且也没有降低定案的证明标准。换言之,最高司法机关并不认为仅有被追诉者的有罪供述就达到证据确实、充分的要求。从立法精神看,我国刑事诉讼中的口供补强的对象既包括被追诉者的审前供述,也包括当庭供述。补强证据的证明对象是案件事实,而补强证据也主要是形成于案件事实的证据。口供补强应达到口供和其他证据结合能够认定案件事实的程度。除了对口供的补强要求外,相关司法解释也将证据补强的精神拓展于其他类型的特定证据。例如,最高法《刑诉法解释》第143条要求:“下列证据应当慎重使用,有其他证据印证的,可以采信:(一)生理上、精神上有缺陷,对案件事实的认知和表达存在一定困难,但尚未丧失正确认知、表达能力的被害人、证人和被告人所作的陈述、证言和供述;(二)与被告人有亲属关系或者其他密切关系的证人所作的有利于被告人的证言,或者与被告人有利害冲突的证人所作的不利于被告人的证言。”《监察法实施条例》第60条第2款规定“只有被调查人陈述或者供述,没有其他证据的,不能认定案件事实;没有被调查人陈述或者供述,证据符合法定标准的,可以认定案件事实”,也反映了办理监察案件时口供补强的规则。

在民事诉讼、行政诉讼中,证据补强规则适用范围较广。在民事诉讼中,根据最高法《民诉证据规定》第90条的规定,“下列证据不能单独作为认定案件事实的根据:(一)当事人的陈述;(二)无民事行为能力人或者限制民事行为能力人所作的与其年龄、智力状况或者精神健康状况不相当的证言;(三)与一方当事人或者其代理人有利害关系的证人陈述的证言;(四)存有疑点的视听资料、电子数据;(五)无法与原件、原物核对的复制件、复制品”。在行政诉讼中,根据最高法《行诉证据规定》第71条的规定,需要补强的证据种类更多,具体包括:未成年人所作的与其年龄和智力状况不相适应的证言;与一方当事人有亲属关系或者其他密切关系的证人所作的对该当事人有利的证言,或者与一方当事人有不利关系的证人所作的对该当事人不利的证言;应当出庭作证而无正当理由不出庭作证的证人证言;难以识别是否经过修改的视听资料;无法与原件、原物核对的复制件或者复制品;

经一方当事人或者他人改动,对方当事人不予认可的证据材料;其他不能单独作为定案依据的证据材料。

但需要指出的是,从总体上说,我国的证据补强规则在内容上还相对粗糙,对于补强的程度、补强证据的条件、法院审查的具体要求等都缺乏必要的规定,相关规定内容上也不够协调一致。例如,《刑事诉讼法》明确要求,只有被告人供述,没有其他证据的,不能认定被告人有罪和处以刑罚。

第八节　瑕疵证据规则

一、瑕疵证据规则概述

瑕疵证据规则一般认为是我国证据法中特有的一个规则,在外国证据法中几乎找不到一个与我国瑕疵证据规则完全对应的规则。瑕疵证据主要是刑事证据法中的一种学理归纳。学理上关于瑕疵证据规则的研究肇始于2012年《刑事诉讼法》修正时增加的"收集物证、书证不符合法定程序,可能严重影响司法公正的,应当予以补正或者作出合理解释;不能补正或者作出合理解释的,对该证据应当予以排除"规定,此后学界对于何为瑕疵证据及其相关规则即产生较大争议。一般认为,瑕疵证据是指在形式上或取证程序上存在轻微违法的证据。这里的轻微违法主要包括三种情形:(1)记录错误,如记错了取证的时间、地点、人员等信息;(2)记录遗漏,如遗漏了相关扣押物品的名称、数量、特征等信息;(3)轻微程序性违法,如勘验、检查时缺少见证人到场。最高法《刑诉法解释》对于各类证据的主要瑕疵及其处理方式都作了一定规定。由于瑕疵证据在形式上或取证程序上只是轻微违法,因此,最高法《刑诉法解释》没有对瑕疵证据采取严格排除的方式进行处理,而是根据瑕疵特征的不同采取不同的处理方式。

二、瑕疵证据的处理方式

根据最高法《刑诉法解释》的规定,瑕疵证据大致有以下几种处理方式:

1. 对于不影响言词证据真实性或实物证据来源明确性的瑕疵,一般允许进行补正或者作出合理解释,经补正或者作出合理解释的,可以采用;在不能补正或者作出合理解释的情况下,该瑕疵证据不得作为定案的根据。以证人证言为例,最高法《刑诉法解释》第90条规定:"证人证言的收集程序、方式有下列瑕疵,经补正或者作出合理解释的,可以采用;不能补正或者作出合理解释的,不得作为定案的根据:(一)询问笔录没有填写询问人、记录人、法定代理人姓名以及询问的起止时间、地点的;(二)询问地点不符合规定的;(三)询问笔录没有记录告知证人有关权利义务和法律责任的;(四)询问笔录反映出在同一时段,同一询问人员询问不同证人的;(五)询问未成年人,其法定代理人或者合适成年人不在场的。”该条规定的五种情形一般情况下都不会影响证人证言的真实性,因此,允许对上述瑕疵进行补正或者作出合理解释。经补正或者作出合理解释的,可以采用该证据;不能补正或者作出合理解释的,该证据不得作为定案的根据。但在这方面也存在一定的例外,如根据最高法《刑诉法解释》第 94 条的规定,“讯问未成年人,其法定代理人或者合适成年人不在场的”,该犯罪嫌疑人、被告人供述不得作为定案的根据。虽然在一般情况下,法定代理人或者合适成年人不在场,并不会影响未成年人供述的真实性,但是为了充分保障未成年犯罪嫌疑人、被告人的合法权利,最高法《刑诉法解释》采取了严格处理的态度。

关于瑕疵证据的补正和合理解释如何理解,最高检 2012 年《人民检察院刑事诉讼规则(试行)》第 66 条解释为:“补正是指对取证程序上的非实质性瑕疵进行补救;合理解释是指对取证程序的瑕疵作出符合常理及逻辑的解释。”最高检《规则》虽然没有再作出 2012 年《人民检察院刑事诉讼规则(试行)》相同的规定,但是 2012 年《人民检察院刑事诉讼规则(试行)》的规定对于指导司法实践中认定和处理瑕疵证据问题仍然有重要的参考价值。

2. 对于影响言词证据真实性或实物证据来源明确性的瑕疵,不得作为定案的根据。以证人证言为例,最高法《刑诉法解释》第 89 条规定:“证人证言具有下列情形之一的,不得作为定案的根据:(一)询问证人没有个别进行的;(二)书面证言没有经证人核对确认的;(三)询问聋、哑人,应当提供通晓聋、哑手势的人员而未提供的;(四)询问不通晓当地通用语言、文字的证人,应当提供翻译人员而未提供的。”该条规定的五种情形都影响证人证言的真实性,因此,具有相关情形的证人证言不得作为定案的根据。又以物证、书证为例,最高法《刑诉法解释》第 86 条第 1 款规定:“在勘验、检查、搜查过程中提取、扣押的物证、书证,未附笔录或者清单,不能证明物证、书证来源的,不得作为定案的根据。”

三、瑕疵证据和非法证据的联系和区别

关于瑕疵证据和非法证据的界限如何划分,理论界和实务界有较大分歧。一般认为,瑕疵证据和非法证据的联系主要在于:(1)从合法性角度来看,二者均属于不合法的证据。换言之,二者均是在某些方面违反法律规定而形成的证据。(2)从作为定案根据的角度来看,非法证据不能作为定案根据,而瑕疵证据在某些情形下也不能作为定案的根据。

瑕疵证据和非法证据的区别主要在于:(1)违法的程度不同。非法证据往往

是侵权式违法，取证方法或程序具有严重违法性；而瑕疵证据多是技术性违法，取证方法或者程序只是轻微违法。(2)侵犯的权利不同。非法证据侵犯的往往是重要的人身权利、财产权利，如刑讯逼供导致身体残疾等；而瑕疵证据侵犯的多是程序性权利，一般不会对相对人的人身、财产权利造成实质性损害。(3)处理的规则不同。非法证据经查证属实的，应当严格予以排除；瑕疵证据经过补正或者合理解释的，仍然具有证据能力和证明力，不需要排除。

典型案例评析

案例8－1　浙江章国锡受贿案："中国非法证据排除第一案"的"排非"困境[10]

浙江省宁波市鄞州区人民检察院指控被告人章国锡犯受贿罪，向人民法院提起公诉，并向法庭宣读、出示了证人证言、建筑工程合同、任职证明、归案经过等书证以及被告人供述等证据。但章国锡及其辩护人辩称：(1)本案自侦查至审查起诉程序全部违法。章国锡被反贪局侦查人员控制，没有任何法律手续，是非法的；之后的立案、传唤、刑事拘留、逮捕均没有法律依据。(2)侦查机关对被告人章国锡有罪口供的取得采取了刑讯逼供或变相刑讯逼供、诱供、欺骗等手段，公诉机关没有提供审讯录像来证明获取被告人章国锡口供的合法性，故不能排除非法获取口供的合理怀疑。因此，被告人章国锡的有罪供述不能作为定案的证据。(3)公诉机关提供的证人史某、周某、蔡某某、赵某某、徐某某等人的证据，形式上违法，内容不客观真实，逻辑上不符合常理，存在与被告人口供相互套取的现象，故也不能作为定案的依据。辩方据此认为，没有证据证明被告人章国锡构成受贿罪，应当宣告其无罪。

经审理，一审法院认为，侦查机关的前期侦查行为存在瑕疵，而且控方提供的有关证据不足以证明侦查机关获取被告人章国锡审判前有罪供述的合法性，故章国锡审判前的有罪供述不能作为定案的根据，张某及其辩护人提出的该辩解意见予以采纳。最后，法院以6000元的受贿金额，判处章国锡受贿罪，免予刑事处罚。

一审判决后，章国锡以无罪为由提出上诉，检察院也提出抗诉。二审法院经过两次开庭，作出终审判决，否决了辩方的非法证据排除申请，确认了检察机关取证尤其是取供过程的合法性，以4万元的受贿金额判处章国锡有期徒刑二年，并没收违法所得。

---

〔10〕　浙江省宁波市中级人民法院刑事判决书，(2011)浙甬刑二终字第288号。

｜评析｜

我国已通过《刑事诉讼法》及相关司法解释，在刑事诉讼中初步建立起了我国的非法证据排除规则。然而，非法证据排除规则的实施情况并不乐观。本案曾被称为我国"'非法证据排除'第一案"，然而，二审法院最终认定，审前供述的合法性已经得到充分的证明，从而又使本案出现了戏剧性的转变。该案在一定程度上反映出我国非法证据排除规则的实施还面临着一些困境。这些困境一方面来自非法证据排除规则本身，对非法证据的严苛界定、对瑕疵证据的泛化解释、对重复取供的立法宽容等使公安司法机关对非法证据"不会排""不能排"。另一方面则来自运行环境，在不尽合理的诉讼理念、诉讼方式之下，在国家控制犯罪能力的制约之下，面对非法证据，公安司法机关"不愿排""不敢排""排不了"。

案例8－2　北京郭火杀妻案：口供补强规则的适用〔11〕

检察机关指控：被告人郭火于2000年11月3日23时许，在家中因琐事与妻子麦琪发生争吵后，采用掐颈并用袜子堵塞口腔等方法，致其妻死亡，后将尸体弃于小区北侧荒地内，郭火的行为已构成故意杀人罪。在法庭审理中，被告人否认公诉机关的指控事实。辩护人认为公诉机关指控郭火犯故意杀人罪的证据不足，请求宣告被告人郭火无罪。

一审法院判决郭火的行为已构成故意杀人罪，判处死刑，缓期两年执行。一审法院认定事实所依据的主要证据有：(1)证人景魁有的证言证明：2001年3月10日8时许，在案发小区外散步时，发现冠雅苑小区外北侧地里有一具尸体，头东脚西，身体裸着，脸和两腿之间盖着东西。(2)证人姚月明证言证明：2000年12月之前或11月的一天，楼下302房间吵过两次架，晚上11点钟左右吵得很厉害，还有关门下楼的声音。(3)证人魏爱霞证言证明：2000年11月3日15时许，她在西安曾给麦琪打过电话，麦琪告诉她给其汇款1000元。麦琪失踪后，她来北京，在麦琪的住处发现了麦琪往家里寄钱的邮局汇款单。(4)证人李亨利证言证明：2000年11月3日18时许，麦琪来到酒吧上班，19时许离开酒吧。(5)证人郭硝证言证明：2000年11月3日晚9时许，郭火同她及她丈夫郑东生回到亚运村北侧的卧龙小区230号楼504号其家中，后郭火于当晚不到12点离开，回自己小区。(6)证人郑东生证言证明：2000年11月3日晚，郭火到他家，当晚23时许郭火自己乘出租车离开。(7)现场勘查笔录证明：现场位于昌平区某小区路北荒地内，尸体向东约400米是立汤路，向南80米是定泗路。尸体为女性，头东脚西仰卧，头上盖着一件绿白相间方格秋衣，一件紫色带白色细条纹的针织衫；口腔中塞有两只白色女式针织

〔11〕 北京市高级人民法院刑事判决书，(2002)高刑终字第291号。

袜；脖颈上有掐痕，尸体乳房上方有一件白色乳罩，尸体其他部位裸露，下身被焚烧，腿上有焚烧过的衣服碎片。距尸体西南约2.5米处有一片火烧灰烬，经勘查为一件蓝色带拉链粗线针织毛衣；距尸体位置东北方向70米处地面上发现一个被烧毁的棕黑色带花的皮包，包内有一被烧毁的记账本及用塑料袋包着的3个橘子。(8)北京市公安局刑事科学技术法医物证鉴定结论证明：经对尸体头发与麦琪之母魏爱霞静脉血进行同一鉴定，不排除尸体头发为魏爱霞之女麦琪所拥有。(9)北京市公安局刑事科学技术尸检报告检验结论证明：死者麦琪颈部可见皮肤损伤，该损伤扼压可以形成，麦琪符合被他人扼压颈部及闷堵口鼻致机械性窒息死亡。(10)辨认笔录证明：2001年3月15日3时许，由犯罪嫌疑人郭火辨认其交代的抛尸路线及现场、犯罪嫌疑人郭火将公安人员带至小区东门东侧4米土堆外，指出当时由此翻越铁栏将尸体运出，后肩扛尸体至荒地处，将尸体抛于此处。(11)被告人郭火于2001年3月14日、15日、16日供述杀死麦琪的作案时间、地点、情节、手段与上述证据基本吻合，可以相互印证。

一审宣判后，公诉机关对原审刑事部分判决提出抗诉，要求判处郭火死刑立即执行。被告人郭火对原审刑事部分判决不服，提出上诉，认为自己是无辜的，未实施故意杀人犯罪。二审法院经审理认为，原判认定郭火之妻麦琪被杀害的事实存在，但原判认定郭火将麦琪杀死的事实不清，证据不足。原审判决认定郭火犯故意杀人罪所依据的证据，除郭火在预审期间所作的有罪供述外，没有其他确实、充分的证据证明郭火是杀死麦琪的案犯；发现尸体现场未能获取与原判认定的杀人现场有关联的物证，郭火的有罪供述与现场勘查情况存在的矛盾缺乏合理解释，有罪证据无法形成完整的证明体系；郭火推翻有罪供述，使本案缺少了据以定罪的充分根据。据此，二审法院准许检察机关撤回抗诉，撤销一审判决，宣告郭火无罪。

｜评析｜

我国《刑事诉讼法》明确规定，只有被告人供述，没有其他证据的，不能认定被告人有罪和处以刑罚。这就是对口供补强的要求。本案中，在证明郭火实施故意杀人行为的事实方面，主要就是郭火之前的口供，该口供并不能得到补强证据的充分支持、印证，甚至与其他证据之间还存在不能得到合理解释的矛盾，而且郭火之后又推翻了有罪供述，不再认罪。本案的一审法院基本上是根据郭火的口供定案，但其他证据并未达到补强证据的要求。而抛开郭火的口供，其他证据更无法形成完整的有罪证据体系，据以得出的结论不具有排他性。二审以事实不清、证据不足为由改判郭火无罪是正确的。在刑事司法实践中，公安司法机关对待口供应“取之有道”“用之有度”，既要充分发挥口供特殊的证据价值，又要严格遵循口供补强规则的要求。

主要文献著述

1. 刘善春等:《诉讼证据规则研究》,中国法制出版社 2000 年版。
2. 樊崇义主编:《刑事证据规则研究》,中国人民公安大学出版社 2020 年版。
3. 沈志先主编:《民事证据规则应用》,法律出版社 2010 年版。
4. 阎巍:《行政诉讼证据规则原理与规范》,法律出版社 2019 年版。
5. 卢君:《刑事诉讼中的瑕疵证据研究》,中国检察出版社 2021 年版。

第九章　物　　证

第一节　物 证 概 述

一、物证的概念

物证,是指以其存在形式、外部特征、物质属性证明案件待证事实的物品、痕迹等物质。物证的存在形式,是指物证所处的位置、所占有的时间、空间范围等。外部特征包括物证的形状、大小、颜色、数量、新旧程度等。物质属性主要指物证所具有的质量、重量、材质、成分、结构、性能等。

物证是我国的《刑事诉讼法》、《民事诉讼法》与《行政诉讼法》都明确规定的证据种类。我国《民事诉讼法》第66条第1款规定的证据种类包括当事人的陈述、书证、物证、视听资料、电子数据、证人证言、鉴定意见、勘验笔录。《行政诉讼法》第33条第1款规定的证据种类包括书证、物证、视听资料、电子数据、证人证言、当事人的陈述、鉴定意见、勘验笔录、现场笔录。物证为法定的证据种类之一。2012年《刑事诉讼法》修正时将原刑事诉讼法规定的第一种法定证据——"物证、书证"相分离,使物证也成为刑事诉讼中独立的证据种类。

任何物质,包括可见和不可见的物质,都能够成为物证。物证的常见表现形式为物品、痕迹。随着科学技术的发展,气味、声音、光电等也被纳入了物证的范畴。例如,运用气味识别技术,犯罪嫌疑人在犯罪现场留下的气味也具有了证据的价值。物证的表现形式非常丰富。在刑事诉讼中包括:犯罪行为人使用的工具,如杀人所用的凶器,盗窃所用的万能钥匙、钳子;犯罪行为人或被害人遗留下来的物质、痕迹,如犯罪现场留下的血液、指纹、毛发、足印,犯罪人留下的衣服、烟头、票证、纸张等;犯罪行为直接侵害的对象,如杀人案中的尸体,盗窃的赃物、文件;犯罪行为产生的非法物品,如非法制造的枪支、弹药,伪造的文件等。民事诉讼中的物证往往与争议的标的物有关,如争议的房屋、商品,或是随着民事侵权行为的发生而产生的物品、痕迹,如侵害人毁坏的电子设备。行政诉讼中的物证主要源于行政纠纷案件的发生过程或行政执法程序中,如被行政机关依法查处的伪劣产品、违禁物品,交通事故现场留下的痕迹等。

在诉讼中,一些物证的原物由于各种原因无法长期保存,如现场遗留的指纹、被害人的尸体、易腐烂变质的商品等。遇有此类情况,有必要采取照相、复制等方法来提取物证。对于这些物证的照片、复制模型等复制件是否属于物证,学界有两种不同的观点:一种观点认为,物证的照片或模型也具有物的特点,对案件事实发挥着证明作用,所以该照片或模型也属于物证的范畴。另一种观点认为,对物证原物拍照或制作模型只是固定、保全物证的一种方法,作为物证的仍然是原来的物品或痕迹而不是照片和模型,现场照片应属于现场勘验笔录的组成部分。本书赞同后一种观点。对物证制作勘验笔录,不可避免地带有制作人对客观事物的主观认识,因而应遵守法律对勘验的特别规定,如勘验人应属于回避对象,勘验现场应遵守法定程序,以保证物证复制件的制作过程具有客观性和真实性。很多物证由于其生成依附于犯罪、侵权等行为作用的场所,很难直接纳入诉讼程序,尤其是痕迹证据,几乎所有的痕迹证据都不可能将原始痕迹直接作为物证提供,而只能用拍照、录像等技术复制后作为案件的证据。就证据理论的分类而言,物证的原物为原始证据,而物证的复制件、照片等应为传来证据。从我国相关的法律规定来看,在无法收集、调取原物的情形,符合法定程序制作的物证的复制件、照片等,仍应采纳为证据。

二、物证的分类

(一)实体物证与痕迹物证

根据物证的存在状态和特征,可以将物证划分为实体物证与痕迹物证。以实体状态存在的物证为实体物证,如民事诉讼中争议的标的物商品,刑事诉讼中的赃款、赃物、毛发、血迹等。以某种作用力留下的痕迹作为证据的是痕迹物证,如轮胎留下的车轮痕迹、牙齿印、指纹等。实体证据应当尽可能地提取、移送原物。而痕迹证据在大多数情况下难以直接提取附卷,常常需要运用相应的技术和设备提取后进行鉴定,揭示其与案件事实的联系。

(二)常观物证与微量物证

根据物证的体积大小,可以将物证划分为常观物证与微量物证。能够用肉眼辨别的物品、痕迹是常观物证。体积微小的,必须借助科学仪器或使用物理、化学分析的方法才能鉴别的物证为微量物证。微量物证可能承载着非常重要的信息。犯罪嫌疑人常常会谨慎地避免在犯罪现场留下与自己相关联的物品、痕迹,但对于毛发、纤维、皮屑这类微小的物证,犯罪嫌疑人常常无法加以控制。这些微量证据对于确定犯罪嫌疑人与案件的关联,帮助重建犯罪现场具有重要意义。常见的微量物证类型主要包括指纹、血液与精液、毛发、纤维、油漆、玻璃、土壤、灰尘、足迹、工具痕迹、射击以及爆炸残余物等。

（三）生物物证与其他物证

根据检验的科学方法不同，可以把物证分为生物物证与其他物证。生物物证是指能够获得相应生物个体或群体特征，可运用生物学手段进行检验的物证。其包括血液、分泌物、精液等在内的人体物证和动物、植物、微生物、病毒等生物体物证。在凶杀、抢劫、强奸、盗窃或斗殴等各类案件的现场勘查中，犯罪嫌疑人在现场进行的各种接触活动中常常会留下自己的生物印记。这类生物检材对案件的侦破和证明起到了至关重要的作用。其他物证包括以其他特征，如物理学特征、化学特征证明案件事实的物证。有的物证往往同时具有物理、化学、生物学等多方面特征，因此这种划分是相对的。

三、物证的基本特征

1. 物证是以存在方式来证明案件事实。物证是通过其存在形式、外部特征、物质属性来证明与案件事实的联系。例如，犯罪现场的足印是以其存在场所、外部特征来确立犯罪嫌疑人与犯罪事件的联系；赃款、赃物是以其性质、数量来证明案件事实。物证发挥证明作用的特定方式，是物证最显著的特征，也是其与言词证据、书证的重要区别。言词证据包括证人证言，犯罪嫌疑人、被告人的供述与辩解，被害人陈述或民事诉讼法、行政诉讼法中的当事人陈述，都是以人的陈述为表现形式，即通过语言的形式表现有关人员对案件事实的主观反映而发挥证明作用。书证则是通过文件或物品记载的内容或表达的思想来反映案件事实。例如，在犯罪现场找到的一封书信，如果是通过书信上的通信地址获取了犯罪嫌疑人的有关信息，该书信即以记载的内容证明案件事实，则为书证；如果是以书信上的笔迹来查明犯罪嫌疑人，该书信则是以外部特征、存在方式来发挥证明作用，应为物证。某些证据如果既能以其记载的内容或表达的思想证明案件事实，又能以其存在方式证明案件事实，该种证据则既是书证又是物证。

2. 物证往往需要借助人的能动分析来发挥证明作用。物证是一种客观物，往往需要依赖人的能动作用来揭示其与案件事实的联系，发挥其证明作用。因此，物证又被称为“哑巴证据”，其所承载的信息及与案件事实的相关性，有待于具备相关知识、经验的人员运用生活经验、科技设备、专门知识予以揭示。例如，现场留下的血迹、痕迹，不经过鉴定就不能证明案件事实。2003 年 8 月，合肥市某美容院 3 名服务人员被杀，现场勘查发现客厅茶几上有吃剩的龙虾和 6 双一次性筷子。美容院作为营业场所，正常情况下，茶几上不可能有吃剩的食物。根据现场判断，可能是作案人与受害人共同进食后留下的，侦查人员从而分析出作案人与受害人熟悉，且作案人为 3 人。侦查机关据此展开调查，迅速抓获了 3 名犯罪嫌疑人。

3. 物证具有较强的可靠性、稳定性。物证是以客观存在的物品、痕迹等物质的存在形式来证明案件事实，只要采用科学的方法予以及时固定、保全、分析，通常具有较强的可靠性。言词证据会受到个人在感知、记忆、表达等环节的主客观因素的影响，如证人在感知能力上的缺陷会影响证言的真实性，犯罪嫌疑人因与案件处理结果有直接利害关系而往往掩盖、缩小犯罪事实，因而言词证据往往不如物证更为客观、可靠。在刑事诉讼法学中，由于违反法定程序收集的物证、书证往往并不会因为侦查行为的违法而改变其性状、颜色、大小、数量等特征，失去其证明价值。因而许多国家所适用的非法证据排除规则，往往对排除非法收集的物证、书证确立了比排除言词证据更高的门槛。也就是说，通常情形下，实物证据更难获得排除。我国《刑事诉讼法》第56条第1款也明确规定，采用刑讯逼供等非法方法收集的犯罪嫌疑人、被告人供述和采用暴力、威胁等非法方法收集的证人证言、被害人陈述，应当予以排除。收集物证、书证不符合法定程序，可能严重影响司法公正的，应当予以补正或者作出合理解释；不能补正或者作出合理解释的，对该证据应当予以排除。依据最高法《刑诉法解释》第126条的规定，认定“可能严重影响司法公正”，应当综合考虑收集物证、书证违反法定程序以及所造成后果的严重程度等情况。依据《最高检规则》第70条的规定，可能严重影响司法公正是指收集物证、书证不符合法定程序的行为明显违法或者情节严重，可能对司法机关办理案件的公正性造成严重损害。即使侦查机关的收集物证、书证的行为达到了可能严重影响司法公正的程度，法律还允许其进行补正或者作出合理解释。据此，相对于非法取得的言词证据而言，物证、书证在司法实践中更难获得排除。

4. 物证起证明作用具有间接性。从证据的理论分类来看，物证通常表现为间接证据。单独一个物证一般不能反映案件的主要事实，而只能反映案件事实的某一个方面或环节。物证通常还需要通过鉴定技术的分析才能揭示出物证与案件事实的联系。例如，现场留下的毛发可以结合相应的鉴定意见证明某犯罪嫌疑人到过犯罪现场，而无法证明该犯罪嫌疑人实施了犯罪行为。所以，我们应当重视物证的客观性、可靠性，同时也要注意物证的局限性，对单个物证的审查判断，应结合全案证据进行综合分析。

第二节　物证的审查判断

一、物证审查判断的基本要点

对物证的审查判断，旨在分析查明物证的真实性、合法性与关联性，即物证是否系伪造，是否为原始物证，是否与案件有关联以及有何关联等。通过对物证的审查判断，应当辨明物证是否能够采纳为证据以及其证明力大小。根据物证的特点，在审查物证时应着重查清以下问题：

1. 审查物证是否真实。真实的物证能够反映案件的客观情况，会成为定案的重要证据。正因如此，一些案件中，当事人为掩盖事实、逃避法律责任或嫁祸于人，出现伪造物证的问题。例如，犯罪嫌疑人在犯罪现场故意留下他人物品或伪造痕迹，故意使用别人的工具实施犯罪，故意穿大码的鞋作案等，以转移侦查机关视线或者嫁祸他人。此外，物证可能因自然的原因发生变化，如货物因自然原因而损耗，伤口因时间推移和适当治疗而愈合等。对此，应当结合其他证据，根据事物发生、发展、变化的一般规律和常识去辨别物证的真实性。

2. 审查物证的来源是否可靠。审查判断物证的来源，主要是要查明物证是由何人收集、提供，发现物证的时间、地点、场所，物证形成原因与过程等。经过合法的收集、提取证据的程序、方式获取的物证，应当附有相关笔录或者清单，并载明物品的特征、数量、质量、名称等。在刑事诉讼中，物证的来源不明可能导致该物证丧失证据能力。根据两院三部《办理死刑案件证据规定》，经勘验、检查、搜查、提取、扣押的物证、书证，未附有勘验、检查笔录，搜查笔录，提取笔录，扣押清单，不能证明物证、书证来源的，不能作为定案的根据。最高法《刑诉法解释》第 86 条规定，在勘验、检查、搜查过程中提取、扣押的物证、书证，未附笔录或者清单，不能证明物证、书证来源的，不得作为定案的根据。但是，物证、书证的收集程序、方式有下列瑕疵，经补正或者作出合理解释的，可以采用：(1)勘验、检查、搜查、提取笔录或者扣押清单上没有调查人员或者侦查人员、物品持有人、见证人签名，或者对物品的名称、特征、数量、质量等注明不详的；(2)物证的照片、录像、复制品，书证的副本、复制件未注明与原件核对无异，无复制时间，或者无被收集、调取人签名的；(3)物证的照片、录像、复制品，书证的副本、复制件没有制作人关于制作过程和原物、原件存放地点的说明，或者说明中无签名的；(4)有其他瑕疵的。物证、书证的来源、收集程序有疑问，不能作出合理解释的，不得作为定案的根据。

3. 审查物证是否为原物或是否与原物相一致，有无伪造、变造的痕迹。我国的三大诉讼法都规定提交物证时应当提交原物。依据《民事诉讼法》的规定，只有在提交原物确有困难时，才可以提交复制品、照片。最高法《民诉证据规定》第 11 ~ 13 条作出了更为具体的规定：当事人向人民法院提供证据，应当提供原件或者原物。如需自己保存证据原件、原物或者提供原件、原物确有困难的，可以提供经人民法院核对无异的复制件或者复制品。以动产作为证据的，应当将原物提交人民法院。原物不宜搬移或者不宜保存的，当事人可以提供复制品、影像资料或者其他替代品。人民法院在收到当事人提交的动产或者替代品后，应当及时通知双方当事人到人民法院或者保存现场查验。当事人以不动产作为证据的，应当向人民法院提供该不动产的影像资料。人民法院认为有必要的，应当通知双方当事人到场进行查验。在行政诉讼的质证环节，当事人只有在出示原物确有困难并经法庭准许可以出示复制件或者复制品，或者原物已不存在的情况下，可以出示证明复制品与原物一致的其他证据。同样，在刑事诉讼中，应当审查物证是否为原物，是否经过辨认、鉴定；物证的照片、录像、复制品是否与原物相符，是否由二人以上制作，有无制作人关于制作过程以及原物存放于何处的文字说明和签名。最高法《刑诉法解释》第83条明确规定，据以定案的物证应当是原物。原物不便搬运、不易保存、依法应当返还或者依法应当由有关部门保管、处理的，可以拍摄、制作足以反映原物外形和特征的照片、录像、复制品。必要时，审判人员可以前往保管场所查看原物。物证的照片、录像、复制品，不能反映原物的外形和特征的，不得作为定案的根据。物证的照片、录像、复制品，经与原物核对无误、经鉴定或者以其他方式确认真实的，可以作为定案的根据。

4. 审查物证与案件事实之间有无联系。一切证据材料必须能够证明待证事实，才能作为证据法学意义上的证据。物证也不例外。物证与案件事实之间有无联系是物证审查的重点。例如，对现场遗留与犯罪有关的具备检验鉴定条件的血迹、指纹、毛发、体液等生物物证、痕迹、物品，应当审查其能否通过DNA鉴定、指纹鉴定等鉴定方式与被告人或者被害人的相应生物检材、生物特征、物品等作出同一认定。对行政处罚行为中作为处罚根据的物品，如假烟假酒，应当审查是否确为相对人贩卖。

二、物证审查判断的基本方法

对于物证的审查，主要有以下几种方法：

1. 辨认。辨认指在公安司法人员的主持下，将物证交由有关人员进行识别、分辨，确定物证的真伪、来源、与案件是否有关等的活动。在刑事诉讼中，侦查人员在必要的时候可以让被害人、犯罪嫌疑人或者证人对与犯罪有关的物品、文件、尸体进行辨认。在法庭审判阶段，辨认也是法庭审查核实物证、书证、视听资料等实物证据的重要手段。当庭出示的物证、书证、视听资料等证据，应当先由出示证据的一方就所出示的证据的来源、特征等作必要的说明，然后由另一方进行辨认并发表意见。未经过当庭出示、质证等法庭调查程序查证属实的物证，不能作为定案的根据。

2. 鉴定。鉴定指就案件中的专门性问题，由具有专门知识的人进行鉴别、分析、判断，并提供结论性意见的方法。对于某些物证，可能难以直接通过当事人或公安司法人员的感官来判别真伪，或是判别该物品、痕迹与当事人或案件事实的联系。在此情形下，鉴定成为审查某些物证、书证的必要手段。只有经过鉴定，这些物品、痕迹才能发挥其证明作用。例如,犯罪现场留下的指纹、血迹,需要经过鉴定才能证明案情。

3.实验。实验是指为确定和判明与案件有关的某些事实或行为在特定条件下能否发生或怎样发生,而按照原有条件实验性重演的方法。例如,在刑事诉讼中,在必要的时候,经县级以上公安机关负责人批准,可以进行侦查实验。通过侦查实验,可以确定在什么条件下能够发生某种现象,在某种条件下某种行为和某种痕迹是否吻合一致,在某种条件下使用某种工具可能或者不可能留下某种痕迹,某种痕迹在什么条件下会发生变异等,从而审查物证的真实性及与案件事实的关联性。

4.结合其他证据印证。单个的物证往往不能直接证明案件事实。对于单个物证的真伪及证明力大小难以进行判断时,可以将该物证与案件的其他证据联系起来加以考察,审查它们之间是否能相互印证、协调一致。例如,对于伤害案件中查获的刀具,在审查判断其是否为犯罪工具时,除查明来源外,还应结合匕首上的指纹、血迹,刀形与被害人的伤口形状是否吻合,被害人陈述等证据进行综合分析。[1]

典型案例评析

案例9-1　于英生杀妻案:侦查机关未移送重要物证影响裁判[2]

1996年12月2日,于英生的妻子韩某在家中被人杀害。在侦查阶段的审讯中,于英生供认了杀害妻子的主要犯罪事实。1997年12月24日,蚌埠市人民检察院以涉嫌故意杀人罪对于英生提起公诉。蚌埠市中级人民法院一审判决认定,于英生因与妻子争吵,恼羞成怒将其杀害,在9时返家,造成家中被抢劫、妻子被奸杀的假象。临走时,于英生又将液化气打开并点燃一根蜡烛放在床头柜上的烟灰缸里,企图使液化气排放到一定程度,烛火引燃液化气,达到烧毁现场的目的。后因被及时发现而未引燃。认定上述事实的主要证据包括了于英生的供述。根据于英生供述、证人证言及侦查实验表明:于英生有约30分钟的伪造现场时间;现场勘验笔录、照片证实案发现场情况;经现场勘查和提取的指纹鉴定意见;没有发现外人进入现场的痕迹。经法医鉴定,死者韩某口、鼻腔受暴力作用,致机械性窒息死亡。2013年最高人民检察院向最高人民法院提出再审检察建议。安徽省高级人民法院决定对该案再审,最终宣告于英生无罪。2016年,真凶武钦元被执行死刑。

再审法院查明,安徽省人民检察院复查调取的公安机关侦查内卷中的手写

〔1〕关于物证审查与认定的详细规定,可以参见最高法《刑诉法解释》第82条至第86条。

〔2〕安徽省高级人民法院刑事附带民事判决书,(2013)皖刑再终字第00006号。

"现场手印检验报告"及其他相关证据,能够证实现场存在的2枚指纹不是于英生及其家人所留,但侦查机关并未将该情况写入检验报告。根据DNA鉴定意见,被害人阴道提取的精子也不是于英生的精子。同时,根据侦查机关蜡烛燃烧试验反映的情况,该案存在杀害被害人并伪造现场均在8时之前完成的可能。原审判决认定于英生有罪的证据主要是现场勘查笔录、尸检报告以及于英生曾作过的有罪供述。而于英生在侦查阶段虽曾作过有罪供述,但其有罪供述不稳定,时供时翻,供述前后矛盾。且其有罪供述与现场勘查笔录、尸检报告等证据亦存在诸多不一致的地方,如于英生曾作有罪供述中有关菜刀放置的位置、拽断电话线、用于点燃蜡烛的火柴梗丢弃在现场以及与被害人发生性行为等情节与现场勘查笔录、尸检报告等证据均存在矛盾。

|评析|

本案涉及物证的收集、移送和审查判断等问题。本案再审期间,安徽省人民检察院向安徽省高级人民法院提供了两组新证据:一组是公安局勘查现场时提取的但没有随案移送的两枚成年人指纹材料且比较新鲜,属于外来指纹。现场出现他人指纹,不能排除他人作案的可能。另一组证据是关于于英生伪造现场的作案时间方面的证据。公安机关当时做了蜡烛燃烧实验用来证明作案时间,但没有将试验报告随案移送。侦查机关未能全面移送证据,导致了审判机关无法根据证据对案情作出全面、准确的判断,是造成错判的最主要原因。根据"手印检验报告"以及DNA鉴定意见,现场提取到外来指纹,被害人阴道提取的精子也不是于英生的精子,因此存在其他人作案的可能。此外,于英生曾作出的有罪供述,与现场物证、勘验笔录、尸检报告等客观证据均存在诸多矛盾。在我国,证据相互印证是判断单个证据真实性的主要方法之一,在对口供等主观性较强的证据进行审查判断时,通常应以物证等客观证据为基准进行验证。

主要文献著述

1. 李学军:《物证论:从物证技术学层面及诉讼法学的视角》,中国人民大学出版社2010年版。
2. 李学军、朱梦妮等:《物证鉴定意见的质证路径和方法研究》,中国人民大学出版社2015年版。
3. 沈臻懿:《现场物证论》,法律出版社2018年版。
4. 许爱东主编:《物证技术学》,法律出版社2012年版。

第十章 书　证

第一节 书证概述

一、书证的概念

书证是指能够根据其表达的思想和记载的内容证明案件事实的一切书面文件或物品。书证是以文字、符号、图画等形式所表达的思想、内容来证明案件事实的。书证必须借助一定的物质载体存在。书证的载体,可以是纸张、皮革、石块、布帛、竹木、器皿、金属等。书证的记载方式包括手写、印刷、雕刻、打印等。因此,不能简单地将书证狭窄地限定为记载书面文字的材料。

书证为我国三大诉讼法的法定证据种类。在刑事诉讼中常见的书证有证件、文书、图纸、账册、单据等,如偷税案件中伪造或涂改的账册单据,合同诈骗案件中的合同文本等。民事诉讼中常见的书证包括合同文书、产权证件、身份证件、书面借条、欠条、领条、货物提单、结婚证书、书面遗嘱、票据等。由于书证尤其文书是民事法律关系成立、有效的法定形式,因此在民事诉讼中,书证是重要的证据种类。书证也是行政诉讼中最为常见的证据种类。行政机关作出的具体行政行为大多是以书面的形式作出,如罚款单据、行政处罚决定书、营业执照、许可证等。这些书面文件是当事人与行政机关成立行政法律关系的重要凭证。

作为书证,必须同时具备两个前提条件:(1)书证必须是以特定的表现形式所记载的内容或表达的思想的文件或物品。只有在文字、符号、图画是人们主观思维过程的反映,且能够为人们识别的情况下,以文字、符号、图画形式记载的物品或文件才是书证。即使表现形式为文字、符号或图画,但其含义、内容不能为人们所认识和理解,也不能作为书证使用。在特定情况下,相关人所能认知的密码、暗号、标记等,虽不为普通人所理解,但在特定人群中可以通过记载的内容来传递信息,仍应认定为书证。书证在外延上可以包括物品,但它是以其记载的内容或表达的思想而不是以存在的方式来发挥证明作用,此乃书证与物证的重要区别。(2)书证所记载的内容或表达的思想必须与案件具有关联性,即书证所记载的内容或表达的思想,能够证明待证事实的存在更有可能或更无可能。如果某一材料所记载的内容与案件的待证事实没有关联性,也不能作为书证采纳。

二、书证的分类

根据法律的规定及司法实践,可以将书证分为以下几类:

1. 根据制作主体,可将书证分为公文书证与私文书证。公文书证是指国家机关和其他单位在法定的权限范围内依职权所制作的文书,包括政府机关颁布的文件、告示、命令、决议、决定、通告、信函、证明文书等。例如,婚姻登记机关制作和发给的结婚证书、离婚证书,房产部门制作和发给的房产证,市场监督管理部门颁发的营业执照,行政管理机关制作的处罚决定书,人民法院制作的判决书、裁定书、调解书、支付令等。公文书证成立的前提条件是:(1)公文书证必须由特定的主体,即依法享有相应职责、职能的机关或其他单位在法律、法规、规章的授权范围内作出。(2)公文书证的制作必须依据法定的程序、方式进行。如果国家法律、法规对公文文书规定了特定的格式和内容,该文书必须依据该形式制作,才具有法律效力。如果当事人提供的公文书证系在中华人民共和国领域外形成的,该证据应当经所在国公证机关证明,或者履行中华人民共和国与该所在国订立的有关条约中规定的证明手续。

私文书证,是指国家机关和其他享有法定职权的单位之外的主体,或国家机关和其他享有法定职权的单位在其职权范围之外所制作的有关文书。简言之,私文书证即公文书证之外的其他书证。例如,行政机关作为普通民事主体与其他单位、个人所签订的经济合同,国家机关、企事业单位、人民团体所制作的与行使职权无关的信函、文件,普通公民之间的往来信函、保证书、承诺书、契约、借条、欠条、收条等。

2. 根据内容,可将书证分为处分性书证与报道性书证。处分性书证是指具有设立、变更、消灭一定法律关系的意思表示,并能产生相应的法律后果的书证。例如,民事主体之间签订的合同、借据,个人处分其财产的遗嘱,国家行政机关制作和发给的结婚证、离婚证,人民法院制作的判决书、裁定书等,都属于处分性书证。处分性书证是具有处分权的主体实施了符合法律规定的处分行为而产生的书证。

报道性书证,是指仅记录或报道一定法律关系产生、变更、消灭的事实,而不能产生一定法律后果的书证。例如,记载了病人病情的医院病历,记录单位财务收支情况的财务账簿等。这些书证仅起到了记载已经发生的具有法律意义的事实的作用,本身并不能引起法律关系的产生、变更或消灭。

3. 根据形式,可将书证分为普通书证与特殊书证。普通书证是指法律不要求具备特定的形式、格式或履行特定程序、手续的书证。例如,公民之间的借据、收据、领条等,只要求记载有关事实,具备明确的意思表示即可。普通书证虽不要求具备特定的形式要件,但通常仍需有当事人的签名,有明确的意思表示,有制作该书证的具体日期。

特殊书证,是指依照法律规定必须具备特定形式、格式或履行特定程序、手续的书证。例如,根据最高法《民诉证据规定》第 16 条第 3 款规定,当事人向人民法院提供的证据是在我国香港特区、澳门特区、台湾地区形成的,应当履行相关的证明手续。公文书证常常同时也是特殊书证。例如,结婚证书的制作,需要符合法定条件的男女双方当事人亲自到婚姻登记机关进行结婚登记,在此基础上由婚姻登记机关审查符合条件后,准予登记,发给具备特定格式的结婚证书。再如,在中华人民共和国领域内没有住所的外国人委托中华人民共和国律师或者其他人代理民事诉讼,从中华人民共和国领域外寄交或者托交的授权委托书,应当经所在国公证机关证明,并经中华人民共和国驻该国使领馆认证,或者履行中华人民共和国与该所在国订立的有关条约中规定的证明手续后,才具有效力。

此外,根据书证的制作方法不同,可以将书证分为原本、正本、副本、节录本、影印本及译本。按照书证的表现形式的不同,书证还可分为文字书证、符号书证与图形书证。

三、书证的基本特征

1. 书证的存在形式是能够承载信息的文件或其他物品。书证的载体可以是纸张、纤维、墙面、地面、化学板材等一切可以记载的文件或物品,但排除了录音、录像资料、电脑硬盘、光盘、软盘等。以光、电、磁等信号或以电子形式存储于这些介质的证据,属于视听资料、电子数据。虽然书证与视听资料皆是以记载的内容来证明案件的事实,但后者是以动态和直观的影像来再现案件的产生、发生过程及其背景,而书证则是以静态的文字、符号、图像来证明案件事实。此外,对书证的认知往往不需要经过特殊的手段,仅依赖人们的感官即可理解,对视听资料、电子数据的认知则需要通过特定的仪器设备、软件将音像、符号、文本再现而为人们所感知。

2. 书证具有较强稳定性。书证的载体为纸张等文件、物品,形式上相对固定。只要作为书证载体的文件、物品没有被毁损、灭失,通常情况下书证能够经历较长时间而始终发挥其证明作用。相反,痕迹物证如没能通过勘验、拍照等手段及时固定、保全,则极易灭失。证人证言、被害人陈述等言词证据如未能及时收集,由于受到人们的记忆能力的限制,则容易随着时间的推移而致使相关人遗忘、记忆模糊或产生记忆错误,从而影响其证明价值。

3. 书证的内容是主观思想的表达,往往能够直接证明相关的案件事实。书证是以记载的内容或表达的思想来证明案件事实的。书证通常随着案件事实的发生而发生,并以文字等形式来反映案件事实,因此书证本身往往是证明内容与证明过程的有机统一。由于有具体、明确的思想内容,通常情况下审查书证一般不需要借助其他媒介来对其加以分析、判断,而是可以直接根据记载的内容判断其与案件事实的联系。相较于物证而言,书证所存储的信息量更大,也不需要借助鉴定、勘验等环节才能进入人们的认知过程。就当事人而言,如果需要将其行为或意思表示用书面的形式固定下来,通常也会采取更为慎重的态度,尽量追求文字与自己意思表示的统一。因而,书证更有可能全面地反映案件事实。在司法实践中,如能收集到书证,常常具有积极的证明价值。从司法实践来看,书证在民事诉讼领域的证据价值要比在刑事诉讼和行政诉讼中更为重要。

第二节 书证的审查判断

一、书证审查判断的基本要点

书证是以其记载的内容、表达的思想来证明案件事实。因此,要依据书证记载的内容来判断它与其所证明对象之间的内在联系,并审查书证是否客观真实地反映了这种联系。除了审查书证与案件事实有无关联性之外,对书证的审查、判断还应当围绕以下几个方面进行:

1. 书证的真实性。应当审查书证是谁制作的,如何制作的,是否系他人伪造、变造,有无伪造、变造、涂改、增删等情况。在刑事案件的侦查阶段,必要的时候,可以将书证交给犯罪嫌疑人、被害人进行辨认。可询问书证所载明的制作人,可核对书证上的笔迹、印章,必要时交付鉴定人进行鉴定或交制作人进行现场实验。在法庭调查阶段,当事人应对书证进行质证,由出示证据的一方就所出示的书证的来源、特征等作必要的说明,然后由另一方进行辨认并发表意见。审查判断书证的真实性,还可以将书证与已收集到的该案其他证据进行对照分析,确认是否有其他证据能够印证该书证证明的待证事实,查明该书证是否与其他证据存在突出的矛盾或疑点。

2. 书证的合法性。应当审查书证的形式、来源是否符合法律规定。按照书证的类型不同,我国法律及司法解释对书证制作的形式作出了不同的要求。例如,我国《民事诉讼法》第73条第2款的规定,提交外文书证,必须附有中文译本。依据最高法《行诉证据规定》的相关规定,当事人向人民法院提供书证的,应当符合下列要求:提供由有关部门保管的书证原件的复制件、影印件或者抄录件的,应当注明出处,经该部门核对无异后加盖其印章;提供报表、图纸、会计账册、专业技术资料、科技文献等书证的,应当附有说明材料;被告提供的被诉具体行政行为所依据的询问、陈述、谈话类笔录,应当有行政执法人员、被询问人、陈述人、谈话人签名或者盖章;当事人向人民法院提供外文书证的,应当附有由具有翻译资质的机构翻译的或者其他翻译准确的中文译本，由翻译机构盖章或者翻译人员签名。除了书证的形式应当合法外，书证的收集程序也应当符合法律规定。在刑事诉讼中，收集书证不符合法定程序，可能严重影响司法公正的，应当予以补正或者作出合理解释；不能补正或者作出合理解释的，对该证据应当予以排除。最高法《刑诉法解释》第86条规定，在勘验、检查、搜查过程中提取、扣押的物证、书证，未附笔录或者清单，不能证明物证、书证来源的，不得作为定案的根据。对书证的来源、收集程序有疑问，不能作出合理解释的，该书证不得作为定案的根据。

3. 书证是否为原件，有无伪造、变造的痕迹。书证如为副本或复制件，应核实是否与原件一致。在英美证据法中，文件证据的采用适用最佳证据规则。依据该规则，文件证据应当提出原件，如不能提出原件，则必须提供充分的理由。美国证据学者乔恩·R. 华尔兹（Jon R. Walts）教授认为，“最佳证据规则，这个名字给人带来一些不必要的误解，认为律师必须遵守这个普遍规则，即在所有案件中提供最有分量最强最好的证据。其实，把这条规则称为‘原始文书规则’或许更为妥当，它仅是规定原始文字材料有优先权作为证据的简单原则”。

在我国的刑事诉讼、民事诉讼与行政诉讼中，都应遵守原始书证优先的规则。只有在提供原件确有困难时，才可以使用与原件核对无误的副本、复制件、照片、节录本等。因此，在审查书证上，应重点审查书证是否为原件。如非原件，应将书证的副本、复制件等与原件认真核对，确认无误后才得采纳。依据两院三部《办理死刑案件证据规定》，书证的副本、复制件，经与原件核实无误或者经鉴定证明为真实的，或者以其他方式确能证明其真实的，可以作为定案的根据。书证有更改或者更改迹象不能作出合理解释的，书证的副本、复制件不能反映书证原件及其内容的，不能作为定案的根据。根据最高法《刑诉法解释》第84条的规定，据以定案的书证应当是原件。取得原件确有困难的，可以使用副本、复制件。对书证的更改或者更改迹象不能作出合理解释，或者书证的副本、复制件不能反映原件及其内容的，不得作为定案的根据。书证的副本、复制件，经与原件核对无误、经鉴定或者以其他方式确认真实的，可以作为定案的根据。在行政诉讼中，当事人无正当理由拒不提供原件、原物，又无其他证据印证，且对方当事人不予认可的证据的复制件或者复制品，不能作为定案的根据。在民事诉讼中，无法与原件、原物核对的复制件、复制品，不能单独作为定案的根据。

4. 遵守法律、司法解释对书证证明力的特别规定。德国、日本等国家的民事诉讼法中均设有“公文书证真实的推定”，即从文书的形和内容可以确定该文书系国家公务人员在其职务范围内所作的，法官便应推定文书本身是真实的。依据最高法《民诉法解释》第114条的规定，国家机关或者其他依法具有社会管理职能的组织，在其职权范围内制作的文书所记载的事项推定为真实，但有相反证据足以推翻的除外。必要时,人民法院可以要求制作文书的机关或者组织对文书的真实性予以说明。最高法《民诉证据规定》第91条还规定,公文书证的制作者根据文书原件制作的载有部分或者全部内容的副本,与正本具有相同的证明力。在国家机关存档的文件,其复制件、副本、节录本经档案部门或者制作原本的机关证明其内容与原本一致的,该复制件、副本、节录本具有与原本相同的证明力。私文书证由制作者或者其代理人签名、盖章或捺印的,推定为真实。我国的行政诉讼法也规定了类似的证明力规则,即国家机关以及其他职能部门依职权制作的公文文书优于其他书证;鉴定意见、现场笔录、勘验笔录、档案材料以及经过公证或者登记的书证优于其他书证、视听资料和证人证言。

二、书证审查判断的基本方法

1. 辨认。辨认指在公安司法人员的主持下,将书证交由有关人员进行识别、分辨,确定书证的真伪、来源、与案件是否有关等的活动。在刑事诉讼中,侦查人员在必要的时候可以让被害人、犯罪嫌疑人或者证人对与犯罪有关的书证进行辨认。在法庭审判阶段,辨认也是法庭审查核实书证的重要手段。当庭出示的书证,应当先由出示证据的一方就所出示的证据的来源、特征等作必要的说明,然后由另一方进行辨认并发表意见。未经过当庭出示、质证等法庭调查程序查证属实的书证,不能作为定案的根据。

2. 鉴定。对于某些书证,可能难以直接通过当事人或公安司法人员的感官来判别真伪,或是判别该物品、痕迹与当事人或案件事实的联系。在此情形下,鉴定成为审查某些书证的必要手段。

3. 结合其他证据印证。对于单个书证的真伪及证明力大小难以进行判断时,可以将该书证与案件的其他证据联系起来加以考察,审查它们之间是否能相互印证、协调一致,进行综合分析。[1]

典型案例评析

案例10－1　许某职务侵占案:书证真实性存疑无法定罪[2]

许某系某中汽公司(以下简称公司)业务员。公司报案称许某通过偷盖公章、以租代卖等手段,将公司42辆租赁汽车私自出售,其中10辆车已过户。许某辩

[1] 关于书证审查与认定的详细规定,可以参见最高法《刑诉法解释》第82～86条。

[2] 参见杨迎泽、孙锐主编:《刑事证据的收集、审查之运用》,中国检察出版社2013年版,第40－43页。

称,在工作期间因公司经营方式调整,他受公司委托,通过以租代卖形式卖出了10余辆车,卖车款交给公司了。经审查,发现有以下证据:(1)公司经理刘某、王某、租赁部经理朱某、收款员郝某等均提供证言证明公司卖车有手续,需要打报告请示总经理刘某签字同意,并提供了相关请示样本。(2)租赁部收款员陈某证明其办理过16辆车的卖车过户手续,其中13辆车均没有书面的领导批示,是刘某、朱某等人口头让其办理过户手续。(3)买车人张某、李某等多名证人称,其通过许某在公司买过多辆车,买车的事租赁部经理朱某等都知道,还让许某帮助办理买车、过户手续。买的车大部分已办理过户手续。(4)财务部会计苏某等人证言证实业务员使用汽车发票都是卖车过户时使用,业务员使用时要对会计说明情况,由财务人员把发票复印件给业务员,使用公章和法人代码证,业务员用之前要打借条,写明用途,填表后经领导签字。(5)收款员郝某表示,他从未收过许某卖车款,只收租金。收租金手续应是交款人在登记本上签名后交到财务,但郝某无法提供收款登记本。郝某表示许某交多辆车租金时,存在将车号和钱数口头告知或写在纸上,不登记的情况。郝某提供书证——字条两张,许某在上面写明5辆车的车号、租金和日期(2001年9月期间)。(6)郝某提供字条上的4个租车人证言,其中1人证明其在2001年9月没有向许某交过租金,3人证明2001年9月前已经与公司办完车辆过户手续,不可能再交租金。(7)公司提供了部分原始账目复印件,但账目记载混乱,时间跳跃性大。(8)公司财务部出纳和会计证言证明,公司财务混乱,没有规章制度可循,管理不严格。许某至少交过10多辆车卖车款,交款时都声明是卖车款。收款员陈某称,他在租赁部曾收过卖车款,是经领导同意的,收款后将钱交到了财务部。

|评析|

本案中,许某将公司的车卖掉这一基本事实不存在争议,关键是许某卖车是否得到公司许可,卖车款是否交给公司。综合上述证据进行分析:(1)许某是否私自卖车。关于此点,本案证据存在明显矛盾。公司经理刘某、王某,租赁部经理朱某、收款员郝某等称卖车需经请示报告。收款员陈某、多名买家证实大部分车辆买卖没有书面批示,且车辆过户手续齐全。公司财务人员亦证实,知道许某使用汽车发票是办理车辆过户用,由财务人员将发票交与许某。(2)许某是否上交卖车款。收款员郝某称租赁部不收卖车款,但公司财务人员证明,许某、租赁部曾多次上交卖车款。(3)公司账目混乱,真实账目无法调取,且账目均为复印件,相关书证欠缺证明力,且公司的交款制度存在漏洞,存在业务员交款后口头或字条告知交款数额而不在登记本记录的情况。综上,许某构成职务侵占罪的关键事实因证据存在矛盾,书证真实性存疑而无法认定。

主要文献著述

1. 宋强:《书证研究》,贵州人民出版社 2005 年版。
2. 张友好:《书证收集与程序保障:以当事人证明权的实现为中心》,中国检察出版社 2010 年版。
3. 李军:《民事诉讼的书证问题研究:以合同诉讼为例》,西南财经大学出版社 2006 年版。

第十一章　电 子 数 据

第一节　电子数据概述

一、电子数据的概念

随着信息时代的到来,电子数据开始广泛存在于人们的日常生活工作当中,成为不可或缺的一部分。在司法领域,电子数据在案件证据中的占比逐年增加,对于认定案件事实的重要性日益彰显,三大诉讼法相继将电子数据列入法条,使其成为一种独立的法定证据类型。何为电子数据,最高法《民诉法解释》和两高一部《电子数据规定》分别进行了定义,前者指出电子数据是通过电子邮件、电子数据交换、网上聊天记录、博客、微博客、手机短信、电子签名、域名等形成或者存储在电子介质中的信息;后者指出电子数据是案件发生过程中形成的,以数字化形式存储、处理、传输的,能够证明案件事实的数据。前者强调电子数据所依托的电子介质这一证据载体,即电子数据的外在表现;后者突出电子数据所呈现的数字化这一存在形式,即电子数据的内在构成。对于一份完整的电子数据而言,两者缺一不可,将两者结合在一起,我们可以给电子数据下一个更周延的定义,即电子数据是指在案件发生过程中通过电子信息技术形成,以数字化形式存在于电子介质中的,能够证明案件事实的数据材料。

除了最高法《民诉法解释》对电子数据的外在形式的上述列举外,《电子数据规定》第1条第2款对常见的作为电子数据的信息和文件进行了较为详细地列举,包括:(1)网页、博客、微博客、朋友圈、贴吧、网盘等网络平台发布的信息。(2)手机短信、电子邮件、即时通信、通讯群组等网络应用服务的通信信息。(3)用户注册信息、身份认证信息、电子交易记录、通信记录、登录日志等信息。(4)文档、图片、音视频、数字证书、计算机程序等电子文件。在此基础上,《检察规定》第27条有所补充。(5)恶意程序、工具软件、网站源代码、运行脚本等行为工具信息。(6)系统日志、应用程序日志、安全日志、数据库日志等系统运行信息。(7)文件创建时间、访问时间、修改时间、大小等文件附属信息。综上,电子数据可以归纳为七种主要形式:网络平台发布的信息、网络通讯信息、用户身份信息、用户行为信息、行为工具信息、系统运行信息、电子文件及文件附属信息。

不是所有具备电子数据特征的信息和文件都能被视为电子数据类证据,有的证据外观上看似电子数据但实际不能纳入电子数据的范畴,如以数字化形式记载的证人证言、被害人陈述以及犯罪嫌疑人、被告人供述和辩解等证据。这里的“电子数据”如同讯问笔录和询问笔录,只是承载言词证据的一种方式,而且形成于案件发生之后,而非案件发生过程中,因而不宜将其归类为电子数据,根据所承载的言词证据自身的名称归类即可。上述以电子介质为载体的其他类别证据,在存储、处理和传输时具备电子数据的技术特征,可以参照电子数据的相关规定进行收集、提取、移送和审查。

二、电子数据的分类

根据不同区分标准,可以对电子数据作不同分类:

1. 根据电子数据所依存的信息技术方面的差异,可以将电子数据分为电子通信数据、计算机数据、网络数据和其他电子数据。这种分类有利于深刻揭示电子数据的特点,将其与传统证据区分开来。人类现代通信技术经历了电报时代、电话时代、目前正处于多媒体通信时代。相应地,电子通信数据主要包括了电传资料、传真资料、手机录音数据、手机摄像数据、电话记录等。从 20 世纪 40 年代第一台电子管计算机诞生以来,到晶体管计算机、集成电路计算机、大规模集成电路计算机的产生,电子计算机在人类生产、生活和社会交往等诸多领域的运用过程中产生了电子计算机文件、计算机输出物与计算机打印物等计算机数据。网络技术是计算机技术与通信技术融合的产物,由此出现了新型的网络数据,诸如电子邮件、电子数据交换、电子聊天记录、电子公告牌记录、电子博客记录、电子报关单、电子签名、域名、网页以及网络痕迹等。除此之外,广播技术、电视技术、电影技术、录音技术、录像技术、摄像技术、幻灯技术等信息技术也不同程度地丰富了电子数据的品种。

2. 根据电子数据形成机制的不同,可以把电子数据分为电子设备生成数据、电子设备存储数据与电子设备混成数据。电子设备生成数据,是指完全由电子计算机等设备自动生成的数据,其最大特点是完全基于电子计算机等设备的内部命令运行,不受人们主观意志的影响。此种电子数据的可靠性完全取决于电子设备的性能与运行状况,可以说是客观性很强的证据。电子设备存储数据,是指纯粹由电子计算机等设备录制人类的信息而获得的数据。对此种数据证明力大小的判断,除了要考虑电子设备的性能与运行状况外,还要考虑录入时是否存在影响录制准确性的因素。电子设备混成数据,是指由电子计算机等设备录制信息后,再根据内部指令自动运行而得来的证据。由于这类证据兼有上述两种证据的性质,因此对其证据能力和证明力的判断要复杂得多。

3. 根据内容和功能的不同，可以把电子数据分为数据电文数据、附属信息数据与关联痕迹数据。参照档案学，对于电子文件不仅要保存数据本身，还要保存“元数据”，即该文件产生的时间、地点、形成者及形成机构的职能背景、业务活动的经过表述、数据形成及存储方式等。数据电文数据，是指电子数据本身，即记载法律关系发生、变更与灭失的数据，如 E - mail、EDI 的正文。附属信息数据，是指对数据电文生成、存储、传递、修改、增删而引起的记录，如电子系统的日志记录、电子文件的属性信息等，它的作用主要在于证明电子数据的真实性，即证明某一电子数据是由哪一计算机系统在何时生成的、哪一计算机系统在何时存储在何种介质上、由哪一计算机系统或 IP 地址在何时发送的，以及后来又经过哪一台计算机系统或 IP 地址发出的指令而进行过修改或增删等。关联痕迹数据，是指生成、存储、传输、修改电子数据后产生的相关文件信息，其作用与附属信息数据相似，共同形成数据电文数据的保管链条。数据电文数据主要用于证明法律关系，属于主体证据；附属信息数据和关联痕迹数据主要体现数据电文数据从形成到提取，再到向法庭展示，每一个环节都有据可查。

三、电子数据的基本特征

1. 电子数据具有科技性。电子数据是借助现代信息技术形成一类证据，在生成、传输、存储和读取等环节均体现出信息技术的高科技性。电子数据的科技性首先体现在生成环节。生成电子数据的设备通常具有一定的智能性，即只要设定了既定的运行程序，电子数据的产生和存储就无须人工操作。例如，某人利用网络搜索引擎搜索了犯罪方法，搜索记录和搜索内容的信息数据就会自动保存于搜索引擎的数据存储服务器。电子数据的科技性其次体现在收集、提取环节。电子数据的载体种类较多，常见的有固态硬盘、移动硬盘、U 盘、光盘、内存条、SD 卡等，这些都是人们无法直接进入的空间，只有借助高科技的电子设备才能从中读取和修改相关电子数据，在收集、提取电子数据的各个环节都会运用相应科技手段。例如，在无法扣押原始存储介质的情况下提取电子数据，需要计算电子数据的完整性校验值；在线提取原始存储介质位于境外或者远程计算机信息系统上的电子数据时，可以对远程计算机信息系统进行网络远程勘验，必要时还可以在经过批准后采取技术侦查措施。电子数据的科技性还体现在展示和审查环节。相比于传统证据肉眼可见的形态，电子数据存在于虚拟空间或数字空间，无法像实物那样被人类肉眼所识别，所以需要通过一定的技术设备来展现其内容，并根据相应的技术标准来解读其内容，从而得出准确的结论。在刑事案件的法庭审理时，控辩双方可以根据电子数据的具体类型，借助多媒体设备出示、播放或者演示来展示电子数据，必要时可以聘请具有专门知识的人进行操作，并就相关技术问题作出说明。

2. 电子数据具有依赖性。电子数据以数字化形式存在于虚拟空间，按照编码规则处理成“0”和“1”的数据，其存在和展现对其他物质具有较强的依赖性，主要体现为对存储介质和解读设备的依赖。电子数据的存储介质是具备数据信息存储功能的电子设备、硬盘、光盘、优盘、记忆棒、存储卡、存储芯片等载体，又称电子介质。不同于传统证据的载体体现为具体的物品、痕迹、书写物质、笔录等材料，电子数据只能存储于这些技术含量很高的信息介质。正因为电子数据无法脱离存储介质而存在，所以在收集、提取电子数据时，保护好电子数据的存储介质尤为重要。公安机关开展电子数据取证工作，能够扣押电子数据原始存储介质的，应当扣押、封存原始存储介质，检查电子数据时，应当对电子数据存储介质拆封过程进行录像，并将电子数据存储介质通过写保护设备接入检查设备进行检查。除了必须依赖电子介质存储，电子数据的展示也必须依赖相应的电子设备，否则无论电子数据的内容多么形象和真实可靠，也不能为人们所感知，更不能对案件事实起到证明作用。只有借助于安装有与存储介质兼容程序的电子设备，电子数据的内容才能以文本、图形、图像、音频、视频等形式出现，才能被人们解读。

3. 电子数据具有稳定性。有观点认为电子数据具有脆弱性。由于电子数据依托于电子介质而存在，容易因人为或环境因素而损毁、修改、灭失，破坏数据容易，事后追踪和复原困难。[1] 对于早期的电子数据而言，脆弱性问题确实比较突出，操作失误、通信故障、网络环境等因素都可能对电子数据造成破坏。但随着电子信息技术的发展，发现并恢复被破坏、篡改、删除的电子数据已经不是一件难事，电子数据的脆弱性逐渐消弭，稳定性显著增强。电子数据的稳定性体现在以下方面：(1)不容易造假，因为造假极易被发现。由于电子数据是系统性证据，如果出现了被篡改或删除的情形，会留下相应的篡改或删除的附属信息、关联痕迹，形成“新”的电子数据，因此容易被发现。对于这种情况，可以通过恢复、破解、统计、关联、比对等方式对存储介质或电子数据进行检查，在刑事诉讼中还可以通过电子数据侦查实验的方式进行验证。在收集、提取电子数据时，电子数据的稳定性同样会得到技术上和程序上的保障，通过扣押原始存储介质、冻结电子数据或计算电子数据的完整性校验值，可以防止电子数据在收集和提取的过程中被篡改或者破坏。(2)在被篡改或删除后可以被恢复。比如在张某、叶某故意杀人案中，张某和叶某将二人之间的微信聊天记录全部删除，企图制造被害人意外坠楼的假象，公安机关在扣押张某的手机后，通过相关技术部门恢复了二人1.7万余条微信聊天记录，从中发现张某、叶某二人共谋杀害两名被害人的意图，为侦破案件和查明事实起到了至关重要的作用。(3)经过传输后形成的传来件可以高度还原原件，比传统原始

---

[1] 参见樊崇义主编:《证据法学》(第6版)，法律出版社2017年版，第199页。

证据的传来形式更可靠。电子数据的传输依靠的是具备原始载体相似功能的其他电子设备，只要严格遵循相应技术要求，传输后的电子数据不会像言词证据那样容易在传递过程中缺失和变形，也不会像传统实物证据的复制件那样无法百分百地呈现原件的面貌。

4.电子数据具有系统性。电子数据的系统性特征体现为无论是一份完整的电子数据类证据材料，还是具体的电子数据集合体，都是由不同维度的要素系统组成。(1)一份完整的电子数据类证据材料，是由电子数据内容、电子数据本身和电子数据载体组成的系统整体。电子数据内容是包含于电子数据中被展示或解读后的与案件事实相关的信息，是最终发挥证明作用的要素；电子数据本身是按照编码规则处理而成的0、1数字组合，体现了电子数据数字化形式的特点；电子数据载体即前述存储介质。(2)任何电子数据都不是孤立存在的，而是遵循一系列计算机命令、程序或技术规则的"三位一体"产物，即数据电文数据、附属信息数据和关联痕迹数据密切联系，构成一个有机的整体，共同指向案件事实。[2] 强调电子数据的系统性特征，即是强调电子数据真实性审查的系统性。电子数据载体的真实性和电子数据内在三个要素的真实性，最终都是为了保障电子数据内容的真实可靠，使其能够成为定案的根据。

第二节　电子数据的审查判断

一、电子数据关联性的审查判断

1.审查电子数据与案件事实之间的关联性。从关联性的通常定义理解，电子数据的关联性是指电子数据承载的信息与需要证明的案件事实或争议事实具有一定的联系，且对证明案情具有实际意义。但电子数据的系统性特点决定了对电子数据关联性的审查不能只限于对内容的审查。不同于传统物证、人证所在的物理空间，电子数据存在的虚拟空间是人们无法亲临的，所以需要在两个空间之间建立对应关系。《检察规定》第29条和第33条特别强调要注重审查电子数据与案件事实之间的多元关联，既要注重审查电子数据与案件事实之间的关联性，又要注重审查电子数据及其存储介质与案件当事人之间的关联性。前者指向传统意义的内容关联性，后者指向特殊环境下的载体关联性，体现了电子数据关联性审查的特别之处。

---

〔2〕 参见刘品新：《电子证据法》，中国人民大学出版社2021年版，第8页。

2. 审查电子数据的载体关联性。电子数据的载体关联性已然成为司法实践中争议的焦点,不少案件当事人对电子数据真实性的质疑,实际上是对电子数据载体关联性的质疑。比如,在一起借贷案件中,原告举示其与被告的微信聊天记录和转账记录用于证实被告曾向其借款1万元,被告表示原告举示的微信号并非自己注册使用,原告是在制造虚假借款记录。该案中,被告质疑的核心要点实际是原告主张的网络身份与现实身份不具有同一性,因此该微信记录与被告本人不具有关联性。在深圳快播科技有限公司及王欣等涉嫌传播淫秽物品牟利案中,辩方质疑涉案的四台服务器缺乏个体特征的记录,移交、保管的记录不明,服务器可能被调包,不能确认其真实性,与快播公司的关联性不明。这也是通过对载体关联性的质疑来达到否认证据真实性的目的。

3. 审查电子数据的身份关联性。身份关联性,即涉案电子账户、电子系统、电子设备是否为案涉当事人所使用,是当前电子数据载体关联性审查的重中之重,尤其是针对一人使用多个虚拟身份,同一个虚拟身份由多人共同使用的情况,必须确认虚实的同一性,否则相应电子数据就不具有关联性,不得作为证据使用。对此,《电子数据规定》第25条规定,认定犯罪嫌疑人、被告人的网络身份与现实身份的同一性,可以通过核查相关IP地址、网络活动记录、上网终端归属、相关证人证言以及犯罪嫌疑人、被告人供述和辩解等进行综合判断。认定犯罪嫌疑人、被告人与存储介质的关联性,可以通过核查相关证人证言以及犯罪嫌疑人、被告人供述和辩解等进行综合判断。《检察规定》第17条针对网络犯罪进一步列举了四点重点审查内容:(1)扣押、封存的原始存储介质是否为犯罪嫌疑人所有、持有或者使用;(2)社交、支付结算、网络游戏、电子商务、物流等平台的账户信息、身份认证信息、数字签名、生物识别信息等是否与犯罪嫌疑人身份关联;(3)通话记录、短信、聊天信息、文档、图片、语音、视频等文件内容是否能够反映犯罪嫌疑人的身份;(4)域名、IP地址、终端MAC地址、通信基站信息等是否能够反映电子设备为犯罪嫌疑人所使用。

二、电子数据合法性的审查判断

电子数据的合法性问题主要集中于收集、提取电子数据是否合法,最高法《刑诉法解释》第112条对此明确规定了五项着重审查的内容,为电子数据合法性的审查判断指明了方向。

1. 审查收集、提取电子数据是否由2名以上调查人员、侦查人员进行,取证方法是否符合相关技术标准。取证主体2人以上是取证主体合法性的基本要求,取证方法是否符合相关技术标准原本是取证的技术性要求,将其纳入电子数据的合法性审查范畴,意味着技术资质成为考量取证主体是否合法的一项因素。最高人民法院、最高人民检察院、公安部《关于办理网络犯罪案件适用刑事诉讼程序若干问题的意见》第13条要求电子数据取证主体是“具备相关专业知识的侦查人员”，如果侦查人员不具备收集、提取某类电子数据的相关专业知识，应按照《公安机关办理刑事案件电子数据取证规则》第6条的要求指派或聘请专业技术人员在侦查人员主持下进行收集、提取电子数据。

2. 审查收集、提取电子数据，是否附有笔录、清单，并经调查人员、侦查人员、电子数据持有人、提供人、见证人签名或者盖章；没有签名或者盖章的，是否注明原因；对电子数据的类别、文件格式等是否注明清楚。对这部分程序性事项的审查主要是看勘验笔录、搜查笔录、提取笔录等取证记录是否完备。

3. 审查是否依照有关规定由符合条件的人员担任见证人，是否对相关活动进行录像。收集、提取电子数据应当根据刑事诉讼法的规定，由符合条件的人员担任见证人，由于客观原因无法由符合条件的人员担任见证人的，应当在笔录中注明情况，并对相关活动进行录像。

4. 审查采用技术调查、侦查措施收集、提取电子数据的，是否依法经过严格的批准手续。查询、勘验、扣押、调取、冻结电子数据的法律手续是否齐全。电子数据取证可能对公民的隐私权、财产权、通信自由权等基本权利造成一定的影响，应当严格依法审批和执行。

5. 审查进行电子数据检查的，检查程序是否符合有关规定。具体而言，进行电子数据检查，应当对电子数据存储介质拆封过程进行录像，并将电子数据存储介质通过写保护设备接入检查设备进行检查；有条件的，应当制作电子数据备份，对备份进行检查；无法使用写保护设备且无法制作备份的，应当注明原因，并对相关活动进行录像。电子数据检查应当制作笔录，注明检查方法、过程和结果，由有关人员签名或者盖章。进行侦查实验的，应当制作侦查实验笔录，注明侦查实验的条件、经过和结果，由参加实验的人员签名或者盖章。

导致电子数据欠缺合法性的情况总体上分两种，即非法电子数据和瑕疵电子数据。对于非法电子证据，虽然现行规定并未明确如何处理，但可以参照同属实物证据的物证、书证，如果收集、提取电子数据违反法定程序，可能严重影响司法公正的，应当予以补正或者作出合理解释；不能补正或者作出合理解释的，对该证据应当予以排除。在某走私普通货物案中，侦查人员在对被告人的手机提取电子数据时未制作笔录，未经过被告人确认，被告人的辩护人申请排除该份电子数据，对此侦查机关出具了关于信息收集的情况说明，并对该手机的部分聊天记录进行拍照说明。法院认为该情况说明无法反映系由二人以上进行电子数据的提取、复制，也不能证实是否提取了全部讯息，最终以不符合电子数据的收集规定为由不予采信情况说明，采纳了辩护人所提应排除电子证据的意见。该案电子数据的提取明显违反法定程序,严重影响司法公正,侦查机关出具的情况说明不足以对法定程序的缺失作出合理解释,应当作为非法电子数据予以排除。

当电子数据的收集、提取存在未以封存状态移送、笔录或者清单上没有调查人员或者侦查人员、电子数据持有人、提供人、见证人签名或者盖章的、对电子数据的名称、类别、格式等注明不清等瑕疵情形时,须经补正或者作出合理解释才可以采用,不能补正或者作出合理解释的,不得作为定案的根据。

三、电子数据真实性的审查判断

真实性是电子数据能否最终作为定案根据的关键点,对电子数据关联性和合法性的审查在某种程度上也是在对电子数据的真实性进行审查。由于取证程序有所差别,刑事电子数据真实性的审查要点与民事电子数据真实性的审查要点略有不同。

最高法《刑诉法解释》第110条规定了刑事电子数据真实性的审查要点:(1)是否移送原始存储介质,在原始存储介质无法封存、不便移动时,有无说明原因,并注明收集、提取过程及原始存储介质的存放地点或者电子数据的来源等情况;(2)是否具有数字签名、数字证书等特殊标识;(3)收集、提取的过程是否可以重现;(4)如有增加、删除、修改等情形的,是否附有说明;(5)完整性是否可以保证。

最高法《民诉证据规定》第93条第1款规定了民事电子数据的审查要点:(1)电子数据的生成、存储、传输所依赖的计算机系统的硬件、软件环境是否完整、可靠;(2)电子数据的生成、存储、传输所依赖的计算机系统的硬件、软件环境是否处于正常运行状态,或者不处于正常运行状态时对电子数据的生成、存储、传输是否有影响;(3)电子数据的生成、存储、传输所依赖的计算机系统的硬件、软件环境是否具备有效的防止出错的监测、核查手段;(4)电子数据是否被完整地保存、传输、提取,保存、传输、提取的方法是否可靠;(5)电子数据是否在正常的往来活动中形成和存储;(6)保存、传输、提取电子数据的主体是否适当;(7)影响电子数据完整性和可靠性的其他因素。

电子数据的原始性、同一性和完整性是电子数据真实性审查关注的重点内容。对于电子数据的原始性,刑事证据规则着重关注存储介质的原始性和扣押、提取到的电子数据是否处于原始状态,民事证据规则着重关注作为原始载体的电子介质能否为电子数据的真实性提供可靠的保障,电子数据的形成和存储环境是否正常。对于电子数据的同一性,刑事证据规则着重关注特殊的电子标识和保管链条,从而确认电子数据在诉讼流转中是否发生变化,民事证据规则着重关注处理电子数据的主体和方法是否适当、可靠,能否为电子数据在诉讼中的流转提供技术保障。电子数据的完整性与同一性有一定重合，准确地讲，原始性和完整性都是认定同一性的重要方式，审查电子数据原始性和完整性的目的就是确认电子数据的同一性。比如，在某公司走私普通货物案中，侦查机关通过电子邮件所属服务商确定网络服务商的地址，向服务商调取了30万个涉案邮箱中的20万封电子邮件，经过筛选后将其中与本案有关联的部分作为电子数据材料提交法庭，同时，向第三方取证的数据材料均由第三方单位存储在只能读不能写的光盘里面，阅读者无法对这些数据进行修改。该案就可以通过审查电子数据的原始性和完整性实现对提交法庭的电子数据的同一性认定。对电子数据完整性的审查，最高法《刑诉法解释》第111条列举了以下审查、验证方法：(1)审查原始存储介质的扣押、封存状态；(2)审查电子数据的收集、提取过程，查看录像；(3)比对电子数据完整性校验值；(4)与备份的电子数据进行比较；(5)审查冻结后的访问操作日志；(6)其他方法。

电子数据的原始性、同一性和完整性是指向电子数据载体和电子数据本身的真实可靠，从而为电子数据内容的真实性提供保障，但对电子数据真实性的审查不能只限于原始性、同一性和完整性的审查，在三者得到保障的基础上，还要通过印证、鉴定等方法进一步审查判断电子数据的内容是否真实以及证明力大小。《检察规定》第47条第2款要求公诉人针对网络犯罪指控出示电子数据时，应当说明：电子数据的来源、形成过程；电子数据所反映的犯罪手段、人员关系、资金流向、行为轨迹等案件事实；电子数据与被告人供述、被害人陈述、证人证言、物证、书证等的相互印证情况等。其中，只有第一项针对的是电子数据的原始性、同一性和完整性，第2~3项是针对电子数据的内容及其真实性。

当电子数据系篡改、伪造、无法确定真伪的，有增加、删除、修改等情形，影响电子数据真实性的，或者有其他无法保证电子数据客观、真实情形的，应当认定该电子数据不具有真实性，不得作为定案的根据。针对审查起诉的网络犯罪案件，《检察规定》第44条第2款规定了真实性存疑时的鉴真规则：电子数据有增加、删除、修改等情形，但经司法鉴定、当事人确认等方式确定与案件相关的重要数据未发生变化，或者能够还原电子数据原始状态、查清变化过程的，可以作为定案的根据。与从反向角度否定电子数据真实性不同，最高法《民诉证据规定》第94条建立了民事电子数据真实性推定规则，电子数据存在下列情形的，法院可以确认其真实性，但有足以反驳的相反证据的除外：(1)由当事人提交或者保管的于己不利的电子数据；(2)由记录和保存电子数据的中立第三方平台提供或者确认的；(3)在正常业务活动中形成的；(4)以档案管理方式保管的；(5)以当事人约定的方式保存、传输、提取的。另外，民事电子数据的内容经公证机关公证的，法院应当确认其真实性,但有相反证据足以推翻的除外。[3]

典型案例评析

案例 11－1　深圳快播科技有限公司及王欣等传播淫秽物品牟利案:电子数据是否具备“三性”是争议焦点[4]

起诉书指控:2013 年 11 月 18 日,北京市海淀区文化委员会(以下简称海淀文委)从位于海淀区北京网联光通技术有限公司(以下简称光通公司)查获深圳快播科技有限公司(以下简称快播公司)托管的服务器 4 台。后北京市公安局从上述 3 台服务器里提取了 29,841 个视频文件进行鉴定,认定其中属于淫秽视频的文件为 21,251 个。辩方就公诉机关举示的提取淫秽视频的相关证据的关联性、真实性、合法性主要发表了如下意见:

(1)扣押时未对服务器的物证特征进行固定。缺乏物理特征的物证,真实性存疑,直接关系到该物证能否作为鉴定检材。(2)服务器在行政扣押期间的保管状态不明。扣押的 4 台服务器在 5 个多月时间里没有由行政执法机构保管,其作为证据使用的合法性存疑。(3)服务器内容存在被污染的可能。公诉机关没有提供任何证据证明文创动力公司具有相应技术资质。行政扣押期间,没有相应证据证明文创动力公司在开启服务器时是否有相关行政执法人员在场监督,服务器硬盘内容是否被污染,有无写入、替换视频文件情况。北京文创动力信息技术有限公司(以下简称文创动力公司)曾经受快播公司竞争对手乐视公司委托从事知识产权侵权行为调查,足以让人怀疑涉案 4 台服务器及内容是否真实。(4)服务器移交程序违法。公安机关从行政机关调取 4 台服务器时,仍旧没有登记服务器的特征、型号,尤其是没有记载服务器内置硬盘的型号、数量、容量,也没有扣押物品照片。(5)淫秽物品鉴定存在程序违法。(6)检材真实性存疑。服务器内硬盘数量、容量前后矛盾,第三次淫秽物品鉴定检材真实性存疑,怀疑是否为原始扣押的服务器。

针对控辩双方在两次庭审中的举证情况和质证意见,法庭结合对证据的检验核实,分析认证如下:

本案关键证据能否采纳是必须首先明确的焦点问题。在案证据显示,海淀文委针对侵犯著作权违法活动行政执法检查时,于 2013 年 11 月 18 日从光通公司扣

[3] 关于电子数据审查与认定的详细规定,可以参见最高法《刑诉法解释》第 110 ~ 115 条。
[4] 北京市海淀区人民法院刑事判决书,(2015)海刑初字第 512 号。

押了涉案4台服务器,随即移交给北京市版权局进行著作权鉴定。2014年4月10日,海淀公安分局依法调取了该4台服务器,随即移交给北京市公安局治安管理总队进行淫秽物品审验鉴定。在该4台服务器的扣押、移交、鉴定过程中,执法机关只登记了服务器接入互联网的IP地址,没有记载服务器的其他特征,而公安机关的淫秽物品审验鉴定人员错误地记载了硬盘的数量和容量,由于接入互联网的IP地址不能充分证明服务器与快播公司的关联关系,前后鉴定意见所记载的服务器的硬盘数量和容量存在矛盾,可以让人对现有存储淫秽视频的服务器是否为原始扣押的服务器、是否由快播公司实际控制使用产生合理怀疑。

针对辩方关于该服务器及存储内容作为鉴定检材真实性提出的质疑,法院委托信息鉴定中心对在案扣押的4台服务器及存储内容进行检验,分析了4台服务器(包括原鉴定当中因无法打开而未提取视频的1台服务器)的系统日志,检索到服务器的管理者频繁远程登录使用的IP地址为218.17.158.115。经法院进一步要求,公安机关和检察机关调取了快播公司与深圳高新区信息网有限公司的上网专线协议,确认该IP地址为快播公司专用IP地址。同时,鉴定人员经对4台服务器内现存快播独有视频格式文件qdata文件属性等各类信息的检验分析,没有发现2013年11月18日后从外部拷入或修改qdata文件的痕迹。综合海淀文委、北京市版权局、北京市公安局等办案机关、办案人员出具的证据材料,结合对4台服务器的检验结果,法院认定,在办案机关扣押、移转、保存服务器的程序环节,文创动力公司为淫秽物品鉴定人提供转码服务等技术支持,没有破坏服务器及其所存储的视频文件的真实性,检材合法有效。基于该检材,公安机关所作淫秽物品鉴定,虽曾有程序瑕疵,但业已由2015年11月6日出具的淫秽物品鉴定所补正。

| 评析 |

本案判决书中提到的关键证据是查获的4台服务器及从中检出的2万余个淫秽视频文件。辩方针对4台服务器的扣押、保管、移交程序和淫秽视频文件的鉴定问题提出了多项质疑。其中第(1)项"对扣押时未对服务器的物证特征进行固定,缺乏物理特征的物证,真实性存疑"和第(2)项服务器在行政扣押期间的保管状态不明,"扣押的4台服务器在5个多月时间里没有由行政执法机构保管,其作为证据使用的合法性存疑"这两点质疑明确指向电子数据载体的真实性和合法性,最终目的是否认电子数据载体的关联性,即不能确认4台服务器与快播公司的关联性。其中第(3)项"服务器内容存在被污染的可能"和最后两项"淫秽物品鉴定存在程序违法""检材真实性存疑"这三点质疑明确指向电子数据的真实性,即视频文件不能排除被污染、修改、替换的可能。对于执法机关未对原始存储介质特征进行固定和侦查机关对提取后的存储介质的记录错误,法院承认对现有存储淫秽视频的服务器是否为原始扣押的服务器、是否由快播公司实际控制使用产生合理怀

疑。为了排除合理怀疑,法院通过委托鉴定和通知检察机关调取相关书证进一步确认了4台服务器与快播公司的关联性,且没有发现4台服务器中专属于快播公司的视频格式文件有变动的痕迹。换言之,法院借助技术确认了淫秽视频文件的原始性和同一性,使作为鉴定检材的淫秽视频文件的真实性得到保障。本案发生于《电子数据规定》出台之前,此时对电子数据收集、提取、保管、移送和审查判断尚无专门的规定,因而在电子数据关联性、合法性和真实性问题上产生较大争议,直接推动了《电子数据规定》的出台。如果再以《电子数据规定》审视本案,侦查机关在收集、提取、保管、移送涉案电子数据过程中确实存在一定的程序违法,但在《电子数据规定》的指引下,本案在程序上和技术上出现的争议也能避免。

主要文献著述

1. 刘品新:《电子证据法》,中国人民大学出版社 2021 年版。
2. 何家弘主编:《电子证据法研究》,法律出版社 2002 年版。
3. 刘显鹏:《电子证据认证规则研究》,中国社会科学出版社 2016 年版。
4. 皮勇:《刑事诉讼中的电子证据规则研究》,中国人民公安大学出版社 2005 年版。
5. 王志刚:《网络犯罪治理中的证据与证明问题研究》,中国政法大学出版社 2021 年版。

第十二章 视 听 资 料

第一节 视听资料概述

一、视听资料的概念

视听资料，是指以录音带、录像带和其他电磁方式记录存储的音像信息来证明案件事实的材料。视听资料很早就被三大诉讼法明确列为法定证据种类，常见的形式有照片、录音、录像、视盘等，所记录的是与案件事实有关的声音、图像和活动画面。最初的视听资料以录音带、录像带、胶卷、电影胶片等电磁设备为载体，这些载体本身具有物证的特征，容易与物证混淆。如果一盘录音带、录像带不是以其记录的音像内容来证明案件事实，而是以自己作为一个物品的外部特征或价值来证明案件事实，则这份具有视听资料外观的物品属于物证。当然，对于证明案件事实而言，只有形成于案件发生过程中的音像信息才属于视听资料，如果是在诉讼过程中形成的，用于记录犯罪嫌疑人、被告人供述与辩解、证人证言的同步录音录像和拍摄物证形成的照片，就不能作为视听资料证据，此时的音像材料只是记录相关言词证据和物证复制件的载体，不具有视听资料的性质。当同步录音录像用于证明取证合法性问题时，是在利用立体化的声音、图像和动态画面来证明取证过程事实，此时可以将同步录音录像作为证明程序性事实的视听资料。

随着信息技术的发展，大部分的音像资料通过数字化的形式生成、存储和传递，传统的视听资料逐步电子数据化。在2012年《刑事诉讼法》之前，所有具有电子数据特征的证据材料暂被归入视听资料范畴，视听资料当然包括电子介质中以数字化形式存储的音像资料。2012年《刑事诉讼法》回应社会的发展，正式将电子数据列为法定证据种类之一，并且与视听资料同款并列，这意味着以往列入视听资料的部分材料将归入电子数据范畴。传统的音像资料主要储存在磁带、录像带、VCD、DVD等实物中，但现在越来越多的音像资料是以电子数据的形式存在，录音、录像、摄影等具有动态连续性特征的音像资料，既符合传统视听资料的特征，又具有现代电子数据的属性，该如何划分？通过本书上一章的介绍可以发现，电子数据的构成比传统视听资料更复杂，收集、提取、保管、移送的程序规则和技术要求更多,视听资料的相关规则已经不能对具有电子数据属性的音像资料进行规制。因此,在刑事诉讼法已经将电子数据作为独立证据种类的背景下,对于以电子数据的形式而存在的音像资料,不能再纳入视听资料的范畴,而应当作为电子数据加以运用。[1] 最高法《民诉法解释》第116条对视听资料和电子数据进行了界定,对于同时符合两者特征的证据材料该如何划分给出了明确的答案,"存储在电子介质中的录音资料和影像资料,适用电子数据的规定"。

二、视听资料的分类

视听资料根据表现形式可以分为声音资料、图像资料和音像资料三类。

1. 声音资料。声音资料又称录音资料,是单独记录对话、演说、自言自语或其他声响的资料,主要通过言语内容来证明案件事实,有的时候声音资料也能反映出讲话人的语言习惯、音调和心情。声音资料主要通过录制的方式形成,录音设备运用了声学、电学、机械学等方面科学技术将声音记录并保存下来。只有被保存固定下来的声音内容才能被界定为视听资料,否则只是转瞬即逝的事物,或是被记忆在人的脑海中。

2. 图像资料。图像资料是单独记录客体形象的静态画面资料,主要包括抓拍图像、监控图像、扫描图像等形式。单一的图像资料只能反映案件事实的某个细节,一般不能作为直接证据,比如认定交通违法的抓拍图像,往往需要运用数张图片综合认定。

3. 声像资料。声像资料又称录像资料,是同时记录声音和形象的动态画面资料,既可以单独通过言语内容或行为动作来证明案件事实,也可以将两者结合起来证明案件事实。声像资料也主要通过录制的方式形成,录像设备运用了光电效应和电磁转换的原理将人和物的活动轨迹形象地记录并保存下来。声像资料可以完整连贯的再现原来的场景,对于日常监管和查明案情都有重要的意义。

三、视听资料的基本特征

1. 视听资料具有直观性。视听资料可以直观地展示与案件相关现场的声音和形象,可以生动地再现与案件有关的事件或活动的过程。比如,声音资料可以使人亲耳听到某人的声音,声像资料可以使人亲身感受到某个场所的情景或者某个事件的过程。通过视听资料,人们对于根据记忆难以言说的声音特征和形象特征有了亲耳所听和亲眼所见的感受,更容易对案件事实的经过作出判断。当事人的陈述可能因为利害关系而偏离案件事实,证人的证言可能因为观察不明、记忆模糊、

---

[1] 喻海松:《刑事诉讼法修改与司法适用疑难解析》,北京大学出版社2021年版,第178页。

表达不准、碍于人情等因素偏离案件事实，但记录声音和动作的视听资料只要没有遭到人为地改动，都会客观地反映现场的言语或场景，对案件事实的还原度最高，因而成为证明力很强的一类证据。前些年发生在跌倒老人和扶人者之间的侵权纠纷常常因为各执一词而难以查明案件事实，如有监控或手机拍下前后经过，此类难题就能迎刃而解。

2. 视听资料具有连续性。是否能够连续地描述案件事实经过是言词证据与作为传统实物证据的物证、书证的较大区别。物证、书证往往只能反映案件的某个细节或侧面，而言词证据可以展现事实经过，尤其是查证属实的犯罪嫌疑人、被告人的供述和辩解，以及当事人陈述和目击证人的证言。视听资料虽然是实物证据，但其展现案件相关事实的方式体现为一个连续的、动态的过程，这一特点反而与言词证据相似，完整记录案件主要事实经过的视听资料甚至比言词证据更可靠，证明力更强，对案件事实的覆盖更完整。比如在“8·27昆山持刀砍杀案”中，任何旁观者的描述都无法将一片混乱的案发现场全面展现，即使是防卫者本人也记不清反击的具体动作和次数。此时监控视频对现场场景连续性的记录动态完整地还原了两位当事人的冲突过程，对侦查机关准确认定正当防卫发挥至关重要的作用。

3. 视听资料具有高效性。视听资料展现事实经过的直观性和连续性使得办案人员能够高效地查明案件事实，从而成为办案人员最青睐的证据材料之一。当公民之间发生冲突或有涉嫌犯罪的事件发生时，公安机关通常会第一时间调取相关监控资料，从中发现事情原委或破案线索。在刑事案件中，视听资料经常成为促成侦查机关迅速破案的关键证据，如公安机关可以通过监听得到的通话录音了解到犯罪嫌疑人贩卖毒品的计划，从而实施控制下交付，在抓获犯罪嫌疑人后，进一步通过声音的同一性识别和鉴定锁定犯罪主体。视听资料的高效性还体现在查阅和使用时快捷方便，可以节约办案人员的工作时间，提高司法机关的办案效率。

第二节　视听资料的审查判断

一、视听资料关联性的审查判断

审查视听资料的关联性，重点是判断音像所展现的内容与案件事实有无关联。视听资料与案件事实如无关联性，再全面、生动、直观的影像也没有证明价值。由于视听资料具有体积小、储存信息量大和便于保存的特点，同一录音带、录像带可以记载成百上千个画面，时长达几十甚至几百小时，所以在司法实践中，同一载体记录的音像信息会出现许多与案件无关的情况，办案人员一方面可能被视听资料反映的现象所迷惑，另一方面可能会忽略与案件有密切联系的事实。因此，审查视听资料的关联性，应当做到全面细致、科学严谨，从大量视听资料中找出少量与案件密切关联的事实信息，通过技术手段提取该部分内容作为证据使用。由于设备性能以及拍摄角度的原因，视听资料可能会记录一些不充分的信息，如图像分辨率低、没有声音、仅拍摄部分行为或者局部图像等，仅凭此类视听资料自身，不能充分建立其与案件事实的关联，需要结合其他在案证据完善关联链条，展现视听资料的证明价值。[2] 根据最高法《民诉证据规定》第46条和第99条规定，法院对当事人提交视听资料的申请审查后，发现当事人申请提交的视听资料不明确、视听资料对于待证事实的证明无必要、待证事实对于裁判结果无实质性影响等视听资料不具有关联性的情形，不予准许当事人提交。

二、视听资料合法性的审查判断

视听资料的合法性主要包括视听资料制作的合法性和收集、提取的合法性两个方面。对于刑事案件视听资料制作的合法性，最高法《刑诉法解释》第108条规定应当着重审查制作过程中是否存在威胁、引诱当事人等违反法律、有关规定的情形，从而判断视听资料的形成是否是在侵犯他人合法权益的基础上得到的，取证方法是否违反法律禁止性规定。对于制作程序、方式严重违反法律规定所形成的视听资料，应当根据非法实物排除规则进行处理，如未经严格的批准手续，就采取监听或监控措施制作形成视听资料，不仅严重违反法定程序，而且侵犯公民隐私权，应当视为非法获取的视听资料。对于刑事案件视听资料收集、提取的合法性，最高法《刑诉法解释》第108条规定应着重审查是否附有提取过程的说明，来源是否合法。

对于民事案件视听资料制作的合法性，最高人民法院《关于未经对方当事人同意私自录制其谈话取得的资料不能作为证据使用的批复》（已失效）曾指出，证据的取得首先要合法，只有经过合法途径取得的证据，才能作为定案的根据，未经对方当事人同意私自录制其谈话，系不合法行为，以这种手段取得的录音资料，不能作为证据使用。最高法《民诉法解释》第106条规定，对以严重侵害他人合法权益、违反法律禁止性规定或者严重违背公序良俗的方法形成或者获取的证据，不得作为认定案件事实的根据。

三、视听资料真实性的审查判断

视听资料的真实性风险主要有三点：一是视听资料可能被伪造和篡改，导致其

---

[2] 刘静坤：《证据审查规则与分析方法》，法律出版社2018年版，第206页。

所展现的音像信息与事实不符;二是视听资料的音质或画质不佳,影响内容表达的准确性;三是视听资料记录的信息真实性存疑。对此,应当重点审查以下几个要点:

1. 审查视听资料是否为原件,如是复制件,复制件来源是否真实,复制过程是否发生改变。对实物证据的运用强调最佳证据规则,获取原物、原件是原则。最高法《民诉证据规定》第 15 条和第 23 条强调当事人以视听资料作为证据的,应当提供存储该视听资料的原始载体,法院调查收集视听资料,应当要求被调查人提供原始载体;最高法《行诉证据规定》第 12 条规定,当事人向法院提供录音、录像等视听资料的,应当提供有关资料的原始载体。只有在提供原件确有困难的时候,才可以提供复制件。同时应当附上无法调取原件的原因、复制件制作过程和原件存放地点的说明,应当注明制作方法、制作时间、制作人和证明对象等,声音资料应当附有该声音内容的文字记录,以供审查。

2. 审查视听资料的制作过程是否真实,有无剪辑、增加、删改等情形。审查制作过程,首先审查是否写明制作人、持有人的身份,制作的时间、地点、条件和方法,这些信息可以使办案人员更为全面地了解视听资料的制作过程,判断内容和制作过程是否真实,对于判断视听资料的真实性意义重大。由于视听资料的技术性较强,一般的伪造、变造情形难以通过审判人员的观察作出认定,音质画质受损时也会影响观察判断,需要专业人员的辅助。因此对视听资料有疑问的,应当进行声像资料鉴定,包括对声音、图像信息的真实性、完整性及其所反映的情况进行鉴定和对记录的声音、图像中的语言、人体、物体作出种类或者同一认定。鉴定主要有两个目的:一是判断该视听资料是否是伪造、变造;二是判断所记录的声音、图像中的语言、人体、物体是否与案件所涉及的犯罪嫌疑人、被告人、被害人等具有关联。[3]

3. 审查视听资料的内容是否真实。在视听资料的制作、复制、提取、保管等环节得到保障的前提下,还需全面、细致审查视听资料呈现的内容,以最终判断是否作为定案的根据及其证明力大小。对内容真实性的审查,应当综合印证、经验法则等方法进行。最高法《刑诉法解释》第 115 条要求审查视听资料时,应当审查是否移送文字抄清材料以及对绰号、暗语、俗语、方言等不易理解内容的说明,这些是审查视听资料内容真实性的必需材料。

对于真实性存疑的视听资料,不同诉讼的处理方式略有不同。根据最高法《刑诉法解释》第 109 条规定,视听资料系篡改、伪造或者无法确定真伪的,或者制作、取得的时间、地点、方式等有疑问,不能作出合理解释的,不得作为定案的根据。

---

〔3〕 李少平主编:《最高人民法院关于适用〈中华人民共和国刑事诉讼法〉的解释理解与适用》,人民法院出版社 2021 年版,第 232－233 页。

根据最高法《民诉证据规定》第90条规定，存有疑点的视听资料，不能单独作为认定案件事实的根据。根据最高法《行诉证据规定》第71条规定，难以识别是否经过修改的视听资料，不得单独作为定案的根据。[4]

典型案例评析

案例12-1 北京陈某危害公共安全案：现场监控录像成为定案关键证据[5]

2010年5月9日5时35分许，北京长安街祁家国路口南，一辆白色菲亚特轿车因红灯正常停止在行车道上（头南尾北），一辆639路公交车正从垂直车道上正常左拐而来（由西向北）。此时，一辆日产黑色豪华英菲尼迪轿车从菲亚特轿车后飞速驶来（据目击者估计不低于100km/h，而事发地段限速6km/h），径直撞上了菲亚特轿车，使其转了三圈以后在20米开外才停止下来。菲亚特轿车被强大外力挤压严重变形，两厢车成了一厢车，方向盘已经没了踪影，车内已经没有任何空间。英菲尼迪轿车随后又全速撞上了正在左拐的639路公交车后才停止。该路口监控录像显示，肇事的英菲尼迪司机弃车逃离现场。接到报案后，交警和救护人员赶到了现场。经检查，菲亚特轿车司机陈某颅内弥散性损伤后于朝阳医院不治身亡。妻子王某胸内出血，胸部骨折，双腿粉碎性骨折，后经武警总医院医生抢救脱离生命危险。车内陈某与王某的小女儿，颅内弥散性损伤，后经抢救无效而身亡。

事故发生后，交管部门派出警力迅速赶赴现场并成立了专案组。15时17分，陈某返回住所后被民警抓获。而陈某逃逸的原因，据猜测是为了消灭酒驾或醉驾的证据。

由于陈某被抓获时已经距离案发时间过去了10小时，侦查机关通过酒精浓度检测无法确定其是否在肇事前饮酒。后经发现案发当晚陈某和朋友在酒吧包间内饮酒以及出事路口现场情况等5段监控录像反映，5月8日19时至9日4时，陈某在多处与多人饮酒。陈某等几个人总共打开了5瓶"帝王"洋酒，这种酒酒精含量40%，每瓶750毫升，陈某在此期间举杯共计17次。同时，肇事现场的录像显示，事发后陈某在现场停留了7分钟一直在和朋友交谈，却未去查看菲亚特车内的伤者，最后步态轻松地离开。根据这些关键的视听资料，法院最终认定陈某存在酒驾、超速、违反信号标志和事故后弃车逃逸等4个情节，并宣判陈某构成以危险方法危害公共安全罪，陈某被判处无期徒刑，剥夺政治权利终身。

---

〔4〕 关于视听资料审查与认定的详细规定，可以参见最高法《刑诉法解释》第108、109、115条。

〔5〕 杨迎泽、孙锐主编：《刑事证据的收集、审查与运用》，中国检察出版社2013年版，第265页。

|评析|

本案中,由于犯罪嫌疑人陈某肇事后逃逸,无法测定其是否为酒后驾车,在认定案件性质和情节上存在较大争议。但侦查人员及时地利用肇事现场的监控设备,并通过调查访问查找到陈某曾经饮酒的三家店和酒吧的监控录像,在几十段视频录像中查找、分析、辨别出陈某与朋友多次饮酒的情节,成功地利用视听资料恢复出案发的全部过程,有力地证明了陈某系酒后驾车并事后逃逸的事实。

视听资料证据的获取有时是片面和零散的,尤其是在一些人员众多、环境杂、光线昏暗的场所中,其录制拍摄效果较差,一些图像很难进行鉴别和认定。在本案中,多段录像都是从饭店和酒吧等场所获取的,犯罪嫌疑人陈某的图像并不非常清晰,有些还存在着画面中断或被他人遮挡现象,在认定的过程中需要对视听资料进行分析辨别,并查找其他相关证据进行补强。主要有以下几种方式:首先,在分析这些视听资料过程中,选取较为清晰的部分,认定犯罪嫌疑人的在场活动,利用这些资料印证犯罪嫌疑人的口供,并令其说明具体的行为,对当时的行为作出解释;其次,通过视听资料反映出的场所和相关人员,询问饭店酒吧经营者、服务员、其他客人,获取相关的证言,综合印证犯罪嫌疑人在场的行为和表现,与其他证据相互结合比对;最后,在询问证人的同时,查找相关的实物证据,如犯罪嫌疑人饮酒的酒瓶、酒杯,其点餐的凭据、结账的单证、发票,其饮酒时所穿戴的衣物、帽子等,证实其所饮酒的相关情况。在整个证据的链条中,视听资料充当着穿针引线的作用,将所有的证据元素都串联在一起,完整地再现犯罪前后的过程。本案的成功告破,凸显了视听资料的重要作用。

主要文献著述

1. 张斌:《视听资料研究》,中国人民公安大学出版社 2005 年版。
2. 樊崇义等编著:《视听资料研究综述与评价》,中国人民公安大学出版社 2002 年版。

第十三章　犯罪嫌疑人、被告人的供述和辩解

第一节　犯罪嫌疑人、被告人的供述和辩解概述

一、犯罪嫌疑人、被告人的供述和辩解的概念

犯罪嫌疑人、被告人的供述和辩解，是指犯罪嫌疑人、被告人在刑事诉讼中就其被指控的犯罪事实以及其他案件事实向公安司法机关所作的陈述，通常也称为口供。其内容主要包括犯罪嫌疑人、被告人承认自己有罪的供述、说明自己无罪、罪轻的辩解以及揭发检举同案犯其他犯罪行为的陈述。这些陈述可以分别概括为承认、辩解和攀供。承认就是指犯罪嫌疑人、被告人向公安司法机关承认犯罪事实，并就主要或关键犯罪事实和情节作完整陈述的行为。这种陈述在英美法上被称为"自白"。辩解就是指犯罪嫌疑人、被告人否认自己有犯罪行为，或者虽然承认自己犯了罪，但申辩其有依法不应当追究刑事责任，可以从轻、减轻或免除处罚的各种情节。攀供是指犯罪嫌疑人、被告人可能在承认自己的犯罪以后揭发共犯或者举报他人有犯罪行为，也可能是在否认自己的犯罪行为之后举报他人犯罪。关于攀供的性质，要"一分为二"看。检举、揭发他人犯罪行为的陈述，如果检举、揭发的内容与检举、揭发者自己的犯罪行为有一定联系，可以在本案中当作证据使用，这就属于犯罪嫌疑人、被告人供述和辩解的组成部分。如果是对非犯罪嫌疑人、被告人的检举、揭发，或者是对同案犯罪嫌疑人、被告人与检举、揭发者共同犯罪以外的罪行的检举、揭发，因检举、揭发的内容与本案事实无关，不能作为证明本案真实情况的证据使用，不属于犯罪嫌疑人、被告人供述和辩解的组成部分。当然，这种检举、揭发可以作为查破其他案件的线索，这种检举、揭发的内容属于"其他案件"中的证人证言。

对犯罪嫌疑人、被告人的供述和辩解作上述类型划分，具有十分重要的现实意义。我国的刑事诉讼制度具有大陆法系传统，在诉讼中控辩对抗并不充分，有罪与无罪证据的划分在法庭举证程序中并没有充分地体现出来。犯罪嫌疑人、被告人的承认属于有罪证据，是在裁判时支持控方的证据，而犯罪嫌疑人、被告人的辩解属于辩方证据，辩方证据如果被法院采信，将会作出有利于被告人的裁决。根据英

美法，针对犯罪嫌疑人、被告人陈述的内容属于有罪证据和无罪证据的不同，法庭会采用不同的调查程序。例如，被告人如果不认罪，基于无罪推定原则，在庭审中他不得作为控方证人，只能作为辩方证人；如果被告人认罪，即视为“有罪答辩”，可直接进入量刑程序。随着我国以审判为中心的刑事诉讼制度改革的逐步推进，以及简化程序的发展完善，在证据法理论中，我们应该更加关注犯罪嫌疑人、被告人口供的有罪性和无罪性之区分，以及它们在诉讼程序分流方面的功能。另外，即使在目前的司法状况下，这种区分也具有积极意义。它会时刻提醒公安司法人员在收集证据时既要收集犯罪嫌疑人、被告人的有罪供述，也要注意收集犯罪嫌疑人、被告人的无罪辩解，客观公正地对待口供。对此，《刑事诉讼法》第 115 条有相关规定，即“公安机关对已经立案的刑事案件，应当进行侦查，收集、调取犯罪嫌疑人有罪或者无罪、罪轻或者罪重的证据材料”。公安司法人员不能将犯罪嫌疑人、被告人作有利于自己的申辩和解释视为狡辩，也不能对申辩和解释不予听取，不予记录。“兼听则明”，对犯罪嫌疑人、被告人口供内容的完整认识，有利于防止冤假错案的发生。

二、犯罪嫌疑人、被告人供述和辩解的特征

犯罪嫌疑人、被告人是刑事诉讼的中心人物，案件的结局如何，同他有着切身的利害关系，他所处的特殊诉讼地位，决定了犯罪嫌疑人、被告人供述和辩解这种证据具有证明力最强、虚假可能性最大的特点。总体来看，犯罪嫌疑人、被告人的供述和辩解具有以下特征：

1. 真实的犯罪嫌疑人、被告人的供述和辩解证明力强。一般来说，在法定的证据种类中，犯罪嫌疑人、被告人的供述和辩解证明力最强。犯罪嫌疑人、被告人是案件的当事人，他对自己是否犯罪，罪行的轻重以及犯罪的具体过程和情节，比任何人都知道得更清楚。因此，他所作的有罪供述，可能会直接、全面地反映出其实施犯罪的动机、目的、手段、时间、地点、后果等详细情况；他所作的无罪或者罪轻的辩解，也可能会提出一些具体的事实根据和申辩理由，使公安司法人员了解案件的全貌；他所作的检举、揭发他人犯罪行为的陈述，既可能反映其犯罪的形成、分工和具体实施犯罪的过程，还可能反映其认罪态度和思想状态。犯罪嫌疑人、被告人的供述和辩解是典型的直接证据，只要是真实的，它的证明力就最强。

2. 犯罪嫌疑人、被告人供述和辩解的虚假可能性大。犯罪嫌疑人、被告人作为刑事诉讼中被追究的对象，案件的处理结果与其有切身的利害关系。从程序上来说，犯罪嫌疑人、被告人的人身自由可能被限制，涉案财物可能被查封、扣押、冻结；从实体上来说，被告人的行为一旦被认定为犯罪，就可能面临财产、人身自由甚至生命的剥夺。基于趋利避害的人性，在大多数情况下，犯罪嫌疑人、被告人为了逃

避罪责,总是企图否认和抵赖罪行。为了获取犯罪嫌疑人、被告人的有罪供述,侦查人员会采取各种侦查措施。犯罪嫌疑人、被告人由于其所处的特殊诉讼地位或者在被限制人身自由的情况下,如果讯问人员存在刑讯、诱供、指供等不当行为,就更可能造成犯罪嫌疑人、被告人供述和辩解的内容严重失实。此外,即使是犯罪嫌疑人、被告人自愿作出的有罪供述,也可能因为种种原因而不真实。例如:有的人出于讲"义气",把朋友的罪行揽到自己的身上;有的人为了开脱亲属的罪责,顶替犯罪人到公安司法机关自首;有的人为了掩盖某种隐私,把本来不是犯罪的行为供认为犯罪;有的人为了减轻自己过错所造成的良心谴责,而将本不属于犯罪的行为说成是自己实施了犯罪;等等。

3. 犯罪嫌疑人、被告人的供述和辩解的反复性大。由于犯罪嫌疑人、被告人作出有罪供述之后,将面临刑罚惩罚,可能丧失财产、自由乃至生命,因此在司法实践中,一些犯罪嫌疑人、被告人在作出供述之后,思想发生波动,进而改变供述,甚至在改变供述后又改回原来的供述,还有可能又作出新的供述。犯罪嫌疑人、被告人改变供述的现象一般称为"翻供",甚至可能出现"时供时翻""反复翻供"的现象。犯罪嫌疑人、被告人供述和辩解反复性大的特点会给这种证据的审查增加难度。

因此,基于犯罪嫌疑人、被告人供述和辩解的上述特点,对待犯罪嫌疑人、被告人供述和辩解,既不能盲目轻信,也不能忽视其证明作用,而应当结合其他证据,认真审查判断。

第二节 犯罪嫌疑人、被告人的供述和辩解的审查判断

审查判断犯罪嫌疑人、被告人的供述和辩解是一项十分复杂的工作,公安司法人员必须严格遵守法律规定的要求,不能把虚假的口供作为定案的根据,导致错案的发生。司法实践中,在对犯罪嫌疑人、被告人的供述和辩解进行审查判断时,应当遵守以下要求。

一、"重证据、重调查研究、不轻信口供"的原则

根据我国《刑事诉讼法》第55条第1款的规定,"对一切案件的判处都要重证据,重调查研究,不轻信口供"。这是我国司法实践经验的总结,也是证据裁判原则在我国刑事诉讼法中的具体体现。过去由于我国司法实践长期受到封建社会司法制度中"无供不录案""罪从供定"等思想的影响,有的公安司法人员总认为有口供定案才踏实,为求口供不择手段,导致刑讯逼供等非法取证行为的发生。我国早

在1979年《刑事诉讼法》就确立了“重证据，重调查研究，不轻信口供”这一原则，而且在历次修法中都予以保留，这充分说明了该原则对于指导公安司法人员审查判断犯罪嫌疑人、被告人口供的重要意义。另外，从证据裁判原则的角度看，公安司法人员在定案时，一定要重证据，把证据作为定案的唯一根据，不能把猜想、臆想等作为定案根据。即使在坚持证据裁判原则的情况下，也要坚持不轻信口供，要重视调查研究。犯罪嫌疑人、被告人与诉讼结果有利害关系，其口供既可能反映案件的事实真相，也可能歪曲事实，制造假象。轻信、倚重犯罪嫌疑人、被告人口供，往往是造成冤假错案的一个重要原因。所以，公安司法人员在审查判断犯罪嫌疑人、被告人口供时要将主要精力放在审查判断口供以外的其他证据上，审查其他证据与犯罪嫌疑人、被告人口供的印证程度。

二、“只有被告人供述，没有其他证据的，不能认定被告人有罪”的原则

根据《刑事诉讼法》第55条第1款的规定，“只有被告人供述，没有其他证据的，不能认定被告人有罪和处以刑罚；没有被告人供述，证据确实、充分的，可以认定被告人有罪和处以刑罚”。这是口供补强规则在我国刑事诉讼法中的具体体现。在司法实践中，由于种种原因，被告人有罪供述虚假的可能性很大，而被告人供述自身不能证明其本身真实，如果仅凭被告人供述认定被告人有罪，则很可能冤枉无辜。口供补强规则强调，在给被告人定罪时，一定要有被告人口供以外的其他证据来支持、印证口供的真实性，否则不能定案。即使被告人是自愿认罪，如果没有其他证据，也不能认定其有罪和处以刑罚。但是，在没有被告人供述的情况下，如果有确实、充分的证据，也可以对被告人进行定罪、处罚。根据《刑事诉讼法》第55条第2款的规定，“证据确实、充分”，应当符合以下条件：定罪量刑的事实都有证据证明；据以定案的证据均经法定程序查证属实；综合全案证据，对所认定事实已排除合理怀疑。这一规定是对纠问式诉讼中法定证据制度的彻底否定，是现代自由心证证据制度的充分体现。这一原则精神，不仅适用于审判阶段，也适用于侦查和起诉阶段。

除了《刑事诉讼法》第55条的规定之外，最高法《刑诉法解释》第96条第1款规定，审查被告人供述和辩解，应当结合控辩双方提供的所有证据以及被告人的全部供述和辩解进行；第141条规定，根据被告人的供述、指认提取到了隐蔽性很强的物证、书证，且被告人的供述与其他证明犯罪事实发生的证据相互印证，并排除串供、逼供、诱供等可能性的，可以认定被告人有罪。这两个规定也体现了口供补强规则的精神。其中，《刑事诉讼法》第55条和最高法《刑诉法解释》第96条第1款的规定是从消极方面对口供补强规则进行的规定，最高法《刑诉法解释》第141条的规定是从积极方面对口供补强规则进行的规定。

关于共犯口供补强问题,学界一直存在如下四种学说的争论:(1)否定说,认为共同被告人的供述可以互相印证,在供述一致的情况下,可据以定案,不适用口供补强规则;(2)肯定说,认为共同被告人的供述仍然是"被告人供述",同样具有真实性和虚伪性并存的特点,故应适用口供补强规则;(3)区别说,认为同案处理的共犯的供述应均视为"被告人供述",适用口供补强规则,但不同案件处理的共犯,可以互为证人,不适用口供补强规则;(4)折中说,认为共同被告人供述一致,在符合条件的情况下,可以认定被告人有罪和处以刑罚。这些条件是:经过各种努力仍无法取得其他证据;共同被告人之间无串供的可能;排除了以指供、诱供、刑讯逼供等非法手段获取口供的情况。从历次全国法院审理毒品犯罪案件工作座谈会纪要的内容来看,[1]实务部门较多采纳折中说。本书赞同肯定说,共犯口供仍然需要补强,不宜同时相互作为证人证言使用,否则将极大地减轻控方证明责任,增加错误裁判的风险。司法实践中存在的将共犯分案处理且相互作为证人证言使用的做法是不恰当的。

三、非法证据排除规则

公安司法人员在审查判断口供时,要坚持一经发现犯罪嫌疑人、被告人的口供是非法取得的,应当一律根据法律予以排除的原则,无论口供是否真实。《刑事诉讼法》第 56 条第 1 款规定,采用刑讯逼供等非法方法收集的犯罪嫌疑人、被告人供述和采用暴力、威胁等非法方法收集的证人证言、被害人陈述,应当予以排除;第 2 款规定,在侦查、审查起诉、审判时发现有应当排除的证据的,应当依法予以排除,不得作为起诉意见、起诉决定和判决的依据。根据公安部《规定》第 71 条第 1 款规定,采用刑讯逼供等非法方法收集的犯罪嫌疑人供述,应当予以排除。根据最高检《规则》第 66 条的规定,对采用刑讯逼供等非法方法收集的犯罪嫌疑人供述,应当依法排除,不得作为移送审查逮捕、批准或者决定逮捕、移送起诉以及提起公诉的依据。

对于非法口供的排除范围,根据最高法《刑诉法解释》第 123 条的规定,"采用

---

[1] 2000 年《全国法院审理毒品犯罪案件工作座谈会纪要》(已失效)曾规定:"(五)关于毒品犯罪案件中有关证据的认定问题有些毒品犯罪案件,往往由于毒品、毒资等证据已不存在,或者被告人翻供,导致审查证据和认定事实困难。在处理这类案件时,仅凭被告人口供依法不能定案。只有当被告人的口供与同案其他被告人供述吻合,并且完全排除诱供、逼供、串供等情形,被告人的口供与同案被告人的供述才可以作为定案的证据。对仅有口供作为定案证据的,对其判处死刑立即执行要特别慎重。"2008 年《全国部分法院审理毒品犯罪案件工作座谈会纪要》规定:"二、毒品犯罪的死刑适用问题有些毒品犯罪案件,往往由于毒品、毒资等证据已不存在,导致审查证据和认定事实困难。在处理这类案件时,只有被告人的口供与同案其他被告人供述吻合,并且完全排除诱供、逼供、串供等情形,被告人的口供与同案被告人的供述才可以作为定案的证据。仅有被告人口供与同案被告人供述作为定案证据的,对被告人判处死刑立即执行要特别慎重。"

下列非法方法收集的被告人供述，应当予以排除：（一）采用殴打、违法使用戒具等暴力方法或者变相肉刑的恶劣手段，使被告人遭受难以忍受的痛苦而违背意愿作出的供述；（二）采用以暴力或者严重损害本人及其近亲属合法权益等相威胁的方法，使被告人遭受难以忍受的痛苦而违背意愿作出的供述；（三）采用非法拘禁等非法限制人身自由的方法收集的被告人供述。”此外，最高法《刑诉法解释》124条还对重复性供述的排除问题予以规定，“采用刑讯逼供方法使被告人作出供述，之后被告人受该刑讯逼供行为影响而作出的与该供述相同的重复性供述，应当一并排除，但下列情形除外：（一）调查、侦查期间，监察机关、侦查机关根据控告、举报或者自己发现等，确认或者不能排除以非法方法收集证据而更换调查、侦查人员，其他调查、侦查人员再次讯问时告知有关权利和认罪的法律后果，被告人自愿供述的；（二）审查逮捕、审查起诉和审判期间，检察人员、审判人员讯问时告知诉讼权利和认罪的法律后果，被告人自愿供述的”。最高检《规则》第67条、第68条有类似规定。可见，我国刑事诉讼法坚持非法取得的口供绝对排除原则，公安司法人员没有任何自由裁量权。非法证据排除规则能够有效地遏制公安司法人员通过刑讯逼供等非法手段获取犯罪嫌疑人、被告人口供，在保障犯罪嫌疑人、被告人基本人权的同时，也在一定程度上能够保证口供的真实性。

四、缺乏真实性保障供述排除规则

公安司法人员在审查判断口供时，对于一些缺乏真实性保障的供述应当依法予以排除。根据最高法《刑诉法解释》第94条的规定，“被告人供述具有下列情形之一的，不得作为定案的根据：（一）讯问笔录没有经被告人核对确认的；（二）讯问聋、哑人，应当提供通晓聋、哑手势的人员而未提供的；（三）讯问不通晓当地通用语言、文字的被告人，应当提供翻译人员而未提供的；（四）讯问未成年人，其法定代理人或者合适成年人不在场的”。上述情形下，由于被告人供述的取得违背证据生成的基本规律，被告人供述的真实性得不到保证，司法解释直接规定相关供述应当予以排除。

五、瑕疵供述补救规则

公安司法人员在审查判断口供时，应当坚持瑕疵供述补救规则。根据最高法《刑诉法解释》第95条的规定，“讯问笔录有下列瑕疵，经补正或者作出合理解释的，可以采用；不能补正或者作出合理解释的，不得作为定案的根据：（一）讯问笔录填写的讯问时间、讯问地点、讯问人、记录人、法定代理人等有误或者存在矛盾的；（二）讯问人没有签名的；（三）首次讯问笔录没有记录告知被讯问人有关权利和法律规定的”。上述供述笔录因为存在相关瑕疵，导致供述笔录的真实性存疑，应当对这些瑕疵予以补正或者作出合理解释,以消除瑕疵对供述笔录真实性的影响。在对瑕疵供述笔录进行补救时,应当坚持实事求是原则,对于讯问过程规范进行,但讯问笔录填写不规范的情况,可以在作出客观说明的同时,对讯问笔录进行补充。对于讯问过程确实存在技术性违法,但不影响供述笔录的真实性,且对犯罪嫌疑人、被告人的基本权利没有重大影响的,可以对相关瑕疵进行解释。需要注意的是,瑕疵供述笔录的补救不能无中生有,只能客观进行。

六、灵活运用翻供印证规则

公安司法人员在审查判断口供时,应当灵活运用翻供印证规则。最高法《刑诉法解释》第96条规定:"审查被告人供述和辩解,应当结合控辩双方提供的所有证据以及被告人的全部供述和辩解进行。被告人庭审中翻供,但不能合理说明翻供原因或者其辩解与全案证据矛盾,而其庭前供述与其他证据相互印证的,可以采信其庭前供述。被告人庭前供述和辩解存在反复,但庭审中供认,且与其他证据相互印证的,可以采信其庭审供述;被告人庭前供述和辩解存在反复,庭审中不供认,且无其他证据与庭前供述印证的,不得采信其庭前供述。"该条对被告人翻供的情况下,如何采信口供的问题进行规定。根据该条规定,被告人翻供的,其哪一份口供可以作为定案的根据,关键在于哪一份口供能够与其他证据材料相互印证。这一规定有一定的科学性,但需要注意的是,在被告人翻供时,需要灵活运用翻供印证规则,否则,便可能形成错案。灵活运用翻供印证规则,需要注意避免片面印证和虚假印证。所谓虚假印证,是在口供本身是虚假的情况下,只注重口供与其他证据在形式上是否能够相互印证。所谓片面印证,是只注重口供与其他证据在形式上相互印证,但无视案件中口供与另外一些证据之间的矛盾之处。[2]

典型案例评析

案例13-1　浙江"张氏叔侄杀人案":狱侦耳目的虚假证言形成口供的虚假印证[3]

2003年5月18日晚上,张高平和侄子张辉驾驶货车从安徽歙县送货去上海。晚上9点左右,一名熟人请求叔侄二人帮忙搭载一名女孩到杭州。19日凌

[2] 关于犯罪嫌疑人、被告人供述和辩解的审查与认定的详细规定,可以参见最高法《刑诉法解释》第93~96条。

[3] 浙江省高级人民法院刑事判决书,(2013)浙刑再字第2号。

晨1点30分左右,货车达到杭州市天目山路边上的汽车西站,原本答应来接女孩的人没有来,让女孩自己搭出租车去找他。于是,女孩自己搭出租车走了。19日上午,在杭州市西湖区留下镇某路段的路边溪沟里该名女孩的尸体被人发现,该女尸颈部有多处淤血,下身赤裸泡在水里。

2003年5月23日,张高平、张辉叔侄二人被刑事拘留。张高平、张辉叔侄二人最初拒不认罪,但后来随着公安机关审讯力度的增大而认罪。该案除了张高平、张辉二人的供述外,还有狱侦耳目的证言,狱侦耳目袁连芳作为证人,证明张高平、张辉曾向其承认强奸杀人的事情。辩护律师提出本案存在诸多疑点:一是张高平、张辉叔侄二人的供述是通过刑讯逼供等非法方法获取,且前后矛盾,应当依法予以排除;二是张高平、张辉叔侄二人作案与常理存在诸多不符之处,且二人没有作案时间;三是被害人双手的8个指甲缝内有陌生男性的人体组织,经鉴定不是张高平、张辉叔侄二人的,不排除系真凶的可能性。

2004年4月21日,杭州市中级人民法院一审以张辉犯强奸罪,判处死刑,剥夺政治权利终身;张高平犯强奸罪,判处无期徒刑,剥夺政治权利终身。对于辩护律师的辩护意见,一审法院认为,公安机关出具的情况说明证实本案侦查人员没有对张氏叔侄刑讯逼供,狱侦耳目的证言能够证实张氏叔侄强奸杀人的事实,且张高平、张辉的供述与证人证言等证据材料相互印证,被害人双手内他人的人体组织可能系被害人与他人接触时所留下,但与案件无关。

二被告人上诉后,浙江省高级人民法院仍然作出有罪判决,但改判张辉死刑,缓期二年执行,张高平15年有期徒刑。改判的理由是"鉴于本案的具体情况,张辉尚不属必须立即执行死刑的罪犯。张高平帮助他人强奸,系从犯,依法可以从轻处罚"。

在服刑期间,张高平、张辉叔侄二人不断申诉。2013年3月26日,浙江省高级人民法院经再审宣判张辉、张高平无罪。

| 评析 |

张氏叔侄冤案的产生是很多因素相互影响的结果,其中,影响最大的是对口供印证的误用和滥用,即本案存在虚假印证和片面印证的问题。所谓虚假印证,往往表现为以虚假的被告人供述为中心,被告人供述与其他证据相互印证,形成一个表面上能够相互印证的证据体系。事实证明,张氏叔侄的供述是虚假的,狱侦耳目的证言也是虚假的。但一审和二审法院就是以这些虚假的证据能够相互印证为由对被告人予以定罪。所谓片面印证,是指片面强调定罪证据之间的相互印证,对于与定罪证据相互矛盾的证据材料则视而不见。在张氏叔侄案中,与定罪证据最大的矛盾之处是被害人双手的8个指甲缝内有他人的人体组织,结合被害人下身赤裸躺在溪水中,可以合理推断这些人体组织是被害人被性侵时反抗所留下的凶手的

身体组织，这些人体组织的主人才是真凶。当然，由于人的双手是相对开放的身体部分，也不排除该人体组织是其他人的，但由于经过鉴定，该人体组织与被害人身边所熟悉的男性均不符，这种可能性非常小。最终，对于这一重要的证据材料，一审法院选择了可能性非常小的解释，即该人体组织系被害人与他人在日常生活中接触所产生，与案件无关。这样，本案中与有罪证据最大的矛盾之处便得以排除，且有罪证据之间能够相互印证。在虚假印证和片面印证的双重作用下，最终导致了本案的发生。

主要文献著述

1. 闫召华：《口供中心主义研究》，法律出版社2013年版。
2. 牟军：《自白制度研究——以西方学说为线索的理论展开》，中国人民公安大学出版社2006年版。
3. 李明蓉：《贪污贿赂犯罪案件口供问题研究》，中国人民公安大学出版社2016年版。

第十四章　被害人陈述

第一节　被害人陈述概述

一、被害人陈述的概念

被害人陈述，是指受到犯罪行为侵害的人就其了解的案件情况向公安司法机关作出的陈述。被害人陈述与证人证言有不少相似的特点，无论在大陆法系还是在英美法系，被害人陈述均归属于证人证言或人证。我国《刑事诉讼法》虽然将被害人陈述列为一种独立的证据种类，但基本未对被害人陈述设置独立的规则，而是参照证人证言的相关规定。具体而言，其一，根据《刑事诉讼法》第127条规定，询问被害人适用“询问证人”的各条规定；其二，根据最高法《刑诉法解释》第261条规定，法庭上对被害人进行发问，应当遵循向证人发问的相关规则；其三，根据最高法《刑诉法解释》第92条规定，对被害人陈述的审查与认定，参照适用“证人证言的审查与认定”的有关规定。总之，从被害人陈述的形成，到法庭调查，最后到审查认定，可以与证人证言适用同一套程序与规则。

被害人陈述之所以被单列为一类法定证据，而不是被直接归入证人证言，与其同证人证言的差别相关。主要表现在：(1)证据的来源和提供的主体不同。刑事诉讼中，证人证言只能由自然人提供，而被害人既可以是自然人，也可以是单位。(2)证据的内容和真实性的程度不同。被害人一般直接遭受犯罪行为的侵害，与案件结果有切身的利害关系。因此，被害人在陈述时可能受情绪影响而有意无意地夸大案件事实。证人一般与案件无直接利害关系，通常情况下证人证言客观性更强。(3)提供证据的难易程度不同。正因为被害人与案件有直接的利害关系，所以其向公安司法机关提供证据更加积极主动。而证人通常与案件没有利害关系，如果证人作证受到干扰，证人证言的获取要比被害人陈述更难。(4)作证主体在作证过程中受伤害的可能性不同。有的案件中被害人虽然迫切希望犯罪分子受到惩罚，但因犯罪侵害受到心灵创伤，在诉讼过程中可能因作证需要而谈起受害细节，进而受到“二次伤害”，而证人则没有这些烦恼。正是由于被害人陈述与证人证言存在以上不同，办案人在获取和审查被害人陈述时，要注意采取与证人证言不同的策略和方法。

需要注意的是,被害人陈述的内容有可能既包括对犯罪分子侵害经过的陈述,又包括其向公安司法机关表达的惩罚犯罪分子或挽回损失的诉求。后者实际上是一种诉讼请求,不能作为证据意义上的被害人陈述。

二、被害人陈述的特征

1. 被害人陈述具有不可替代性。被害人陈述的载体只能是遭受犯罪行为直接侵害的人,即只有被害人本人可以提供这种表现形式的证据。被害人陈述的不可替代性,是由被害人在诉讼中的地位所决定的。在任何一起刑事案件中,被害人都是特定的,在案发时就已经产生,不能由其他人替代。其他任何人包括因犯罪行为而间接遭受物质损失的人,也不能像被害人一样成为这种证据的来源主体。被害人陈述的不可替代性还体现在,他人对直接了解案件情况的证人的陈述进行转述,可以另行形成一份证人证言,但他人对被害人陈述的转述,不能另行形成一份被害人陈述。

2. 被害人陈述具有证明的直接性。被害人是直接遭受犯罪行为侵害的人,其与犯罪行为之间的这种特殊关系,决定了被害人通常比证人要更了解犯罪行为,特别是在被害人与犯罪人有过正面接触的案件中,被害人不仅清楚犯罪行为发生的过程、侵害的后果,而且对犯罪人的体貌特征等情况也有所了解。因此,被害人陈述往往能就犯罪的过程、犯罪人的形貌特征,提供具体的、丰富的、形象的信息,从而具有直接证明案件主要事实的作用。被害人陈述通常是典型的直接证据,与物证、书证等证据相比,其证明力往往更大。但是,如果被害人在案发后才发现自己遭受了损失,那么其对案件情况作出的陈述则无法涵盖犯罪行为的主要事实,就只能作为间接证据。

3. 被害人陈述具有虚假可能性。通常情况下,被害人陈述具有较大的证明力,但基于被害人与案件的利害关系,被害人陈述虚假的可能性也比较大。由于被害人是犯罪行为的直接受害者,其对犯罪人可能存在强烈的痛恨、报复心理和要求严惩犯罪的偏激情绪,受到情感、情绪等主观因素影响,被害人的陈述带有较强的倾向性。所以在很多时候,被害人由于身受犯罪行为的侵害,从而夸大事实情节,导致陈述偏离事实。例如,有些被害人可能夸大犯罪行为造成的危害后果和物质损失,有些被害人可能刻意隐瞒犯罪侵害过程对被告人有利的某些情节,还有的被害人可能提供部分编造甚至全部编造的虚假信息。综上,被害人陈述具有一定的虚假可能性。

第二节　被害人陈述的审查判断

一、被害人陈述关联性的审查判断

对被害人陈述关联性的审查判断，应重点关注陈述的内容是否为被害人直接感知。正如前述，被害人陈述的内容不仅是对犯罪侵害事实的叙述与说明，还可能包括对作案人的指责、对犯罪的控诉、对社会或有关人员的抱怨、对司法机关的要求等，而且这些内容总是交织混杂在一起的。[1] 其中与犯罪事实无关的内容并不具有证据上的关联性，但是办案人员也要认真听取并一并记录下来，然后进行审查判断。对于这种既有客观情况描述，又有主观诉求表达的陈述，要特别注意将对客观情况的陈述分离出来作为证据意义上的被害人陈述，其余对案件的看法、对案件情况的评论、对案件提出的处理意见，都与案件事实不具有直接的关联，不能作为证据使用。

二、被害人陈述合法性的审查判断

对被害人陈述合法性的审查判断，应重点关注询问被害人的方法和程序是否符合法律的规定。对于询问方法，需要着重审查侦查人员有无以暴力、威胁等非法方法收集被害人证言。暴力、威胁等非法方法不仅容易导致被害人作出虚假陈述，更严重侵犯基本人权，应当予以禁止。对于询问程序，需要着重审查询问未成年被害人时，是否通知其法定代理人或者其他合适成年人到场，有关人员是否到场；询问被害人是否个别进行；询问笔录的制作、修改是否符合法律、有关规定，是否注明询问的起止时间和地点；首次询问时是否告知被害人有关权利义务和法律责任，被害人对询问笔录是否核对确认。

对于合法性欠缺的被害人陈述，应当根据办案人员违法取证的程度作出不同的处理。对于采用暴力、威胁以及非法限制人身自由等非法方法收集的被害人陈述，应当予以排除。询问被害人没有个别进行的，书面陈述没有经被害人核对确认的，询问聋、哑人，应当提供通晓聋、哑手势的人员而未提供的，或者询问不通晓当地通用语言、文字的被害人，应当提供翻译人员而未提供的，所获取的被害人陈述不得作为定案的根据。被害人陈述的收集程序、方式存在询问笔录没有填写询问人、记录人、法定代理人姓名以及询问的起止时间、地点，询问地点不符合规定，询

---

〔1〕 参见何家弘、刘品新：《证据法学》，法律出版社 2019 年版，第 186 页。

问笔录没有记录告知被害人有关权利义务和法律责任，询问笔录反映出在同一时段，同一询问人员询问不同被害人，或询问未成年人，其法定代理人或者合适成年人不在场等瑕疵情形的，经补正或者作出合理解释的，可以采用；不能补正或者作出合理解释的，不得作为定案的根据。

三、被害人陈述真实性的审查判断

对被害人陈述真实性的审查判断，应重点关注被害人的作证能力、被害人与案件的联系，被害人陈述的内容与其他证据的印证关系。对于被害人的作证能力，着重审查被害人作证时的年龄，认知、记忆和表达能力，生理和精神状态是否影响作证；对于被害人与案件的联系，着重审查被害人与案件其他当事人、案件处理结果利害关系的大小；对于被害人陈述的内容，着重审查被害人陈述与其他证据之间能否相互印证、有无矛盾，存在矛盾的，能否得到合理解释。比如在某盗窃案中，公诉机关所举被害人步某、李某的陈述，根据公诉机关所举的被告人供述与辩解及各被告人的到案经过，可以证实步某陈述中的被盗时间与被告人供述的盗窃时间不符、李某陈述中其被盗时被告人已被公安机关抓获，所以两位被害人的陈述与在案其他证据明显矛盾，且没有得到合理解释，故法院对两份被害人陈述不予采信。

由于被害人与案件处理结果有着或多或少的利害关系，所以在审查被害人陈述的真实性时，要特别注意被害人虚假报案和故意夸大所受犯罪侵害后果这两类风险。对此应重点审查被害人陈述的逻辑性、合理性和稳定性。被害人是亲历案件的当事人，如果生理或心理未因犯罪行为受到巨大伤害，清晰记忆并描述其所了解的案件情况应该不成问题，其陈述如果明显缺乏逻辑性，应当不予采信。对于一对一场合被害人陈述的审查，尤其应当注意被害人陈述的合理性和稳定性，对细节的描述是否具体、明确，前后描述有无矛盾，是否符合常识、情理。

对于生理上、精神上有缺陷，对案件事实的认知和表达存在一定困难，但尚未丧失正确认知、表达能力的被害人所作的陈述，以及与被告人有亲属关系或者其他密切关系的被害人所作的有利于被告人的证言，或者与被告人有利害冲突的被害人所作的不利于被告人的陈述，应当慎重使用，有其他证据印证的，可以采信。[2]

---

〔2〕 关于被害人陈述的审查与认定的详细规定，可以参见最高法《刑诉法解释》第87～92条。

典型案例评析

案例 14－1　重庆吴某某强奸案:被害人陈述的审查和判断是定案的关键[3]

2011 年 12 月 24 日 17 时许,高某以相亲为由介绍被告人吴某某认识了被害人陈某某。随即,吴某某邀请陈某某、高某、何某、张某在 B 区城南步行街某大饭店 308 包房用餐,由吴某某提供自备红酒供大家饮用。吴某某因需驾车饮酒较少,陈某某、高某、何某、张某某饮酒较多。席间,吴某某和陈某某相邻而坐,吴某某对陈某某有抱腰、拉手等举动,陈某某亦说过叫她朋友安某跟吴某某过夜。陈某某有一次将自己喝的酒嘴对嘴喂给吴某某喝。后陈某某因大量饮酒在包房内呕吐两次。当日用餐结束后,陈某某因饮酒后无法站立,吴某某便背着陈某某离开饭店到其奔驰车上,并与陈某某发生了性关系。性行为结束后,吴某某驾车到 J 区某酒店开房,并扶陈某某进入该酒店二楼的房间,后独自从房间出来乘车离开。2011 年 12 月 27 日 14 时许,陈某某向公安机关报案称其醉酒后被吴某某强奸。另查明,吴某某得知陈某某报案后,多次约请陈某某,并提出以金钱方式给予补偿,均被吴某某拒绝。后陈某某提出要以一折的价格向吴某某购买一套住房,最后要求吴某某补偿她 10 万元。但双方最终未能达成一致意见。同年 12 月 31 日,被告人吴某某主动到公安机关说明情况,但表明自己没有强奸陈某某,不是投案自首。在吴某某被刑拘后,其姐姐与陈某某沟通并进行了私自录音,录音中陈某某表示吴某某发生性行为后不尊重人,否则这是其一生中美好的回忆。一审第二次开庭时,陈某某出庭作证。一审被告人吴某某被判处有期徒刑三年。

二审辩护人紧紧围绕被害人陈述存在的问题进行了分析,认为被告人吴某某的行为不构成强奸罪,请求二审法院依法改判其无罪。主要理由如下:

1. 根据全案证据尤其是被害人陈某某的陈述,可以认定其是自愿与吴某某发生性行为,并不违背其意志。主要理由在于:(1)从发生性行为前陈某某在酒楼吃饭过程的一系列行为来看,其有与吴某某发生性行为的“感情基础”和“意愿”。(2)陈某某对于发生性行为过程的陈述证明其是自愿配合吴某某发生性行为。(3)从发生性行为后陈某某陈述“当时没有多想”,事后和吴某某去开房的态度,与吴某某亲属协商称“这会是一个很美好的回忆”,证明其当时根本就没有认为吴某某与其发生性行为是强奸,其与吴某某发生性行为是自愿的。(4)陈某某报案的

〔3〕　参见潘金贵:《“一对一”言词证据的审查与认定——吴某某涉嫌强奸案的证据分析》,载潘金贵主编:《证据法学论丛》第 2 卷,中国检察出版社 2014 年版。

真正原因是发生性行为后吴某某的一些行为对其不够尊重，但不能因此否定此前其与吴某某发生性行为的自愿性。

2. 根据全案证据尤其是被害人陈某某的陈述，可以认定陈某某在吴某某与其发生性行为时处于较为清醒状态而不是醉酒状态。主要理由在于：(1)陈某某的陈述证明其离开吃饭酒店时已经较为清醒。陈某某当时能够站着和别人打招呼道别，说明是较为清醒的，而不是人事不省。(2)陈某某在侦查询问笔录中陈述发生性行为时的神智状态是“喝了些酒头晕”而不是人事不省的“醉酒”。(3)陈某某对性行为过程的详细描述证明发生性行为时其处于较为清醒的状态。(4)吴某某背陈某某下楼的行为并不能表明陈某某已达醉酒状态，更不能表明陈某某在发生性行为时处于醉酒状态。

3. 对存在严重矛盾和冲突的被害人陈述不应采信。如陈某某在报案笔录中声称在发生性行为后又到J区酒店开房是“吴某某强行拉进去的”，但录像资料清楚显示：吴某某和陈某某是挽着手走进的酒店，因此，对于陈某某陈述中不利于吴某某的内容，尤其是报案笔录的内容，由于存在前述诸多严重矛盾和冲突，不能采信作为定案依据。

本案二审法院撤销原判，发回重审。原一审法院又判处吴某某有期徒刑三年。被告人吴某某提出上诉。二审法院依法改判被告人吴某某无罪。

|评析|

强奸案件多数情况下具有“一对一”的特点。在被告人承认发生了性关系但否认违背妇女意志的情况下，对双方言词证据的审查成为定案的关键。其中，尤其是对被害人陈述的审查和判断是重中之重。从司法实践来看，被害人陈述具有虚假性大、反复性大、可变性大等特点，较之于实物证据和证人证言，在审查、认定上的难度更大。尤其是发生在“熟人”之间的强奸案，被告人坚决否认，无明显暴力、胁迫等相关证据印证或者相关证据较弱的，如何对双方当事人的陈述进行审查与认定，直接关涉整个案件的正确处理。强奸罪以“违背妇女意志”为前提条件，而“妇女意志”具有很强的主观性，因此，是否“违背妇女意志”，不能简单根据被告人否定强奸的供述或被害人肯定强奸的陈述来认定，而应当综合全案证据进行分析后才能作出正确判断。尤其对于“熟人”之间发生的涉嫌强奸行为往往更为复杂，是否违背了妇女意志，应当更为严格、审慎地判定。

对于审查被害人陈述，其一，应注意审查被害人陈述与其他证据是否存在矛盾，在“一对一”案件中，注意与被告人的供述与辩解进行比较分析。其二，结合案发的时间、地点、条件、环境等因素审查被害人陈述是否符合经验常理。本案中陈某某声称自己当时不省人事，但其对性行为实施过程中的“全部细节”有非常详细的陈述，在醉酒状态下记清楚这些情况明显是不符合常理的。其三，审查被害人前后陈述是否清楚，是否符合逻辑，是否存在矛盾。本案中，陈某某在报案当天的询问笔录中，出于报案后希望引起公安机关的重视以便立案追究吴某某刑事责任的需要，作了很多不利于吴某某的虚假陈述，而这些陈述与此后陈某某在公安机关所作的笔录、陈某某在一审承办人调查时所作的笔录和陈某某出庭作证的庭审笔录以及证人证言等其他证据存在诸多严重的矛盾和冲突。本案的启示是，鉴于强奸案件“一对一”证据的特殊性，在被告人否认实施了强奸行为且供述一直稳定的情况下，正确审查判断被害人陈述是正确认定案件事实的关键，唯此才能去伪存真，查明案件事实真相。

主要文献著述

1. 欧卫安：《被害人陈述问题研究》，法律出版社 2009 年版。
2. 兰跃军：《刑事被害人作证制度研究》，中国人民公安大学出版社 2011 年版。

第十五章　当事人陈述

第一节　当事人陈述概述

一、当事人陈述的概念

当事人陈述是证据的法定表现形式之一，广义的当事人陈述包括被害人陈述以及犯罪嫌疑人、被告人供述和辩解，狭义的当事人陈述仅指民事诉讼、行政诉讼中以该术语表达的证据形式。本书采用狭义的当事人陈述的概念。

当事人陈述，是指在民事、行政诉讼中，原告、被告等当事人就自己所知道的案件事实情况向司法机关所作的说明。当事人通常是发生争议的法律关系的主体，往往亲身经历了案件事实的发生、变更或消灭，对案件事实有全面的了解。因此，一方面其所作的陈述能够勾画出案件事实的全貌，但另一方面，诉讼结果同当事人的利益息息相关，趋利避害的心理使得当事人在陈述案件事实时可能只陈述对自己有利的部分，在某些情况下甚至会作虚假陈述。因此，对于当事人陈述，法院应当结合其他证据，审查其能否作为认定事实的根据。在只有当事人本人陈述而没有其他证据的情况下，对其主张一般不予认可，除非对方当事人对此表示认可。需要注意的是，当事人向司法机关所作的陈述中不仅包括关于案件事实的陈述，还包括关于诉讼请求的说明和对案件处理的意见、对证据应否采用的意见以及适用法律的意见等内容。但是除了关于案件事实的陈述外，其他均不属于事实层面的问题，不能作为证据使用，不能笼统地将所有的当事人陈述都视为证据。

英美法系国家并没有把当事人陈述作为独立的证据种类，而是把当事人划入证人的范围，并通过宣誓、交叉询问以及对虚假陈述进行处罚等措施来增强当事人证言的可靠性。大陆法系通常将当事人与证人区别对待，当事人陈述被作为一种独立的证据种类。例如，在法国，当事人对案件事实作出的对自己不利的陈述被视为自认。

二、当事人陈述的特征

按照证据的分类，当事人陈述属于“人证”，与其他证据相比，具有以下特征。

（一）真实的当事人陈述具有较强的证明力

一方面，当事人作为当事人陈述的证据来源，是发生争议的实体法律关系的主体，大多是案件事实的经历人，是引起争议的实体法律关系发生、变更和终止的行为的实施者。因此，当事人是对争议案件的事实情况了解和掌握得最直接、最全面，也是最深刻的人。当事人如果尊重客观事实，如实向法庭作出真实的陈述，其证明力是很强的，通常是定案的直接证据。另一方面，当事人既然已将他们之间的争议提交法院进行裁决，就带有一种“到法院把事实讲清楚”的心态，因此当事人为了证明自己的主张的正当性和合理性，会自愿地、积极地向法院举证，陈述他们知道的有关案件的全部事实情况。原告一般认为自身的合法权益受到了侵犯，因此为了“讨回公道”，使自己的权利恢复到未被侵害的状态或使自己能获得恰当的补偿，在主观上愿意将其感知记忆的案件情况向法院作客观的陈述。正是由于当事人有一种去法院“讨回公道”，以保护自己合法权益的积极心理，使我们有理由认为，当事人能够真实客观地向法院陈述有关案件的真实情况。

需要说明的是，并非所有的当事人都亲身经历案件事实。最典型的是被害人死亡后，由其继承人或者近亲属作为当事人参加诉讼的案件。在这类案件中，真正的当事者已经死亡，出庭参加诉讼的当事人往往不是案件的亲历者。在这种情况下，该当事人实际上缺乏叙述案件事实的基本资格（诉讼行为能力），如果其起诉或者答辩中所陈述的事实源于“听说”或者是主观推断，显然不能作为当事人陈述采信。

（二）当事人陈述存在虚假的可能性

从认识论的角度来看，作为“人证”的当事人陈述，是主体对客观真实的主观的、能动的反映。这种反映可能是正确的、全面的，也可能是错误的、片面的，甚至是故意歪曲的反映。由于当事人与案件处理结果有直接的利害关系并且有强烈的胜诉欲望，因此，我们应当既看到当事人陈述具有真实性的一面，也应同时看到当事人陈述具有虚假性的另一面。[1] 当事人在利己主义的心理作用下，往往会千方百计地隐瞒对自己不利的有关事实和证据，而夸大甚至编造对己有利的事实和证据，向法院作虚假的陈述。与物证、视听资料、书证、鉴定意见、勘验检查笔录等客观证据材料相对比，当事人陈述的内容往往具有虚假性、主观性和片面性。为了规避因当事人作出虚假陈述影响人民法院对案件事实的认定，我国《民事诉讼法》和相关司法解释对当事人陈述的程序性事项进行了规制。比如，我国《民事诉讼法》第78条第1款规定：“人民法院对当事人的陈述，应当结合本案的其他证据，审查确定能否作为认定事实的根据。”在此基础上，最高法《民诉法解释》第110条就法

〔1〕 参见张卫平：《民事诉讼法》，法律出版社2019年版，第229页。

官询问当事人的程序性事项作出了原则性规定。最高法《民诉证据规定》在第63条至第66条对当事人陈述的具体程序进行了更细化的规定。尤其是第63条对当事人的真实陈述义务、陈述不一致的处理以及故意虚假陈述的处罚程序规定："当事人应当就案件事实作真实、完整的陈述。当事人的陈述与此前陈述不一致的，人民法院应当责令其说明理由，并结合当事人的诉讼能力、证据和案件具体情况进行审查认定。当事人故意作虚假陈述妨碍人民法院审理的，人民法院应当根据情节，依照民事诉讼法第一百一十一条的规定进行处罚。"第65条对当事人具结程序规定："人民法院应当在询问前责令当事人签署保证书并宣读保证书的内容。保证书应当载明保证据实陈述，绝无隐瞒、歪曲、增减，如有虚假陈述应当接受处罚等内容。当事人应当在保证书上签名、捺印。当事人有正当理由不能宣读保证书的，由书记员宣读并进行说明。"这在很大程度上有效规避了当事人陈述的虚假性问题。

第二节 当事人的自认

当事人的自认是当事人陈述的一种特殊情况，是指在诉讼过程中，一方当事人对另一方当事人所提出的对他不利的事实陈述表示认同或者不加争执，通常也被称为事实自认或当事人的承认。"虽然设置自认制度的主要目的在于减少诉讼成本，提高诉讼效率，但其主要根据则是民事诉讼处分原则。"[2] 最高法《民诉法解释》第92条规定："一方当事人在法庭审理中，或者在起诉状、答辩状、代理词等书面材料中，对于己不利的事实明确表示承认的，另一方当事人无需举证证明。对于涉及身份关系、国家利益、社会公共利益等应当由人民法院依职权调查的事实，不适用前款自认的规定。自认的事实与查明的事实不符的，人民法院不予确认。"在此基础上，最高法《民诉证据规定》结合当前司法实践状况，对自认制度进行了全面而系统的修改完善。其在第3条进一步扩充了自认的内容和场合，规定："在诉讼过程中，一方当事人陈述的于己不利的事实，或者对于己不利的事实明确表示承认的，另一方当事人无需举证证明。在证据交换、询问、调查过程中，或者在起诉状、答辩状、代理词等书面材料中，当事人明确承认于己不利的事实的，适用前款规定。"第89条规定："当事人在诉讼过程中认可的证据，人民法院应当予以确认。但法律、司法解释另有规定的除外。当事人对认可的证据反悔的，参照《最高人民法院关于适用〈中华人民共和国民事诉讼法〉的解释》第二百二十九条的规定处理。"综合上述规定，本书认为应当从以下几个方面来理解自认规则。

---

〔2〕 张卫平：《民事诉讼法》，法律出版社2009年版，第206页。

一、自认的构成要件

(一)时间要件

自认必须是在诉讼过程中作出,包括开庭审理前的准备阶段及开庭审理的过程。自认的具体时间是从当事人提交起诉状起至法庭辩论终结止,且必须是在法官或法庭面前作出才有效。需要注意的是,最高法《民诉证据规定》将自认的场合从最高法《民诉法解释》第92条所规定的"法庭审理中"明确扩展至包括"证据交换、询问、调查过程中"。诉讼外的自认不具有免除对方举证责任的效力,其对法院也不发生诉讼中自认的效力,它只不过是一种普通的证据,对方当事人可以把诉讼外的自认作为证据来使用。

(二)实质要件

1. 自认是一种于己不利的陈述。关于判断"于己不利"的标准,有不同观点。[3] 败诉可能性说认为,是否系不利的事实应当从是否导致败诉(全部败诉或一部分败诉)的可能性来考察。证明责任说则将不利与证明的负担联系起来,所谓"不利的陈述"就是关于应由对方加以证明的事实的陈述,这样一来,证明责任的分配就成了左右自认成立的前提条件,而证明责任分配的复杂必然使人们难以把握自认的成立要件。因此,至于是否为不利益,应当根据客观情况而定,自认者方面知悉与否,在所不问。

2. 自认必须与对方当事人的事实主张一致,自认人所承认的事实与对方当事人所主张的事实之间不存在矛盾。即使一方当事人自认在前,对方当事人主张在后,即自认人先在程序中陈述了对自己不利的事实,而后对方当事人在程序中引用了该承认,只要双方当事人主张一致,即可构成自认。最后,自认的对象是对方当事人主张的具体事实,不同于以诉讼请求为对象的认诺。

(三)形式要件

诉讼上的自认在形式上原则性要求是"明确表示"。当事人以口头或书面方式对于对方当事人陈述的事实明白、确定、无误地加以承认,不能有模棱两可、含糊其词的现象。但需要注意的是,最高法《民诉证据规定》第4条规定:"一方当事人对于另一方当事人主张的于己不利的事实既不承认也不否认,经审判人员说明并询问后,其仍然不明确表示肯定或者否定的,视为对该事实的承认。"因此,在有法律明确规定的特殊情况下,当事人的沉默可以拟制为自认,产生与诉讼上的自认相同的法律效果。

---

〔3〕 参见张卫平:《民事证据法》,法律出版社2017年版,第113页。

（四）主体要件

自认的主体通常限于诉讼当事人，例外情况下委托诉讼代理人可以作出自认。最高法《民诉证据规定》第3条和第4条对当事人自认作出了明确规定，第6条基于共同诉讼的特殊性，分别对普通共同诉讼和必要共同诉讼中当事人的自认问题作出了规定。第5条是关于诉讼代理人自认的规定。所谓的诉讼代理人自认，是指在诉讼过程中，当事人委托的诉讼代理人承认对对方当事人或其诉讼代理人所主张的事实。诉讼代理人基于法律规定或当事人的委托，代为处理法定事宜，符合法律规定的情况下，诉讼代理人享有的诉讼权利与当事人相同，所作出的自认产生与当事人自认相同的法律效果。但由于代理人对于案件事实的认知不及当事人，所以，法律对代理人的自认作出了一定的限制。

二、自认的效力

1. 对对方当事人的免证效力。当事人一旦作出自认，即免除了对方当事人对事实的证明责任，而法官直接推定自认的事实为真实。这样有助于通过压缩诉讼争点，提高诉讼效率，并且有利于法院集中精力查明当事人有争议的事实。

2. 对法院的拘束力。当事人一旦作出自认，法院原则上应以自认的事实为裁判的基础，不必进行审查，不得作相反的认定，法院的裁判受自认的严格约束。当然，自认对法院产生的审理排除效果并非绝对，也受到一定的限制，主要表现为：(1)"身份关系的案件"不适用自认。身份关系案件不但涉及当事人双方的私人利益，更涉及多数关系人的利益，法院不受辩论原则和处分原则的限制，排除自认规则的适用。(2)法院依职权调查的事项不适用自认。例如，对涉及国家利益、社会公共利益或他人合法权益的事实，当事人作出自认的，不产生自认的效力，法院不受自认的约束。(3)诉讼调解中作出的让步不构成自认。当事人为达成调解协议的目的作出妥协，所涉及的对案件事实的认可，不得在其后的诉讼中作为对其不利的证据，即没有赋予调解中的让步以自认的效力。

三、自认的撤回和反悔

诉讼上的自认一经作出，对当事人和法院都产生相应的拘束力。对当事人而言，依诚实信用原则，作出自认的当事人不得随意撤回自认或再作出相反的主张。对法院而言，依辩论原则，自认实际上排除了法院对自认事实的认定权，法院的判决须受当事人自认事实的约束。所以，一般情况下，自认不得撤回或反悔。但是，为了平衡当事人的处分权和法院的审判权，在满足法定条件的例外情况下赋予当事人针对自认的撤回和反悔的权利。因此，"自认撤销（撤回）规则是民事自认制度的核心规则和争议规则之一”[4]。需要注意的是,针对可以主张撤销的两类情形,最高法《民诉证据规定》删除了最高法2001年《民诉证据规定》关于自认撤销的“有充分证据证明”和“与事实不符”两项条件。根据最高法《民诉证据规定》的规定,自认的撤回和反悔包括以下情形:

1. 对方当事人同意撤回的自认。基于私法自治原则,当事人在不违背法律规定的情况下,有权对私法领域的诉讼权利进行处分。故对方当事人同意作出自认的当事人撤回自认,法院应尊重当事人的权利予以准许。

2. 未经对方当事人同意撤回的自认。这种情况下当事人撤回自认,应当符合自认是在受胁迫或重大误解的情况下作出的条件。

3. 当事人反悔。“对己方不利的事实”的自认,允许“当事人反悔并有相反证据足以推翻”,人民法院不予确认其效力。需要注意的是,有相反证据足以推翻自认,不是要求相反证据的证明力比自认的证明力更大,只要相反证据的产生使自认的事实含糊不清、真伪难辨即可。本着实质正义与程序正义并重的理念,当事人在提出足以推翻自认的证据的情况下,应当允许其反悔。

自认的撤回或反悔应当在法庭辩论终结前作出,如果允许在法庭辩论终结后撤回或反悔,那意味着重复庭审程序,加重当事人和法院的负担。自认被撤回或反悔后,不具有免除对方当事人举证的效力,对方当事人仍须对事实承担举证责任。

第三节　当事人陈述的审查判断

一、当事人陈述审查判断的基本要点

当事人陈述既有真实性也有虚假性的特点,决定了如要将其作为定案的依据,则必须经过严格的审查判断。我国《民事诉讼法》第78条第1款要求:“人民法院对当事人的陈述,应当结合本案的其他证据,审查确定能否作为认定事实的根据。”这一规定,既说明了对当事人的陈述不能轻信,也指明了对这类证据进行审查的基本方法,不得将当事人陈述作为独立认定案件事实的依据,针对当事人陈述欲证明的事实,需要其他的证据予以补强方能认定为真。对行政诉讼当事人的陈述,这一规定也可以参照适用。审查判断当事人陈述(包括自认),必须从实际出发,实事求是,重证据,重调查研究,不轻信。

1. 审查当事人是在什么情况下陈述的,其陈述的动机和目的是什么。即便是

---

[4] 霍海红:《论“重大误解且与事实不符”的自认撤销组合事由——从〈民事证据规定(2019)〉第9条再出发》,载《现代法学》2021年第1期。

对当事人在诉讼过程中作出的自认,仍要审查是否出于误解,是否是在受对方威胁或欺诈的情况下作出的以及是否可能是双方合谋以侵害国家和他人的权益。

2. 应从当事人所陈述的具体内容上进行审查,核查其是否与案情相符,即是否符合本案实体法律关系的发生、发展、变化和消灭的过程,是否合情合理,有无可疑之处。

3. 还应结合本案的其他证据进行综合分析,不仅要审查一方当事人陈述与其所提供的其他证据是否存在相互抵触的情形,还要审查该当事人陈述与对方当事人陈述及其所提供的其他证据是否存在矛盾之处。如有矛盾,还应查明发生矛盾的症结所在,以便确定其证明力的大小。

二、当事人陈述认定的基本标准

在司法实践中,认定当事人陈述的标准一般是:

1. 各方当事人陈述一致或者均认可事实,一般无须举证(提供其他证据)和质证,法庭可以直接予以认定。例外情况是:(1)涉及国家利益、社会公共利益、他人合法权益事实,法庭认为当事人应当举证的;(2)涉及身份关系;(3)当事人在诉讼过程中承认的事实,但事后反悔并有相反证据足以推翻的;(4)与其他证据的内容有冲突的。

2. 对只有一方当事人认可的事实,法庭不能单独将该陈述作为认定案件事实的根据。考虑到当事人与案件的利害关系,当事人陈述相对缺乏可信性。因此,仅有一方当事人陈述案件事实属于孤证,不足以认定。

典型案例评析

案例 15－1 广东吴淞与蔡广槐买卖合同纠纷案:所欠货款中的自认部分予以认定[5]

2018 年 10～12 月,原告吴淞与被告蔡广槐存在化工产品买卖合同关系。双方未签订书面买卖合同,交易方式为原告送货上门,后被告在原告的销售单上签收确认当次货款以及累计欠款数额。原告认为,截至 2018 年 12 月 10 日,被告共拖欠货款 66,001.5 元;经多次催讨无果,特向法院起诉。被告称,欠款金额与原告主张不一致。在 12 月 25 日左右被告退还原告一批用剩的材料,原告没有把材料款

〔5〕 广东省潮州市潮安区人民法院民事判决书,(2020)粤 5103 民初 663 号。

退还;在12月8日被告曾拿现金还在原告弟弟那里,原告不承认。目前尚欠原告的金额在20,000~30,000元,原告一直没有与被告对账。

原告围绕其诉讼请求提交了原告居民身份证复印件、被告人信息查询资料、销售单复印件九份等证据为证,被告提交了销售单二份的照片打印件作为证据。在诉讼过程中,被告在庭审中陈述尚欠原告货款数额为51,420元减去应抵除退回的材料款17,000元左右。根据《民诉证据规定》第7条关于"一方当事人对于另一方当事人主张的于己不利的事实有所限制或者附加条件予以承认的,由人民法院综合案件情况决定是否构成自认"之规定,综合本案案件情况,被告认可欠货款数额与附加应抵除退回材料款的条件属于同一法律关系,两者不可分割,共同构成民事诉讼上的自认,故被告自认的尚欠货款数额应为51,420元-17,000元=34,420元。

法院认为,原告与被告之间存在买卖合同关系,被告向原告购买化工产品,结欠原告货款34,420元,有销售单及原、被告庭审陈述为证,事实清楚、证据充分,可予认定。原告请求被告付还尚欠货款66,001.5元,其中34,420元被告予以自认,可予支持,超过部分依据不足,不予支持。

｜评析｜

自认制度是连接辩论主义和民事证据理论的重要桥梁。当事人对于己不利的事实的明确承认,一方面对法院产生拘束力,法院不能违背当事人的自由意志另行调查自认内容的真实性,而应将自认的事实作为判决的基础;另一方面对当事人具有约束力,自认的当事人不得在之后的诉讼过程中对承认内容作相反的陈述或随意撤回,对方当事人也就此对自认的事实免予证明。因此,自认制度能够降低司法成本,提高司法效率,符合诉讼经济的要求。但是在司法实践中,当事人作出自认时,对案件事实并非从完全肯定或全部否定的两个极端来加以表达,有可能会对符合实际情况但于己不利的事实附加一定的条件或者进行限制。在此背景下,最高法《民诉证据规定》第7条新增规定:"一方当事人对于另一方当事人主张的于己不利的事实有所限制或者附加条件予以承认的,由人民法院综合案件情况决定是否构成自认。"该条款的增设表明我国正式确立了限制自认制度,自此明确了法官在适用当事人自认规则时,必须注意到限制自认的问题,不可一概肯定或否定,从而进一步完善了我国民事诉讼证据的自认制度。

限制自认是当事人对相对方主张的不利于己事实附加条件、有所限度的承认,这种承认所产生的结果是使得双方当事人主张的事实部分一致而又部分矛盾。限制自认与自认制度一脉相承,因此,限制自认的构成要件有:其一,限制自认的主体是当事人,诉讼上的限制自认必须源于适格当事人对案件事实的陈述。其二,限制自认应为当事人在诉讼过程中作出的陈述,诉讼外的限制自认不产生相应的法律效力。其三,限制自认必须是在与对方当事人的陈述一致的基础上有所限制,即限制自认的事实与对方当事人陈述的事实一致但附加条件。这种一致不考虑当事人提出主张的时间先后,只要当事人进行援用即可。其四,限制自认的对象与自认一致,应当是于己不利的主要事实。在本案中,法院合理运用了限制自认规则,将被告在庭审中的陈述——“尚欠原告货款数额为51,420元减去应抵除退回的材料款17,000元左右”作为限制自认对待,而非简单地认为被告对51,420元货款进行了自认,仍需就退回材料款17,000元进行举证。换言之,被告在对51,420元货款进行了自认的同时,已经附加了条件——已退回材料款17,000元。如果不认可已退回材料款17,000元,被告是不会对51,420元货款进行了自认的。这表明,我们在适用限制自认规则时,必须注意限制自认的整体性和完整性,切不可割裂后加以看待。

主要文献著述

陈文曲:《民事诉讼当事人陈述理论重构》,法律出版社2010年版。

第十六章　证 人 证 言

第一节　证人证言概述

一、证人证言的概念

证人证言，是指证人就自己所知道的案件事实情况向公安司法机关所作的陈述。

所谓证人，从广义上说，"乃指对于法律有关事实，就其五官觉察所得而陈述者"[1]。其范围包括当事人、鉴定人和勘验检查人，英美法系多采用此广义概念。而从狭义上讲，证人则仅指了解案件事实情况的第三人，不包括诉讼当事人、鉴定人和勘验检查人，大陆法系多采用狭义的概念。在我国，虽然规定"凡是知道案件情况的人，都有作证的义务"，但同时又将"证人证言"与"犯罪嫌疑人的供述与辩解""被害人陈述""鉴定意见""勘验检查笔录"分列作为不同的证据种类。因此，我国实际采用的是狭义的证人概念。

证人证言的内容是指证人对自己所知案件事实的陈述。而与案件无关的内容，或者是证人所作的"猜测性、评论性、推断性的证言，不得作为证据使用，但根据一般生活经验判断符合事实的除外"[2]。办案人员只能要求证人陈述案件事实，而不能要求证人对这些事实作出判断。证人陈述的情况，可以是亲自听到的或者看到的，也可以是别人听到或者看到而转告的。但转告的情况，必须说明来源；说不出来源的，或者道听途说的消息，不能作为证人证言使用。

证人证言的形式主要有口头和书面两种。口头证言即证人以口头叙述的方式向公安司法机关提供的证言。在严格贯彻言词诉讼原则以及传闻证据规则的英美法系国家，证人证言原则上均应以口头陈述的方式提供，书面证言只有在非常例外的情况下可以作为"传闻证据的例外"使用。书面证言即证人以书面陈述的方式向公安司法机关提供的证言。书面证言一般都应该由证人自己书写。公安司法机

---

〔1〕 戴立宁：《证人之基本观念》，载刁荣华主编：《比较刑事证据法各论》，台北，汉林出版社 1984 年版，第 122 页。

〔2〕 最高法《刑诉法解释》第 88 条第 2 款。

关在询问证人时应该制作笔录,或者对询问过程进行录音、录像。询问笔录虽然具有书面形式,但是从证据的性质上说,仍然属于证人证言而非书证。记录证人陈述的录音、录像也不属于视听资料,而是证人证言。

二、证人证言的特征

(一)较强的主观性与不稳定性

与物证、书证相比,证人证言具有较强的主观性,即比较容易受人的主观因素影响,进而出现反复与不稳定。导致这种特征的原因主要有两个方面:一是证言易受证人主观因素的影响,呈现出一定程度的偏向性。例如,与被告人有亲属关系或者其他密切关系的证人所作的证言一般更有利于被告人,而与被告人有利害冲突的证人所作的证言往往对被告人不利。二是证言易受证人的知觉能力、记忆能力、表达能力等因素的影响。"任何一个人在叙述过去的事实,该叙述是否真实,涉及此人的知觉(perception)、记忆(memory)、表达(narration)能力及真诚性(sincerity)。"[3]而证人在知觉、记忆能力方面一旦存在某种瑕疵,将直接影响其证言的真实性。美国早期曾有一统计数字,在约2万目击证人的案例中,要证人描述行为人之外表。证人所描述者,较真正行为人平均高度多5英寸,年龄多8岁,82%的证人对行为人的头发颜色描述错误。[4] 哈佛大学心理学教授胡果(Hugo Munsterberg)为证明这一问题,曾未警告学生而突然在教室内开了一枪,再问学生刚才发生了何事,结果众多学生的答复,完全不一。[5]

(二)证明方式的直接性

与物证、鉴定意见、勘验检查笔录等相比,证人证言对于案件事实的证明具有较强的直接性,往往对于待证事实有直接的证明作用,典型的如目击证人的证言。同时,对于证明的内容也更加明确,更为生动、具体、形象,对案件事实真相揭露得更为深入。

第二节 证人的资格、权利和义务

一、证人的资格

证人资格是证人证言的基本构成要件。根据我国《刑事诉讼法》第62条的规

---

〔3〕 王兆鹏:《美国刑事诉讼法》,北京大学出版社2005年版,第355页。

〔4〕 Judge Jerome Frank & Barbara Frank, *Not Guilty* 61(Doubleday 1957).

〔5〕 Michel L. Radelet, Hugo Adam Bedau & Constance E. Putnam, *In Spite of Innocence*, 39(Northeastern University 1992).

定，凡是知道案件情况的人，都有作证的义务。生理上、精神上有缺陷或者年幼，不能辨别是非、不能正确表达的人，不能作证人。根据最高法《民诉证据规定》第67条第1款的规定："不能正确表达意思的人，不能作为证人。"由此可见，证人资格包括两个方面：其一，证人必须是了解案件情况的人。这是证人的基本特征，不了解案件情况的人不能成为证人。其二，证人必须是能够辨别是非，能够正确表达意思的人。理解证人资格时，须注意以下几点：

1. 凡是知道案件情况并有作证能力的人，都可以作为证人。证人资格不受性别、年龄、民族、出身、成分、文化程度、财产状况、思想觉悟、表现好坏、社会地位等条件的限制。即便是与犯罪嫌疑人、被告人、被害人有亲属关系或者其他利害关系，只要符合证人的条件，都可以作为证人，只是其证言的证明力须慎重对待。

2. 生理上、精神上有缺陷或者年幼、不能辨别是非，不能正确表达的人，不能作为证人。需要注意的是，"生理上、精神上有缺陷或者年幼"与"不能分辨是非，不能正确表达"是并列关系，并非生理上、精神上只要有缺陷，就一概不具备证人资格。例如，盲人可以提供耳闻事实的证言；聋哑人可以提供目睹事实的证言；间歇性精神病患者在神智正常期间也可以提供证言。另外，年幼并不是法律意义上对作证年龄的限制，儿童在其辨识能力范围内并能正确表达的，也可以作为证人。至于"辨别是非的能力"，我国立法上未作明确规定。从司法实践来看，往往将其等同于"感知能力"。但在学理上，一般认为，将"辨别是非"作为证人作证的资格之一是不恰当的，因此，最高法《民诉证据规定》没有再将"辨别是非"作为证人资格之一是正确的。

3. 证人身份具有优先性。只有知道案件情况的人才能作为证人，证人身份具有不可替代性。因而决定了凡是在刑事诉讼开始以前知道案件情况的人，都应该优先作为证人参加诉讼，而不应当作为本案的侦查人员、检察人员、审判人员、辩护人、鉴定人、翻译人员参加诉讼。因为这些人员都是可以自由选择和替换的。同时，这也符合关于证人具有作证义务和司法人员回避的有关法律规定。

4. 证人只能是自然人。单位或法人不属于证人的范畴，以单位或法人的名义出具的证明文件属于书证，不属于书面证言。因为只有自然人个人才能借感官感知案件事实，而单位或法人本身不具有这种感知能力。同时，因为了解案件情况而产生的作证义务，是公民个人的法定义务，所以故意作伪证、隐匿罪证，必须负伪证的法律责任。而单位或法人则无法承担这种责任。因此，证人只能是公民个人，任何机关、团体、企事业单位等都不能作为证人。

二、证人的权利

按照我国现行法律文件的规定，证人应享有以下权利：

1. 证人有使用本民族语言、文字提供证言的权利。我国《刑事诉讼法》第9条第1款规定:“各民族公民都有用本民族语言文字进行诉讼的权利。人民法院、人民检察院和公安机关对于不通晓当地通用的语言文字的诉讼参与人,应当为他们翻译。”此外,对于聋哑证人,还允许用哑语、手势等作证,并要求通晓哑语、手势的人参加诉讼,为他们提供翻译,以利于作证顺利进行。

2. 证人有要求对其个人情况予以保密的权利。证人在侦查期间,有权要求对自己的姓名保密和在诉讼阶段对自己报案、举报的行为保密。根据我国《刑事诉讼法》第111条的规定,在侦查期间,证人不愿公开自己姓名的,有权要求侦查机关替其保密。在整个刑事诉讼阶段,证人作为报案人、控告人、举报人,如果不愿公开自己的报案、控告、举报的行为,其有权要求司法机关保密,司法机关必须为证人保密。但是在审判阶段,证人没有要求为其姓名保密的权利。因为原则上证人应出庭作证,并接受控辩双方的询问,即便因故未到庭的证人,法庭要依法宣读其证言。此外,最高法《行诉证据规定》第74条第2款规定:“人民法院应当对证人、鉴定人的住址和联系方式予以保密。”

3. 证人有要求公安司法机关保障自身及近亲属人身安全的权利。保证证人本人及近亲属的人身安全是保障证人出庭的重要条件。我国《刑事诉讼法》第63条规定:“人民法院、人民检察院和公安机关应当保障证人及其近亲属的安全。对证人及其近亲属进行威胁、侮辱、殴打或者打击报复,构成犯罪的,依法追究刑事责任;尚不够刑事处罚的,依法给予治安管理处罚。”第64条规定:“对于危害国家安全犯罪、恐怖活动犯罪、黑社会性质的组织犯罪、毒品犯罪等案件,证人、鉴定人、被害人因在诉讼中作证,本人或者其近亲属的人身安全面临危险的,人民法院、人民检察院和公安机关应当采取以下一项或者多项保护措施:(一)不公开真实姓名、住址和工作单位等个人信息;(二)采取不暴露外貌、真实声音等出庭作证措施;(三)禁止特定的人员接触证人、鉴定人、被害人及其近亲属;(四)对人身和住宅采取专门性保护措施;(五)其他必要的保护措施。证人、鉴定人、被害人认为因在诉讼中作证,本人或者其近亲属的人身安全面临危险的,可以向人民法院、人民检察院、公安机关请求予以保护。人民法院、人民检察院、公安机关依法采取保护措施,有关单位和个人应当配合。”

证人保护问题历来为世界各国(地区)所关注。英国早在1892年就制定了《证人保护法》,在1996年的《刑事侦查与诉讼法》又专门对特殊人群的作证进行了规定。美国司法部则在1984年通过《证人安全改革法案》进一步完善了联邦证人保护程序。中国香港也于2000年颁布了《证人保护条例》。相较而言,目前我国刑事诉讼中对于证人保护的规定还比较粗疏,还有进一步修改或者制定专门证人保护条例的必要。

4. 证人有要求就因作证产生的费用及减少的收入获得经济补偿的权利。证人因为出庭作证，必然要耗费一定的时间、精力和财力，影响正常的工作和生活，因此有必要对其进行合理的补偿。我国《刑事诉讼法》第 65 条规定："证人因履行作证义务而支出的交通、住宿、就餐等费用，应当给予补助。证人作证的补助列入司法机关业务经费，由同级政府财政予以保障。有工作单位的证人作证，所在单位不得克扣或者变相克扣其工资、奖金及其他福利待遇。"最高法《民诉证据规定》第 75 条还规定："证人出庭作证后，可以向人民法院申请支付证人出庭作证费用。证人有困难需要预先支取出庭作证费用的，人民法院可以根据证人的申请在出庭作证前支付。"

5. 证人在特殊情况下有拒绝作证的权利。证人拒绝作证的权利，又被称为拒证特权，是指在法定情形下，特定主体的公民享有的拒绝向法庭作证或对某些问题拒绝陈述的权利。该项特权的产生主要是基于利益平衡的考虑。综合域外法治国家的立法和实践，证人拒证特权主要适用于：（1）拒绝自陷其罪的特权，即如果证人回答某个问题会导致自己被追究刑事责任，就有权拒绝回答该问题；（2）因亲情血缘关系而产生的拒证特权，比如不得强迫夫妻中的一方提供在婚姻关系存续期间从对方获知的信息；（3）因特定职业而产生的拒证特权，主要包括律师与当事人之间、医生与病人之间、牧师与忏悔者之间；（4）公务特权，即证人有权就有关公务秘密的问题拒绝作答。

在我国古代也有类似证人拒证特权的规定，比如"亲亲相为隐""亲亲得相首匿"就要求直系三代血亲和夫妻之间，除犯谋反、大逆外，均可相隐匿犯罪行为而且减免刑罚，充分体现了对家庭伦理道德的尊重。在 2013 年以前，我国《刑事诉讼法》中并未对此作出规定。2012 年《刑事诉讼法》第 193 条第 1 款规定："经人民法院通知，证人没有正当理由不出庭作证的，人民法院可以强制其到庭，但是被告人的配偶、父母、子女除外。"该款规定免除了特定人员（被告人的配偶、父母、子女）出庭作证的义务，虽然尚不能视为已经确立了证人拒证特权，但无疑是立法的一大进步。

三、证人的义务

按照我国现行法律文件的规定，证人负有如下义务：

1. 证人有出庭作证的义务。证人出庭作证，既是查明案件事实真相的重要途径，也是保障被告人对质诘问权的必然要求。[6] 我国《刑事诉讼法》第 62 条第 1

〔6〕 关于证人出庭作证与被告人对质诘问权的问题，参见颜飞：《书面证言使用规则研究——程序法视野下的证据问题》，中国法制出版社 2012 年版。

款规定："凡是知道案件情况的人,都有作证的义务。"该条对我国刑事诉讼中证人出庭作证作出了原则性规定。但是,并不是所有证人都有出庭作证的必要,如果控辩双方对某一证人证言均无异议时,其出庭作证就无太大的必要。因此,《刑事诉讼法》第192条第1、2款进一步规定："公诉人、当事人或者辩护人、诉讼代理人对证人证言有异议,且该证人证言对案件定罪量刑有重大影响,人民法院认为证人有必要出庭作证的,证人应当出庭作证。人民警察就其执行职务时目击的犯罪情况作为证人出庭作证,适用前款规定。"为强化证人出庭,落实证人不出庭的法律责任,《刑事诉讼法》第193条还规定："经人民法院通知,证人没有正当理由不出庭作证的,人民法院可以强制其到庭,但是被告人的配偶、父母、子女除外。证人没有正当理由拒绝出庭或者出庭后拒绝作证的,予以训诫,情节严重的,经院长批准,处以十日以下的拘留。被处罚人对拘留决定不服的,可以向上一级人民法院申请复议。复议期间不停止执行。"但是,我国《刑事诉讼法》中并未规定,如果证人没有正当理由拒绝出庭或者出庭后拒绝作证的,其庭前所作的询问笔录不得作为定案的根据。这就为证人不出庭作证而采纳其书面证言留下了空间。司法实践中,往往采用宣读其询问笔录的方式代替其出庭作证,这无疑违反了直接言词原则,难以有效地对证人证言进行必要的质证。

在民事诉讼中,证人出庭作证也是一般性原则。最高法《民诉证据规定》第68条规定,人民法院应当要求证人出庭作证,接受审判人员和当事人的询问。证人在审理前的准备阶段或者人民法院调查、询问等双方当事人在场时陈述证言的,视为出庭作证。双方当事人同意证人以其他方式作证并经人民法院准许的,证人可以不出庭作证。无正当理由未出庭的证人以书面等方式提供的证言,不得作为认定案件事实的根据。第76条还规定,证人确有困难不能出庭作证,申请以书面证言、视听传输技术或者视听资料等方式作证的,应当向人民法院提交申请书。申请书中应当载明不能出庭的具体原因。符合《民事诉讼法》第73条规定情形的,人民法院应当准许。

在行政诉讼中,证人作证的规定与民事诉讼类似。最高法《行诉证据规定》第41条规定,凡是知道案件事实的人,都有出庭作证的义务。但有下列情形之一的,经人民法院准许,当事人可以提交书面证言:(1)当事人在行政程序或者庭前证据交换中对证人证言无异议的;(2)证人因年迈体弱或者行动不便无法出庭的;(3)证人因路途遥远、交通不便无法出庭的;(4)证人因自然灾害等不可抗力或者其他意外事件无法出庭的;(5)证人因其他特殊原因确实无法出庭的。

2. 证人有如实作证的义务。证人有义务向公安司法机关如实陈述所知道的案件情况,不得作伪证,不得隐匿罪证,否则要承担相应的法律责任。《刑事诉讼法》第194条规定,证人作证,审判人员应当告知他要如实地提供证言和有意作伪证或者隐匿罪证要负的法律责任。根据《刑法》第 305 条的规定,在刑事诉讼中,证人对与案件有重要关系的情节,故意作虚假证明,意图陷害他人或者隐匿罪证的,处 3 年以下有期徒刑或者拘役;情节严重的,处 3 年以上 7 年以下有期徒刑。需要注意的是,伪证罪主观上必须是“故意作伪证”。因此,证人由于对事物没有看清、听清或者由于记忆不清、表达不清楚等,而提供了不完全准确甚至错误的证言,也不构成伪证罪。

3. 证人有保密的义务。证人应当保守司法机关向他询问情况以及他所陈述内容的秘密,不得向无关人员泄露。证人与证人之间也不能相互串通,互相了解陈述的内容。其目的是防止案情泄露,影响诉讼的顺利进行,同时不干扰其他证人作证,影响事实真相的查明。

4. 证人有遵守法庭秩序的义务。我国《刑事诉讼法》第 199 条第 1 款规定:“在法庭审判过程中,如果诉讼参与人或者旁听人员违反法庭秩序,审判长应当警告制止。对不听制止的,可以强行带出法庭;情节严重的,处以一千元以下的罚款或者十五日以下的拘留。罚款、拘留必须经院长批准。被处罚人对罚款、拘留的决定不服的,可以向上一级人民法院申请复议。复议期间不停止执行。”根据这一规定,作为诉讼参与人之一的证人,如果在法庭审理过程中违反法庭秩序,就将受到警告、罚款或者拘留的处罚。所以,遵守法庭秩序,维护人民法院审判工作的顺利进行,是证人应尽的一项义务。

第三节　证人证言的审查判断

一、证人证言审查判断的基本要点

由于证人证言具有较大的主观性和不稳定性,因此应当注重对其的审查和判断。根据两院三部《办理死刑案件证据规定》第 11 条以及最高法《刑诉法解释》第 87 条的规定,对证人证言应当着重审查以下内容:

1. 证言的内容是否为证人直接感知。即应审查证人证言的来源以及形成过程,以确保其真实性。要查清证人是直接耳闻目睹案件事实,还是听他人讲述而间接得知案件事实。对听他人讲述间接得知案件事实的证言,应当进一步审查证人是在什么情况下听说的,有无失实的可能性,并尽可能向直接感知案件事实的人调查、核对。同时,还应审查证言是在何种条件下形成的,比如目击证人目击案发时的距离远近、光线明暗等客观环境和条件,都会对证人能否正确感知案件事实及感知案件事实的程度产生重要影响。

2. 证人作证时的年龄、认知水平、记忆能力和表达能力,生理上和精神上的状态是否影响作证。即应审查证人的作证能力。符合证人资格的证人,其实际作证能力也是存在差异的,这与其智力发展程度、生理状态等因素都有着直接的关系,而这些因素都将对证言的真实性产生影响。因此,应当根据案件的具体情况,并结合有关证人的生理、心理、性格、习惯以及受教育程度等方面进行审查。

3. 证人与案件当事人、案件处理结果有无利害关系。从广义上说,利害关系包括亲属关系、朋友关系等。如果存在这种关系,就有可能影响证人证言的客观真实性,削弱其证明力。因此,对于与案件有利害关系的证人,虽然不能否定其作证资格,但对于其证言的真实性、可靠性应当结合其他证据予以综合判断,不能单独将其作为定案依据。根据两院三部《办理死刑案件证据规定》第37条第2项的规定,对于与被告人有亲属关系或者其他密切关系的证人所作的对该被告人有利的证言,或者与被告人有利害冲突的证人所作的对该被告人不利的证言,应当慎重使用,有其他证据印证的,可以采信。最高法《行诉证据规定》第71条第2项也规定,与一方当事人有亲属关系或者其他密切关系的证人所作的对该当事人有利的证言,或者与一方当事人有不利关系的证人所作的对该当事人不利的证言不能单独作为定案依据。

4. 证言的取得程序、方式是否符合法律及有关规定。应审查有无使用暴力、威胁、引诱、欺骗以及其他非法手段取证的情形;有无违反询问证人应当个别进行的规定;笔录是否经证人核对确认并签名(盖章)、捺指印;询问未成年证人,是否通知了其法定代理人到场,其法定代理人是否在场等。最高法《刑诉法解释》第89条规定:"证人证言具有下列情形之一的,不得作为定案的根据:(一)询问证人没有个别进行的;(二)书面证言没有经证人核对确认的;(三)询问聋、哑人,应当提供通晓聋、哑手势的人员而未提供的;(四)询问不通晓当地通用语言、文字的证人,应当提供翻译人员而未提供的。"第90条规定:"证人证言的收集程序、方式有下列瑕疵,经补正或者作出合理解释的,可以采用;不能补正或者作出合理解释的,不得作为定案的根据:(一)询问笔录没有填写询问人、记录人、法定代理人姓名以及询问的起止时间、地点的;(二)询问地点不符合规定的;(三)询问笔录没有记录告知证人有关权利义务和法律责任的;(四)询问笔录反映出在同一时段,同一询问人员询问不同证人的;(五)询问未成年人,其法定代理人或者合适成年人不在场的。"

5. 证人证言之间以及与其他证据之间能否相互印证,有无矛盾。"在诉讼活动中证人作证有三'难',即通知证人到案难,到案后说实话难,通知证人到法庭上接受质证就更难。即使提供了证言,翻证的也屡见不鲜。针对证人证言在证明力方面存在的缺点，即不稳定性和多变性，有人说它是法定证据种类中最危险的一种证据，只靠证言定案也是一种最危险的做法。"[7]因此，对证人证言的审查判断必须做到全案证据综合对比，检验是否与其他证据形成印证，才能决定是否作为定案的依据。

除此之外，在审查证人证言时，还应注意证人的品格、操行。通常情况下，凡是品格、操行一贯良好的证人，其证言具有更大的真实性、可靠性；反之，其证言的真实性、可靠性较弱，即证明力不强。但是，对此不能一概而论。针对具体情况还应该具体分析、判断，不应以人的身份、地位、荣誉作为认定其证言证明力的唯一标准。最高法《民诉证据规定》第 96 条规定："人民法院认定证人证言时，可以通过对证人的智力状况、品德、知识、经验、法律意识和专业技能等的综合分析作出判断。"

二、书面证言审查判断的注意事项

因为我国刑事审判中证人不出庭的问题在短时间内还难以得到根本性的解决。所以还必须重视对于书面证言的审查。本书认为，对于书面证言的审查，要特别注意以下方面：

1. 书面证言的提取必须符合法律规定。提取人应是法定的取证主体，证言的制作应当符合法定的形式。行政机关在行政执法过程中制作的询问笔录，在刑事诉讼中不能作为证据使用，应当由侦查机关依法重新制作笔录，相关证言笔录才能作为证据使用。需要注意的是，我国《监察法》第 33 条第 1、2 款规定，监察机关依照本法规定收集的物证、书证、证人证言、被调查人供述和辩解、视听资料、电子数据等证据材料，在刑事诉讼中可以作为证据使用。监察机关在收集、固定、审查、运用证据时，应当与刑事审判关于证据的要求和标准相一致。由此可见，监察机关依据监察调查程序收集的证人证言，无须通过刑事诉讼办案主体重新询问，可以在刑事程序中直接作为证据使用。在审查由侦查机关制作的书面证言时，应当注意侦查人员对证人进行调查的时间、地点是否有违法之处。例如，有证据表明证言是采用刑讯逼供或者威胁、引诱、欺骗等方法取得，或者证据收集提供的主体不合法，由此形成的书面证言不能作为证据使用。

2. 书面证言必须经过庭审质证才能予以确认。控辩双方制作的书面证言必须经过当庭出示、辨认、质证后查证属实，才能作为定案根据。未出庭作证证人的书面证言出现矛盾，不能排除矛盾且无证据印证的，不能作为定案的根据。对于控、辩双方各自取得的书面证言出入较大，直接影响定罪量刑的，审判人员可以主动调

---

〔7〕 樊崇义主编：《证据法学》（第 6 版），法律出版社 2017 年版，第 192 页。

查核实。证人在法庭上的证言与其庭前证言相互矛盾，如果证人当庭能够对其翻证作出合理解释，并有相关证据印证的，应当采信庭审证言。[8]

典型案例评析

案例16-1 云南褚时健贪污案：证人证言自相矛盾，缺乏印证，不能采信[9]

云南省人民检察院指控：1995年11月中旬，被告人褚时健指使罗以军将华玉公司账外存放的浮价款银行账户及相关的资料销掉，把剩余的1156万美元以“支付设备配件款项”的名义全额转到钟照欣提供给褚时健的账户上，构成贪污。对指控的这一事实，公诉机关当庭宣读并出示了银行转款凭证，银行收款凭证，证人罗以军、刘瑞麟、钟照欣的证言，以证明被告人褚时健指使罗以军将华玉公司银行账户上的1156万美元转到新加坡商人钟照欣在境外银行开设的账户的过程，被告人褚时健及其辩护人对转款的事实无异议，但辩解、辩护认为主观上没有非法占有的故意。

法庭依法传唤罗以军出庭作证。罗以军在当庭作证时，证明褚时健说过转出的美元用作赞助款和其他开支。

云南省高级人民法院认为，被告人褚时健指使罗以军将华玉公司账户上的1156万美元转到钟照欣在境外的银行账户上，这一事实清楚，双方并无争议。争议的焦点是被指控人褚时健具有非法占有的主观故意，证据是否充分；争议的实质是被告人褚时健的行为是否具备贪污罪的主观要件，构成贪污罪。经审查：

1. 罗以军的证言不能作为认定事实的根据。罗以军直接实施转款行为，在这一指控中有利害关系，作为证人作证时，证言的内容前后不一，特别是出庭作证的内容与开庭前所作证言有重大变化，在重要情节上自相矛盾，对辩护人提出的质疑不能作出合理解释，没有其他证据相印证，故对罗以军的证言不予采信。

2. 钟照欣的证言亦不能作为证定事实的根据。证言中关于专门为被告人褚时健转款购买公司、开设银行账户一节，经查证，在时间上、用途上均存在矛盾；关于提供给被告人褚时健账号一节，有多种说法，前后不一致，没有其他证据相印证，故对钟照欣的证言不予采信。

3. 公诉机关出示的合同书、付款凭证等证据仅能证明购买烟丝膨胀设备的款没有从转出的1156万美元中支付，不能直接证明被告人褚时健非法占有的故意。

---

〔8〕 关于证人证言的审查与认定的详细规定，可参见最高法《刑诉法解释》第87～91条。

〔9〕 云南省高级人民法院刑事判决书，(1998)云高刑初字第1号。

由于罗以军、钟照欣的证言不予采信，指控证据不能相互印证，形成锁链。

该指控中，证据反映出被告人褚时健转款行为的主观故意，同时存在非法占有、购买设备或其他目的的可能性，不具有充分的排他性，因此，指控被告人褚时健贪污1156万美元证据不充分，不予确认。

｜评析｜

该部分事实系公诉机关指控褚时健等人贪污案中的一笔款项。虽然金额巨大，但法院最终未予认定。核心原因在于认定事实的关键证据——两名证人的证言经过审理后，法院认为证人证言前后自相矛盾，缺乏其他证据印证，不予采信。从此案可见，证人出庭，尤其是关键证人出庭，对于争议事实的认定起着极为重要的作用。由于证人证言本身的不稳定性，如果庭前所作证言与当庭证言互相矛盾，且与其他证据无法印证时，其庭前的书面证言不得作为定案的根据。

主要文献著述

1. 何家弘主编：《证人制度研究》，人民法院出版社2004年版。
2. 王进喜：《刑事证人证言论》，中国人民公安大学出版社2002年版。
3. 房保国：《专家证人制度研究》，中国政法大学出版社2020年版。
4. 颜飞：《书面证言使用规则研究——程序法视野下的证据问题》，中国法制出版社2012年版。
5. 王剑虹：《亲属拒证特权研究》，法律出版社2010年版。

第十七章 鉴 定 意 见

第一节 鉴定意见概述

一、鉴定意见的概念

鉴定意见是具有鉴定资格的专业人员就案件中的专门性问题向公安司法机关提供的结论性判断。鉴定意见不是对案件事实的陈述或记录，而是鉴定人运用自身的专业知识，依托各种科学技术，通过对鉴定对象的观察、分析、检验后形成的主观性结论。在英美证据法中，一般将鉴定人视为专家证人，而将鉴定意见视为专家证人提供的证言，并未将鉴定意见作为一种独立的证据种类对待。专家证人和普通证人一样都要出庭接受控辩双方的交叉询问。在我国，鉴定意见被确定为一种独立的证据种类，鉴定人也应当出庭对鉴定意见作出说明，并接受双方的询问。鉴定意见必须经过质证、辩论认定属实的，方可作为定案的依据。

二、鉴定意见的特征

(一)具有较强的科学性

鉴定意见是鉴定人运用一定科学知识、采用一定科学技术方法对案件中的专门问题进行分析、检验后得出的结论，具有较强的科学性，因此鉴定意见又被称为"科学证据"。人类对外在世界的认识与感知主要是通过眼、耳、鼻、舌等器官。但是，生理方面的局限决定了人类对外在世界的认知不仅范围非常狭窄，而且准确度也不高。特别是考虑到刑事案件事实的复杂性与犯罪手段的隐秘性，如果不借助外物的帮助，人类自身对案件事实的认识能力其实是非常有限的。早在16世纪，法官桑德斯(Saunders)在伯克利诉拉斯·托马斯(Buckley v. Rice Thomas，1554年)一案中就曾经说道："如果我们的法律遇到涉及其他学科和专业的问题，我们通常求助于有关学科或专业的帮助，这是我们的法律应受尊敬和值得赞赏的一面。"[1]

---

[1] [英]麦高伟、[英]杰弗里·威尔逊主编：《英国刑事司法程序》，刘立霞等译，法律出版社2003年版，第232页。

纵观刑事证据制度的发展史，在一定程度可以说就是科学技术的运用日益广泛、科技证据不断发展的历史。从20世纪起，DNA证据、耳纹证据、声纹证据等科学证据已经或正逐渐成为刑事审判中裁判者认定案件事实所依赖的重要证据。正如有学者所言，“所谓证据裁判主义，于今日法科学应用之时代，应改称为科学证据裁判主义”〔2〕。

但需要注意的是，不能因为鉴定意见的“科学性”就对其盲目迷信。鉴定的过程并不等于科学实验的过程，鉴定意见反映的事实也并不必然就是案件事实真相。受鉴定时间的紧迫性、鉴定技术与方法的局限性、送检材料的有限性以及鉴定人的职业道德、业务水平、专业经验等多重因素的影响，鉴定意见的“科学性”也是相对的。因此，鉴定意见与其他证据一样，都应该经过庭审的质证、辩论认定属实后，才能作为定案的依据。

（二）证明方式的间接性

鉴定意见通常属于间接证据，往往只能证明案件事实的某一方面或片段，难以反映案件事实全貌。比如，在凶器上提取到的指纹经鉴定与被告人的指纹具有同一性，也最多只能证明被告人曾触摸过凶器，但是否持凶器实施了犯罪行为还必须有其他证据予以印证。因此，仅凭单个的鉴定意见是难以定案的。但是，需要注意的是，在民事、行政诉讼中，一些鉴定意见会直接决定案件事实尤其是关键事实的认定，如合同上的签名经鉴定系伪造，如无其他证据证明存在其他可以认定合同有效的事由，则可能会直接导致伪造签名一方的败诉。

（三）形成的主观性

鉴定意见之所以称为“意见”，根本原因在于最终形成的结论是鉴定人对案件中的专门性问题运用自己的专业知识进行的分析判断。因此，即使鉴定人可以借助于科学仪器的帮助，但鉴定意见的最终形成，需要鉴定人对所需鉴定事项进行主观上的分析评断，不可避免地会夹杂着鉴定人的主观思维活动。虽然鉴定对象如现场遗留的指纹是客观的，但如何判断该指纹是犯罪嫌疑人所留则需要鉴定人的分析、审查、判断，具有一定的主观性。

三、鉴定意见的分类

随着科学技术日益广泛地运用到司法鉴定领域，鉴定意见的种类也日益繁多。美国著名的证据法学家乔恩·华尔兹教授在《刑事证据大全》一书中认为，科学证据包括以下种类：（1）精神病学和心理学；（2）毒物学和化学；（3）法庭病理学；（4）照相证据、动作照片和录像；（5）显微分析；（6）中子活化分析；（7）指纹鉴定；

〔2〕　蔡墩铭：《刑事证据法论》，台北，五南图书出版股份有限公司1997年版，第4页。

(8)DNA鉴定;(9)枪弹证据;(10)声纹鉴定;(11)可疑文书证据;(12)多电图仪测谎审查;(13)车速检测。[3] 根据刑事诉讼法的规定,为了查明案情,需要解决某些专门性问题时,都应当进行鉴定。

根据鉴定所依据的科学知识和技术不同,司法实践中常见的鉴定意见可以分为以下几种:(1)法医学鉴定。主要用于确定死亡原因、伤害情况等。(2)司法精神病学鉴定。主要用于确定犯罪嫌疑人、被告人、被害人、证人的精神状态是否正常,以便确定被鉴定人有无行为能力和责任能力。(3)物理学鉴定。主要用于对指纹、脚印、工具、枪弹、轮胎、笔迹等痕迹进行鉴定,确定是否同一。(4)化学鉴定。主要用于确定毒物的化学性质和剂量,对人体的危害程度、伤害性质等。(5)生物学鉴定。主要用于对尿液、精液、毛发、骨髓等生物学样本进行鉴定,确定身份是否同一、年龄大小等。(6)司法会计鉴定。主要用于确定账目、表册是否真实,是否符合有关规定。(7)其他鉴定。所有用于解决案件中的其他专门性问题所进行的鉴定,如建筑、交通运输、产品质量、物价、责任事故等方面的鉴定。

此外,根据鉴定所解决的问题性质的不同,可以把鉴定意见分为同一认定型鉴定意见、种属认定型鉴定意见和性质状态型鉴定意见;根据鉴定意见确定性程度的不同,还可以把鉴定意见分为确定性鉴定意见和非确定性鉴定意见。[4]

第二节 鉴定人的资格、权利和义务

一、鉴定人的资格

根据全国人大常委会《关于司法鉴定管理问题的决定》的相关规定,我国对从事司法鉴定业务的鉴定人和鉴定机构实行统一的登记管理制度。国务院司法行政部门主管全国鉴定人和鉴定机构的登记管理工作,省级人民政府司法行政部门负责对鉴定人和鉴定机构的登记、名册编制和公告。具体来说,相关人员和机构成为鉴定人和鉴定机构需要满足以下条件。

具备下列条件之一的人员,可以申请登记从事司法鉴定业务:(1)具有与所申请从事的司法鉴定业务相关的高级专业技术职称;(2)具有与所申请从事的司法鉴定业务相关的专业执业资格或者高等院校相关专业本科以上学历,从事相关工作五年以上;(3)具有与所申请从事的司法鉴定业务相关工作十年以上经历,具有较强的专业技能。因故意犯罪或者职务过失犯罪受过刑事处罚的,受过开除公职

〔3〕 参见陈学权:《科技证据论——以刑事诉讼为视角》,中国政法大学出版社2007年版,第44页。

〔4〕 参见何家弘、刘品新:《证据法学》,法律出版社2004年版,第181－183页。

处分的,以及被撤销鉴定人登记的人员,不得从事司法鉴定业务。

法人或者其他组织申请从事司法鉴定业务的,应当具备下列条件:(1)有明确的业务范围;(2)有在业务范围内进行司法鉴定所必需的仪器、设备;(3)有在业务范围内进行司法鉴定所必需的依法通过计量认证或者实验室认可的检测实验室;(4)每项司法鉴定业务有3名以上鉴定人。

鉴定人应当在一个鉴定机构中从事司法鉴定业务。鉴定人从事司法鉴定业务,由所在的鉴定机构统一接受委托。鉴定人和鉴定机构应当在鉴定人和鉴定机构名册注明的业务范围内从事司法鉴定业务。鉴定人应当依照诉讼法律规定实行回避。

二、鉴定人的诉讼权利

从我国的立法和司法实践来看,鉴定人主要有以下权利:

1. 独立鉴定的权利。根据人大常委会《关于司法鉴定管理问题的决定》第10条的规定:"司法鉴定实行鉴定人负责制度。鉴定人应当独立进行鉴定,对鉴定意见负责并在鉴定书上签名或者盖章。多人参加的鉴定,对鉴定意见有不同意见的,应当注明。"

2. 根据鉴定需要了解案情并获得相关检材的权利。鉴定人根据鉴定的需要,经公安司法机关人员许可,可以询问证人、当事人。鉴定人有权要求提供鉴定所必需的充足的材料。

3. 拒绝鉴定的权利。鉴定人由于自身的客观原因或因技术设备条件有限难以进行鉴定的,鉴定人有权拒绝鉴定。

4. 获得必要的劳务报酬的权利。鉴定人有根据司法鉴定主管机关确定的收费项目和收费标准获得鉴定劳务报酬的权利。

5. 人身财产安全不受侵犯的权利。根据《刑事诉讼法》第64条第2款的规定,鉴定人认为因在诉讼中作证,本人或者其近亲属的人身安全面临危险的,可以向人民法院、人民检察院、公安机关请求予以保护。此外,在民事诉讼与行政诉讼的相关司法解释中也明确规定了对鉴定人的合法权益依法予以保护。

三、鉴定人的诉讼义务

鉴定人从事司法鉴定业务,应当遵守法律、法规,遵守职业道德和职业纪律,尊重科学,遵守技术操作规范。从我国的立法和司法实践来看,鉴定人的诉讼义务包括以下几个方面:

1. 如实鉴定的义务。鉴定人应当认真负责、客观公正地进行鉴定,不收受贿赂,不吃请受礼,不徇私情,不弄虚作假。例如,《刑事诉讼法》第147条第2款规定:“鉴定人故意作虚假鉴定的,应当承担法律责任。”根据《刑法》第305条的规定,在刑事诉讼中,鉴定人对与案件有重要关系的情节,故意作虚假鉴定,意图陷害他人或者隐匿罪证的,构成伪证罪。

2. 出庭接受询问的义务。如前所述,鉴定意见是鉴定人对专门性问题的结论性判断,是否为法庭采信,应当经过庭审的质证与辩论,因此鉴定人应当出庭对鉴定意见作出说明。例如,《刑事诉讼法》第192条第3款规定:“公诉人、当事人或者辩护人、诉讼代理人对鉴定意见有异议,人民法院认为鉴定人有必要出庭的,鉴定人应当出庭作证。经人民法院通知,鉴定人拒不出庭作证的,鉴定意见不得作为定案的根据。”

3. 保密的义务。对鉴定事项涉及国家秘密或者商业秘密的,鉴定人应当严格保密。

第三节 鉴定意见的审查判断

一、鉴定意见审查判断的基本要点

因为鉴定意见本身具有较强的科学性,所以当司法人员对鉴定意见进行审查判断时,面临的最大问题是,自身的法律知识与鉴定所依赖的科学知识之间的差异性。[5] 但是,如果不对鉴定意见进行审查,裁判结论又面临着建立在不确定的事实基础之上的风险。如果对此种风险不加以克服,势必会影响到司法裁判的正当性。因此,既然事实上司法人员无法对鉴定意见进行实质性审查,那么可行的途径就应当是通过审查鉴定程序的正当与否,来判断鉴定意见的真实性与可信性。

根据最高法《刑诉法解释》第97条的规定,对鉴定意见应当着重审查以下内容:(1)鉴定机构和鉴定人是否具有法定资质;(2)鉴定人是否存在应当回避的情形;(3)检材的来源、取得、保管、送检是否符合法律、有关规定,与相关提取笔录、扣押清单等记载的内容是否相符,检材是否可靠;(4)鉴定意见的形式要件是否完备,是否注明提起鉴定的事由、鉴定委托人、鉴定机构、鉴定要求、鉴定过程、鉴定方法、鉴定日期等相关内容,是否由鉴定机构盖章并由鉴定人签名;(5)鉴定程序是否符合法律、有关规定;(6)鉴定的过程和方法是否符合相关专业的规范要求;(7)鉴定意见是否明确;(8)鉴定意见与案件事实有无关联;(9)鉴定意见与勘验、检查笔录及相关照片等其他证据是否矛盾,存在矛盾的,能否得到合理解释;

---

〔5〕 参见徐静村、颜飞:《通过程序弥合知识的鸿沟——论科学证据对刑事审判的挑战及应对》,载《中国司法鉴定》2009年第2期。

(10)鉴定意见是否依法及时告知相关人员,当事人对鉴定意见有无异议。此外,最高法《民诉证据规定》第36条、最高法《行诉证据规定》第32条也有类似规定。

综合上述规定,本书认为,审查判断鉴定意见,应当重点从以下几个方面进行:

1. 鉴定人是否具备相应的资格。鉴定人的鉴定活动应当以鉴定人具有符合条件的资格为前提。如果鉴定人不合格,则必然导致鉴定意见无效。

2. 鉴定过程是否符合有关法定标准或行业规范。比如,鉴定的技术设备是否先进、采取的方法和操作程序是否规范、送鉴材料是否充分、真实等。

3. 鉴定意见的论据是否充分、推论是否合理。注意审查鉴定意见的论据与结论之间有无矛盾。依据现有的论据能否必然推导出现在的意见,防止将自相矛盾的鉴定意见作为诉讼证据使用。

4. 综合全案证据进行审查判断。审查鉴定意见与其他证据之间、证据与案件事实之间有无矛盾。当发现鉴定意见可能存在问题时,及时补充鉴定或者重新鉴定。

根据最高法《刑诉法解释》第98条的规定,当审查发现鉴定意见具有下列情形之一的,不能作为定案的根据:(1)鉴定机构不具备法定资质,或者鉴定事项超出该鉴定机构业务范围、技术条件的;(2)鉴定人不具备法定资质,不具有相关专业技术或者职称,或者违反回避规定的;(3)送检材料、样本来源不明,或者因污染不具备鉴定条件的;(4)鉴定对象与送检材料、样本不一致的;(5)鉴定程序违反规定的;(6)鉴定过程和方法不符合相关专业的规范要求的;(7)鉴定文书缺少签名、盖章的;(8)鉴定意见与案件事实没有关联的;(9)违反有关规定的其他情形。

二、专门性问题报告和事故调查报告的审查判断

在司法实践中,司法鉴定的范围非常有限,但案件办理过程中有大量的专业性问题需要认定,比如盗窃案件中需要对被盗财物的价值进行认定,且这些事实的认定与定罪量刑直接相关。因此,在最高法《刑诉法解释》中对"专门性问题报告"进行了规定。根据其第100条的规定,因无鉴定机构,或者根据法律、司法解释的规定,指派、聘请有专门知识的人就案件的专门性问题出具的报告,可以作为证据使用。对前款规定的报告的审查与认定,参照适用鉴定意见的审查与认定的有关规定。经人民法院通知,出具报告的人拒不出庭作证的,有关报告不得作为定案的根据。

同时,针对司法实践中经常使用的"事故调查报告"(如火灾事故调查报告),由于其性质与鉴定意见具有一定的相似性,最高法《刑诉法解释》第101条规定,有关部门对事故进行调查形成的报告,在刑事诉讼中可以作为证据使用;报告中涉及专门性问题的意见,经法庭查证属实,且调查程序符合法律、有关规定的,可以作

为定案的根据。根据该条规定,“1.事故调查报告中涉及的对专门性问题的意见,其性质实际与鉴定意见类似,也需要接受控辩双方质证,接受法庭调查,只有经查证属实,且调查程序符合法律、有关规定的,才能作为定案的根据。2.事故调查报告中常常会涉及其他事项,有关事项与事实认定无关或者不属于专门性问题的,不具有证据性质,不能作为定案的根据”[6]。但也有学者认为,赋予事故调查报告以证据资格,解决了此种材料在证据性质和能力上的争议,对司法实践有效认定相关犯罪事实将发挥积极作用。但是该规范的新设,可能与立法有冲突,而且在最高法《刑诉法解释》中不自洽,且该规范未严格设置此类材料在司法实践中的适用条件,可能忽略了事故调查报告的不严谨性,放宽了证据能力认定标准,对司法实践可能产生不利的影响。[7] 因此,有学者主张,应当对事故调查报告与其所附证据材料的证据能力问题作出区分。对事故调查报告证据能力应当严格审查,从事故调查主体中立性、调查人员专业性、调查程序正当性、调查结论可靠性等方面进行。[8] 总体而言,由于鉴定意见具有较强的专业性,因此其审查和判断难度较大,公安司法人员和律师一方面不能盲目迷信鉴定意见,另一方面要加强对鉴定意见的学习和了解,并通过咨询专家等方式来对鉴定意见进行审查判断。[9]

典型案例评析

案例 17－1　福建念斌投毒案:鉴定意见未被采信,被害人死因不明,改判无罪[10]

2006 年 7 月 27 日夜,福建省平潭县澳前村 17 号两户居民家中多人出现中毒症状,其中两人经抢救无效死亡。警方经过侦查,确定是人为投入氟乙酸盐鼠药所致,认为其邻居念斌有重大作案嫌疑,念斌被批准逮捕后被提起公诉。后该案历时 8 年 10 次开庭审判,4 次被判处死刑立即执行。2010 年 10 月最高人民法院以“事实不清、证据不足”为由裁定不予核准死刑立即执行,并撤销原判发回福建省高级人民法院重审。2011 年 5 月 5 日,福建省高级人民法院撤销福州市中级人民法院

〔6〕参见《刑事诉讼法解释》起草小组:《〈关于适用刑事诉讼法的解释〉的理解与适用》,载《人民司法》2021 年第 7 期。

〔7〕参见龙宗智:《立法原意何处寻:评 2021 年最高人民法院适用刑事诉讼法司法解释》,载《中国法学》2021 年第 4 期。

〔8〕冯俊伟、王玉荣:《论事故调查报告证据能力问题——以新〈刑诉法解释〉第 101 条为中心》,载《上海政法学院学报(法治论丛)》2022 年第 1 期。

〔9〕关于鉴定意见的审查与认定的详细规定,可参见最高法《刑诉法解释》第 97～101 条。

〔10〕参见福建省高级人民法院刑事判决书,(2012)闽刑终字第 10 号。

对念斌的死刑判决，将该案发回福州市中级人民法院重审。2011年9月7日，福州市中级人民法院再次对念斌判处死刑，剥夺政治权利终身。念斌不服，提起上诉。2012年8月22日，福建省高级人民法院作出终审判决：(1)撤销福州市中级人民法院(2011)榕刑初字第104号刑事附带民事判决。(2)上诉人念斌无罪。(3)上诉人念斌不承担民事赔偿责任。

该案中，控辩双方的主要争议焦点之一是被害人俞乙、俞丙是否系氟乙酸盐鼠药中毒死亡。检方认为，原判采信的上述证据和检方在二审庭审中新出示的被害人俞乙、俞丙的尿液和心血的理化检验报告、俞乙心血的质谱图、检验电子数据、鉴定人证言、侦查机关的情况说明等证实，在俞丙的心血、尿液，俞乙的心血、尿液和呕吐物中检出了氟乙酸盐鼠药成分，与其中毒症状相符；俞丙的尿液与标样的质谱图、俞乙的心血与呕吐物的质谱图相同的问题，鉴定人出庭说明系归档时弄混导致，并且重新提供了俞乙心血的质谱图和相关检验电子数据、补充的尿液实验，可以予以解释。因此，可以认定二被害人死于氟乙酸盐鼠药中毒。辩方认为，辩方在二审庭审中新出示的理化检验报告的质谱图和检方出示的上述证据，以及鉴定人出庭说明，证实本案检验过程未进行“空白”对照检验，不能排除检材被污染的可能；根据提取的质谱图，均不能判定检出氟乙酸盐鼠药成分；由于质谱图出现错误，被害人心血、尿液和呕吐物的理化检验报告不能作为认定死因依据。现有证据不能认定被害人死于氟乙酸盐鼠药中毒。

法院再审认为：检辩双方出示的上述证据能够证实，被害人俞乙、俞丙系中毒死亡。但原判认定系氟乙酸盐鼠药中毒，证据不确实、不充分。(1)检材与标样的质谱图不应相同。标注为被害人俞丙尿液和标注为标样的二份质谱图相同，有悖常理。同时，标注为俞丙尿液的质谱图、检验电子数据的文件名，与俞丙尿液检材的名称也不相符。检方聘请的专业人员提出，该质谱图是否为俞丙尿液的质谱图存疑。辩方聘请的专业人员提出，该质谱图就是标样而非尿液的质谱图。鉴定人出庭说明二者质谱图相同，系将俞丙尿液的质谱图当作标样的质谱图归入档案造成；检验电子数据的文件名与检材的名称不相符，系因命名规则不统一造成。该解释不足以采信。补充的尿液实验因检验条件不相同，缺乏证明价值。因此，俞丙尿液检材的检验结果的真实性存疑。(2)分别标注为被害人俞乙心血、呕吐物的两份质谱图也相同，同样有悖常理。同时，标注为俞乙呕吐物的质谱图、补充所称的俞乙心血的质谱图以及检验电子数据的文件名，与俞乙呕吐物、心血检材的名称也不相符。鉴定人出庭说明二者质谱图相同，系因文件名近似误把呕吐物的质谱图当成心血的质谱图归入档案造成；检验电子数据的文件名与检材的名称不相符，系因命名规则不统一造成。该解释亦不足以采信。因此，俞乙心血、呕吐物检材的检验结果的真实性也存疑。(3)鉴定机构在对俞丙的尿液、心血和俞乙的尿液、心血和呕吐物检材的检验过程中，均未按照专业规范要求进行“空白”对照检验，以防止假阳性检验结果，因此难以排除检材被污染的可能。(4)根据俞丙心血、俞乙尿液检材的检验数据，能否判定检出氟乙酸盐鼠药成分，双方聘请的专业人员提出的意见严重分歧。因此，从俞丙心血、俞乙尿液中检出氟乙酸盐鼠药成分的检验结论可靠性存疑。此外，与被害人共进晚餐的俞甲、念某珠有中毒症状，但未做相应检验，无法认定中毒原因；丁某虾、陈某娇自述并无明显中毒症状，也未做相应检验，是否中毒不明。综上，据以认定二被害人中毒原因的理化检验报告不足以采信，其他共进晚餐人员认定中毒原因或有无中毒缺乏充分依据，原判认定二被害人死于氟乙酸盐鼠药中毒的事实不清，相关证据不确实、不充分。

｜评析｜

从上述判决书可见，之所以不能认定二被害人死于氟乙酸盐鼠药中毒，关键原因就在于对毒物的鉴定存在若干问题。不管是“检材与标样的质谱图不应相同”、“心血、呕吐物检材的检验结果的真实性存疑”还是“难以排除检材被污染的可能”等，其问题的实质都在于违反了司法鉴定的相关程序规定，进而导致无法保障鉴定意见的真实性。根据最高法《刑诉法解释》第98条的规定，如果鉴定意见存在送检材料、样本来源不明；鉴定对象与送检材料、样本不一致；鉴定程序违反规定以及鉴定过程和方法不符合相关专业的规范要求等情形之一的，不能作为定案的依据。因此，福建省高级人民法院据此认定“二被害人死于氟乙酸盐鼠药中毒的事实不清，相关证据不确实、不充分”是符合法律规定的。通过此案也反映出，虽然鉴定意见具有较强的科学性，但其对案件真实的反映是建立在严格遵守法定程序的基础之上的。对鉴定意见的审查和判断，既要关注鉴定本身所依托的技术、手段是否符合科学性，也要着重审查鉴定意见的形成过程是否严格遵守了相关程序规定。

主要文献著述

1. 霍宪丹主编：《司法鉴定学》，北京大学出版社2014年版。
2. 房保国、陈宏钧：《鉴定意见研究》，中国政法大学出版社2012年版。
3. 黄维智：《鉴定证据制度研究》，中国检察出版社2006年版。
4. 季美君：《专家证据制度比较研究》，北京大学出版社2008年版。
5. 刘丽云：《常用司法鉴定意见质证要点》，法律出版社2021年版。

第十八章　笔录类证据

第一节　勘验、检查、辨认、侦查实验等笔录

一、勘验、检查、辨认、侦查实验等笔录的概念

勘验、检查笔录是指办案人员对与案件有关的场所、物品、尸体、人身等进行勘查、测量、检验、检查等活动后所制作的记录。根据勘验、检查对象的不同，分为现场勘查笔录、物证检验笔录、尸体检验笔录、人身检查笔录等类型。在刑事侦查中，现场勘验、检查的任务是发现、固定、提取与犯罪有关的痕迹、物证及其他信息，存储现场信息资料，判断案件性质，分析犯罪过程，确定侦查方向和范围，为侦查破案、刑事诉讼提供线索和证据；人身检查的任务是依法提取、采集肖像、指纹等人体生物识别信息，采集血液、尿液等生物样本，从而确定被害人、犯罪嫌疑人的某些特征、伤害情况或者生理状态；尸体检验的任务是解剖死因不明的尸体，确定死因。勘验、检查是一种保全客观证据的方法，勘验、检查笔录是对客观存在的物的记录，虽然是侦查人员根据自己的观察、测量、检查后作出的记录，但不带有侦查人员的分析判断内容，与鉴定意见的产生机理存在明显差别，所以将勘验、检查笔录归属于实物证据更为合适。

辨认笔录是指办案人员让犯罪嫌疑人、被害人、证人对与犯罪有关的物品、文件、尸体、场所或者犯罪嫌疑人进行辨认后所制作的记录。根据辨认主体的不同，分为犯罪嫌疑人的辨认笔录、被害人的辨认笔录和证人的辨认笔录三种类型。辨认的任务是识别或确认与犯罪有关的人或物，进一步确定辨认主体陈述中的“人或物”与案件发生过程中的“人或物”的同一性。辨认笔录是对了解案件情况的人辨明某一案情的记录，虽然辨认主体是对客观存在的“人或物”进行识别、确认，但其辨认的主体资格源于对案件情况的了解，辨认实际上是诉讼参与人作证的延伸，所以将辨认笔录归属于言词证据更为合适。

侦查实验笔录是指办案人员为验证与案件相关的某一事件或现象在某种情况下能否发生、怎样发生、结果如何等情况，模拟案发当时的条件，实验性地重演某一事实经过后制作的记录。侦查实验的任务是验证实验提出的设想，从而得出肯定

或否定的结论,主要包括:验证在现场条件下能否听到某种声音或者看到某种情形;验证在一定时间内能否完成某一行为;验证在现场条件下某种行为或者作用与遗留痕迹、物品的状态是否吻合;确定某种条件下某种工具能否形成某种痕迹;研究痕迹、物品在现场条件下的变化规律;分析判断某一情节的发生过程和原因。侦查实验笔录是对实验过程和结果进行描述的书面记录,是证成或证伪一个事件或现象的依据,将其归属于实物证据更为合适。

除了上述几类常见的可以作为实质证据的笔录外,还有一些通常用作辅助证据和程序性证据的笔录,如记录侦查人员搜索、检查犯罪嫌疑人以及可能隐藏罪犯或者犯罪证据的人的身体、物品、住处或其他有关地方的实况的搜查笔录,以及记录侦查人员扣留用以证明犯罪嫌疑人有罪或者无罪的各种财物、文件的情况的扣押笔录。

二、勘验、检查、辨认、侦查实验等笔录的特征

勘验、检查、辨认、侦查实验笔录等不同笔录类证据的共性特征体现为制作主体的特定性、形成过程的客观性、证明作用的间接性和多重性。

笔录类证据制作主体的特定性体现在其只能由办案人员在诉讼过程中制作形成,而不能由当事人自行制作。笔录类证据的形成时间与物证、书证、电子数据等实物证据存在明显不同,它不是在事件发生过程中形成的,而是在事件结束后,办案人员为了解事件真相制作形成的。刑事案件中,侦查机关在必要时会指派或聘请具有专门知识的人参与勘验、检查,但他们只能是在侦查人员的主持下进行。

笔录类证据形成过程的客观性体现在其是对发现的情况进行客观记录,而不带有任何人的分析判断。当然,笔录类证据是通过办案人员的五官知觉作出,可能会受到办案人员业务能力和工作态度的影响,形成过程的客观性弱于作为客观实在物存在的物证、书证。但由于笔录类证据的内容未经办案人员长时记忆和深入分析判断而直接形成,可以由办案人员细致观察、查验后作出,且有现场照片乃至同步录音录像的印证,因此其形成过程与融入观察能力、感知能力、记忆能力、表达能力、利害关系等多个因素的证人证言,以及依靠某一领域专业知识分析推导得出的鉴定意见相比,掺入的主观因素明显少得多,客观性优势明显。

笔录类证据证明作用的间接性体现在其只是反映案件事实的某一片段,不能作为直接证据证明案件主要事实,最多作为证明案件事实的间接证据使用。其中,勘验、检查笔录是对实物证据的状态和相互关系的记载,是对某一静态对象的描述,辨认笔录只能确认何人或何物这一要素,侦查实验笔录确认的是某一事件和现象能否在特定条件下发生以及如何发生,这些都不能指向案件事实的主要经过。笔录类证据证明作用的多重性体现在除了能够作为间接证据证明案件事实外,还

能用于证明取证行为的合法性和实物证据的真实性。比如勘验、检查笔录既可以用于证明案发现场的状态，也可以用于证明物证确系从案发现场发现、提取并固定。

不同笔录类证据也有符合自身形成规律的特征：(1)多数刑事案件的勘验、检查笔录的形成具有及时性。因为勘验、检查的对象不仅是查明事实的突破口，而且可能因恢复原状或另行处理而改变原貌，所以需要在案发后及时组织勘验、检查来保全相关证据。(2)辨认笔录的结论具有主观性。虽然辨认笔录的形成过程具有客观性，但毕竟是以辨认主体的主观感知、记忆和表达为基础，辨认结论的形成机理与证人证言相似。(3)勘验、检查笔录和侦查实验笔录的记录方式体现出多样性。其记录方式除了文字记载，还结合了照片、录像、绘图等方式。(4)侦查实验笔录的结论具有补强性。侦查实验笔录一般用来验证某一证据与犯罪行为的关联和特定证据的可靠性，而不是用来证明犯罪事实，在性质上属于补强性证据。

三、勘验、检查、辨认、侦查实验等笔录的审查判断

(一)勘验、检查笔录的审查判断

对勘验、检查笔录的审查主要集中于三个方面：首先，根据笔录及其附件的记载审查勘验、检查是否依法进行，这是形成客观的勘验、检查笔录的前提；其次，审查勘验、检查笔录的制作是否符合法律、有关规定，这是对勘验、检查笔录真实性的保障；最后，审查勘验、检查笔录的内容是否全面、准确，这是对其关联性、真实性和证明价值的判断。

1. 审查勘验、检查是否依法进行。(1)主体资格方面：勘验、检查活动是否是在两名以上侦查人员的主持下进行；侦查人员是否持有工作证件和签发的勘验、检查证明文件；检查妇女身体是否由女工作人员或医师进行。(2)邀请、通知方面：是否邀请了与案件无关的公民作为见证人参加；对死因不明的尸体解剖前，是否通知死者家属到场；民事诉讼中，是否在勘验前将勘验的时间和地点通知当事人；行政诉讼中，是否在勘验现场前邀请当地基层组织或者当事人所在单位派人参加。(3)具体过程方面：是否按照《公安机关刑事案件现场勘验检查规则》规定的步骤和方法进行。

2. 审查勘验、检查笔录的制作是否符合法律、有关规定。根据最高法《刑诉法解释》第 102 条的规定，刑事诉讼中，应当审查勘验、检查人员和见证人是否签名或者盖章；勘验、检查笔录是否记录了提起勘验、检查的事由，勘验、检查的时间、地点，在场人员、现场方位、周围环境等，现场的物品、人身、尸体等的位置、特征等情况，以及勘验、检查的过程；补充进行勘验、检查的，是否说明了再次勘验、检查的原由。根据最高法《民诉证据规定》第 43 条和《行诉证据规定》第 34 条的规定，民事

诉讼和行政诉讼中，应当审查勘验笔录是否记录了勘验的时间、地点、勘验人、在场人、勘验的经过、结果；是否由勘验人、在场人签名或者盖章；对于绘制的现场图，是否注明绘制的时间、方位、测绘人姓名、身份等内容；当事人或其成年亲属经通知拒不到场的，是否在勘验笔录中说明情况。

3. 审查勘验、检查笔录的内容是否全面、准确。主要包括：文字记录与实物或者绘图、照片、录像是否相符；现场、物品、痕迹等是否伪造、有无破坏；人身特征、伤害情况、生理状态有无伪装或者变化等；补充进行勘验、检查的，前后勘验、检查的情况是否矛盾；勘验、检查笔录中记载的情况与被告人供述、被害人陈述、鉴定意见等其他证据能否印证，有无矛盾。

根据最高法《刑诉法解释》第 103 条的规定，勘验、检查笔录存在明显不符合法律、有关规定的情形，不能作出合理解释的，不得作为定案的根据。需要注意的是，此处的表述是"明显"不符合，勘验、检查笔录属于非言词的客观证据，不能轻易排除，加上"明显"的表述更有利于根据具体情况予以把握。[1] 比如在某盗窃案中，公诉机关出示的现场勘验笔录，因无合法的见证人在场，且不能作出合理解释和补强，故法院对该现场勘验笔录不予采信。

（二）辨认笔录的审查判断

根据最高法《刑诉法解释》第 104 条的规定，对辨认笔录应当着重审查辨认的过程、方法，以及辨认笔录的制作是否符合有关规定。

1. 审查辨认的过程、方法是否符合有关规定。为了确保辨认人准确无误地对与犯罪有关的人或物进行辨认，刑事诉讼法及相关规范性文件对辨认的过程、方法作了一系列要求，比如不能"先见后辨"、必须"个别辨认"、原则上应"混杂辨认"等。通过审查辨认笔录的内容，可以重新审视辨认过程、方法的合法性与规范性，从而对辨认笔录的真实性作出判断。具体而言，应重点审查五项内容：(1) 辨认是否在侦查人员、调查人员的主持下进行，主持的侦查人员、调查人员是否在两人以上；(2) 几名辨认人对同一辨认对象进行辨认时，是否由辨认人个别进行；(3) 辨认时，是否将辨认对象混杂在特征相类似的其他对象中；(4) 辨认前是否向辨认人展示辨认对象及其影像资料；(5) 是否给辨认人任何暗示。

2. 审查辨认笔录的制作是否符合有关规定。审查辨认笔录的形式要件，同样是为了保障辨认结果的可靠性。应当重点审查辨认笔录是否记载了辨认的时间、地点，是否写明主持侦查人员的人数及身份、职务信息，是否记载了辨认人和见证人的信息，是否记载了辨认对象和辨认目的，是否全面记录了辨认经过与结果，是否由辨认人、侦查人员、见证人签名。

---

[1] 喻海松：《刑事诉讼法修改与司法适用疑难解析》，北京大学出版社 2021 年版，第 164 页。

根据最高法《刑诉法解释》第105条的规定，严重违反辨认程序的有关规定，辨认笔录不得作为定案的根据，具体包括五种情形：(1)辨认不是在调查人员、侦查人员主持下进行的；(2)辨认前使辨认人见到辨认对象的；(3)辨认活动没有个别进行的；(4)辨认对象没有混杂在具有类似特征的其他对象中，或者供辨认的对象数量不符合规定的；(5)辨认中给辨认人明显暗示或者明显有指认嫌疑的。此外，违反辨认的其他有关规定，导致辨认笔录真实性存疑的，辨认笔录不得作为定案根据。

例如，在某寻衅滋事案中，对于证人马某某的辨认笔录，某中院认为由于上诉人刘某于2日前到过犯罪现场即证人马某某的经营场所，证人马某某是否见到过辨认对象存疑，且上诉人刘某对此提出异议，故依据上述第(2)点要求对该份辨认笔录不予采信；在某故意伤害案中，因公安机关用于证人张某辨认的被告人李某的照片为黑白色，与其他辨认对象的彩色照片明显不同，法院因此认定对张某的辨认有影响，故依据上述第(4)点要求对该辨认笔录不予采信；在某故意杀人案中，对于公诉机关所提供的被告人张某某对水果刀的辨认笔录，法院认为因该水果刀上有明显血迹，特征突出，有一定暗示性，故依据上述第(5)点要求对该辨认笔录不予采信。

(三)侦查实验笔录的审查判断

根据最高法《刑诉法解释》第106条的规定，对侦查实验笔录应当着重审查实验的过程、方法，以及笔录的制作是否符合有关规定。

1. 审查侦查实验的过程、方法是否符合有关规定。主要包括：侦查实验是否经过公安机关负责人批准；是否全程同步录音录像；侦查实验时的各项条件与案发时的条件是否相同；侦查实验活动是否遵循客观规律，按照科学的方法有组织、有计划地进行。

2. 审查侦查实验笔录的制作是否符合有关规定。审查侦查实验笔录时，应当注意笔录是否有相关人员的签名；是否记录了实验的自然条件，实验的工具、用品，实验的内容、方法、步骤，实验结果。

3. 侦查实验的条件与事件发生时的条件有明显差异，或者存在影响实验结论科学性的其他情形的，侦查实验笔录不得作为定案的根据。比如，在某交通肇事案中，法院审查认为公安机关进行侦查实验时的条件与案件发生时的条件有明显差异，侦查实验在参与实验的人的年龄构成、季节、天气状况等方面均与案发时完全不同，故对该侦查实验笔录不予采信。

第二节 现场笔录

一、现场笔录的概念与特征

《行政诉讼法》第33条将勘验笔录与现场笔录并列为第8项法定证据，两者构成了行政诉讼中的笔录类证据。行政诉讼中的勘验笔录与刑事诉讼和民事诉讼中的勘验笔录有着相似的特征，都主要由司法工作人员在诉讼中制作形成。现场笔录则不同，它是指行政机关工作人员对实施具体行政行为的现场情况所作的书面记录。现场笔录只能"现场"制作，不能事后补作，通常在以下几种情况下适用；一是在证据难以保全的情况下，如对变质食品的保全等；二是在事后难以取证的情况下，如对未系安全带的汽车驾驶员进行现场处罚等；三是不可能取得其他证据或者其他证据难以证明案件事实时，如对没有安装合格的消防设施的企业作出不予许可决定等。[2] 对于一个行政诉讼案件而言，现场笔录是贯通行政执法与行政诉讼的书面材料，其具有以下三个突出的特征：

1. 现场笔录具有证据属性的多重性。类似于行政诉讼中司法工作人员制作的勘验笔录和刑事诉讼中侦查人员制作的勘验、检查笔录的属性，行政执法中执法人员制作的现场笔录在行政处罚程序中就是一种典型的笔录类证据。但在行政诉讼中，这种现场笔录还具有书证的属性，除了继续被用于证明作出行政行为的对象事实外，最重要的是通过现场笔录的内容来证明被诉具体行政行为是否事实清楚、证据充分，是否符合法定程序。可以说，虽然在立法上现场笔录与勘验笔录并列为笔录类证据，但其实际上同时具备书证的特征与作用。

2. 现场笔录具有证明效力的优先性。根据最高法《行诉证据规定》第63条的规定，证明同一事实的数个证据，鉴定结论、现场笔录、勘验笔录、档案材料以及经过公证或登记的书证的证明效力一般优于其他书证、视听资料和证人证言。"一般优于"体现了对制作现场笔录的行政主体公信力的认同，将现场笔录视为依职权制作的公文文书，赋予较高的证明效力。当然，"一般优于"的表述意味着原告可以提供相反证据削弱或推翻现场笔录的证明效力。

3. 现场笔录具有证明对象的动态性。勘验笔录是对勘验现场或物品进行勘测、检验后所做的记录，所反映的多是静态的客观场景；而现场笔录是对执法现场的前后经过所作的记录，一般为动态的事实，反映的多是具体行政行为的实施过

[2] 刘玉民主编：《行政证据收集、举证、审查》，中国民主法制出版社2014年版，第8页。

程。针对诉讼案件事实,勘验、检查笔录用于证明静态的客观情况,现场笔录用于证明动态的行为过程。

二、现场笔录的审查判断

根据最高法《行诉证据规定》第 55 条和第 56 条的规定,法庭在审查现场笔录时,应从以下几个方面审查现场笔录:

1. 审查现场笔录的制作是否严格遵循有关程序。主要包括:现场笔录的制作主体是否为具有相关职权的行政主体,制作人员是否为有权作出有关具体行政行为的国家工作人员,行政主体的公章和行政人员的签名是否完整;现场笔录是否在行政活动现场制作;是否向行政相对人表明执法身份,有无告知相关权利,有无听取陈述申辩;是否载明时间、地点和事件等内容;是否由执法人员和当事人签名;当事人拒绝签名或者不能签名的,是否注明原因。例如,在邓某不服某市公证处撤销公证行政处理案中,被告某市公证处以其制作的现场笔录,市有奖募捐委员会办公室罗某、卢某的证明,某律师事务所律师向孙某调查的调查笔录为依据,作出(2000)撤字第 1 号决定,撤销(1999)某市证民字第 1235 号公证书。因某市公证处制作的现场笔录无原告及第三人的签名,不符合当时《公证程序规则(试行)》的规定,故法院认为该现场笔录不具备法律效力,不应作为证据采信。

2. 审查现场笔录内容是否完整、真实。主要包括:现场笔录记载的现场执法的时间、地点和事件等内容是否比较详尽、完整地反映案件事实;现场笔录记载重要情况有无遗漏之处,表述是否准确无误,内容有无推测、臆断;现场笔录记录的内容是否与在案其他证据相互印证,有无矛盾。在行政审判中,如果原告或者第三人对现场笔录的合法性或者真实性有异议,法院可以要求相关行政执法人员作为证人出庭作证。参照最高法《行诉证据规定》第 54 条的规定,法庭在审核认定现场笔录时,应当结合全部证据综合审查,运用逻辑推理和生活经验,对现场笔录进行全面、客观和公正地分析判断,确定现场笔录的内容与案件事实之间证明关系,结合现场笔录形成的原因、制作时的客观环境等因素审查其真实性。[3]

---

〔3〕 关于勘验、检查笔录、辨认笔录、侦查实验笔录的审查与认定的详细规定,可参见最高法《刑诉法解释》第 102 ~ 107 条。

典型案例评析

案例18－1　湖南康某保交通肇事案：侦查实验笔录存在矛盾不能作为定案依据[4]

检察机关指控：2008年11月23日5时30分许，被害人谭某驾驶湘AV0966号小客车沿长常高速公路由西往东行驶至80km＋200m地段，车辆因左前轮爆胎后与中央护栏碰擦停于超车道内。谭某下车查看，被随后同向驶来的由被告人康某保驾驶的湘F13938号小客车撞倒，造成谭某死亡的交通事故。后被告人康某保逃逸。湘公交高六认字〔2008〕第00039号道路交通事故认定书认定被告人康某保负此次交通事故的主要责任。针对指控的事实，公诉机关当庭出示了被告人康某保的供述和辩解、证人严某等人的证言、道路交通事故认定书、道路交通事故认定复核结论、道路交通事故处理通知书、公安交通管理行政强制措施凭证、驾驶证、身份证、行驶证、信息变更证明、湘F13938车辆信息、尸体检验意见书、痕迹鉴定书、物证鉴定书、交通事故检验报告、现场勘验笔录、现场图、现场照片等证据。

被告人康某保辩称：在发生事故时不知道撞了人，他没有逃逸；其辩护人提出侦查实验笔录显示在15人次的侦查实验中，7人次看不清人体模型，说明被告人康某保在事故发生时不能看清被害人谭某，对事故的发生没有过错，没有证据证明被告人康某保知道发生了交通事故，事后康某保也没有实施任何掩饰行为，不构成逃逸。

法院审理认为：公安机关所进行的侦查实验共3轮15次，人体模型摆放的位置在行车道南沿外侧，而事故发生时被害人被撞击点在行车道中线附近，与直行汽车接触时，撞击部位为汽车右前部位，为灯光直线照射范围内，因此对物体形状的辨识率应高于人体模型摆放的位置。侦查实验条件与案件发生时的条件有明显差异，故对该侦查实验笔录不予采信。

｜评析｜

本案中，侦查实验笔录显示侦查人员一共进行了15次侦查实验，这是为了判明实验结果是否能排除偶然性，所以在同一条件下反复进行实验。反复进行同一实验而结果相同，可以说明该结果的出现并非偶然，如果进行同一实验得到的结果不尽一致，则要查明产生差异的原因，而不能随意认定其中某次实验结果是真实可

---

〔4〕　湖南省益阳市资阳区人民法院刑事判决书，(2011)资刑初字第86号。

靠的。15次侦查实验中,8次能够看清人体模型,7次看不清人体模型,说明该实验无法得出确切的结论,无法准确反映案发时被告人的情况。公诉机关据此认为案发时被告人可以看清被害人和辩护人据此认为案发时被告人不能看清被害人,都是错误的。由于无法得出确切的结论,加之侦查实验条件与案件发生时的条件有明显差异,因此不能将该侦查实验笔录作为定案的根据。

案例18－2　河北俞某英故意伤害案:勘验笔录存在诸多问题不予采信〔5〕

检察机关指控:2016年4月23日16时许,在油篓沟乡××坪行政村苗菜梁村山上,被害人郭某与其雇佣为其做广告的工人宋某准备开工时,被告人俞某英的儿子段某开车拉着其妻子李某来到山上,段某从车上拉下郭某,与李某一同对郭某进行殴打,后宋某将段某抱开,拉开郭某并开车带着郭某先行离开。当郭某第二次返回山上准备开车时,俞某英与郭某发生冲突并互殴,在打斗过程中,俞某英用刀捅伤郭某,致其左上臂、左腹、左季肋部、右膝关节受伤,经鉴定,郭某的伤情构成轻伤二级。

被告人俞某英对起诉书指控的罪名无异议,但辩称,其没有拿刀。

被告人俞某英的辩护人提出的主要辩护意见中包括:"……3.关于被害人郭某被捅三刀的问题……(4)2016年4月23日16时00分至16时10分,张北县公安局对郭某做的勘验笔录中,也明确记录'郭某被捅三刀,左臂、肚子和右腿受伤'"。由此可见,被害人郭某、证人宋某在案发第一时间内做的笔录,以及张北县公安局在案发后第一时间内做的勘验笔录,都证实"郭某被捅了三刀"。而且,被害人郭某是明显的外伤,具有显而易见的伤口。是三刀还是四刀,一目了然。因此,被害人郭某在2016年4月24日做的询问笔录中说"被捅了三刀",以及张北县公安局在2016年4月23日做的勘验笔录中登记验伤结果"郭某被捅了三刀",应当是准确的。既然证实"郭某被捅了三刀",就不可能出现四处伤口。

法院审理查明:报警案件登记表记载的报警时间为2016年4月23日16时10分,受案登记表记载的接报时间为2016年4月23日16时10分,张北县公安局勘验笔录记载的起止时间为2016年4月23日16时0分至16时10分,勘验笔录中表述经调查……俞某英用尖刀捅了郭某三刀。从卷宗看,郭某、宋某第一次接受调查的时间为2016年4月24日,俞某英第一次接受调查的时间为2016年5月10日,勘验笔录内容经调查无事实依据,勘验时间与报案时间相矛盾,且该勘验不是针对受伤部位,勘验笔录是记录事发现场的相关情况。故法院对勘验笔录不予采信。

---

〔5〕　河北省张北县人民法院刑事判决书,(2016)冀0722刑初71号。

｜评析｜

本案的勘验笔录存在多处问题:(1)勘验笔录的内容与其他客观证据明显矛盾,肉眼可见被害人的伤口是四处,勘验笔录记载的是三处;(2)勘验笔录记载的时间与立案时间存在明显矛盾,显示勘验时间早于报案时间;(3)勘验对象错误,勘验笔录记录的是案发现场的情况,而不是被害人具体受伤的情况。实际上,本案针对被害人受伤情况使用勘验措施是错误的,对被害人受伤情况应当是在人身检查后制作检查笔录,而不是进行勘验后制作勘验笔录。该案同时说明审查勘验、检查笔录时,需要注意对时间、地点这些小细节的审查,一般来说,勘验、检查时间发生在案发、报案或立案后,如果时间倒置,勘验、检查笔录可能存在记录错误或伪造勘验、检查笔录的情况。

主要文献著述

1. 宋维彬:《刑事笔录证据研究》,中国法制出版社 2020 年版。
2. 周郁昌、孙春增编著:《司法笔录训练》(第 3 版),中国政法大学出版社 2015 年版。
3. 薛伟宏:《检察笔录制作技巧》,中国检察出版社 2009 年版。

第三编

证　明　论

第十九章　证 明 概 述

第一节　证明的概念和特征

一、证明的概念

证明在诉讼活动中具有非常重要的地位，是正确适用法律的基础。刑事诉讼、民事诉讼以及行政诉讼活动都包括两个基本方面：一是准确地查明案件事实；二是正确地适用法律。只有运用证据准确地查明了案件事实，才能够正确地适用法律。

根据《现代汉语词典》的解释，证明有动词和名词词性上的两种含义。从动词的角度来看，证明是指“用可靠的材料来表明或者断定人或事物的真实性”；从名词的角度来看，证明是指“证明书或者证明信”。[1] 前者如通过一个人的肤色可以断定他来自哪个地区或国家；从一个人持有的相关证件可以断定其身份；根据一个人的年龄可以断定其行为能力；依据一个人行为的失常表现可以断定其精神不健康，等等。后者如介绍信、证明信、身份证、工作证等。“证明”一词使用的范围比较广泛：有自然科学领域的证明，如对地球活动规律的证明；有社会科学领域的证明，如对社会制度、社会现象、社会活动的合理性和规律性的证明。

证据法学中的证明又被称为司法证明、诉讼证明，是指特定的机关和诉讼参与人在诉讼过程中，本着查明案件真实情况的目的，依法运用证据来阐明和查明案件事实情况的活动。在证据法领域，证明是作为动词使用的。如果从名词词性上理解司法证明，就会出现“证明”与“证据”相混淆的情况，如前文所述，我国《现代汉语词典》对证明给出的一种解释为“证明书或者证明信”，实际上就是证据的一种——书证。在证据法中，证据与证明是一对既密切联系又具有不同本质的概念。证明与证据之间的关系表现为：(1)证据是证明案件真实情况的信息的载体，属于“存在”或“物质”的范畴，而证明是人的认识，属于“意识”的范畴；(2)证据产生于实体过程，而证明发生于程序过程。证据法学中的证明属于社会科学领域中的证明，作为一种具有法律意义的证明，它有着不同于自然科学领域和其他社会科学领

---

〔1〕 中国社会科学院语言研究所词典编辑室编：《现代汉语词典》，商务印书馆 1997 年版，第 1608 页。

域的证明的特点：要遵循一定的法律规范，受到诉讼期间、取证手段等多方面的限制。

按照不同的标准，可以将司法证明划分为不同的类型：

1. 自向证明和他向证明。以证明指向的对象为标准，可以将司法证明分为自向证明和他向证明两种形式。自向证明就是向自己证明，他向证明就是向他人证明。在诉讼活动中，自向证明和他向证明都是存在的，但是二者的主体有所不同。自向证明的主体一般是就案件事实问题作出某种认定的人，如侦查人员、检察人员和审判人员。他向证明的主体一般是提出某种事实主张的人，如当事人及其律师。不过，自向证明和他向证明的主体在诉讼过程中也是可以转化的。在侦查阶段，侦查人员是自向证明的主体；但是在审查起诉阶段，侦查人员则成了他向证明的主体，因为他们要向检察人员证明逮捕或提起公诉的事实依据。在审查逮捕和审查起诉过程中，检察人员是自向证明的主体；但是到了审判阶段，检察人员作为公诉人，要向法庭证明指控的案件事实，则转化为他向证明的主体。

在司法活动中，还经常使用"查明"一词，如《刑事诉讼法》第 61 条规定："……法庭查明证人有意作伪证或者隐匿罪证的时候，应当依法处理。"所谓查明，就是通过调查，明确调查事实的真伪。查明的依据是各种各样的证据。查明的过程一般表现为查找证据和使用证据。查明的目的往往是让查明者自己查明，以便作出某种决定或裁判。根据前面的分析，查明在一定意义上可以等同于自向证明。

2. 严格证明与自由证明。以是否必须使用具有证据能力并经合法调查的证据进行证明为标准，将诉讼证明分为严格证明与自由证明。严格证明和自由证明的概念由德国学者迪恩茨（Ditzen）提出，后由德国传至日本及中国台湾地区。其间，日本学者小野清一郎结合刑法上的构成要件理论对此理论进行了较大的发展。作为一种理论学说，严格证明和自由证明主要存在于德国、日本及中国台湾地区的证据法学理论之中，但是，作为一种事实现象，此种区分却具有普遍意义，只不过在各个国家（地区）诉讼中的具体表现形式或规范程度不尽相同罢了。

所谓严格证明，是指用具有法定的证据形式和证据能力的证据并且经过法定的证据调查程序所进行的证明。严格证明强调以慎重的程序来保障案件事实的真实性。严格证明之外的证明，为自由证明。自由证明无须运用法定的证据形式或者无须经过法定的证据调查程序，因此又被称为任意证明。适用自由证明时，有关证据是否在法庭上出示、出示以后用什么方式调查，多由法院裁量，无须严格遵循法定的证据调查程序。自由证明侧重于证明的快捷性，旨在尽可能避免诉讼迟延。一般来说，严格证明是指针对实体法事实的证明；自由证明是指针对程序法事实的证明。

3. 证明和释明。以是否需要使法官心证达到确信为标准，将诉讼证明分为证明与释明。证明是指让法官确信案件事实为真的诉讼证明,也就是让法官对案件事实达到内心确信的程度。释明是指法官根据有限的证据可以大致推断案件事实为真的诉讼证明,仅需要微弱的心证和较低的确信。可见,证明的标准高于释明的标准。通常对于诉讼程序上的特定事实,可以适用释明;对于实体法事实,必须进行证明。"若借用比喻性的数字来说明证明与释明则为,证明必须获得80%以上的心证;释明只需达到50%左右即可。"[2]《刑事诉讼法》第60条规定的排除非法证据的标准便属于释明。该条规定:"对于经过法庭审理,确认或者不能排除存在本法第五十六条规定的以非法方法收集证据情形的,对有关证据应当予以排除。"根据该规定,排除非法证据的最低标准是存在以非法方法收集证据的"合理怀疑",而非"证据确实、充分"。与严格证明和自由证明相同,证明和释明也是大陆法系证据法上的概念。证明、释明与严格证明、自由证明之间的关系表现为:严格证明对应证明,自由证明对应释明;严格证明与自由证明指向的是证明的过程,而证明与释明则指向的是证明的结果。

4. 行为意义上的证明和结果意义上的证明。以证明的表现形态为标准,可以将证明分为行为意义上的证明和结果意义上的证明。行为意义上的证明是证明的行为(prove),指证明主体根据已知事实阐明或者查明未知案件事实的活动。结果意义上的证明是证明的结果(proof),指运用已知事实阐明或者查明未知案件事实的结果。行为意义上的证明可以进一步分为取证、举证、质证和认证等行为,这些行为表现为连续的证明过程;结果意义上的证明可以进一步分为证明和释明。

5. 刑事诉讼证明、民事诉讼证明和行政诉讼证明。这是以证明所在的程序为标准所做的分类。这三类诉讼证明既有共同特征,又有不同之处。它们的共同特征表现在:性质和作用相同,都是诉讼法的重要组成部分;方法相同,都采用逻辑推理、司法认知和推定等方法。它们的不同之处表现在证明责任的分配、证据种类、证明对象以及证明的程序规则等方面。除了"证明的程序规则不同"之外,上述三类诉讼证明的异同点在相关章节中都有讲述,这里不再赘述。此处简要说明三类诉讼证明程序规则的不同之处:刑事诉讼特有的证明程序规则是侦查人员、公诉人和审判人员可以讯问犯罪嫌疑人、被告人;民事诉讼特有的证明程序规则体现为处分原则;行政诉讼特有的证明程序规则是被告人在诉讼过程中不得自行向原告和证人调查收集证据。

二、证明的特征

1. 证明是具体法律行为和主观思维活动的统一。证明活动在外观上表现为办

---

〔2〕 参见[日]高桥宏志:《重点讲义民事诉讼法》,张卫平、许可译,法律出版社2007年版,第31页。

案人员、律师和当事人的具体法律行为,如调查取证、审查判断证据、举证、质证和认证等。作为具体的法律行为,证明的法律性表现在:(1)证明的主体由法律规定。谁享有证明的权利,承担证明的义务,由法律明确规定。(2)证明的对象由法律规定。公诉机关和当事人应当证明哪些事实,由法律明确规定。(3)证明的标准由法律规定。公诉机关和当事人对案件事实的证明必须达到什么程度,由法律明确规定。(4)证明的主要程序由法律规定。调查收集证据的程序、法庭调查程序等都由法律明确规定。(5)证明的方法和手段由法律规定。证明的方法和手段包括证据、司法认知和推定等。关于哪些材料可以作为证据、使用推定和司法认知的条件和范围等都由法律明确规定。

证明活动在内容上表现为办案人员、律师和当事人的主观思维活动,即发挥主观能动性,运用已知事实阐明或者查明未知事实。证明的主观性表现在:(1)阐明和查明是在人的大脑中借助语言手段进行的主观思维活动。(2)在运用已知的案件事实阐明或者查明未知的案件事实时,需要运用逻辑和经验等主观方法。在证明过程中,经验的运用无所不在;在条件具备的情况下,分析与综合、归纳与演绎等逻辑方法的运用也不可或缺。

2. 证明具有相对性。司法证明的方式与事件发展的方式在顺序上相反。事件发展的方式是:事件发生→在客观世界或主观世界形成痕迹→产生实物证据或言词证据;司法证明的方式是:根据表现为实物证据或言词证据的痕迹→回溯事件发生的具体情形。诉讼活动是对已经发生的、过去的案情的揭露与证明,有些痕迹可能灭失,证人的记忆可能模糊,利害关系人可能干扰办案,这些都会给诉讼证明活动带来一定的困难。另外,诉讼证明活动还受自然条件、经济条件和科学技术等客观因素和办案人员业务能力、职业修养、司法经验等主观因素的限制。因此,证明的结果与客观事实真相之间可能存在一定的差距。也就是说,证明的案件事实与实际上发生的事实可能不能完全吻合。这就是证明的相对性原理。[3]

虽然诉讼活动应当努力使“事实认定符合客观真相”,但是证明的相对性是客观存在的。司法活动蕴含着一系列法律价值的实现和选择,发现案件事实并非诉讼活动的唯一目标。司法活动与自然科学研究不同。客观真理是自然科学的最高价值体现,揭示客观真理是进行自然科学研究的终极目标。而与之不同的是,司法活动以秩序、效率、公正等多元化的价值为其内在目标,对案件事实的真理性认识固然与其理念相合,但也不能只将眼光集中于发现案件事实而牺牲其他价值目标。

---

〔3〕 江伟主编:《证据法学》,法律出版社1999年版,第50-51页。

第二节　证明的构成要素

证明的构成要素包括证明对象、证明主体、证明责任、证明标准、证明程序、证明方法和证据规则。

一、证明对象

证明对象又被称为证明客体、要证事实、待证事实，是指法律规定的、为了正确处理案件所必须确定的案件事实。法律规范从抽象的意义上规定了各类诉讼案件的证明对象；公诉机关、当事人的起诉和答辩，又在具体意义上设定了某个特定诉讼案件的证明对象。因而，证明对象既具有普遍性又具有特定性。

证明对象是证明的首要构成要素。一般来说，证明活动都是从证明客体出发的，是围绕证明客体展开的，也是以证明客体为归宿的。因此，只有明确了证明对象，才能进一步明确相应的证明主体及其证明责任、应当达到的证明标准、应当采取的证明方法和适用的证明程序。

二、证明主体

从广义上说，凡是在诉讼过程中进行证明活动的人或单位，都是证明主体。以刑事诉讼为例，侦查机关、检察院、法院、当事人、辩护人和诉讼代理人等都进行证明活动，因此都属于证明主体。从狭义上说，只有在诉讼过程中提出诉讼主张并承担证明责任的人或单位才是证明主体。那么，在刑事诉讼中，证明的主体只包括检察院和当事人，侦查机关和法院都不是证明主体。这是因为：只有检察院和当事人在刑事诉讼中有自己的诉讼主张并且承担证明责任；侦查机关虽然通过对案件开展侦查活动协助检察院行使控诉职能，但是侦查机关的侦查行为只是为检察院在法庭上的证明活动做准备，侦查机关在刑事诉讼中没有自己的诉讼主张，不承担证明责任；人民法院的职责是居中裁判，其在刑事诉讼中没有诉讼主张，也不承担证明责任。

三、证明责任

证明责任，是指证明主体依法承担的查明或者阐明案件事实的责任。证明责任如何分配的问题由实体法和程序法共同解决。证明责任与证明主体不可分离，因为证明主体是证明责任的承担者。证明责任与诉讼主张紧密相关，证明责任是基于诉讼主张而产生并根据一定的规则进行分配，无主张则无责任。是否有自己的诉讼主张并且是否可能因未完成证明责任而承担不利后果是判断证明主体的唯一标准。

四、证明标准

证明标准,是指按照法律规定认定一定的事实对诉讼证明所要求达到的程度或水平。确立证明标准具有两方面的意义:一方面,对于裁判者而言,证明标准的高低决定着案件事实是否能够得到认定;另一方面,对于证明主体而言,对证明对象的证明达到证明标准是其证明责任得以卸除的前提。证明标准贯穿证明过程的始终,证明主体收集证据、审查判断证据、举证、质证以及裁判者认定案件事实均围绕着证明标准展开。证明标准与证明责任之间存在内在的联系,达到证明标准则已经尽到证明责任,未达到证明标准则往往是证明责任未能有效完成。

五、证明程序

司法证明的过程如同车间生产的流水线,包括取证、举证、质证、认证四个基本环节。在这四个环节中,取证是基础,举证是前提,质证是关键,认证是目的。其中,取证是指证明主体运用法律许可的方法和手段,发现、采集、提取证据的活动。取证是正确办理刑事、民事和行政诉讼案件的首要工作,是查明案件事实的基础。举证是指证明主体在法庭上宣读或出示证据以证明案件事实的行为。证明主体只有向法院宣读或出示所收集的证据,才能够实现取证的目的。质证是指在审判人员的主持下,由法律允许的质证主体在庭审中对对方所宣读或出示的证据材料从客观性、相关性和合法性等方面进行质疑、反驳的活动。质证不仅对于查明案件事实具有十分重要的意义,同时也是证明主体的一项重要诉讼权利。认证是指审判人员对证据进行审查,以确定其客观性、相关性、合法性和证明力大小的诉讼行为。

六、证明方法

证明方法包括逻辑推理、司法认知、推定等。逻辑推理是最重要的证明方法,具体的方法包括归纳和演绎、分析和综合、反证和排除等。司法认知,也称审判上的认知或审判上知悉,是指对于某一待认定的事实,法官依申请或依职权直接予以确认,而无须公诉机关、当事人对其举证予以证明。推定是依据事物间的常态联系,由一个或一组事实(基础事实)的存在或不存在直接推出与之相关的另一事实(推定事实)存在或不存在的认识方法。

七、证据规则

证据规则指的是确认证据的范围、调整和约束证明行为的法律规范的总称。依据不同的标准,证据规则可以被分为不同的类型:依诉讼阶段的不同,证据规则可以被分为取证规则、举证规则、质证规则和认证规则;依调整内容的不同,证据规则可以被分为规范证明力的证据规则和规范证据能力的证据规则;依证明活动性质的不同,证据规则可以被分为刑事诉讼证据规则、民事诉讼证据规则和行政诉讼证据规则。

典型案例评析

案例 19-1 南京彭宇案:诉讼证明对确立社会规范、树立社会价值的意义〔4〕

原告徐寿兰诉称:2006 年 11 月 20 日上午,原告在南京市水西门公交车站等 83 路车。大约 9 时 30 分,两辆 83 路公交车进站。原告准备乘坐后面的那辆公交车,在行至前一辆公交车后门时,被从车内冲下的被告彭宇撞倒,导致原告左股骨颈骨折,随后住院手术治疗。因原、被告未能在公交治安分局城中派出所达成调解协议,故原告诉至法院,请求判令被告赔偿原告因摔倒受伤所造成的损失,并由被告承担本案诉讼费。

被告彭宇辩称:被告当时是第一个下车的,在下车前,车内有人从后面碰了被告,但下车后原、被告之间没有碰撞。被告发现原告摔倒后做好事对其进行帮扶,而非被告将其撞伤。原告没有充分的证据证明被告存在侵权行为,被告客观上也没有侵犯原告的人身权利,不应当承担侵权赔偿责任。如果由于做好事而承担赔偿责任,则不利于弘扬社会正气。原告的诉讼请求没有法律及事实依据,请求法院依法予以驳回。

在庭审中,对于本案的基本事实,即 2006 年 11 月 20 日上午原告在南京市水西门公交车站准备乘车过程中倒地受伤,原、被告并无争议。但对于原告是否为被告撞倒致伤,无证据证实,双方意见不一。对此,南京市鼓楼区人民法院认定原告系与被告相撞后受伤,主要理由如下:

1. 根据日常生活经验分析,原告倒地除了被他人的外力因素撞倒之外,还有绊倒或滑倒等自身原因情形,但双方在庭审中均未陈述存在原告绊倒或滑倒等事实,

〔4〕 江苏省南京市鼓楼区人民法院民事判决书,(2007)鼓民一初字第 212 号。

被告也未对此提供反证证明，故根据本案现有证据，应着重分析原告被撞倒之外力情形。人被外力撞倒后，一般首先会确定外力来源、辨认相撞之人，如果相撞之人逃逸，作为被撞倒之人的第一反应是呼救并请人帮忙阻止。本案事发地点在人员较多的公交车站，是公共场所，事发时间在视线较好的上午，事故发生的过程非常短促，故撞倒原告的人不可能轻易逃逸。根据被告自认，其是第一个下车之人，从常理分析，其与原告相撞的可能性较大。

如果被告是见义勇为做好事，更符合实际的做法应是抓住撞倒原告的人，而不仅仅是好心相扶；如果被告是做好事，根据社会情理，在原告的家人到达后，其完全可以言明事实经过并让原告的家人将原告送往医院，然后自行离开，但被告未做此等选择，其行为显然与情理相悖。

2. 从现有证据看，被告在本院庭审前及第一次庭审中均未提及其是见义勇为的情节，而是在二次庭审时方才陈述。如果真是见义勇为，在争议期间不可能不首先作为抗辩理由，陈述的时机不能令人信服。因此，对其自称是见义勇为的主张不予采信。

3. 被告在事发当天给付原告两百多元钱款且一直未要求原告返还。原、被告一致认可上述给付钱款的事实，但关于给付原因陈述不一：原告认为是先行垫付的赔偿款，被告认为是借款。根据日常生活经验，原、被告素不认识，一般不会贸然借款，即便如被告所称为借款，在有承担事故责任之虞时，也应请公交站台上无利害关系的其他人证明，或者向原告亲属说明情况后索取借条（或说明）等书面材料。但是被告在本案中并未存在上述情况，而且在原告家属陪同前往医院的情况下，由其借款给原告的可能性不大；而如果撞伤他人，则最符合情理的做法是先行垫付款项。综合以上事实及分析，可以认定该款并非借款，而应为赔偿款。

|评析|

“彭宇案”因彭宇称自己属于见义勇为做好事被诬陷，经媒体报道后引发巨大反响。该案的相关证据证实，尤其是事发多年以后，彭宇自己也承认当年确实和老人发生过碰撞，但是该案的教训是非常深刻的，其引发的负面效应是相当深远的。该案在公众舆论中成了“好人被冤枉”“司法不公”的典型案例，并被斥为引发社会“道德滑坡”的反面典型，甚至导致生活中“该不该扶摔倒老人”成了一个社会问题。其中，最主要的问题是该案一审法官在判决中对原被告相撞事实认定的一些推理分析，偏离了主流价值观，引发舆论哗然和公众批评，导致社会舆论普遍不认同一审判决结果。例如，法院要求被告就原告是绊倒或滑倒，而不是被他人的外力因素撞倒承担证明责任；法院认为，如果被告是见义勇为做好事，更符合实际的做法应是抓住撞倒原告的人，而不仅仅是好心相扶等，并据此认定原告系与被告相撞后受伤。

彭宇案充分说明了诉讼证明不仅是一个查明真相的活动，也是一个确立社会规范、树立社会价值的活动。该案最深刻的教训就是要注重司法证明的分析论证和司法裁判对社会主流道德取向的引导作用，要把正确的价值判断和社会主流价值观有机融入司法裁判的全过程。

主要文献著述

1. 张步文：《司法证明原论》，商务印书馆 2014 年版。
2. 肖建华主编：《诉讼证明过程分析：民事诉讼真实与事实发现》，北京大学出版社 2018 年版。
3. 魏斌：《司法证明的逻辑研究》，中国政法大学出版社 2017 年版。
4. 刘昊阳：《诉讼证明科学》，中国人民公安大学出版社 2007 年版。
5. [澳]安德鲁·帕尔玛：《证明：如何进行庭前证据分析》，林诗蕴、都敏、张雪燃译，中国检察出版社 2015 年版。

第二十章 证明对象

第一节 证明对象概述

一、证明对象的概念

证明对象，又称为证明客体、待证事实或要证事实，是指证明主体在诉讼过程中需要运用证据加以证明的案件事实。诉讼中的证明活动离不开证明对象，没有证明对象，证明活动就会失去方向。“在诉讼中，事实认定是适用法律的前提和基础，而且，诉讼中的争议也主要表现为事实争议。事实争议通过诉讼证明而解决。在此意义上，证明对象就是诉讼活动的核心聚焦点。正确认识证明对象这一聚焦点，是与诉讼证明有关的法律规定及其实践得以合理有效展开的基本前提。”[1]只有明确了证明对象，才能进一步确定由谁负责证明（证明责任）、证明到何种程度（证明标准），以及如何进行证明（证明程序）；也只有明确了证明对象，取证、举证、质证和认证等证明活动才能有的放矢地进行。因此，有学者指出：证明对象是建构证据法学理论体系道路上需要攻克的第一个堡垒。[2]

在理解证明对象的概念时，应该注意把握以下要点：(1)证明对象是以诉讼主体的事实主张为基础的。在刑事诉讼中，检察官代表国家和人民提出的犯罪指控包含有事实主张；在民事、行政诉讼中，原告方的诉讼请求中也都包含有事实主张。(2)证明对象是与证明责任密切相关的。凡是证明对象，都要有相应的证明主体承担证明责任；所有的证明责任，都是针对一定的证明对象而言的。(3)证明对象是必须由证据加以证明的案件事实。如果某个案件事实是无须证明的，那么它就不属于证明对象。

二、证明对象的范围

关于证明对象的范围，学理上有争议。一般认为，实体法事实和程序法事实属

---

〔1〕 周洪波：《证明对象的基本法理与中国问题》，载《江海学刊》2022年第1期。

〔2〕 参见孙远：《证明对象、要件事实与犯罪构成》，载《政治与法律》2011年第8期。

于证明对象,证据事实和免证事实不是证明对象。

(一)实体法事实

证明对象以实体法律的规定为主要依据。通常诉讼主体的事实主张都是依据实体法律的规定提出的,所以实体法律规定的构成要件事实往往就是证明对象的核心内容。因此,实体法事实是证明对象的基本内容,这一点在理论上没有争议。

(二)程序法事实

程序法事实是指对于解决诉讼程序问题具有法律意义的事实,包括关于回避的事实、关于耽误诉讼期限的事实、关于不应采用刑事强制措施的事实、关于违反法定诉讼程序的事实、关于变更执行依据的事实等。例如,一方当事人要求审判人员或者鉴定人回避,那么他应该说明其要求回避的事实理由,如该审判人员是另一方当事人的亲友,或者该鉴定人与另一方当事人有共同的利害关系。这些事实就是所谓的程序法事实。关于程序法事实是否是证明对象,学理上有三种观点:[3]

1. 肯定说。肯定说认为程序法事实属于证明对象,理由是:(1)查明程序法事实有利于监督司法机关遵守法定程序。(2)在诉讼过程中,控辩双方可能对程序法事实产生争议,专门机关尤其是人民法院需对此作出决定或裁定;涉及需要作出决定或裁定的程序法事实,应当是证明对象。(3)在诉讼过程中,有些程序法事实如果不加以证明,便不能顺利地进行有关诉讼行为,如有关管辖的事实、有关适用刑事强制措施的事实等。

2. 否定说。否定说认为程序法事实不能成为证明对象,理由是:(1)证明对象的作用在于使整个收集、调查证据的活动过程具有明确的方向;将证明对象限定为实体法事实,有利于司法机关分清主次,将注意力集中于那些可以保证正确适用实体法的事实。(2)程序法事实,特别是那些据以作出决定或者裁定的事实,虽然也存在着查明的问题,但与证明对象不能混同。因为许多程序法事实不查自明或者属于司法认知的范围,而且,并非每个案件都会遇到需要证明的程序法事实。

3. 折中说或有限肯定说。该观点认为,对于程序法事实能否成为证明对象,应作具体分析,不能一概而论。在肯定程序法事实是证明对象的基础上,可对其范围作一定的限制。这些限制主要包括:能够成为证明对象的程序法事实必须是案件系争的主要事实;能够成为证明对象的程序法事实必须是当事人能够以诉的方式加以主张的事实;能够成为证明对象的程序法事实必须是法院非依职权调查的事实。

本书赞同肯定说,认为程序法事实属于证明对象,理由是:(1)从国外的立法

---

〔3〕 参见卞建林、谭世贵主编:《证据法学》(第4版),中国政法大学出版社2019年版,第421－422页。

来看，一般都将程序法事实列为证明对象，如意大利《刑事诉讼法典》第 187 条规定："证明的对象：(一)与控告、可罚性、刑罚或保安处分的适用有关的事实均为证明的对象；(二)与适用诉讼规范有关的事实也是证明对象；(三)如果设立了民事当事人，与因犯罪而产生的民事责任有关的事实也是证明的对象。"(2)无论在何种诉讼中，当事人如提出程序性的主张，都应当提供证据加以证明，否则该主张不能成立。例如，当事人提出某审判人员应当回避，如果他不能提出证据证明该审判人员与案件有某种利害关系，那么他所提出的回避申请就无法得到法院的许可。(3)我国三大诉讼法均明确规定严重的程序违法是撤销第一审判决、发回重审的理由，这就明确地将程序法事实纳入第二审人民法院必须查明的对象即证明对象的范围。(4)将程序法事实纳入证明对象，有助于提高程序法的地位，摆正实体法与程序法之间的关系。程序法不仅是实体法的实施手段，而且具有独立的价值和地位。当然，程序法事实与实体法事实具有不同的性质，实体法事实是诉讼证明活动中主要的证明对象。

(三)证据事实

证据事实是指证据所反映的事实。由于证据是证明案件事实的手段，同时自身又需要查证属实，因此，关于证据事实是否成为证明对象，成为学理上一个有争议的问题。概括起来，主要有三种观点：[4]

1. 肯定说。肯定说认为证据事实是证明对象，理由是：任何证据的真实性都需要其他证据确证，而当某个证据成为其他证据验证的客体时，它便成为证明对象。换句话说，在证据事实与案件事实、证据事实与证据事实之间，存在手段与目的的因果锁链，处于中间环节的证据事实，具有证据事实和证明对象的双重身份，是证明手段和证明对象的统一体。

2. 有限肯定说。有限肯定说包括两种观点：第一种有限肯定说认为，直接证据不是证明对象，间接证据是证明对象。直接证据反映的事实同案件事实是重合的，案件事实已经被列为证明对象，直接证据反映的事实就没有再列为证明对象的必要了。与直接证据不同，间接证据不能单独反映案件的主要事实，因此可以成为证明对象。第二种有限肯定说认为，物证不是证明对象，人证是证明对象。物证是客观存在的物品和痕迹，看得见、摸得着，不需要再去证明。反之，人证反映的事实是过去曾经发生过的事实，必须首先对其进行证明，得到证实以后才能将其作为证据。

3. 否定说。否定说认为，证据事实是证明案件事实的手段，它不能既是证明手

---

〔4〕 参见卞建林、谭世贵主编：《证据法学》(第 4 版)，中国政法大学出版社 2019 年版，第 424－425 页。

段,又是证明对象。即使作为证据的事实需经查证属实后才能使用,也不能认为它就是证明对象,因为对证据事实进行审查核实,属于对证据进行审查判断的活动,与对案件事实的证明存在本质的不同。

本书赞同否定说,认为证据事实不属于证明对象。虽然证据需要印证或佐证,但这属于对证据的审查判断,与对案件事实的证明不同,不能因为证据需要审查判断就把它作为证明对象。证据是证明案件事实的根据。如果说证据事实是证明对象,那么证据就不仅是证明案件事实的根据,也是证明证据事实的根据。于是,这就会导致自我循环的定义,如证据是证明证据的根据;证明对象是由证明对象证明的对象。其实,"证据事实"的说法本身就值得商榷。一般认为,"证据事实"是指每一个具体证据所反映的与案件有关的事实,而每一个具体证据所反映的与案件有关的事实即是案件事实。由此可见,"证据事实"本身就是案件事实。我们已经有了"案件事实"(包括"实体法事实"和"程序法事实")的概念,就没有必要再创立"证据事实"的概念。如果没有"证据事实"的概念,当然也就不存在"证据事实"是否属于证明对象的争论了。

(四)免证事实

证明对象是未知或者有争议的案件事实。如果某一案件事实是已知的或者没有争议的,那么当然就没有必要进行证明。在证据法上,这些事实被称为免证事实。证明对象不包括免证事实。相关司法解释对于三大诉讼中的免证事实都有一定规定。

最高检《规则》第401条规定的免证事实包括:(1)为一般人共同知晓的常识性事实;(2)人民法院生效裁判所确认并且未依审判监督程序重新审理的事实;(3)法律、法规的内容以及适用等属于审判人员履行职务所应当知晓的事实;(4)在法庭审理中不存在异议的程序事实;(5)法律规定的推定事实;(6)自然规律或者定律。

最高法《民诉证据规定》第10条规定的免证事实包括:(1)自然规律以及定理、定律;(2)众所周知的事实;(3)根据法律规定推定的事实;(4)根据已知的事实和日常生活经验法则推定出的另一事实;(5)已为仲裁机构的生效裁决所确认的事实;(6)已为人民法院发生法律效力的裁判所确认的基本事实;(7)已为有效公证文书所证明的事实。但是,第(2)~(5)项事实,当事人有相反证据足以反驳的除外;第(6)~(7)项事实,当事人有相反证据足以推翻的除外。

最高法《行诉证据规定》第68条规定的免证事实包括:(1)众所周知的事实;(2)自然规律及定理;(3)按照法律规定推定的事实;(4)已经依法证明的事实;(5)根据日常生活经验法则推定的事实。但是第(1)(3)(4)(5)项,当事人有相反证据足以推翻的除外。

三、证明对象的特征

1. 证明对象是指需要用证据证明的事实。证明对象是未知的事实或者不确定的事实,证据是已知的、确定的事实。证明对象需要用证据予以证明,证明对象和证据之间存在目的和手段的关系。如前所述,已知的或者没有争议的案件事实,因为没有必要进行证明,当然也就不属于证明对象。

2. 证明对象是法律规定的要件事实。要件事实是指司法人员依法处理案件必须查明的事实。这里所说的法律,包括实体法和程序法。如果说实体法规定的要件事实是实体要件事实,那么,程序法规定的要件事实就是程序要件事实。要件事实包括实体要件事实和程序要件事实两个方面。要件事实既具有普遍性,又具有特殊性。要件事实的普遍性表现在要件事实是法律规定的,对同类案件同等适用。例如,在所有针对作为的具体行政行为提起诉讼的行政案件中,都需要查明行政机关的主体资格和权限、适用法律是否正确、程序是否合法、是否滥用职权、相对人是否正确、客体是否正确等事实。要件事实的特殊性表现在具体的案件中,要件事实会根据案件事实的不同和当事人诉讼主张的不同而被具体化。

3. 证明对象与公诉机关和当事人的主张密切相关。在诉讼过程中,公诉机关和当事人依其诉讼地位提出自己的诉讼请求或者抗辩请求。为了使自己的请求得到法院的认可,公诉机关和当事人必须分两步走:第一步,应当针对各自的诉辩请求分别主张相应的事实;第二步,利用证据证明所提出的事实主张。在整个诉讼过程中,当事人实现诉辩请求就是通过用证据证明其主张的事实来进行的。

4. 证明对象与证明责任、证明标准密切相关。证明责任是诉讼主体依法承担的提供证据证明自己的主张,并且在举证不能时承担败诉风险的责任。证明责任并非空泛的责任,而是相对于证明对象而言的。凡是列入证明对象的事实,有证明责任的一方必须提出证据予以证明,并且证明的程度必须达到证明标准;否则,诉讼主张就不能成立,或者存在不能成立的风险。

第二节 刑事诉讼的证明对象

《刑事诉讼法》第 52 条规定:“审判人员、检察人员、侦查人员必须依照法定程序,收集能够证实犯罪嫌疑人、被告人有罪或者无罪、犯罪情节轻重的各种证据……”该条规定了刑事诉讼证明对象中的实体法事实。《刑事诉讼法》第 238 条规定:“第二审人民法院发现第一审人民法院的审理有下列违反法律规定的诉讼程序的情形之一的,应当裁定撤销原判,发回原审人民法院重新审判:(一)违反本法有关公开审判的规定的;(二)违反回避制度的;(三)剥夺或者限制了当事人的法定诉讼权利,可能影响公正审判的;(四)审判组织的组成不合法的;(五)其他违反法律规定的诉讼程序,可能影响公正审判的。"该条体现了刑事诉讼证明对象中的部分程序法事实。

最高人民法院和最高人民检察院的有关司法解释进一步具体规定了刑事诉讼的证明对象。最高法《刑诉法解释》第 72 条第 1 款规定:"应当运用证据证明的案件事实包括:(一)被告人、被害人的身份;(二)被指控的犯罪是否存在;(三)被指控的犯罪是否为被告人所实施;(四)被告人有无刑事责任能力,有无罪过,实施犯罪的动机、目的;(五)实施犯罪的时间、地点、手段、后果以及案件起因等;(六)是否系共同犯罪或者犯罪事实存在关联,以及被告人在犯罪中的地位、作用;(七)被告人有无从重、从轻、减轻、免除处罚情节;(八)有关涉案财物处理的事实;(九)有关附带民事诉讼的事实;(十)有关管辖、回避、延期审理等的程序事实;(十一)与定罪量刑有关的其他事实。"最高检《规则》第 400 条规定:"公诉人讯问被告人,询问证人、被害人、鉴定人,出示物证,宣读书证、未出庭证人的证言笔录等应当围绕下列事实进行:(一)被告人的身份;(二)指控的犯罪事实是否存在,是否为被告人所实施;(三)实施犯罪行为的时间、地点、方法、手段、结果,被告人犯罪后的表现等;(四)犯罪集团或者其他共同犯罪案件中参与犯罪人员的各自地位和应负的责任;(五)被告人有无刑事责任能力,有无故意或者过失,行为的动机、目的;(六)有无依法不应当追究刑事责任的情况,有无法定的从重或者从轻、减轻以及免除处罚的情节;(七)犯罪对象、作案工具的主要特征,与犯罪有关的财物的来源、数量以及去向;(八)被告人全部或者部分否认起诉书指控的犯罪事实的,否认的根据和理由能否成立;(九)与定罪、量刑有关的其他事实。"据此可见,刑事诉讼的证明对象主要包括如下事实。

一、犯罪构成要件事实

犯罪构成是犯罪概念的具体化,其所要解决的问题是成立犯罪的具体标准和规格。在我国,任何一种犯罪的成立都必须具备四个方面的构成要件,即犯罪客体、犯罪客观方面、犯罪主体和犯罪主观方面。

犯罪客体,是指刑法所保护而为犯罪所侵犯的社会主义社会的社会关系。犯罪客观方面,是指犯罪活动的客观外在表现,包括危害行为、危害结果以及危害行为与危害结果之间的因果关系。有些犯罪还要求发生在特定的时间、地点或者使用特定的方法。犯罪主体,是指达到法定刑事责任年龄、具有刑事责任能力、实施危害行为的自然人。有些犯罪还要求特殊主体,即具备某种职务或者身份的人。少数犯罪,根据法律的特别规定,企事业单位、机关、团体也可成为犯罪主体。犯罪的主观方面，是指行为人有罪过（包括故意或过失）。有些犯罪还要求有特定的犯罪目的。

刑法对犯罪构成的规定，由刑法总则与刑法分则共同实现。刑法总则规定的是各种犯罪的共同构成要件；刑法分则规定的是各种犯罪的具体构成要件。在根据刑法分则条文认定具体犯罪的时候，不能忽视刑法总则条文规定的犯罪构成的共同要件。只有把刑法总则和分则密切结合起来，才能全面把握犯罪构成要件，做到正确定罪。

二、排除行为违法性的事实和排除行为人刑事责任的事实

排除行为违法性是指某些行为在形式上类似犯罪行为，但实质上不具有法益侵害性，刑法明确否定这类行为的犯罪性质。按照刑法的规定，这类行为包括正当防卫、紧急避险以及依法行使职权等。排除行为人刑事责任是指某些行为尽管构成犯罪，但是却不应当追究行为人的刑事责任。《刑事诉讼法》第 16 条规定："有下列情形之一的，不追究刑事责任，已经追究的，应当撤销案件，或者不起诉，或者终止审理，或者宣告无罪：（一）情节显著轻微、危害不大，不认为是犯罪的；（二）犯罪已过追诉时效期限的；（三）经特赦令免除刑罚的；（四）依照刑法告诉才处理的犯罪，没有告诉或者撤回告诉的；（五）犯罪嫌疑人、被告人死亡的；（六）其他法律规定免予追究刑事责任的。"其中，除第 1 项的规定外，其他几项的规定都属于排除行为人刑事责任的情形。

三、量刑事实

量刑又称刑罚裁量，是指人民法院根据行为人所犯罪行的轻重及刑事责任的大小，在定罪的基础上，依法决定对行为人是否判处刑罚，判处何种刑罚、刑度及所判刑罚是否立即执行的刑事审判活动。罪行的轻重决定着法定刑的轻重，刑事责任的大小决定着宣告刑的轻重。罪行的轻重主要表现为危害行为的性质及其社会危害程度；刑事责任的大小不仅表现为行为人罪前、罪中和罪后的各种行为事实，而且还表现为反映行为人主观恶性和人身危险性的各种主客观情况。上述影响量刑的各种主客观事实被称为量刑情节。

以是否由法律明文规定为标准，可以将量刑情节分为法定量刑情节和酌定量刑情节两大类。法定量刑情节主要体现在刑法中。例如，犯罪较轻的自首犯，可以免除处罚（《刑法》第 67 条）；有重大立功表现的，可以减轻或者免除处罚（《刑法》第 68 条）；对于未遂犯，可以比照既遂犯从轻或者减轻处罚（《刑法》第 23 条第 2 款）；等等。刑事诉讼法中也有关于量刑情节的规定。例如：犯罪嫌疑人、被告人认罪认罚的，可以依法从宽处理（《刑事诉讼法》第 15 条）；对于与被害人达成和解

协议的犯罪嫌疑人、被告人,可以从宽处罚(《刑事诉讼法》第 290 条)。

除上述法定情节事实外,酌定情节事实也需加以证明。酌定情节是法定情节的补充,是司法机关和理论工作者根据刑事立法精神和有关刑事政策结合司法实践总结出来的,由审判机关在量刑时灵活掌握和酌情适用的情节。这类情节只能是在法定刑幅度内从轻或从重处罚,禁止用于加重和减轻处罚。常见的酌定情节有犯罪的动机、犯罪的手段、犯罪时的环境和条件、犯罪造成的后果、犯罪分子的一贯表现、犯罪后的态度等。

四、程序法事实

在刑事诉讼中,常见的程序法事实有:(1)有关管辖的事实;(2)有关回避的事实;(3)有关对犯罪嫌疑人、被告人采取强制措施的事实;(4)有关审判组织组成的事实;(5)有关诉讼程序的进行是否超出法定期限的事实;(6)司法机关侵犯犯罪嫌疑人、被告人诉讼权利的事实;(7)与执行程序有关的事实;(8)其他与程序的合法性或者公正审判有关的事实。但并不是在所有案件中都会出现将程序法事实作为证明对象的情形。只有在对程序法事实存在争议的时候,它才成为证明对象。

五、其他相关事实

除了上述内容之外,刑事诉讼的证明对象还包括一些兼具实体性和程序性的事实,如有关涉案财物处理的事实、有关附带民事诉讼的事实、有关附带民事公益诉讼的事实。

需要说明的是,《刑事诉讼法》规定了犯罪嫌疑人、被告人逃匿、死亡案件违法所得的没收程序和依法不负刑事责任的精神病人的强制医疗程序。这两类特别程序有各自特有的证明对象。根据《刑事诉讼法》第 298 条的规定,犯罪嫌疑人、被告人逃匿、死亡案件违法所得的没收程序包括"逃匿型"违法所得没收程序和"死亡型"违法所得没收程序两种类型。

"逃匿型"违法所得没收程序特有的证明对象有:(1)犯罪嫌疑人、被告人实施了贪污贿赂犯罪、恐怖活动犯罪等重大犯罪案件;(2)犯罪嫌疑人、被告人逃匿,在通缉一年后不能到案;(3)依照刑法规定应当追缴其违法所得及其他涉案财产。

"死亡型"违法所得没收程序特有的证明对象有:(1)犯罪嫌疑人、被告人死亡;(2)依照刑法规定应当追缴其违法所得及其他涉案财产。

根据《刑事诉讼法》第 302 条的规定,依法不负刑事责任的精神病人的强制医疗程序的特有证明对象包括:(1)被申请人实施暴力行为,危害公共安全或者严重危害公民人身安全;(2)被申请人是经法定程序鉴定依法不负刑事责任的精神病人;(3)被申请人有继续危害社会可能。

第三节 民事诉讼的证明对象

民事诉讼证明对象的内容包括民事实体法事实和民事程序法事实。虽然外国法律和经验法则包含于实体法事实和程序法事实中，但是考虑到其具有相对独立性，我们将其与民事实体法事实和民事程序法事实并列叙述。民事诉讼证明对象的具体内容不仅非常重要，而且极其复杂，不同类型案件证明对象的具体内容不同，相同类型案件因双方当事人的争议不同，其证明对象的具体内容也不相同。

一、实体法事实

以实体法律规范性质为标准，可以将实体法事实划分为：(1)权利发生事实，即民事权利发生或者成立的事实，又被称为“基本事实”、“请求权事实”或“通常事实”。(2)权利妨害事实，即导致权利不能成立的事实，如缺乏相应的民事行为能力。(3)权利消灭事实，即导致现有的民事权利消灭的事实，如债的履行、免除等。(4)权利受制事实，即限制当事人行使其民事权利的事实，如重大误解、诉讼时效等。由于在上述四类要件事实中，权利发生事实是“基本事实”，因此这里作详细说明。

以当事人要求对方承担的民事责任为标准，将权利发生的事实划分为侵权民事责任的发生事实、返还不当得利民事责任的发生事实和违约责任的发生事实。

1. 侵权民事责任的发生事实。此类事实包括：(1)存在违法行为；(2)造成损失；(3)违法行为与损失之间存在因果关系；(4)主观上符合归责原则规定。归责原则包括过错（故意或过失，包括过错推定）归责原则、严格责任原则（也称无过错责任原则）和公平责任原则。《民法典》第 1165 条第 1 款规定：“行为人因过错侵害他人民事权益造成损害的，应当承担侵权责任。”《民法典》第 1199 条、第 1222 条、第 1248 条、第 1253 条、第 1255 条、第 1257～1258 条体现了过错推定原则。《民法典》第 1190～1192 条、第 1202～1203 条、第 1208 条、第 1219 条、第 1223 条、第 1229～1235 条、第 1236～1244 条、第 1245～1247 条、第 1249～1250 条、第 1252 条和第 1256 条体现了无过错责任原则。《民法典》第 183 条、第 1190 条和第 1254 条体现了公平责任原则。

2. 返还不当得利民事责任的发生事实。根据我国《民法典》第 985 条的规定，返还不当得利民事责任的实体法事实应该包括取得了利益、致人受损、无法律上的原因。

3. 违约责任的发生事实。此类事实包括：(1)存在违约行为；(2)主观上符合归责原则规定。一般情况下采用严格责任原则，《民法典》合同编中大量的有名合同(例如:第657~666条规定的赠与合同、第703~734条规定的租赁合同、第770~787条规定的承揽合同、第824条规定的客运合同财产损失、第888~903条规定保管合同、第919~936条规定委托合同等)采取过错归责原则,《民法典》第823条规定承运人应对旅客的伤亡承担第三人过错致害责任。

二、程序法事实

民事诉讼中,需要当事人证明的程序法事实主要包括:(1)关于回避的事实。《民事诉讼法》第47条第1、4款规定了审判人员、书记员、翻译人员、鉴定人、勘验人必须回避的三种情形:是本案当事人或者当事人、诉讼代理人近亲属的;与本案有利害关系的;与本案当事人、诉讼代理人有其他关系,可能影响对案件公正审理的。如果当事人申请上述人员回避,就应当对是否存在上述事实加以证明。(2)申请证据保全的事实。根据《民事诉讼法》第84条第1款的规定,当事人向法院申请保全证据时,应当证明"证据可能灭失或者以后难以取得的情况"。(3)申请顺延诉讼期限的事实。根据《民事诉讼法》第86条的规定,当事人申请顺延诉讼期限时,应当证明耽误期限的不可抗拒的事由或其他正当理由。(4)申请保全的事实。根据《民事诉讼法》第103条的规定,当事人申请法院采取保全措施,应证明可能因当事人一方的行为或者其他原因,使判决难以执行或者造成当事人其他损害的事实。根据《民事诉讼法》第104条的规定,利害关系人申请法院采取诉前保全措施的,还应当证明因情况紧急,不立即申请保全将会使其合法权益受到难以弥补的损害的事实。(5)申请先予执行的事实。根据《民事诉讼法》第110条第1款的规定,当事人申请先予执行,应证明下列事实:当事人之间权利义务关系明确,不先予执行将严重影响申请人的生活或者生产经营;被申请人有履行能力。(6)违反法定程序的事实。根据《民事诉讼法》第177条和第207条的规定,当事人以法院违反法定诉讼程序为由提起上诉或申请再审,应证明有关程序违法的事实。

但是,在民事诉讼中,并非所有的程序法事实都需要当事人予以证明,有些程序法事实法院应依职权调查,并非当事人证明的对象。应由法院依职权调查的事实主要有:(1)关于起诉要件的事实。根据《民事诉讼法》第122条的规定,法院在受理民事案件时,应当查明起诉属于人民法院受理民事诉讼的范围和受诉人民法院管辖。(2)采取妨害民事诉讼的强制措施的事实。根据《民事诉讼法》第112~117条的规定,法院在采取拘传、训诫、责令退出法庭、罚款和拘留措施时,应查明诉讼参与人或其他人有妨碍民事诉讼的行为。(3)中止、终结诉讼的事实。法院中止或终结诉讼时应查明存在《民事诉讼法》第153条和第154条规定的相关事实。(4)中止、终结执行的事实。法院中止或终结执行程序时应查明《民事诉讼法》第263条和第264条规定的相关事实。上述程序法事实,由于当事人不承担举证责任,所以不是民事诉讼中的证明对象。

此外,民事诉讼中的免证事实也不属于当事人的证明对象,包括当事人自认的事实、裁判法官司法认知范围内的事实、推定的事实、已为生效法律文书确定的事实。根据最高法《民诉证据规定》第3~9条关于自认的规定,对于自认的事实,对方当事人无须举证证明,原则上人民法院受到当事人自认事实的拘束。另外,最高法《民诉证据规定》还在第10条规定:"下列事实,当事人无须举证证明:(一)自然规律以及定理、定律;(二)众所周知的事实;(三)根据法律规定推定的事实;(四)根据已知的事实和日常生活经验法则推定出的另一事实;(五)已为仲裁机构的生效裁决所确认的事实;(六)已为人民法院发生法律效力的裁判所确认的基本事实;(七)已为有效公证文书所证明的事实。前款第二项至第五项事实,当事人有相反证据足以反驳的除外;第六项、第七项事实,当事人有相反证据足以推翻的除外。"但是,需要注意的是,与最高法2001年《民诉证据规定》和最高法《民诉法解释》第93条相比,最高法《民诉证据规定》对民事诉讼中免证事实作出了微调。其将原先的第5项中"已为人民法院发生法律效力的裁判所确认的事实"修改为"已为人民法院发生法律效力的裁判所确认的基本事实",并将第6项"已为仲裁机构生效裁决所确认的事实"从"有相反证据足以推翻"的行列调至"有相反证据足以推翻"部分,显示出司法解释制定机关对于该类事实免证效力认识上的变化。

三、外国法律

在审理涉外民事诉讼时,法院根据冲突规范或当事人的选择而适用外国法律时,或者在起诉与答辩中当事人援用外国法律作为自己权利的依据时,法院应当查明该外国法律的有效性及其具体内容。

对需要援用的外国法,其性质是事实还是法律,存在不同的见解。第一种主张认为,依本国冲突规范而适用的外国法相对于本国法而言,只是单纯的事实。英美法系国家多奉行此说。第二种主张认为,需要查明的外国法是法律,由于内外国法律是完全平等的,因此本国法官适用外国法同适用内国法一样,没有区别。这是意大利、法国等国家的学者所主张的理论。第三种主张是折中说,认为外国法既非单纯的事实,亦非绝对的法律,而是一种特殊的法律事实。所以,证明外国法必须采取有别于确定事实的程序,但又不同于确定法律的程序。德国、日本和东欧国家采取这种做法。

在我国,对于应当适用的外国法律,可通过下列途径查明:(1)由当事人提供;(2)由与我国订立司法协助协定的缔约对方的中央机关提供;(3)由我国驻该国使领馆提供;(4)由该国驻我国使领馆提供;(5)由中外法律专家提供。通过以上途径仍不能查明的,适用中华人民共和国法律。

第四节　行政诉讼的证明对象

我国《行政诉讼法》第 6 条规定:“人民法院审理行政案件,对行政行为是否合法进行审查。”第 34 条第 1 款规定:“被告对作出的行政行为负有举证责任,应当提供作出该行政行为的证据和所依据的规范性文件。”第 89 条第 1 款规定:“人民法院审理上诉案件,按照下列情形,分别处理:……(四)原判决遗漏当事人或者违法缺席判决等严重违反法定程序的,裁定撤销原判决,发回原审人民法院重审。”这些法律规定,是确定行政诉讼证明对象的主要的程序法依据。另外,国家赔偿法、行政复议法与行政诉讼有密切的联系,它们也是确定行政诉讼证明对象的程序法依据。根据行政复议法的有关规定,行政复议机关可以附带审查抽象行政行为,与抽象行政行为合法性有关的事实也就相应地成为行政诉讼的证明对象。根据国家赔偿法的有关规定,行政赔偿诉讼是一种特殊的行政案件,其证明对象与一般的行政诉讼不同,应单独研究。

与上述程序法依据不同,确定行政诉讼证明对象的实体法依据比较复杂,这是由行政管理的广泛性和多样性决定的。行政管理划分为公安、卫生、工商、税务、财政等多个行业,每个行业的行政管理行为受不同的实体法律法规调整,因此,每一个行业的行政案件有不同的证明对象。同时,被诉的具体行政行为也存在行政处罚、行政许可、行政收费、行政合同等多种多样的形态,每一种具体行政行为的证明对象也存在差异。这里只研究行政诉讼证明对象的一般构成,而不涉及个案证明对象的特殊内容。

一、实体法事实

行政诉讼中需要证明的实体法事实主要包括以下几类:

1. 与被诉行政行为的合法性有关的事实。行政行为是指行政机关行使行政职权,依法作出的具有法律效力的行为,包括具体行政行为和抽象行政行为。这里需要指出的是,虽然 2014 年 11 月 1 日第十二届全国人大常委会第十一次会议审议通过的《关于修改〈中华人民共和国行政诉讼法〉的决定》将“具体行政行为”统一修改为“行政行为”,但是这并不影响具体行政行为和抽象行政行为的划分方法。2014 年对《行政诉讼法》作出上述修改的原因是,《行政诉讼法》第 12 条和第 13 条对可诉范围已经作了明确列举,不需要使用“具体行政行为”这一表述方式。

(1)与被诉具体行政行为合法性有关的事实。具体行政行为是指行政机关行使职权，对特定的公民、法人或者其他组织和特定的事件单方面作出的直接产生法律效力的行为。由于被诉具体行政行为的合法性是行政诉讼的主要客体，因此，与此有关的事实也就成为行政诉讼的主要证明对象。与被诉具体行政行为合法性有关的事实具体包括如下三个方面：

第一，被告行政机关的行政主体资格和权限的事实。作为被告的行政机关是否有权以自己的名义代表国家进行行政管理活动，如果是，该行政机关是否有权作出被诉的具体行政行为，或是否具有相应的行政职权。

第二，原告是否实施了被处理行为或者是否符合法定条件的事实。在行政执法程序中，行政机关要作出正确的行政行为，必须准确认定相对人。例如，在行政处罚案件中行政机关必须准确认定原告是不是应当受到处罚的人。在查明相对人是待处理行为的责任主体之后，行政机关应当进一步查明待处理行为本身的情况，如原告实施违反治安管理秩序行为的事实。在行政许可和不作为的具体行政行为案件中，行政机关还应当进一步查明相对人是否符合法定的颁发许可证或者享受给付和保护的条件。

第三，被诉具体行政行为是否符合法定程序的事实。我国《行政诉讼法》第 70 条规定，具体行政行为违反法定程序的，人民法院判决撤销或部分撤销，并可以判决被告重新作出具体行政行为。这一规定将行政程序的合法性也作为行政行为合法性的一个要素，并纳入法院司法审查的范围。因此，被告应当对此承担举证责任。

(2)有关抽象行政行为合法性的事实。抽象行政行为是指行政机关依法对不特定的人和事件制定具有普遍约束力的行为规则的行为。根据行政复议法的有关规定，行政法规和规章以外的抽象行政行为可以成为行政诉讼的审查对象，因此，与其合法性有关的事实也就相应地成为行政诉讼的证明对象。这些事实主要包括：一是行政机关是否享有实施该抽象行政行为的行政职权；二是作出该抽象行政行为的程序是否合法；三是该抽象行政行为的适用范围和效力情况；等等。

2. 被诉具体行政行为所适用的规范性文件。被告不仅应当证明具体行政行为所依据的事实，而且还应该进一步证明自己在作出具体行政行为时所依据的规范性文件。根据《行政诉讼法》第 34 条的规定，被告应当提供作出该行政行为所依据的规范性文件。根据该规定，被告应当对其作出的行政行为的法律依据加以说明，说明自己是否适用了应当适用的法律、法规及具体条款，自己作出的行政处理决定在定性、形式、程度等方面是否符合法律、法规的要求。行政诉讼是一种建立在法治原则和国家权力分工制约原则基础上的司法审查制度。法院通过审查具体行政行为的合法性来实现司法权对行政权的监督与制约。在行政诉讼中，由行政机关证明被诉具体行政行为适用了何种规范性文件，有利于监督行政机关遵循依法行政原则,促使行政机关依法行使职权。

3. 被告作出过被诉具体行政行为。原告应当证明被告作出过被诉的具体行政行为。例如,原告不服治安处罚决定提起诉讼,那么原告应当能够证明行政主体已作出了某一治安处罚决定。如果被告提出该具体行政行为并非本机关所作,而原告又不能对之加以证明,则原告的主张不能成立,法院应判决其败诉。

4. 行政不作为案件中原告提出申请的证据材料。根据最高法《行诉证据规定》的相关规定,在起诉被告不作为的案件中,原告应当提供其在行政程序中曾经提出申请的证据材料。被告不作为,应当是发生在原告申请其作为之后,因而原告起诉被告不作为,必须证明自己曾经向被告提出过申请。但下列两种情况除外:一是被告应当依职权主动履行法定职责的;二是原告因被告受理申请的登记制度不完备等正当事由不能提供相关材料并能够作出合理说明的。

5. 行政赔偿的事实。行政赔偿是指行政机关及其工作人员在行使行政职权过程中违法侵害公民、法人或其他组织合法权益造成损害的情况下,由国家承担的赔偿责任。在行政侵权赔偿诉讼中,行政赔偿构成要件的事实是主要的证明对象。这些事实具体包括如下四个方面:(1)侵权行为是否由作为被告的行政机关及其工作人员实施。对工作人员应当作广义上的理解,不仅包括具有公务员身份的工作人员,而且包括接受行政机关指派或唆使实施侵权行为的公民。(2)侵权行为是否是行政机关及其工作人员在行使行政职权的过程中实施。(3)侵权行为是否给作为原告的受害人造成人身权或者财产权的损害;如果造成了损害,损害的大小如何。(4)侵权行为与损害之间是否具有因果关系。

二、程序法事实

行政诉讼中的程序法事实主要包括:(1)起诉符合法定的起诉条件;(2)有关主管和管辖的事实;(3)有关审判组织的事实;(4)有关采取排除妨害行政诉讼强制措施的事实;(5)有关诉讼期间的事实;(6)被告及其代理人是否在诉讼过程中自行向原告和证人取证的事实;(7)有关行政诉讼执行程序是否合法的事实;等等。

但是,并非所有的程序性事实都属于行政诉讼中的证明对象。比如,行政诉讼中的自认事实和免证事实。最高法《行诉证据规定》第65条对行政诉讼中的自认规定:"在庭审中一方当事人或者其代理人在代理权限范围内对另一方当事人陈述的案件事实明确表示认可的,人民法院可以对该事实予以认定。但有相反证据足以推翻的除外。"第68条规定:"下列事实法庭可以直接认定:(一)众所周知的事实;(二)自然规律及定理;(三)按照法律规定推定的事实;(四)已经依法证明的事实;(五)根据日常生活经验法则推定的事实。前款(一)、(三)、(四)、(五)

项，当事人有相反证据足以推翻的除外。"第70条规定："生效的人民法院裁判文书或者仲裁机构裁决文书确认的事实，可以作为定案依据。但是如果发现裁判文书或者裁决文书认定的事实有重大问题的，应当中止诉讼，通过法定程序予以纠正后恢复诉讼。"很显然，针对上述当事人自认的事实、裁判法官司法认知领域内的事实、生效法律文书所确认的事实，都产生免证的效果，不属于行政诉讼中的证明对象。

典型案例评析

案例20－1 河北朱某某合同诈骗案：犯罪主观方面"以非法占有为目的"作为证明对象的证实[5]

检察机关指控：2010年11月，马某某找到同乡被告人朱某某催要550万元借款，朱某某明知自己开发的楼房已售与他人，仍然提议以其公司在河北省张家口市沙岭子镇二里半村开发的价值5,430,014元的23套住宅楼和底商用于抵债。后双方签订了共计23套住宅楼的买卖合同，且朱某某向马某某出具了购房款收据。2011年11月，马某某发现朱某某用于抵债的楼房早已售与他人，并已有人入住后，就再也无法与朱某某取得联系。后致马某某损失5,430,014元。公诉机关以被告人朱某某犯合同诈骗罪，向原宣化县（现宣化区）人民法院提起公诉。

被告人朱某某辩称，其没有诈骗故意，请求法院宣告其无罪。其辩护人提出：(1)朱某某没有虚构事实、隐瞒真相；(2)公诉机关认定朱某某构成合同诈骗罪存在逻辑错误；(3)被害人马某某在签订房屋买卖合同时并没有支付对价，没有因签订合同受到损失；(4)公诉机关指控的犯罪事实不清，证据不足，且多份证据相互矛盾，应对朱某某宣告无罪。

原宣化县人民法院经审理查明：被告人朱某某因资金紧张曾向被害人马某某借款，具体数额不详。2010年10月至11月的一天，马某某在向朱某某催要借款的过程中，朱某某与马某某签订了23份房屋买卖合同，并在马某某未实际交款的情况下，向马某某出具了合同价值5,430,023元的收款收据。买卖合同和收款收据是由朱某某售楼处的李某某、周某填写的。2012年3月12日马某某以朱某某售与自己的房屋已售出，有人入住，造成自己损失550万元为由向宣化县公安局报案。

原宣化县人民法院认为：被害人马某某与被告人朱某某曾有借款关系，二人后

[5] 最高人民法院刑事审判一、二、三、四、五庭编：《刑事审判参考》（总第103集），法律出版社2016年版。

来虽然签订了房屋买卖合同,且朱某某在马某某未实际交款的情况下为马某某出具了合同价值5,430,023元的收款收据,但是根据上述事实不能认定朱某某主观上具有非法占有的故意,在客观方面朱某某亦未通过签订合同骗取被害人的钱财。公诉机关指控被告人朱某某犯合同诈骗罪,事实不清,证据不足,指控的罪名不能成立。据此,宣告被告人朱某某无罪。

一审宣判后,原宣化县人民检察院提出抗诉。河北省张家口市中级人民法院经审理后裁定驳回抗诉,维持原判。

| 评析 |

合同诈骗罪是指以非法占有为目的,在签订、履行合同过程中,骗取对方当事人财物,数额较大的行为。“以非法占有为目的”是合同诈骗案中主观方面的重要证明对象。

从本案来看,在案证据无法证实朱某某主观上具有非法占有的目的。(1)朱某某并未因签订合同而占有财产。本案现有证据不能证实朱某某与马某某的借款、还款情况,二人借款、还款的事实不清。另外,朱某某没有实际收到543万余元的购房款,在案证据也无法证实马某某向朱某某承诺了因签订购房合同而免除其债务。(2)关于二人签订房屋买卖合同的目的,朱某某的供述和马某某的陈述不一致。朱某某供述是马某某提出签订合同的,是其应付马某某的权宜之计。而马某某陈述,签订合同是朱某某提出,是在马某某多次向朱某某催还借款后,朱某某提出以其公司出售的房屋以房抵债的。

综上所述,本案现有证据无法认定朱某某在签订房屋买卖合同时具有非法占有借款的目的,即证明对象“以非法占有为目的”没有被证据证实。

案例20-2　山东陈某华与被告王某兰借款合同纠纷案:夫妻共同债务作为证明对象的证实〔6〕

案外人岳某栓与被告王某兰原系夫妻关系,原告陈某华与岳某栓系熟人关系。2013年8月4日岳某栓向原告借款20,000元,当天原告按岳某栓指示向被告汇款20,000元;同年9月23日岳某栓又向原告借款5000元,原告以现金方式给付岳某栓后,岳某栓向原告出具5000元的借条一份,双方未书面约定借款期限和利息。11月7日岳某栓再向原告借款2000元,原告以现金方式给付岳某栓后,岳某栓向原告出具2000元的借条一份,双方未书面约定借款期限和利息;当天岳某栓为原告补写20,000元借条一份,亦未书面约定借款期限和利息。2018年9月岳某栓死亡,生前未向原告偿还过借款本息。此后,原告多次向被告催要未果。2020年11

〔6〕　山东省莘县人民法院民事判决书,(2020)鲁1522民初4564号。

月2日原告诉至法院,要求被告偿还借款27,000元及利息。

庭审中,原告提供借条、银行电子回单等证据以证明原告与案外人岳某栓之间的民间借贷关系合法有效。关于给付岳某栓的7000元现金,原告诉称:"涉案借款发生在夫妻关系存续期间,至于王某兰是否知情,借款是否用于夫妻共同生活,我也不了解。"2013年8月4日岳某栓向原告借款20,000元,该笔款项由原告汇至被告银行账户,由被告实际收取,且借款发生在岳某栓与被告的夫妻关系存续期间,故该笔20,000元借款应当视为其夫妻共同意思表示,应认定为夫妻共同债务。原告要求利息以27,000元为基数,自起诉之日起至实际还清之日止,按起诉时全国银行间同业拆借中心公布的一年期贷款市场报价利率的2倍计算。

法院经审理后认为:原告和被告未约定借款期限和利息,原告可随时要求岳某栓及被告偿还。岳某栓死亡后,经原告多次催要,被告拒不偿还的行为显属违约,应承担违约责任。原告起诉之日可视为借款期限已届满,原告要求被告自起诉之日支付利息,实系要求被告承担逾期还款的违约责任,不违反法律规定,部分予以支持。另外,原告要求被告支付误工费、电话费、交通费等费用,但未提供证据证明,不予支持。据此判定,被告王某兰于判决生效后十日内偿还原告陈某华本金20,000元及利息。驳回原告的其他诉讼请求。

|评析|

证明对象的确定是诉讼证明过程的第一个环节,也是整个证明活动的起点。因此,明确民事诉讼的证明对象,对于纠纷当事人和裁判法院都具有重要意义。具体而言,对于当事人来说,只有确定了证明对象,才可以围绕证明对象展开证据收集、提供证据、进行质证和辩论;对于法院来说,明确了具体纠纷的证明对象之后,才意味着证据调查范围的划定和审理对象的明晰。由此可知,只有确定了证明对象,纠纷当事人和裁判法官的诉讼行为才能做到有的放矢。但是,在具体的诉讼程序中,并非所有的事实都能够成为诉讼中的证明对象,需要运用证据加以证明的,往往只是其中一部分案件事实。在诸多案件事实中决定哪些需要证明、哪些不需要提出证据加以证明,此即证明对象的确定问题。

本案中,原告陈某华与被告王某兰在诉讼中产生争议并请求法院裁判的主要问题是,岳某栓向原告陈某华所借27,000元钱是否属于其与被告王某兰的夫妻共同债务问题。根据最高人民法院《关于审理涉及夫妻债务纠纷案件适用法律有关问题的解释》的规定,夫妻共同债务的成立条件需要在借贷合同成立并生效的基础上,进一步满足夫妻"共债共签"(共债合意)、"为家庭日常生活需要"和"为夫妻共同生活、共同生产经营"条件。本案明显属于自然人之间的借贷关系,其生效条件包括当事人之间存在合法的借贷合意和交付借款的行为。从案情介绍不难看出,针对27,000元借款,原告提供的借条和银行电子回单可以证明该笔自然人之间的借贷关系成立并生效。对于该笔借款是否属于夫妻共同债务的问题，原告举证证明，2013年8月4日岳某栓向原告所借的20,000元款项由原告汇至被告银行账户，由被告实际收取，且借款发生在岳某栓与被告的夫妻关系存续期间，据此可以认定夫妻共同债务成立所需的“共债共签”条件。但是，另外7000元借款是否属于夫妻共同债务的问题，原告缺乏有效的证据予以证明，法院无法认定。因此，综合全案，针对27,000元借款是否成立以及其是否属于夫妻共同债务问题，原告分别从“借款合意”和“实际交付”以及夫妻“共债共签”这三个方面举证证明，法院据此作出认定，满足民事诉讼对证明对象的要求。

案例20－3　宛某霞、汪某兰等诉安徽省人民政府案：行政复议受理条件作为证明对象的证实〔7〕

2019年3月19日，宛某霞等七人向被告申请行政复议，请求被申请人宣城市人民政府归还申请人合法的集体土地及土地上一切附属物，并依法追究宣城市人民政府主要领导人的刑事责任。被告于2019年4月3日收到原告补正材料后予以受理，2019年5月20日被告作出85号决定书，并于当日邮寄送达给原告。原告不服，于2019年5月31日向法院提起行政诉讼。另查明，2009年2月5日，安徽省人民政府作出《关于宣城市2008年第五批次城市建设用地的批复》（皖政地〔2009〕61号），该批复已经在中华人民共和国国务院作出的国复〔2018〕64号行政复议裁决书中被确认违法。

原告诉称：原告认为被告作出驳回行政复议申请认定事实错误，应当依法撤销并判决受理。理由如下：原告申请的事项是2015年宣城市6#收储地没有任何合法手续，宣城市擅自强行征收案涉集体土地行政行为违法，并要归还原告合法集体土地及土地上一切附属物，同时依法追究宣城市主要领导人刑事责任。宣城市没有国务院及上级政府农用地转建设用地的审批手续，直接将原告的集体土地强行侵占并高价出让给开发商，强行毁坏了原告土地上的一切附属物。因此，原告请求的是确认宣城市非法侵占原告集体土地行政行为违法，并归还原告的集体土地及土地上一切附属物，追究主要领导的刑事责任，并不是赔偿请求。原告围绕其诉讼请求向法院提供了相应证据。

被告辩称：（1）行政复议程序合法。被告于2019年4月3日收到原告补正材料后予以受理，2019年5月20日被告作出85号决定书，并于当日邮寄送达给原告。综上所述，被告在行政复议申请的接收、受理、作出行政复议决定以及相关文书送达等方面，均符合法律规定。（2）被告作出的85号决定书事实清楚、证据充

---

〔7〕　安徽省合肥市中级人民法院行政判决书，（2019）皖01行初196号。

分,适用依据正确。《关于宣城市2008年第五批次城市建设用地的批复》(皖政地〔2009〕61号)已经被《中华人民共和国国务院行政复议裁决书》(国复〔2018〕64号)确认违法。据此,原告要求宣城市人民政府归还其集体土地及地上附属物的请求实质上属于请求国家赔偿的范畴,其赔偿范围、赔偿请求人、赔偿义务机关及赔偿程序等均应当适用《国家赔偿法》的相关规定。根据《行政复议法实施条例》第28条第5项之规定,行政复议申请应当属于行政复议法规定的行政复议受理范围。原告要求追究宣城市人民政府主要领导人的刑事责任依法不属于行政复议受理范畴。

法院认为:公民、法人或者其他组织如果认为某行政主体侵犯其合法财产而要求予以返还的,应当首先直接向该行政主体提出返还请求。在未直接向该行政主体提出之前,公民、法人或者其他组织不得逾越该行政主体向其上级机关或者部门申请行政复议。行政复议虽然是上级行政主体对下级行政主体行政行为进行监督管理的重要途径,但是在下级行政机关并未作出任何行政行为或者并无任何消极不作为情形之时,上级行政机关就不存在监督和管理的具体事项,也不属于行政复议的受理范围。结合本案,原告逾越宣城市人民政府直接向被告提起行政复议,并请求被告责令宣城市人民政府返还其集体土地及地上一切附属物,对此宣城市人民政府并未作出一定的处理结果,被告亦无法对此进行复议审查,不符合行政复议的受理条件。因此,85号决定书以原告复议申请不符合行政复议受理条件为由予以驳回符合法律规定,处理结果正确。另外,被告在行政复议申请的接收、受理、作出行政复议决定以及相关文书送达等方面,均符合法律规定,程序合法。综上所述,被告安徽省人民政府的复议行为事实清楚,程序合法,应予以支持。

|评析|

行政诉讼中,无论是纠纷当事人,还是作为裁判主体的人民法院,都是围绕行政行为的合法性展开具体的诉讼活动,当事人的证明对象也是围绕行政行为的合法性展开,人民法院根据当事人的证明活动作出行政行为是否合法的判定。

本案中,原告和被告争议的焦点为安徽省人民政府针对原告出具的85号决定书是否合法的问题,原告也是将该事实作为证明对象展开证明活动。被告通过举证证明自身针对原告出具的85号决定书的具体行政行为的程序,可以证明其针对原告行政复议申请的接收、受理、作出行政复议决定以及相关文书送达等方面,均符合法律规定。结合行政诉讼法的规定,行政复议虽然是上级行政主体对下级行政主体行政行为进行监督管理的重要途径,但是在下级行政机关并未作出任何行政行为或者并无任何消极不作为情形之时,上级行政机关就不存在监督和管理的具体事项,也不属于行政复议的受理范围。结合本案,原告逾越宣城市人民政府直接向被告提起行政复议,并请求被告责令宣城市人民政府返还其集体土地及地上一切附属物，对此宣城市人民政府并未作出一定的处理结果，被告亦无法对此进行复议审查，不符合行政复议受理条件。通过这一案例分析可以看出，本案中，行政诉讼双方当事人针对安徽省人民政府出具的85号决定书是否合法这一事实进行的举证质证以及法院的认定过程。

主要文献著述

1. 陈瑞华:《刑事证据法》(第4版),北京大学出版社2021年版。
2. 江伟、邵明主编:《民事证据法学》(第3版),中国人民大学出版社2021年版。
3. 张卫平:《民事证据法》,法律出版社2017年版。

第二十一章　证 明 责 任

第一节　证明责任概述

一、证明责任的概念

(一)域外证明责任的含义

1. 大陆法系的证明责任概念——以德国为例

大陆法系国家(地区)通说将证明责任区分为主观证明责任和客观证明责任。[1] 主观证明责任是当事人为避免承担败诉风险,向法院提出证据证明其主张的一种举证活动,又被称为“形式证明责任”。主观证明责任取决于法官对当事人证明结果的评价,并且可以在当事人之间反复转移。[2] 客观证明责任是指在言词辩论结束时,法官基于已经调查的证据对争议的要件事实不能获得内心确信,即在要件事实真伪不明的情况下,一方当事人承受不利判断的负担,又被称为“实质证明责任”。客观证明责任有两大特点:一是客观证明责任是一种法定的风险分配机制,在诉讼开始以前就已经存在,在诉讼过程中不存在转移的问题。二是客观证明责任与当事人的举证活动没有必要联系,败诉的当事人之所以败诉,并不完全是因为他没有举证或者举证不力,而是因为在言词辩论结束时争议事实真伪不明。[3]

2. 英美法系的证明责任概念——以美国为例

在美国居于“通说”地位的是塞耶提出的“双层次证明责任概念”。根据该理论,证明责任包括两种责任:一是提供证据的责任(burden of producing evidence),又称为“证据责任”(evidential burden)、用证据推进的责任(burden of going forward with evidence)或“通过法官的义务”(duty of passing the judge),是指当事人提出证据,说服法官将案件递交陪审团的责任,或者提出某项证据使自己的主张成为争议

---

〔1〕［德］普维庭:《现代证明责任问题》,吴越译,法律出版社 2006 年版,第 11 页。

〔2〕［德］普维庭:《现代证明责任问题》,吴越译,法律出版社 2006 年版,第 67 页。

〔3〕［德］普维庭:《现代证明责任问题》,吴越译,法律出版社 2006 年版,第 26 - 27 页。

点(issue of argument)的责任。二是说服责任(burden of persuasion),又称法定责任(legal burden)、不能说服的风险(risk of non - persuasion)或证明的责任(probative burden),是指由主张一方提出证据说服陪审团裁判己方主张为真的责任。[4]

3. 两大法系证明责任概念之比较

两大法系证明责任含义的区别表现在:大陆法系客观证明责任与英美法系说服责任的侧重点不同。虽然大陆法系的客观证明责任和英美法系的说服责任都达到分配不利后果的目的,但是大陆法系的客观证明责任强调的是事实真伪不明的结果,即法院不能查明真相时的处理;而英美法系的说服责任强调的是主张一方的说服效果,即主张一方不能说服陪审团时的处理。

这种侧重点的不同折射的是举证行为与不利后果之间的逻辑关系。在英美法系国家,由于实行当事人主义诉讼模式,法官和陪审团消极中立、不负调查职责,作为裁判依据的证据都需要以双方举证的方式提交法庭,这使得举证不能和败诉结果之间存在确定的因果关系。与此不同,在大陆法系国家(地区),由于实行职权主义诉讼模式,法官享有主动调查的职权,可能存在法官实际用于裁判的证据要多于当事人双方提供的证据的情形,这使得当事人的举证与实际裁判结果之间不一定存在因果关系。

(二)我国证明责任的含义

我国学者在证明责任的含义问题上主要有三种观点:

1. 行为责任说。该观点认为,证明责任就是提供证据的责任。

2. 结果责任说。该观点认为,证明责任是指在案件事实不清的情况下,由一方当事人所承担的不利后果。

3. 双重含义说。该观点认为,证明责任包括行为意义上的证明责任(以下简称行为责任)和结果意义上的证明责任(以下简称结果责任)。行为责任是指当事人对自己提出的主张,有责任提出证据进行证明。结果责任是指在案件审理终结时如果案件事实仍然处于真伪不明的状态,由提出或主张该事实的当事人承担不利诉讼结果的责任。

目前,双重含义说是我国证据法学界的通说。按照双重含义说的观点,证明责任是指当事人对于诉讼中所主张的案件事实,应当提供证据加以证明的责任;同时指在诉讼结束之时,如果案件事实仍处于真伪不明的状态,应当由该当事人承担败诉或不利的诉讼后果的责任。最高法《民诉法解释》第 90 条吸收了双重含义说的观点,该条规定:"当事人对自己提出的诉讼请求所依据的事实或者反驳对方诉讼请求所依据的事实,应当提供证据加以证明,但法律另有规定的除外。在作出判决

---

〔4〕 李学灯:《证据法比较研究》,台北,五南图书出版股份有限公司 1998 年版,第 359 页。

前，当事人未能提供证据或者证据不足以证明其事实主张的，由负有举证证明责任的当事人承担不利的后果。”

行为责任和结果责任二者之间既有联系又有区别。二者之间的联系在于：它们之间是形式和内容的关系，行为责任是形式，结果责任是内容，行为责任是为结果责任服务的。在行为责任和结果责任两者之间，结果责任是根本的和本质的责任。有了结果责任的存在，当事人履行行为责任才有必要；履行行为责任的目的是解除结果责任。在诉讼中，对于当事人来说，先是在观念上有了结果责任的预设，后在行动上才有了行为责任的运作。当事人大脑中这种结果责任的观念贯彻于诉讼程序的始终，成为行为责任的依据。到案件结束时，如果争议事实处在虚假或者真伪不明状态，法院便以相应的当事人未能解除结果责任为理由，判决该当事人承担败诉或不利的法律后果。

行为责任和结果责任二者之间的区别主要表现在三方面：(1)能否转移有所不同。结果责任来自预定的分配标准和原则，它在整个诉讼过程中一直固定于一方当事人而不会发生转移。与结果责任不同，行为责任在诉讼中往往发生转移。在诉讼过程中，行为责任首先由承担结果责任的一方当事人履行，在该当事人提出了初步可信的证据(prima facie evidence)后，行为责任便转移到了对方当事人。如果对方当事人提出了一定的证据使裁判者对承担结果责任的当事人主张的事实产生“合理怀疑”，那么行为责任便又转移回了承担结果责任的当事人。理论上将上述行为责任于当事人之间移动的诉讼现象称为证明责任的转移。(2)承担的时间有所不同。行为责任的承担发生在诉讼进行过程中。结果责任的承担则发生在诉讼结束之际，即在案件事实到诉讼结束之际仍处于真伪不明时，才会发生结果责任的承担。(3)能否由律师和法院协助履行不同。律师可以协助当事人履行行为责任，这也是律师参加诉讼、实施代理行为的重要内容。至于法官能否协助当事人履行行为责任，因诉讼模式的不同而有所不同。奉行当事人主义的英美法系一般对此持否定态度，而奉行职权主义的大陆法系则允许法官在特定的情况下调查收集证据，协助当事人履行行为责任。我国的诉讼模式在吸收当事人主义合理因素的同时，保留了职权主义的因素，因此我国允许法官在特定的情况下调查收集证据，协助当事人履行行为责任。例如，《民事诉讼法》第67条规定：“当事人对自己提出的主张，有责任提供证据。当事人及其诉讼代理人因客观原因不能自行收集的证据，或者人民法院认为审理案件需要的证据，人民法院应当调查收集。人民法院应当按照法定程序，全面地、客观地审查核实证据。”

最后，需要指出的是，证明责任与举证责任两个概念之间的关系。在证明责任的研究中，还经常使用举证责任这一概念。我国法学界在这两个概念的使用上曾产生过很大的争议。本书认为，无论是“证明责任”，还是“举证责任”，我国学者直接沿用的都是日本学者对德语“Beweislast”一词的日译；二者只存在选词上的差异，没有含义上的区别。虽然《刑事诉讼法》和《行政诉讼法》使用的都是举证责任这一概念，但鉴于在我国法学界较多地使用证明责任这一概念，因此本书中也使用证明责任这一称谓。

(三)证明责任倒置

证明责任倒置源于德国的诉讼理论和司法实务。在德国，证明责任倒置是以法律要件分类说作为证明责任分配的一般原则为前提的。法律要件分类说认为，证明责任分配的一般原则是，不适用特定的法律规范其诉讼请求就不可能有结果的当事人，必须对法律规范要件在真实的事件中得到实现承担主张责任和证明责任，即每一方当事人均必须主张和证明对自己有利的法律规范(法律效力对自己有利的法律规范)的条件。换言之，请求权人承担权利形成要件的证明责任，请求权的对方当事人承担权利妨碍要件和权利消灭要件的证明责任。法律要件分类说本身固有的缺陷在于一味地拘泥于法律条款对权利规定的形式要件，而无法顾及以这些形式要件来分配证明责任是否完全体现法律对公平、正义的追求。证明责任倒置正是针对法律要件分类说的这种缺陷，依据公平、证据距离、方便、盖然性等实质性证明责任分配标准，在特定条件下对法律要件分类说进行的修正。

根据法律要件分类说，证明责任分配的一般原则，或证明责任“正置”是指当事人对有利于自己的法律要件事实承担证明责任。以证明责任分配的一般原则，即法律要件分类说为语境，证明责任的倒置可以定义为，一方当事人对有利于对方当事人的法律要件事实的不存在负证明责任。申言之，证明责任的倒置包括两种情形：一是请求权人的对方当事人对权利形成要件的不存在承担证明责任；二是请求权人对权利消灭要件和权利妨碍要件的不存在承担证明责任。

二、证明责任的性质

关于证明责任的性质，比较有代表性的观点包括权利说、义务说、权利义务双重说、负担说、败诉风险说等。

1. 权利说。当事人提供证据是维护自己诉讼利益的一项权利，这项权利又称立证权，所以，当事人提供证据的行为在法律上属于权利性质。[5]

2. 义务说。当事人提供证据是伴随诉讼中的事实主张而产生的诉讼义务。虽然在诉讼中提出主张是当事人的一种权利，但随该权利同时产生了提供证据的义务。这是因为当事人在诉讼中只行使提出主张的权利而不承担提供证据的义务，其主张就不能得到实现，所以，当事人为了维护自己行使主张的权利就必须承担提

---

〔5〕 常怡：《新中国民事诉讼法学研究综述(1949—1989)》，长春出版社1991年版，第219页。

供证据的义务。〔6〕

3. 权利义务双重说。证明责任的内容主要由两个方面组成:一是行为意义上的证明责任,即提出主张的当事人有权提供证据证明其主张的真实性;二是结果意义上的证明责任,即在当事人不能提供证据的情况下,如果法院也无法通过调查收集证据查明事实,这时承担证明责任一方的当事人就要承担败诉的责任,而这种责任是义务性质上的责任。所以,证明责任具有权利和义务双重性质。〔7〕

4. 负担说。证明责任对于诉讼当事人来说,既非权利亦非义务,而是当事人为了使法院作出对其有利的裁判,不得不承担的一种负担。〔8〕

5. 败诉风险说。证明责任是一种特殊的法律责任,是当事人在民事诉讼中承担的败诉风险责任,是当事人未能举证或举证不充分时,以及案件事实客观上难以查明时引起的法律责任。〔9〕

关于证明责任的性质,本书赞同德国学者汉斯·普维庭(Hans Pruetting)的学说,即真伪不明的法律风险分配说。汉斯·普维庭认为,证明责任是独立于当事人诉讼行为而存在的;证明责任只是在诉讼程序的口头辩论结束以后,裁判依据的事实处于真伪不明状态下才有可能发生,所以,它是为法院克服真伪不明所提供的裁判途径,独立于当事人的诉讼活动。换言之,法院是适用证明责任的主体。汉斯·普维庭提倡使用"确定之风险"或"真伪不明的风险"来表述证明责任。法律风险分配说符合我国的诉讼模式特征。我国允许法官在特定的情况下调查收集证据,协助公诉机关或当事人履行行为责任,因此,证明责任的承担在一定程度上独立于公诉机关或当事人的诉讼活动,它在性质上属于真伪不明情况下的法律风险分配。

三、证明责任与查证职责

在大陆法系国家(地区)职权主义诉讼模式下,注重查明案件的实体真实,因此在诉讼中较为强调法官充分发挥职权,查明事实真相,通常赋予法官较大的审查核实证据甚至收集证据的职责。在英美法系国家当事人主义诉讼模式下,法官主要是主持庭审,诉讼主要由当事人推进,法官虽然也要审查核实证据,但查证职责较之大陆法系法官要弱得多。法官审查核实证据甚至收集证据的职责是否意味着法官要在诉讼中承担一定的证明责任?对此,理论上有分歧。一般认为,法官的查证职责只是法官基于裁判职能而产生的为了查明案件事实的一种诉讼职责,并不

---

〔6〕 常怡:《新中国民事诉讼法学研究综述(1949—1989)》,长春出版社1991年版,第219页。
〔7〕 常怡:《新中国民事诉讼法学研究综述(1949—1989)》,长春出版社1991年版,第219页。
〔8〕 常怡:《新中国民事诉讼法学研究综述(1949—1989)》,长春出版社1991年版,第218-219页。
〔9〕 李祥琴:《论民事诉讼中的举证责任》,载《法学研究》1990年第4期。

意味着法官因此而承担证明责任,理由在于:证明责任基于诉讼主张而产生,但法官在诉讼中只是裁判何方当事人的诉讼主张应当得到支持,本身并无诉讼主张;诉讼的结果决定利益归属,法官只是利益归属的决定者,而与诉讼本身没有利益关系。所以,证明责任与查证职责不能混同。

在我国诉讼法中,也有涉及法官查证职责的规定。例如:《刑事诉讼法》第196条规定:“法庭审理过程中,合议庭对证据有疑问的,可以宣布休庭,对证据进行调查核实。人民法院调查核实证据,可以进行勘验、检查、查封、扣押、鉴定和查询、冻结。”《民事诉讼法》第132条规定:“审判人员必须认真审核诉讼材料,调查收集必要的证据。”《行政诉讼法》第40条规定:“人民法院有权向有关行政机关以及其他组织、公民调取证据。但是,不得为证明行政行为的合法性调取被告作出行政行为时未收集的证据。”这些规定只能理解为法官在依法履行查证职责,不能理解为法官在承担证明责任。

第二节　刑事诉讼的证明责任

一、域外刑事诉讼中的证明责任分配

无罪推定原则是国际通行的刑事诉讼基本原则。该原则的一般表述是:凡受刑事控告者,在未依法证实有罪之前,应有权被视为无罪。作为刑事诉讼基本原则的无罪推定原则,也是证明责任分配的基本根据,这是因为在无罪推定原则的四项要求中,前两项要求针对的就是证明责任的分配,即控方承担被告人有罪的证明责任和排除对指控的所有合理怀疑后方可认定被告人有罪。[10] 但是,在相关国家,被告人对特定事项也应当承担证明责任。

(一)美国关于被告人证明责任的要求

在1970年的温西普案(In re Winship)中,美国联邦最高法院宣布排除合理怀疑的证明标准是宪法中正当程序条款的组成部分,必须排除合理怀疑地证明“构成被指控的犯罪的每一个必要的事实”。[11] 这里的“构成被指控的犯罪的每一个必要的事实”指的就是犯罪构成要素。遗憾的是,该判决没有言明犯罪本体要件与辩护理由之间的界限。

---

〔10〕 无罪推定原则的四项要求分别是:控方承担被告人有罪的举证责任;排除对指控的所有合理怀疑后方可认定被告人有罪;犯罪嫌疑人、被告人应享有与无罪推定原则相一致的待遇;国家机关有义务不预断审判结果。

〔11〕 In re Winship,397 U. S. 364 (1970).

在1977年佩特森诉纽约案(Patterson v. New York)中,美国联邦最高法院采用了形式推理模式来确定犯罪构成要素与辩护理由之间的界限。形式推理模式在很大程度上依赖法律条文的规定,即一项主张是不是"构成犯罪的必要的事实",取决于立法机关在有关该犯罪的法律中是如何规定的。如果立法机关规定某项主张是对犯罪构成要素的否定,那么就应当由控方承担说服责任;相反,如果立法机关规定某项主张并没有否定犯罪构成要素,而是属于辩护理由,那么则应当由辩方承担说服责任。在该案中,美国联邦最高法院认为,根据纽约州的法律规定,自卫并没有否定"这种犯罪的一个要素",因此要求被告人承担自卫的说服责任是正当的。

当然,在确定某项主张是犯罪构成要素还是辩护理由上,法院并不总是采用形式推理模式、尾随立法机关的规定。法院的判例在确定某项主张是否属于犯罪构成要素和推动法律修改方面也起到了一定的作用。在这方面最典型的例子是精神状态辩护的说服责任分配。美国联邦最高法院曾有判决认为精神失常否定了犯意,因此应当由控方承担说服责任。[12] 而在亨克利案(United States of America v. John W. Hinkley)中,美国联邦最高法院的态度发生了转变,认为被告人精神失常否定的不是犯罪构成要素,而是辩护理由,因此,被告人应当承担精神失常的说服责任。[13] 受亨克利案的影响,美国国会制定了《1984年精神失常辩护改革法》,改变了联邦法院中精神失常辩护的证明责任分配,要求被告人提供"清楚而有说服力的证据"证明其精神失常的辩护理由。[14]

直到今天,美国联邦最高法院仍然沿用犯罪构成要件标准分配刑事诉讼中的证明责任。例如,在2006年的克拉克诉亚利桑那州案(Clark v. Arizona)中,美国联邦最高法院用犯罪构成要件理论解释道:"政府应当超出合理怀疑地证明每一个犯罪构成要素。"[15]

(二)德国关于被告人证明责任的要求

在德国,公诉犯罪事实、违法阻却事由或责任阻却事由、加重或减免刑罚处罚的情节等,均由控方提供证据进行证明,同时法院也应当依职权予以调查。但是,成文法及判例也明确规定了被告人对特定的事实承担证明责任。例如,根据德国《刑法典》第186条的规定,"捏造或散布足以使他人受到蔑视或受到贬低的事实,

---

〔12〕 160 U.S. 469 (1895).

〔13〕 United States of America v. John W. Hinkley, Jr. Nov. 17, 1981. p. 1351.

〔14〕 Insanity Defense Reform Act of 1984, ch. 4, 98 Stat. 2057, § 20.

〔15〕 关于这一案例的具体信息可登录网站[http://www.vlex.us/caselaw/U-S-Supreme-Court/Clark-v-Arizona-548-U-S-2006/2100-320640,01.html? z=07,recm_19983785(2006-08-20)]查看。

而不能证明其为真实的”，构成恶意中伤罪。据此，被告人如果主张其散布的事实是真实的，应当加以证明。根据该法第190条的规定，如果捏造或散布的事实是犯罪行为，已经有罪判决的，视为真实证明；已经无罪判决的，视为真实未得到证明。再如，德国《刑法典》第323条a规定：“故意或过失饮酒或使用其他麻醉品，使自己处于无责任能力或不能排除其无责任能力的醉酒状态下实施犯罪行为的，处5年以下自由刑或罚金。”判例认为，根据该条的规定，被告人应当对自己犯罪时无责任能力承担证明责任；如果被告人不能证明自己无责任能力，则应对醉酒状态下实施的犯罪承担刑事责任。在关于经济犯罪的管理性法规中，也有要求被告人对特定事实承担证明责任的规定。

（三）法国关于被告人证明责任的要求

法国学说与判例认为，控方承担证明责任的范围包括构成犯罪的三大要件，即违法性要件、客观要件和主观要件，但是成文法和判例也广泛确认了被告人在特殊情况下的证明责任。例如，判例认为，关于违法阻却事由（如正当防卫、受合法当局指挥等）和责任阻却事由，应当由被告人承担提供证据责任。如果被告人主张正当防卫，除法律推定正当防卫的情形以外，被告人应当对主张的事实提供证据。学说上认为，如果被告人援用构成犯罪的事实要件是由于某一自动化机械运转故障所引起的，则应当由该人证明机械运转不良之事实。在法律规定有不利推定的情况下，被告人有提供证据的责任。例如，关于违警罪客观要件的证明，法国《刑事诉讼法典》第537条设定了有利于控方的推定：“司法警察官员或其代理人认定违警罪的笔录或报告在有相反的证据以前应当采信，即从中推定违警罪行为存在。被告人如果否认自己有违警罪行为，应当依法提供书证或证人证词反驳这一不利推定。”

需要指出的是，在现代诉讼中，根据无罪推定原则，被告人在刑事诉讼中不承担提出证据证明自己无罪的责任，当然更不承担“自证其罪”的证明责任。诉讼理论一般认为，被告人对自己提出的辩护主张有时虽然也会提出证据加以支持，但这是被告人的辩护权利，而不是举证责任。但是，从证据法的角度来看，在法律另有明确规定的情况下，被告人在刑事诉讼中会承担一定程度上的证明责任。被告人在法律规定的特定情形下承担证明责任，体现了证明责任转移、倒置和推定的要求，没有违反无罪推定原则和不被强迫自证其罪规则。前述国家以及其他一些国家和地区的立法对被告人在特定情形承担一定程度的证明责任均有所规定。例如，在加拿大，被告人必须提出证据证明自己的抗辩事由具有存在的可能性（a sense of reality），法官才会将此辩护意见提交给陪审团加以考虑。中国香港特别行政区规定，在下列法定情形下，被告方也承担证明责任：（1）被告人以患精神病、不适于受审、病理性醉酒等作为主张减免刑事责任的辩护理由时；（2）某些成文法规定的应由被告方负有举证责任的事实,如行为有合法授权、有正当理由或持有执照等;(3)被告方拟推翻成文法对某些事实的推定,或者拟引用条文中的但书、例外或豁免;(4)被告人主张其行为曾取得同意、出于意外、由于受胁迫、基于义愤或目的在于自卫等。[16] 综合来看,被告人承担证明责任大致可以分为以下四种情形:一是刑事实体法明确规定被告人应当承担证明责任的;二被告人提出的某些积极抗辩事由,如不在犯罪现场、没有作案时间、患有精神病等;三是被告人主张的某种"独知"的事实,即只有被告人一人知道的事实,这种事实被形象地称为"幽灵抗辩"事实;[17] 四是被告人主张的某些程序法事实。

二、我国刑事诉讼中的证明责任分配

(一)定罪的证明责任

《刑事诉讼法》第 12 条规定:"未经人民法院依法判决,对任何人都不得确定有罪。"关于该条与无罪推定原则之间的关系,在我国理论界一直存在不同的观点。但是主流观点认为,该规定体现了无罪推定原则的基本精神。无罪推定原则是国际通行的刑事诉讼基本原则。该原则的一般表述是:凡受刑事控告者,在未依法证实有罪之前,应有权被视为无罪。作为刑事诉讼基本原则的无罪推定原则,也是证明责任分配的基本根据。无罪推定原则要求控方承担被告人有罪的证明责任。[18] 因此,由控方承担被告人有罪的举证责任也应当是我国刑事诉讼中证明责任分配的一般原则。对此,《刑事诉讼法》第 51 条明确规定:"公诉案件中被告人有罪的举证责任由人民检察院承担,自诉案件中被告人有罪的举证责任由自诉人承担。"根据该规定,无论是在公诉案件中,还是在自诉案件中,都应当由控方承担被告人有罪的证明责任,即控方应当提供证据证明犯罪构成要件事实存在,在犯罪构成要件事实存疑时,应当由控方承担不利后果,即宣告被告人无罪。对此,《刑事诉讼法》第 200 条规定:"……证据不足,不能认定被告人有罪的,应当作出证据不足、指控的犯罪不能成立的无罪判决。"

各国家及地区刑事证明责任的分配并非完全统一于单一的原则,都存在一般的原则和综合衡量后的例外。在我国刑事诉讼中也存在证明责任分配的例外情形,即证明责任倒置。就定罪而言,所谓证明责任倒置是指要求辩方证明部分犯罪构成要件事实不存在,且在该犯罪构成要件事实真伪不明时由被告人承担不利的

---

〔16〕 房保国:《论辩护方的证明责任》,载《政法论坛》2012 年第 6 期。

〔17〕 吴巡龙:《刑事举证责任与幽灵抗辩》,载《月旦法学杂志》2006 年第 133 期。

〔18〕 无罪推定原则有四项要求,分别是:控方承担被告人有罪的举证责任;排除对指控的所有合理怀疑后方可认定被告人有罪;犯罪嫌疑人、被告人应享有与无罪推定原则相一致的待遇;国家机关有义务不预断审判结果。

诉讼后果,即被判有罪。

我国《刑法》第 395 条第 1 款规定的巨额财产来源不明罪便是典型的证明责任倒置。该款规定:“国家工作人员的财产、支出明显超过合法收入,差额巨大的,可以责令该国家工作人员说明来源,不能说明来源的,差额部分以非法所得论,处五年以下有期徒刑或者拘役;差额特别巨大的,处五年以上十年以下有期徒刑。财产的差额部分予以追缴。”巨额财产来源不明罪客观方面包括两项内容:一是行为人的财产或者支出明显超过合法收入,且差额巨大;二是差额巨大的财产或者支出来源不明。对于巨额财产来源不明罪的客观方面,控方只需要证明第一项内容,即行为人的财产或者支出明显超过合法收入,且差额巨大。在控方证明了第一项内容后,根据《刑法》第 395 条第 1 款的规定,应当由被告人说明差额巨大的财产或者支出的合法来源。经过被告人说明财产来源、控方提供证据和法院全面调查之后,差额巨大的财产或者支出的来源可能存在以下几种情况:一是有合法来源,查证属实的;二是违法所得,查证属实的;三是其他犯罪所得,查证属实的;四是无法证实是否属于合法所得。对于前三种情况,无论是合法所得还是违法犯罪所得,案件事实都是明确的,不存在证明责任的分配,也不能以巨额财产来源不明罪认定。对于第四种情况,即差额巨大的财产或者支出是否有合法来源无法证实,被告人便构成巨额财产来源不明罪。按照证明责任分配的一般原则,控方应当对犯罪构成要件事实承担证明责任,当犯罪构成要件事实无法被证实时,应当由控方承担其指控的犯罪不能成立的不利诉讼后果。但是,在巨额财产来源不明罪中,当作为犯罪构成要件之一的差额巨大的财产或者支出是否有合法来源不能被证实时,由被告方承担不利的后果,而不是由控方承担不利后果,这属于典型的证明责任倒置。在巨额财产来源不明罪中实行证明责任倒置主要是考虑到证明的难易程度。对于差额巨大的财产或者支出的来源,由控方收集证据的难度较大,有的甚至无法收集证据,而由辩方收集证据的难度则比较小,因而由辩方承担证明责任更有利于查清案件真相和提高诉讼效率。

另外,需要指出的是,尽管在一般情况下由控方承担证明责任,但是辩方仍然需要提供证据,这不属于证明责任倒置,而是属于证明责任的转移。在刑事诉讼中,结果责任一般是由控方承担的,不会发生转移。与结果责任不同,行为责任在诉讼中往往发生转移。在诉讼过程中,行为责任首先由控方履行,在控方提出了一定的证据后,行为责任便转移到了辩方。如果辩方没有提供任何相反证据使裁判者对控方的指控产生合理怀疑,控方提供的证据就很容易达到确实、充分的程度。为了避免不利的诉讼后果,辩方都会积极提供证据。如果辩方提出了一定的证据使裁判者对控方的指控产生合理怀疑,那么行为责任便又转移回了控方。如此往复,直到控辩双方都没有新的证据提供为止。

(二)量刑的证明责任

对于量刑的证明责任,《刑事诉讼法》没有作出明确规定。在理论上,有观点将量刑事实划分为两种类型,认为对于不同类型的量刑事实适用不同的证明责任分配规则。以与定罪事实的关系为标准,可以将量刑事实分为纯正的量刑事实和非纯正的量刑事实。纯正的量刑事实是指只与案件中的量刑有关,而与定罪无关的事实,如自首、立功、坦白、认罪、退赃、赔偿损失、被害人谅解、累犯、前科劣迹、家庭背景、社会关系、个性特点、居所情况、一贯表现和居住地村(居)民委员会意见等。非纯正的量刑事实是指那些与定罪事实相互重合的量刑事实。该类事实"一身兼二任",既对定罪产生影响,又对量刑产生影响,如犯罪形态、在共同犯罪中的地位和作用等。该观点认为,无罪推定原则不适用于纯正的量刑事实的证明责任分配,这是因为量刑的潜含义是,被告人已经被认定为有罪,无罪推定已经被推翻。对于纯正的量刑事实,应当由主张者承担证明责任,即罪重事实由控诉方承担证明责任,罪轻事实由被告方承担证明责任。尽管在法庭审理中,公诉人应当客观、全面、公正地向法庭出示与量刑有关的所有证据,但是,对于罪重事实和罪轻事实,检察机关承担的证明责任是不同的。对于罪重事实,控方承担的是结果责任,因为当罪重事实存疑时,法院将会作出有利于被告人的认定;对于罪轻事实,控方承担的仅仅是行为责任,因为当罪轻事实存疑时,法院将会作出不利于被告人的认定。在司法实践中,有时会出现这样的情况:检察机关只提出了被告人罪重的事实,没有提出被告人罪轻的事实。此时,对于罪轻事实,被告方不仅要承担行为责任,还要承担结果责任。该观点认为,非纯正的量刑事实"一身兼二任",既是定罪事实,又是量刑事实,应当适用定罪事实的证明责任分配规则。〔19〕

直到2016年,我国才有了量刑中证明责任分配的法律规范。两院三部《以审判为中心意见》第2条第3款首次对量刑中的证明责任分配作出了"对于量刑证据存疑的,应当作出有利于被告人的认定"的规定。根据该规定,无论是罪重事实,还是罪轻事实,证明责任都由控方承担;当量刑事实存疑时,都应当作出不利于控方的认定。也就是说,量刑事实适用与定罪事实相同的证明责任分配规则。

(三)非定罪量刑的特别程序中的证明责任

《刑事诉讼法》规定了两类非定罪量刑的特别程序,即犯罪嫌疑人、被告人逃匿、死亡案件违法所得的没收程序和依法不负刑事责任的精神病人的强制医疗程序。这两类程序中的证明责任分配不同于定罪量刑程序中的证明责任分配。

在犯罪嫌疑人、被告人逃匿、死亡案件违法所得的没收程序中,不仅检察机关

---

〔19〕 张吉喜:《量刑事实的证明与认定——以人民法院刑事裁判文书为样本》,载《证据科学》2015年第3期。

需要承担证明责任,利害关系人也应当对自己的诉讼主张承担证明责任。[20] 检察机关申请没收违法所得及其他涉案财产,就应当对案件符合该程序的适用条件承担证明责任,即检察机关应当对下列事实承担证明责任:(1)犯罪嫌疑人、被告人的犯罪事实;(2)犯罪嫌疑人、被告人的逃匿或者死亡事实;(3)犯罪嫌疑人、被告人的违法所得及其他涉案财产事实。如果检察机关的证据不足以证实上述内容,则不应当没收检察机关申请没收的财产。利害关系人可能会提出自己对检察机关申请没收的财产享有相关权利,此时,其应当对该主张承担证明责任。[21]

在依法不负刑事责任的精神病人的强制医疗程序中,提出强制医疗申请的检察机关应当对被申请人符合强制医疗的适用条件承担证明责任,即检察机关应当对下列事实承担证明责任:(1)被申请人实施暴力行为,危害公共安全或者严重危害公民人身安全;(2)被申请人是经法定程序鉴定依法不负刑事责任的精神病人;(3)被申请人有继续危害社会可能。如果检察机关不能证明被申请人符合强制医疗的适用条件,或者被申请人是否符合强制医疗的适用条件存疑时,法院应当驳回检察机关的强制医疗申请。

(四)程序性事实的证明责任

对于程序性事实的证明责任分配问题,我国法律也没有作出明确规定。由于程序性事实与定罪量刑没有关系,因此在程序性事实的证明中不适用无罪推定原则。一般情况下,程序事实由主张者承担证明责任。如果被告方申请回避、申请期间的恢复,那么他就应当提出证据证明存在回避的理由、存在不可抗拒的原因或其他正当理由,并对此承担结果责任。但是,对于程序性事实的证明,也存在证明责任倒置的情形,对于非法取证行为的证明便是典型的事例。根据《刑事诉讼法》第58条的规定,被告方申请排除以非法方法收集的证据的,只需要提供相关线索或者材料。经审查,法庭对证据的合法性有疑问的,根据第59条的规定,人民检察院应当对证据收集的合法性加以证明。现有证据材料不能证明证据收集的合法性的,人民检察院可以提请人民法院通知有关侦查人员或者其他人员出庭说明情况;人民法院可以通知有关侦查人员或者其他人员出庭说明情况。有关侦查人员或者其他人员也可以要求出庭说明情况。如果对证据的合法性,人民检察院不提供证据加以证明,或者已提供的证据不够确实、充分的,根据第60条的规定,该证据应当予以排除。按照证明责任分配的一般原则,如果被告方提出控方证据是非法取得的,那么其应当提供证据证明该主张,并对该主张承担结果责任。但是,根据

---

〔20〕 参见黄风:《我国特别刑事没收程序若干问题探讨》,载《人民检察》2013年第13期。

〔21〕 参见孙明泽:《违法所得没收程序证明问题研究》,载《重庆工商大学学报(社会科学版)》2018年第2期。

《刑事诉讼法》的规定,在被告方提出证据是非法取得的情况下,由控方证明该证据是合法取得的,并对此承担结果责任,这属于典型的证明责任倒置。在非法证据的排除问题上实行证明责任倒置的原因是,被告人的取证能力十分有限,而与此相反,控方则有能力证明取证程序的合法性。另外,在非法证据排除程序中实行证明责任倒置,更有利于充分保障被追诉者的基本人权。

(五)被告人除法律另有规定的外不承担证明责任

我国刑事法律中已经有对被告人在特定情形下承担一定程度的证明责任的相关规定。例如,前述在《刑法》第395条规定的"巨额财产来源不明"案件中,被告人需提出证据证明财产差额部分的来源是合法的,否则差额部分以非法所得论。这是为了有效地惩治国家工作人员的贪污贿赂行为而设立的一项特殊规则。另外《刑法》第282条第2款规定,非法持有属于国家绝密、机密的文件、资料或者其他物品,拒不说明来源与用途的,构成非法持有国家绝密、机密文件、资料、物品罪。可见,在上述非法持有型犯罪的案件中被告人要承担一定的证明责任。在《刑事诉讼法》中也有涉及犯罪嫌疑人、被告人要承担一定证明责任的规定。例如,《刑事诉讼法》第58条第2款规定:"当事人及其辩护人、诉讼代理人有权申请人民法院对以非法方法收集的证据依法予以排除。申请排除以非法方法收集的证据的,应当提供相关线索或者材料。"理论上一般将该条规定视为辩护方要承担"初步证明责任"。根据最高法《刑诉法解释》第33条的规定:当事人及其法定代理人以审判人员存在违反职业操守的不正当行为,可能影响公正审判而申请回避的,"应当提供证明材料",这也是涉及程序法事实而需要被告方承担一定证明责任的特别规定。

第三节 民事诉讼的证明责任

一、域外民事诉讼中的证明责任分配

英美法系和大陆法系国家(地区)在民事诉讼证明责任分配的法律规定和证据理论上有较大差异。其中英美法系以美国民事诉讼中的证明责任分配立法及理论为代表,大陆法系以德国民事诉讼中的证明责任分配立法及理论为代表。

(一)美国民事诉讼中的证明责任分配

在英美法系中,由于证明责任的分配规则是在长期的司法实践中形成的,因此在不同国家或司法区,证明责任分配的具体规则并不完全一致。即使威格摩尔(Wigmore)这样的证据法权威也不得不承认,在证明责任的分配问题上,并不存在

一个统一适用的标准,“存在的只是关于特定种类案件的特定规则,这些规则的最终基础是宽泛的理由:经验和公平”[22]。

美国学者通过总结认为,影响证明责任分配的要素有政策、公平、证据所持或证据距离、方便、盖然性、经验规则、请求变更现状的当事人理应承担证明责任等。大陆法系学者将美国证明责任的分配学说概括为“利益衡量说”。在进行证明责任分配时,究竟应当重视哪些要素?对此,美国学者有多种不同的解释,以下介绍这方面的两个代表性学说。[23]

克莱尔利(Cleary)主张,应当采取“三P”要素,即政策、盖然性、证据保持相一致的方法加以决定。就“三P”要素的使用,克莱尔利分别举例进行了实证分析。他以政策为例提出,为了在某种程度上抑制侵犯名誉权诉讼的数量,不应当将真实性作为积极性抗辩,而应当将不真实性作为诉讼原因,让原告承担证明责任。他以盖然性为例提出,将履行、免除、时效等在原告权利产生后出现的事由作为积极性抗辩的理由之一,是因为已经确立的状态持续存在的盖然性高,所以应让对确立的状态进行变更并从中获益的当事人承担证明责任。对此他还认为,在根本没有证据的情况下,通过对盖然性要素的恰当应用,可能会最大限度地减少不公正的结果。

麦考密克(McCormick)主张,证明责任分配应考虑的要素有五个方面:(1)让请求变更现状的一方当事人承担证明责任属于自然法则;(2)政策上的特别考虑;(3)方便;(4)公平;(5)裁判上对盖然性的预测。麦考密克认为,让请求变更现状以及请求相对方为一定行为(或不作为)的当事人承担证明责任应是自然而然的事情。从方便角度分析,被告应对自己主张的在诉讼原因后发生的事件、履行、免除等事实予以证明。他认为,从证据距离的角度来看,应当让被告对履行、破产免责、许可等事实承担证明责任,但在侵权行为、不履行契约之类的诉讼中,证明责任和证据距离呈相反方向,为此不能过于强调证据距离在分配证明责任中的作用。关于裁判上对盖然性的预测,他认为,应当让主张不符合通常情形的当事人承担证明责任。例如,通常认为提供服务应当是有偿的,所以,应当让主张无偿服务的一方当事人对无偿服务的事实承担证明责任。但是,当事人如果主张家庭内的服务为有偿服务时,则应当就该事实承担证明责任。

(二)德国民事诉讼中的证明责任分配

1. 德国《民法典》制定前的证明责任分配学说

在1900年德意志帝国《民法典》制定前,德国法学界有关证明责任分配标准

---

〔22〕 LX Wigmore 278,转引自 Cross & Tapper on Evidence,9th ed.,1999,p. 118. 另参见李学灯:《证据法比较研究》,台北,五南图书出版股份有限公司1992年版,第364页。

〔23〕 参见陈刚:《证明责任法研究》,中国人民大学出版社2000年版,第215-216页。

的代表性学说是“待证事实分类说”。该学说的基本思路是根据待证事实证明的难易程度来决定证明责任的分配。其具体做法是将事实按某种标准进行分类,以明确当事人对哪些事实需要承担证明责任,对哪些事实无须承担证明责任。根据对事实进行分类的标准不同,该学说又可被分为消极事实说和外界事实说。

消极事实说将待证事实分为积极事实和消极事实,认为主张积极事实的人应承担证明责任,主张消极事实的人则不承担证明责任。积极事实即肯定事实,也就是主张存在某种事实,消极事实即否定事实,也就是主张不存在某种事实。持该学说的学者认为,积极的事实容易证明,而消极事实不容易证明。而外界事实说将待证事实划分为外界事实和内界事实两大类。所谓外界事实是指通过人的五官能感知的事实,如物体的大小、颜色、运动方式等;所谓内界事实是指人的心理状态,如故意与善意、真实与虚伪等。按照外界事实说的观点,主张外界事实的人应承担证明责任,主张内界事实的人不承担证明责任,这是因为内界事实是人的内心活动,难以证明。

待证事实分类说的贡献在于,它开启了民事证明责任分配理论研究的新视角,即从诉讼法角度转向实体法角度,从而改变了以往研究证明责任问题的思路。然而,待证事实分类说有两个重要缺陷:一是明确消极事实与积极事实的界限常常是困难的,往往只要转换一下表述的方式,消极事实就可以转变成积极事实,积极事实也可以转变成消极事实;二是当事人并不是对所有的消极事实和内界事实都存在证明上的困难。例如,“不在场”虽然属于消极事实,但主张该事实的当事人提供证人证明其“不在场”与对方当事人证明其“在场”相比,虽不能说更容易但至少可以说是难易相当。再如,被告方有过错属于内界事实,但是原告方证明被告方有过错并不比被告方证明自己没有过错更加困难。

2. 德国《民法典》制定后的证明责任分配学说

在德国《民法典》制定以后,德国法学界有关证明责任分配最有代表性的学说是规范说。

规范说是由德国学者罗森贝克提出的著名学说。[24] 罗森贝克主张以法律条文的表意和构造为标准分析法律规定的原则和例外以及基本规定与反对规定之间的关系,并以此来分配证明责任。由于规范说使深奥复杂的证明责任分配理论趋于平易,便于人们理解和操作,因而成为德国学术界占绝对支配地位的学说,并为德国判例所接受。由于规范说极为强调法律条文的表意和构造,所以有些德国学者称它为法文构成说。规范说在传入日本以后,日本学者将以此为基础建立的学说统称为“法律要件分类说”。

---

〔24〕 [德]莱奥·罗森贝克:《证明责任论》,庄敬华译,中国法制出版社2018年版,第111-145页。

罗森贝克认为,对不适用某一法律规定就不能获得诉讼请求效果的当事人而言,其应当对该项法律规定的构成要件事实的存在承担主张和证明的责任。在他看来,各条法律规定之间不是相互补助或支援的关系,就是相互对抗或排斥的关系,而证明责任分配的基本原理可以通过分析法律规定之间的相互关系得出。罗森贝克的天才之处就是在德国《民法典》制定之后,从一个诉讼法学者的角度,将民事实体法的各个构成要件作不同的分类,并在此基础上确定了规范说;而在此之前,因不存在民法典,学者们只能从待证事实的角度确定证明责任的分配。按罗森贝克的解释,民事实体法规范按对立关系被分为两大类:一类是权利发生规范,又称基本规范、请求权规范、主要规范、通常规范,是指能够发生一定权利的法律规范。例如,德国《民法典》第 607 条第 1 款规定:"因消费借贷受领金钱或其他代替物的人,对贷予人负有同种类、同品种、数量来返还受领物的义务。"债权人可以以该条作为消费借贷债权发生的法律依据。另一类是对立规范。关于对立规范,罗森贝克又将它分为三种:其一,权利妨碍规范,即在权利发生时,对权利的发生效果进行妨碍,使权利不能发生的法律规范。例如,德国《民法典》第 107 条规定:"未成年人非纯为取得法律上的利益而为意思表示,应得法定代理人的同意。"据此,法定代理人可以以意思表示人属于未成年人,其意思表示未经过法定代理人的同意为由,使相对方的权利发生效果受到妨碍。其二,权利消灭规范,即在权利发生之后,能使已经存在的权利归于消灭的法律规范。例如,德国《民法典》第 362 条第 1 款规定:"向债权人履行债务给付者,债的关系消灭。"据此,债务人可以以已经履行债务为理由,使债务归于消灭。其三,权利限制规范,即在权利发生以后,能对该权利的效果加以遏制和排除,使该权利不能实现的法律规范。例如,德国《民法典》第 222 条第 1 款规定:"消灭时效完成后,义务人得拒绝给付。"据此,义务人可以以权利已过时效为理由,拒绝义务的履行。罗森贝克在对法律规范进行上述四种分类的基础上,确定了自己的证明责任分配原则:主张权利存在的当事人应当对权利发生的法律要件存在之事实承担证明责任;否认权利存在的当事人应当对妨碍权利的法律要件、权利消灭的法律要件或权利限制的法律要件之存在的事实承担证明责任。那么如何识别四类不同的实体法规范及要件事实呢?罗森贝克认为,这取决于法规条文在形式上的结构。一般说来,在由主文和但书构成的条文里,主文表示的就是权利发生规范,而但书表示的则是对立规范;在以原则和例外形式规定的条文中,原则是权利发生规范,例外为对立规范。

3. 民事诉讼证明责任的理论新说

20 世纪五六十年代,德国一些学者对处于通说地位的规范说进行了批判和反思,提出了一些新的学说。这些学说认为规范说以法律条文的形式确定证明责任分配过于机械,主张考虑利益衡量、公平、权利救济等因素,建立多元的分配标准或体系,灵活地分配证明责任。这些学说被统称为"反规范说"。"危险领域说"和"盖然性说"是其中较为典型的两种学说。[25]

(1)危险领域说。危险领域说不是主张在整个民事诉讼领域全部适用新的证明责任分配标准,而是主张在一定的民事诉讼领域,尤其是在侵权赔偿诉讼中,以危险领域作为分配证明责任的标准,以修正规范说的不足。所谓危险领域,是指加害方能够依据法律上的或事实上的方法进行实际控制的生活领域。该说以待证事实属哪一方当事人控制的危险领域为标准,决定证明责任的分配,即当事人应当对其所能控制的危险领域中的事实负证明责任。例如,在高度危险的侵权赔偿诉讼中,损害原因、主观过错均属侵害人所能控制的危险领域,因此应当由侵害人就不存在因果关系、主观上无过错承担证明责任。该理论的主要论据是:其一,被害人无法知道对于加害人控制的危险领域内发生的事件经过;其二,加害人对自己控制下的领域内所发生的侵权行为,较容易了解实情,对于有关证据较为接近;其三,由加害人就其危险领域内所发生的事情进行举证,有利于预防侵权行为的发生。

(2)盖然性说。盖然性说认为,证明责任分配应当以事物的盖然性为标准。事物的原则和例外关系是识别盖然性的依据。从盖然性角度将事物的原则视为常态,将事物的例外视为非常态。主张常态情形的当事人不承担证明责任,主张非常态情形的当事人承担证明责任。例如,德国《民法典》第130条第1款规定:"如果撤回承诺的意思表示和承诺的意思表示同时到达相对人,撤回承诺的意思表示不生效。"主张盖然性的学者认为,按照一般的生活经验,承诺的意思表示的盖然性远比撤回承诺的意思表示要高,故主张承诺者不负证明责任,而由主张撤回者负证明责任。

二、我国民事诉讼中的证明责任分配

(一)我国民事诉讼中证明责任分配的一般规则

在我国,一提起民事诉讼中的证明责任分配,人们都会想起"谁主张、谁举证"。[26] 一般认为,1991年《民事诉讼法》第64条第1款(在2012年、2017年《民事诉讼法》中也是第64条第1款,现为《民事诉讼法》第67条第1款)的规定,即"当事人对自己提出的主张,有责任提供证据"是"谁主张、谁举证"规则的法律依据。然而,"谁主张、谁举证"规则存在以下两方面的不足:(1)"谁主张、谁举证"只体现了行为意义上的证明责任,即提供证据责任,却没有体现结果意义上的证明责任。(2)"谁主张、谁举证"经不起理论和实践的检验。众所周知,在诉讼领域,我

〔25〕 参见陈刚:《证明责任法研究》,中国人民大学出版社2000年版,第192-196页。

〔26〕 参见胡东海:《"谁主张谁举证"规则的历史变迁与现代运用》,载《法学研究》2017年第3期。

们对任何一个事物(要件事实)都可以从肯定和否定两个方面提出主张。例如,对500元借贷事实可以提出肯定(借了)和否定(没借)的主张。诉讼制度正是根据这种事物的两立性(正、反两方面)确定了诉讼攻击和防御之原理。由于判决是对当事人间有争议的(对立的主张、两立性的主张)权利义务关系作出确定,因此,在逻辑上必须对双方当事人的诉讼结果作出胜败之分。而"谁主张、谁举证"从逻辑上否定了两立性原则,它混同了肯定性主张和否定性主张、攻击和防御之间的区别,进而得出了不论是肯定性主张还是否定性主张都需要承担证明责任的错误结论。对某一事实究竟是让主张肯定者承担证明责任,还是让主张否定者承担证明责任,属于证明责任分配理论研究的固有课题。但无论作何种分配都必须遵守一条不言自明的原则——绝不容许让当事人对同一事物从正、反两个方面都承担证明责任。简言之,确定由肯定者对借贷事实之存在承担证明责任,就不能同时还要求否定者对借贷事实之不存在也承担证明责任。因此,"谁主张、谁举证"不宜作为我国民事诉讼中证明责任分配的一般规则。

由于1991年《民事诉讼法》没有为民事诉讼中证明责任分配确立一般规则,我国学术界对民事证明责任分配应当遵循的规则展开了一定的研究。主流观点认为,我国应当将法律要件分类说作为证明责任分配的一般规则。这主要是基于如下三点理由:第一,我国在诉讼体制、审判模式、法律思维以及实体法的体系和结构等方面接近于大陆法系的德国和日本,引进该学说基本没有制度障碍。第二,法律要件分类说已经在理论上和实践中产生了重大的影响,这为引进该学说作为我国民事证明责任分配的标准奠定了良好的基础。在理论上,法律要件分类说已经成为我国民事证明责任分配的主流学说。在实践中,法律要件分类说已经成为部分司法机关分配民事证明责任的参照。例如,1998年《上海市高级人民法院关于执行民事诉讼证据制度的研讨纪要》第5条指出:"确定举证责任分担的原则:(1)凡主张权利或法律关系是否存在的当事人,只需对该权利或法律关系存在与否的事实负举证责任,反之则由对方当事人举证;(2)凡主张权利或法律关系已经或者应当变更或者消灭的当事人,只需就存在变更或消灭权利或法律关系的事实负举证责任,反之则由对方当事人举证。"第三,法律要件分类说有利于消除当事人对判决的不满,强化判决的说服力。与其他的证明责任分配理论相比较,法律要件分类说对要件事实的分类更细,识别各类要件事实的依据和方法也更为直观和具体,因而法官的自由裁量余地更小。

最高法2001年《民诉证据规定》在总结审判实践经验的基础上,吸收了理论界的研究成果和其他国家的有益经验,将法律要件分类说作为证明责任分配的一般规则。该规定第2条第1款、第5条和第6条体现了法律要件分类说。第2条第1款规定:"当事人对自己提出的诉讼请求所依据的事实或者反驳对方诉讼请求所依据的事实有责任提供证据加以证明。"这里的"当事人对自己提出的诉讼请求所依据的事实"指的是权利发生规范的要件事实；"反驳对方诉讼请求所依据的事实"指的是对立规范的要件事实。第5条、第6条分别对合同纠纷案件和劳动争议案件中证明责任的分配作了规定，其是法律要件分类说的进一步体现。第5条规定："在合同纠纷案件中，主张合同关系成立并生效的一方当事人对合同订立和生效的事实承担举证责任；主张合同关系变更、解除、终止、撤销的一方当事人对引起合同关系变动的事实承担举证责任。对合同是否履行发生争议的，由负有履行义务的当事人承担举证责任。对代理权发生争议的，由主张有代理权一方当事人承担举证责任。"在该规定中，合同订立和生效的事实、有代理权的事实属于权利发生规范的要件事实，合同关系变更、解除、终止、撤销等合同关系变动的事实和合同履行的事实属于对立规范的要件事实。第6条规定："在劳动争议纠纷案件中，因用人单位作出开除、除名、辞退、解除劳动合同、减少劳动报酬、计算劳动者工作年限等决定而发生劳动争议的，由用人单位负举证责任。"在该规定中，开除、除名、辞退、解除劳动合同、减少劳动报酬等事实属于对立规范的要件事实。

在最高法2001年《民诉证据规定》的基础上，2015年最高法《民诉法解释》第91条进一步明确了法律要件分类说是我国民事诉讼中证明责任分配的一般规则。该条规定："人民法院应当依照下列原则确定举证证明责任的承担，但法律另有规定的除外：（一）主张法律关系存在的当事人，应当对产生该法律关系的基本事实承担举证证明责任；（二）主张法律关系变更、消灭或者权利受到妨害的当事人，应当对该法律关系变更、消灭或者权利受到妨害的基本事实承担举证证明责任。"[27] 最高法《民诉证据规定》将最高法2001年《民诉证据规定》第2条、第5条与第6条予以删除，至此，最高法《民诉法解释》第91条成为我国民事诉讼中证明责任分配的一般规则之法律依据。

（二）我国民事诉讼中证明责任分配的倒置规则

证明责任倒置，是指当事人对提出的诉讼请求所依据的事实或者反驳对方的诉讼请求所依据的事实不承担证明责任，而由对方当事人承担相反事实的证明责任。证明责任倒置是以法律要件分类说为前提的，即将法律要件分类说作为证明责任的"正置"，与法律要件分类说不符的证明责任分配方式即为证明责任倒置。

最高法2001年《民诉证据规定》第4条第1款规定，在如下侵权诉讼中，按照以下规定承担举证责任：(1)因新产品制造方法发明专利引起的专利侵权诉讼，由制造同样产品的单位或者个人对其产品制造方法不同于专利方法承担举证责任；

---

〔27〕 对于理论上结果意义的证明责任，最高法《民诉证据规定》与最高法《民诉法解释》分别采用了"举证责任"与"举证证明责任"的称谓，但从内涵来看，两者均指败诉风险的结果责任。

(2)高度危险作业致人损害的侵权诉讼,由加害人就受害人故意造成损害的事实承担举证责任;(3)因环境污染引起的损害赔偿诉讼,由加害人就法律规定的免责事由及其行为与损害结果之间不存在因果关系承担举证责任;(4)建筑物或者其他设施以及建筑物上的搁置物、悬挂物发生倒塌、脱落、坠落致人损害的侵权诉讼,由所有人或者管理人对其无过错承担举证责任;(5)饲养动物致人损害的侵权诉讼,由动物饲养人或者管理人就受害人有过错或者第三人有过错承担举证责任;(6)因缺陷产品致人损害的侵权诉讼,由产品的生产者就法律规定的免责事由承担举证责任;(7)因共同危险行为致人损害的侵权诉讼,由实施危险行为的人就其行为与损害结果之间不存在因果关系承担举证责任;(8)因医疗行为引起的侵权诉讼,由医疗机构就医疗行为与损害结果之间不存在因果关系及不存在医疗过错承担举证责任。

根据法律要件分类说的证明责任分配规则,该款第(2)(5)(6)项属于证明责任的正常分配。第(2)项和第(5)项规定的是无过错责任,受害人请求赔偿无须对加害人主观上的过错事实负证明责任,加害人也不得证明自己无过错而主张免除责任。第(2)项中的"受害人故意造成损害的事实"、第(5)项中的"受害人有过错或者第三人有过错"和第(6)项中的"免责事由"是权利妨碍的事实,理应由主张这些事实的加害人、动物饲养人或者管理人、生产者承担证明责任。

与此相反,第(1)(4)(7)(8)项的规定属于证明责任倒置。根据法律要件分类说,请求权人应对权利形成的要件事实承担证明责任。在侵权诉讼中,权利产生的事实,按照通行的"四要件说",是指认定加害行为违法的事实、加害行为与损害事实之间存在因果关系的事实、加害人主观上有过错的事实以及损害事实。在这四项规定中,请求权人并没有对这四个要件全部承担证明责任,而是将其中部分要件事实的证明责任交由对方当事人承担,在第(1)项中是认定加害行为违法的事实,在第(4)项中是加害人主观上有过错的事实,在第(7)项中是加害行为与损害事实之间存在因果关系的事实,[28]在第(8)项中是加害行为与损害事实之间存在因果关系的事实和加害人主观上有过错的事实。

第(3)项则是融合了证明责任的正常分配和证明责任倒置。依法律要件分类说,"法律规定的免责事由"属于权利妨碍事实,由加害人承担证明责任,这属于证明责任的一般分配。加害行为与损害结果之间存在因果关系的事实属于权利形成的要件事实,依据法律要件分类说应当由请求权人承担证明责任,但是第(3)项却规定由加害人对这种因果关系的不存在负证明责任,这显然属于证明

---

〔28〕 所谓共同危险行为,是指数人共同实施侵害他人权利的危险行为,但无法判断究竟谁是造成损害后果的加害人的情形。

责任倒置。

2009年《侵权责任法》对最高法2001年《民诉证据规定》第4条第1款作了一定修改的同时，增加了一些证明责任倒置的情形，后被《民法典》所吸收。而最高法《民诉证据规定》将最高法2001年《民诉证据规定》第4条删除。因此，我国民事诉讼中证明责任分配的倒置规则主要规定于民事实体法律规范之中。综合《民法典》等实体法律规范，我国民事诉讼中证明责任倒置主要适用于以下几类案件：第一，因新产品制造方法发明专利引起的专利侵权责任案件。因新产品制造方法发明专利引起的专利侵权诉讼，由制造同样产品的单位或者个人对其产品制造方法不同于专利方法承担证明责任。[29] 第二，环境污染责任案件。因环境污染引起的损害赔偿诉讼，由加害人就其行为与损害结果之间不存在因果关系承担证明责任。[30] 第三，物件损害责任案件。《民法典》第1253条规定："建筑物、构筑物或者其他设施及其搁置物、悬挂物发生脱落、坠落造成他人损害，所有人、管理人或者使用人不能证明自己没有过错的，应当承担侵权责任……"第1255条规定："堆放物倒塌、滚落或者滑落造成他人损害，堆放人不能证明自己没有过错的，应当承担侵权责任。"第1257条规定："因林木折断、倾倒或者果实坠落等造成他人损害，林木的所有人或者管理人不能证明自己没有过错的，应当承担侵权责任。"第1258条第2款规定："窨井等地下设施造成他人损害，管理人不能证明尽到管理职责的，应当承担侵权责任。"第四，共同危险行为案件。《民法典》第1170条规定："二人以上实施危及他人人身、财产安全的行为，其中一人或者数人的行为造成他人损害，能够确定具体侵权人的，由侵权人承担责任；不能确定具体侵权人的，行为人承担连带责任。"从该规定可以得出"因果关系推定"的结论。共同危险行为人只有在能够证明损害后果不是由其行为造成的情况下，才不承担赔偿责任。第五，教育与管理职责案件。《民法典》第1199条规定："无民事行为能力人在幼儿园、学校或者其他教育机构学习、生活期间受到人身损害的，幼儿园、学校或者其他教育机构应当承担侵权责任；但是，能够证明尽到教育、管理职责的，不承担侵权责任。"第六，非法占有高度危险物案件。《民法典》第1242条规定："非法占有高度危险物造成他人损害的，由非法占有人承担侵权责任。所有人、管理人不能证明对防止非法占有尽到高度注意义务的，与非法占有人承担连带责任。"第七，动物园的动物致人损害案件。《民法典》第1248条规定："动物园的动物造成他人损害的，动物园应当承担侵权责任；但是，能够证明尽到管理职责的，不承担侵权责任。"

---

〔29〕 参见《专利法》第66条。

〔30〕 参见《民法典》第1230条。

第四节　行政诉讼的证明责任

一、域外行政诉讼中的证明责任分配

由于各国法律传统和具体实践的不同,人们对"行政诉讼"的理解并不一致,在比较法的意义上,英美法系国家将对行政行为(包括行政决定行为和制定规则行为,即 decision – making 和 rule – making)的合法性与合宪性审查称为司法审查,而"行政诉讼"是以法国和德国为代表的大陆法系行政法上的制度。

(一)美国司法审查中的证明责任分配

在美国的司法审查中,证明责任主要由被告行政机关负担。美国法律规定了行政机关负有向法院提交应受审查的行政记录的证明责任。司法审查的基础是行政记录,司法审查必须在行政机关作出决定时的全部记录上进行。实际上,司法审查的标准,就是被告对行政决定合法性的证明标准。[31] 例如,美国《联邦行政程序法》第 552 条规定:"控告人居住地或其主要营业地、该行政机关所在地或者哥伦比亚特区的合众国地区法院,有权根据控告制止该机关封锁其档案的行为,并命令其提供任何其不正当地向控告人封锁的档案材料。在此类案件中,法院应重新审查事实,并且可以秘密查阅该机关档案的内容,以确定该档案或其中任何部门是否属于本条第 2 款规定的不应当向公众公开的档案;该机关对其行为的正确性具有证明责任。"美国国会在立法报告中说明了在此类案件中实行证明责任倒置的理由。美国国会认为,被要求公开的文件掌握在行政机关手中,只有行政机关知道文件的内容和性质,所以必须由行政机关证明文件符合法律规定的免公开的理由。由于要求得到文件的人在没有得到文件以前不知道该文件的内容,因此,如果规定由要求得到文件的人负担证明责任,实际上等于拒绝他的要求。[32]

(二)英国司法审查中的证明责任分配

在英国的司法审查中,证明责任也主要由被告行政机关承担。英国行政机关对于其所实施的影响公民人身自由和财产权利的行政行为,负有严格的证明责任。"因为按照英国的法律理论,任何行政机关及其工作人员无权干涉英国公民的自由和财产,除非他能在法院证明其行为的合法性。例如,行政机关以某公民在某个时间内非法进入某一禁区而拘禁该公民,该公民提出他在该时间内并未进入该禁

---

〔31〕 参见王名扬:《美国行政法》(下),北京大学出版社 2016 年版,第 500 – 501 页。

〔32〕 参见王名扬:《美国行政法》(上),北京大学出版社 2016 年版,第 351 – 352 页。

区,但他提不出在该时间内他在何处作何事的任何证据,而行政机关也提不出该公民在该时间内进入该禁区的证据。法院据此认为行政机关的拘禁行为是违法越权的,从而撤销行政机关的拘禁决定,命令行政机关释放该公民。"[33]

但是,在英国的司法审查中,判例和理论界并不否认原告对于特定事实也负有证明责任。例如,原告起诉行政机关滥用职权或玩忽职守,针对行政机关滥用职权或玩忽职守的事实,原告应当承担证明责任。

(三)法国行政诉讼中的证明责任分配

法国行政诉讼奉行职权主义诉讼模式,法官在一定程度上可依职权调查案件事实。除法定的证明责任分配形式外,在一些情况下,法官具有分配和协调证明责任的权力。

在法国的行政诉讼中,"当事人就其所主张的事实负证明责任,也可要求法官进行某项调查或鉴定。由于行政诉讼程序采取审问主义,法官根据双方当事人实力不平等的情况,如原告就其所主张的事实,所持论证显然可信时,或导致可以怀疑行政决定时,法官可将证明责任转移于被告。被告必须就其行为的事实和法律方面负证明责任"[34]。由于行政相对人与行政机关地位的不平等,行政相对人对否定事实不承担证明责任,对否定事实应当由行政机关承担证明责任。如发生纳税纠纷,行政机关有责任证明行政相对人在业务活动中有不正当行为。

(四)日本行政诉讼中的证明责任分配

日本法院的判例认为,应当根据要件事实的性质分配证明责任。"概言之,对限制国民的自由,或者赋课义务的行政行为的要件事实,行政厅方面应该举证证实其要件事实的存在。相反,对国民方面有利的要件事实的存在,国民方面负担证明责任。以赋课税处分为例予以说明,赋课税的要件事实的存在由行政厅举证,控除税要件事实的存在由国民方面举证。"[35]在撤销之诉中,被告行政机关承担其行政行为合法的证明责任;在确认无效的诉讼中,原告承担无效原因存在的证明责任。原告起诉行政机关逾越、滥用行政裁量权的诉讼中,对逾越、滥用行政裁量权的事实,原告承担证明责任。而对于行政程序性事实,日本法院一般要求行政机关承担证明责任。

二、我国行政诉讼中的证明责任分配

我国现行法律中关于行政诉讼证明责任分配规则的规定主要体现在《行政诉

[33] 姜明安主编:《外国行政法教程》,法律出版社1998年版,第182页。

[34] 王名扬:《法国行政法》,北京大学出版社2016年版,第623页。

[35] 杨建顺:《日本行政法通论》,中国法制出版社1998年版,第746页。

讼法》、最高法《行诉法解释》和最高法《行诉证据规定》中。

（一）被告承担的证明责任

我国《行政诉讼法》第 34 条第 1 款规定："被告对作出的行政行为负有举证责任，应当提供作出该行政行为的证据和所依据的规范性文件。"对此，最高法《行诉证据规定》第 1 条进一步规定，"……被告对作出的具体行政行为负有举证责任，应当在收到起诉状副本之日起十日内，提供据以作出被诉具体行政行为的全部证据和所依据的规范性文件。被告不提供或者无正当理由逾期提供证据的，视为被诉具体行政行为没有相应的证据"。

由此可见，在行政诉讼中，证明具体行为合法性的责任由被告承担。众所周知，具体行政行为违法的诉讼主张是由原告提出的。根据《行政诉讼法》第 37 条的规定，原告可以提供证明行政行为违法的证据。原告提供的证据不成立的，不免除被告的证明责任。对于原告提出的具体行政行为违法性的诉讼主张不是由原告承担证明责任，而是由被告对其相反的事实，即具体行政行为合法性的事实承担证明责任，这属于典型的证明责任倒置。在行政诉讼中对具体行政行为合法性的证明实行证明责任倒置主要是基于如下三方面的原因：

1. 由被告承担证明责任，是被告在行政程序中遵守"先取证，后裁决"规则的必然要求。在行政程序中，行政机关作出具体行政行为必须坚持"先取证，后裁决"，它要求行政机关在作出具体行政行为前，应当充分收集证据，在证据充分、事实清楚的基础上正确适用法律，作出具体行政行为。因此，一旦行政机关作出的具体行政行为被诉，由作出该行为的行政机关承担证明其行为合法性的责任，实属必然。

2. 由被告承担证明责任，有利于发挥其举证优势。（1）被诉的具体行政行为是由被告作出的，所以被告对该具体行政行为所依据的证据最为了解。（2）在行政程序中，被告行政机关行使职权无须征得公民、法人和其他组织同意，与原告相比，其具有较强的举证能力。

3. 由行政机关承担证明责任，能够有效地保证行政机关依法行政。行政法治原则的约束对象是行政机关及其工作人员。所谓行政法治原则是指法律规定行政机关的组织、权限、手段、方式和违法的后果，行政机关的行政行为必须严格遵守法律的规定并积极保证法律的实施。根据行政法治原则，在行政诉讼中，行政机关应当对其作出的具体行政行为的合法性负证明责任。

（二）原告承担的证明责任

虽然在行政诉讼中被告对具体行政行为的合法性承担证明责任，但是这并非意味着原告在行政诉讼中不承担任何证明责任。《行政诉讼法》和最高法《行诉证据规定》对原告在行政诉讼中的证明责任均作出了规定。《行政诉讼法》第 38 条规定:“在起诉被告不履行法定职责的案件中,原告应当提供其向被告提出申请的证据。但有下列情形之一的除外:(一)被告应当依职权主动履行法定职责的;(二)原告因正当理由不能提供证据的。在行政赔偿、补偿的案件中,原告应当对行政行为造成的损害提供证据。因被告的原因导致原告无法举证的,由被告承担举证责任。”最高法《行诉证据规定》第4条规定:“公民、法人或者其他组织向人民法院起诉时,应当提供其符合起诉条件的相应的证据材料。在起诉被告不作为的案件中,原告应当提供其在行政程序中曾经提出申请的证据材料。但有下列情形的除外:(一)被告应当依职权主动履行法定职责的;(二)原告因被告受理申请的登记制度不完备等正当事由不能提供相关证据材料并能够作出合理说明的。被告认为原告起诉超过法定期限的,由被告承担举证责任。”最高法《行诉证据规定》第5条规定:“在行政赔偿诉讼中,原告应当对被诉具体行政行为造成损害的事实提供证据。”

综上,在行政诉讼中原告承担证明责任的情形包括以下三类:

1. 原告应当证明其起诉符合法定条件。关于起诉的条件,《行政诉讼法》第49条规定:“提起诉讼应当符合下列条件:(一)原告是符合本法第二十五条规定的公民、法人或者其他组织;(二)有明确的被告;(三)有具体的诉讼请求和事实根据;(四)属于人民法院受案范围和受诉人民法院管辖。”但是,如果被告认为原告起诉超过法定期限的,则应由被告承担证明责任。需要指出的是,由于起诉条件属于程序性问题,所以对其的证明标准要求较低,在证明理论中属于自由证明或释明。根据《行政诉讼法》第51条第1款的规定,人民法院在接到起诉状时对符合本法规定的起诉条件的,应当登记立案。

2. 在起诉被告不作为的案件中,原告应提供其在行政程序中曾提出申请的证据材料。对于依申请的行政行为,行政机关作出具体行政行为要以申请人的申请为前提,没有申请人的申请行政机关不得作出该行为。因此,对依申请的行政行为,原告起诉被告不作为,其应当提供证据证明自己在行政程序中曾向行政机关提出过申请,否则其要求被告履行法定职责就失去了基础。应当注意的是,上述规定对起诉被告不作为案件中原告的证明责任设定了两项例外:(1)被告应当依职权主动履行法定职责时,原告无须提供证据证明其在行政程序中曾经提出过申请。对于依职权的行政行为,行政机关应当根据法律授予的职权和职责主动为之,不以原告提出申请为前提条件。(2)原告因被告受理申请的登记制度不完备等正当事由不能提供相关证据材料并能够作出合理说明的,豁免原告对其提出申请事实的证明责任。有些行政机关缺乏完备的登记制度,或其工作人员缺乏责任心,对原告在行政程序中提出的申请随意处置,导致原告不能提供相关证据材料。在这种情形下,如果要求原告对其提出申请的事实承担证明责任,会使原告处于极为不利的境地。因此,在原告因被告受理申请的登记制度不完备等正当事由不能提供相关证据材料的情况下,只要原告能够作出合理的说明,就应当免除原告对提出申请事实的证明责任。

3. 在行政赔偿诉讼中,原告应当对被诉具体行政行为造成损害的事实提供证据。行政赔偿是指行政机关违法行使职权侵犯公民、法人或其他组织的人身权、财产权所承担的侵权赔偿责任。在行政赔偿诉讼中,原告因被诉具体行政行为遭受损害是原告主张被告给予赔偿的前提,因此原告在行政赔偿诉讼中应当对损害已经发生、损害是由具体行政行为造成的事实承担证明责任。对于造成损害的具体行政行为的合法性问题仍然应由被告承担证明责任。

典型案例评析

案例 21－1　江苏李梦杰、刘辉贩卖毒品案:立功情节存疑的证明责任分配[36]

江苏省无锡市原南长区(现梁溪区)人民检察院以被告人李梦杰、刘辉犯贩卖毒品罪,向法院提起公诉。原南长区人民法院经公开审理查明:李梦杰于2013年2月20日晚,经与杜枫事先电话联系交易毒品后,指使刘辉至无锡市第三医院附近的建设银行门口,向杜枫贩卖毒品甲基苯丙胺九余克。李梦杰得款4500元,遂以贩卖毒品罪,分别判处被告人李梦杰有期徒刑6年6个月,并处罚金6000元;判处被告人刘辉有期徒刑2年6个月,并处罚金6000元。

一审宣判后,李梦杰提出上诉。上诉理由是:李梦杰在2013年2月25日被公安机关抓获后,当晚便在公安民警的控制下电话联系了刘辉,得知刘辉在无锡市马山镇的红灯笼网吧上网,即将该线索告知民警。民警查询到该网吧地址后即前往红灯笼网吧将刘辉抓获。李梦杰的行为应当构成立功。

无锡市中级人民法院认为,虽然上诉人李梦杰在一审时未提出有协助抓获同案犯的意见,但根据二审查明的事实,应当认定李梦杰归案后协助公安机关抓获了原审被告人刘辉,具有立功情节。理由是:(1)上诉人李梦杰二审庭审时供称其归案当晚在与刘辉的通话中,刘辉告知其在马山的红灯笼网吧上网,其将该线索告知了民警。该供述亦得到了刘辉二审当庭供述的印证。(2)在二审审理过程中,公安机关出具情况说明证明公安机关系通过李梦杰手机中存储的刘辉QQ号码采用技侦手段抓获了刘辉,但公安机关既未提供QQ号码,又未提供相关审批手续。

---

〔36〕　最高人民法院刑事审判一、二、三、四五庭:《刑事审判参考》(总第100集),法律出版社2015年版。

综上所述,原审判决的审判程序合法,对李梦杰的定罪正确,对原审被告人刘辉的定罪正确、量刑适当,但鉴于上诉人李梦杰确有立功表现,无锡市中级人民法院判决如下:(1)维持无锡市南长区人民法院(2013)南刑初字第104号刑事判决对原审被告人李梦杰的定罪部分以及对原审被告人刘辉的定罪量刑部分,撤销对原审被告人李梦杰的量刑部分。(2)上诉人(原审被告人)李梦杰犯贩卖毒品罪,判处有期徒刑6年,并处罚金5000元。

|评析|

本案中,李梦杰供述其被公安机关抓获后,当晚便在公安民警的控制下电话联系了刘辉,得知刘辉在无锡市马山镇的红灯笼网吧上网,即将该线索告知民警。民警查询到该网吧地址后即前往红灯笼网吧将刘辉抓获。同案犯刘辉也供述,其在与李梦杰通话过程中曾将自己所处详细位置告知李梦杰,后被公安机关抓获。公诉方为了证明李梦杰不构成立功,向法庭提交了由公安机关出具的情况说明。该材料否认李梦杰有提供同案犯具体藏匿地址的行为,坚持同案犯的落网是公安机关通过李梦杰手机中存储的刘辉QQ号码运用技术侦查手段所致,但公安机关既未提供QQ号码,又未提供相关审批手续。在上述情况下,李梦杰是否具有立功情节尚存在一定合理怀疑。无锡市中级人民法院认定李梦杰具有立功情节,这与当前关于量刑中证明责任分配的规定一致。两院三部《以审判为中心意见》第2条第3款规定:"……对于量刑证据存疑的,应当作出有利于被告人的认定。"根据该规定,无论是罪重事实,还是罪轻事实,证明责任都由控方承担;当量刑事实存疑时,应当作出有利于被告人的认定。

案例21-2 女大学生诉屈臣氏精神损害赔偿案:被告对脱裤搜身的侵权事实承担证明责任[37]

1998年7月8日,上海某高校女大学生钱某在上海屈臣氏四川北路店出门时,报警器突然铃声大作。店方保安当即拦住她并在检查其挎包无果后,让钱某穿过三处防盗装置,警报器仍然鸣响。一女营业员随即将其带到地下室商场办公室,并将办公室里的几名男职工请出后,将门关上。随后,女营业员用一只手提电子探测器对钱某全身进行检查后,确认在其左髋部有磁信号。女营业员便责令其脱下裤子进行检查,钱某虽极力反对,并声称自己并未偷东西,但在女营业员的威逼之下只能就范,但未发现任何东西。女营业员出门与经理商量后,再次入室责令钱某脱裤检查,被逼无奈的钱某第二次脱下裤子接受检查。但这次更为仔细的检查证明钱某的确是清白的。当钱某表示愤怒和抗议,要求店方道歉并赔偿精神损失时,该

[37] 参见上海市第二中级人民法院民事判决书,(1998)沪二中民终字第2300号。

店经理和保安却称:“这是正常行为,为保护商店利益,你有义务接受检查。”事后,钱某于 7 月 22 日向上海市虹口区人民法院提起了诉讼,要求被告公开登报赔礼道歉,并赔偿精神损失费 50 万元。

被告在诉讼中辩称:因原告在出门时引起电子警报器作响,在先后三次经不同的警报装置测试均引起警报作响的情况下,为了确定警报器响的原因,并且为避免在楼面测试引起难堪,在征得原告钱某的同意后才到商场地下室装有手提电子探测仪器的办公室再作测试。在整个事件的持续过程中,没有原告所提出的脱裤检查及强行搜身。上述事实有在场的女营业员证实。原告所述营业员两次让其脱裤检查没有任何合法、有效的证据,故请求人民法院驳回原告的诉讼请求。

在审理中,法院要求被告对脱裤搜身这一事实承担证明责任。理由是:被带到超市地下室的钱某已处于非常不利的弱者地位,在一对一情况下,要求钱某举证店方的非法行为已是不可能的。而这时的店方处于有利的地位,店方受到钱某的指控,应当举出自己没有逼她脱裤并搜身的证据,但店方拿不出证据。考虑到女大学生钱某正处于敏感的年龄段,被告的侵权情节是严重的,手段是非常恶劣的,钱某受害程度较深,社会影响很坏。

后一审法院作出如下判决:(1)被告在报上刊登向原告钱某赔礼道歉的公告;(2)根据被告注册资金 2000 万港元,以及综合考虑其支付能力,判决被告赔偿原告精神损失费 25 万元。对此,被告不服提起上诉,上海市第二中级人民法院经审理后,改判被告赔偿精神损害 1 万元。

| 评析 |

1998 年被称为中国的“隐私年”,在这一年中,中国人的隐私意识与人权意识逐渐觉醒,而这例中国最高精神损害赔偿案可视为标志性事件之一。本案另一个值得探讨的问题是民事证明责任的分配。由于当时既没有相关的实体法(如 2009 年《侵权责任法》),也没有明确的民事诉讼法司法解释(如最高法 2001 年《民诉证据规定》),法院对证明责任的分配只能基于个案的具体情况,有针对性、公平合理地分配败诉的风险。就该案而言,法院基于自由裁量权将侵权事实发生与否的证明责任分配给被告一方,要求被告提供证据证明并未实施侵权行为。在被告无法提供证据证明这一消极事实时,法院最终判决被告败诉。这既反映了当时民事证明责任分配的个别化特征,也凸显了当时民事证明责任分配规则不足给司法实践带来的诸多不便。

随着中国特色社会主义法律体系的形成,根据我国《民法典》及最高法《民诉法解释》的规定,我国民事诉讼中证明责任分配的方法基本采纳了罗森贝克的法律要件分类说。该学说对于抽象地分配证明责任,并使分配的结果具有可预见性方面,具有明显的优势。以今天的眼光审视该案,基于侵权事实属于权利发生要件,且该侵权行为并不属于特殊侵权,即不存在证明责任分配倒置规则的适用空间,因此,该案侵权事实发生与否的证明责任应当分配给原告钱某一方。至于原告对该侵权事实证明也存在困难,则属于另一领域的证明方法等问题了。

案例21-3 沙明保等诉马鞍山市花山区人民政府房屋强制拆除行政赔偿案:财物灭失的损害事实由被告承担证明责任[38]

2011年12月5日,安徽省人民政府作出批复,批准征收马鞍山市花山区霍里街道范围内农民集体建设用地10.04公顷,用于城市建设。2011年12月23日,马鞍山市人民政府将安徽省人民政府的批复内容予以公告,并载明征地方案由花山区人民政府实施。苏月华名下的花山区霍里镇丰收村房屋在本次征收范围内。苏月华于2011年9月13日去世,其生前将该房屋处置给四原告所有。原告古宏英系苏月华的女儿,原告沙明保、沙明虎、沙明莉系苏月华的外孙。在实施征迁过程中,征地单位制作了费用补偿表等,对苏月华户房屋及地上附着物予以登记补偿,原告古宏英的丈夫领取了安置补偿款。2012年年初,被告组织相关部门将苏月华户房屋及地上附着物拆除。原告沙明保等四人认为马鞍山市花山区人民政府非法将上述房屋拆除,侵犯了其合法财产权,故提起诉讼,请求马鞍山市中级人民法院判令马鞍山市花山区人民政府赔偿房屋损失、装潢损失、房租损失共计282.7680万元;房屋内物品损失共计10万元,主要包括衣物、家具、家电、手机等5万元;实木雕花床5万元。经审理,一审法院判决驳回原告沙明保等四人的赔偿请求。沙明保等四人不服,提起上诉,请求二审法院撤销一审判决,支持其赔偿请求。

安徽省高级人民法院经审理认为,关于被拆房屋内物品损失问题,马鞍山市花山区人民政府组织拆除上诉人的房屋时,未依法对屋内物品登记保全,未制作物品清单并交上诉人签字确认,致使上诉人无法对物品受损情况举证,故该损失是否存在、具体损失情况等,依法应由马鞍山市花山区人民政府承担证明责任。上诉人主张的屋内物品5万元包括衣物、家具、家电、手机等,均系日常生活必需品,符合一般家庭实际情况,且被上诉人亦未提供证据证明这些物品不存在,故对上诉人主张的屋内物品种类、数量及价值应予认定。上诉人主张实木雕花床价值为5万元,已超出市场正常价格范围,其又不能确定该床的材质、形成时间、与普通实木雕花床有何不同等,法院不予支持。但出于最大限度保护被侵权人的合法权益考虑,结合目前普通实木雕花床的市场价格,按"就高不就低"的原则,综合酌定该实木雕花床价值为3万元,后作出行政赔偿判决:撤销马鞍山市中级人民法院的行政赔偿判

[38] 参见最高人民法院指导案例91号,安徽省高级人民法院行政判决书,(2015)皖行赔终字第00011号。

决；判令马鞍山市花山区人民政府赔偿上诉人沙明保等四人房屋内物品损失8万元。

｜评析｜

行政赔偿诉讼案件中，由被告对行政行为的合法性承担证明责任，但对于原告因为违法的行政行为而遭受的损害事实则由原告提供证据予以证明。但根据《行政诉讼法》第38条第2款的规定，在行政赔偿、补偿的案件中，原告应当对行政行为造成的损害提供证据，但因被告的原因导致原告无法举证的，由被告承担证明责任。

本案中，马鞍山市花山区人民政府组织拆除房屋时，未依法对屋内物品登记保全，未制作物品清单并交当事人签字确认，致使当事人无法对物品受损情况举证，故该损失是否存在、具体损失情况等，依法应由马鞍山市花山区人民政府承担证明责任。由于马鞍山市花山区人民政府无法提供证据证明屋内物品等的价值，因此，人民法院对原告未超出市场价值的符合生活常理的房屋内物品的赔偿请求，应当予以支持。

主要文献著述

1. 孙长永、黄维智、赖早兴：《刑事证明责任制度研究》，中国法制出版社2009年版。
2. 陈刚：《证明责任法研究》，中国人民大学出版社2000年版。
3. 霍海红：《证明责任的法理与技术》，北京大学出版社2018年版。
4. [德]普维庭：《现代证明责任问题》，吴越译，法律出版社2006年版。
5. [德]莱奥·罗森贝克：《证明责任论》（第5版），庄敬华译，中国法制出版社2018年版。

第二十二章 证明标准

第一节 证明标准概述

一、证明标准的概念

证明标准是指按照法律规定认定一定的事实或者形成一定的诉讼关系对诉讼证明所要求达到的程度或水平。从实体上说,证明标准是待证事实真伪状态的分界点。如果证明不能达到这一程度,则待证事实应当被认定为不存在;如果证明达到或超过了这一程度,则待证事实应当得到确认。因此,在证据的数量及其证明力不变的情况下,证明标准设置的高低和实际掌握的宽严程度在一定情况下决定着案件的实体处理。从程序上说,证明标准是当事人双方或控辩双方卸除证明责任的标志,证明标准是与证明责任紧密相连的。"当举证责任属于谁,在什么情形下发生的问题得到解决之后,应该进一步提出的问题为:证明应该达到什么样的标准(standard),即证明水平(level)、程度(degree)、量(quantum)。"[1]

与证明标准密切相关的一个概念是证明要求。关于证明标准与证明要求之间的关系,在学术界存在两种不同的观点:一种观点认为,证明标准即证明要求、证明度。[2] 另一种观点认为,证明标准虽然与证明要求密切相关,但证明标准仍具有一定独特性。[3] 本书赞同后一种观点,即证明标准和证明要求虽然具有相似性,但它们之间还是有区别的,不应当将这两个概念相互混淆。证明要求与证明任务、证明目的、证明目标的含义基本相同,是指人们所追求的通过诉讼证明要达到的目标。证明要求表明了证明活动的方向和追求,体现了证据制度的目的和证据规范的立法宗旨。学术界讨论的"客观真实""法律真实"正是证明要求的体现,而证明标准则是衡量证明主体的证明活动是否符合证明要求的具体尺度。相对而言,证明要求比较抽象、笼统,而证明标准则比较具体。证明要求是确立证明标准的基础

---

〔1〕 沈达明编著:《英美证据法》,中信出版社1996年版,第42页。

〔2〕 刘金友主编:《证据法学(新编)》,中国政法大学出版社2003年版,第238页。

〔3〕 何家弘、刘品新:《证据法学》,法律出版社2004年版,第336页。

或依据;证明标准是证明要求的具体化。以"客观真实"和"法律真实"为例,证明要求只是概括地提出诉讼证明活动要达到的是"客观真实"还是"法律真实",但在何种类型的案件中证明应当达到何种程度,则是由证明标准来解决的。

由于证明要求与证明标准之间联系紧密,诉讼法学界发生过对证明要求的理论探讨。探讨的焦点是证明要求是"客观真实"还是"法律真实"。前者要求裁判事实和实际发生的案件事实完全相一致;后者只要求裁判事实是法律意义上真实的事实,它应当尽可能接近案件事实真相,但不必也不可能等于案件事实本身。这两种不同的证明要求以不同的诉讼观念为基础。持"客观真实说"的学者认为,客观上已经发生过的案件事实必然会在外界留下这样或那样的物品、痕迹,或者为某些人所感知,这为查明案件客观真实提供了事实依据;马克思主义认识论认为世界是可知的,因而查明案件客观真实是完全可能的。〔4〕"客观真实说"是1949年后我国理论界长期坚持的传统观点。随着证据法学理论研究的发展,"客观真实说"受到了挑战。"法律真实说"就是在批判"客观真实说"的争论中形成的一种学术观点。"法律真实说"的主张者从马克思主义关于真理的绝对性与相对性的辩证关系原理出发,指出"客观真实说"是对辩证唯物主义认识论片面的、机械的理解,曲解了绝对真理与相对真理的辩证关系。辩证唯物主义的可知论是从人类在整体上、在无止境的时间更迭中所具有的对客观世界的无限认识能力或所能实现的终极认识目标上来说的,而不是说我们的每一次具体的认识活动都能发现或达到绝对真理。从人对具体事物的认识这一意义上看,认识是相对的,这种相对性不仅表现为认识能力的相对性和非至上性,还表现为认识结果的相对性、不确定性和阶段性。〔5〕在具体的诉讼证明中,受各种主客观条件的限制,司法人员对案件事实的认识只能达到相对真理的程度,而不可能是终极的绝对真理意义上的"客观真实"。

本书认为,理想的证明要求应当是"客观真实",现实的证明要求有时只能是"法律真实"。中共中央《关于全面推进依法治国若干重大问题的决定》提出,健全事实认定符合客观真相的法律制度,正是体现了对理想的证明要求的追求。诉讼证明自身的特点决定了现实的证明要求有时只能是"法律真实"。诉讼证明是一种历史性证明而非科学技术性证明,即这种证明只能依据各种痕迹性材料进行回溯性推断,而不可能进行科学的、仪器式的、具有可重复性的认识检验。另外,诉讼过程尽管包含着认识过程,但并不仅仅等同于认识活动。诉讼是在程序法限制和规范下进行的活动,包含着一系列法律价值的实现和选择过程。这些法律价值包

〔4〕　陈一云主编:《证据学》,中国人民大学出版社1991年版,第114页。
〔5〕　卞建林、郭志媛:《论诉讼证明的相对性》,载《中国法学》2001年第2期。

括权利保护、诉讼效率等。这意味着,利益争端的解决与诉讼目的的实现,有时完全可能与事实真相是否得到查明毫不相关,而直接体现出裁判者对法律的理解和对法律价值的选择。诉讼证明中的案件事实只能是裁判者在听取各方证据、意见的前提下,根据法律的规定运用证据认定的案件事实。〔6〕"法律真实"是现实的证明要求的学术观点已经得到了司法解释的认可。最高法《民诉证据规定》第85条第1款规定:"人民法院应当以证据能够证明的案件事实为根据依法作出裁判。"这里所说的"以证据能够证明的案件事实为依据"正是"法律真实"的体现。当然,不同案件有着不同的特点,在有些案件中,"法律真实"是符合"客观真实"的;而在有些案件中,"法律真实"可能是与"客观真实"存在差异的。

二、证明标准的功能

在诉讼过程中,证明标准主要表现为判断、量化、平衡和权力制约的功能。〔7〕

1. 判断功能。德国法学家汉斯·普维庭指出:"如果说证明评价仅仅限于检测证明是否成功,即法官可以否认个案中的某个事实已经被证明,那么证明尺度(有时也称证明标准、证明额度或者证明强度)则是一把尺子,衡量什么时候证明成功了;证明尺度也决定对某个具体内容的法官心证,它决定着法官凭什么才算得到了心证。"〔8〕刑法规定了什么行为是犯罪以及应当如何处罚,然而,刑法规范适用的前提是被告人确实实施了刑法规定的犯罪行为,而事实是否存在要依靠证据来进行判断。虽然人类认识能力具有至上性,但是诉讼证明活动的特征决定了对事实的探知不可能无限期地进行下去。从本质上讲,证明标准就是法律对案件真相的揭示程度所划定的最低界限。达到这一标准,在法律上就认为待证事实得到了证明。可见,证明标准承载着判断事实真伪的功能。

2. 量化功能。美国法学家莫菲(Murphy)认为:"证明标准是指履行举证责任所必须达到的范围或程度,是证据必须在事实裁判者头脑中造成的确定性或盖然性的程度,是承担举证责任的当事人在有权赢得诉讼之前,使事实裁判者形成确信的标准,从履行举证责任的角度,它是证据质量和证据所需要的确信力的标尺。"〔9〕证明标准实际上就是被量化的证明责任。只要有待证事实,就需要分配证明责任;而只要分配了证明责任,就需要明确证明标准。证明标准是当事人履行证明责任的灯塔,凭借证明标准,当事人知道何时应当举证,何时可以暂停举证;证明

---

〔6〕 陈瑞华:《刑事诉讼的前沿问题》,中国人民大学出版社2000年版,第197-201页。

〔7〕 封利强:《论刑事证明标准的人权保障功能》,载《广西政法管理干部学院学报》2008年第1期。

〔8〕 [德]汉斯·普维庭:《现代证明责任问题》,吴越译,法律出版社2000年版,第91页。

〔9〕 Peter Murphy, *A Practical Approach to Evidence*, Blackstone Press Limited, 1992, p. 104.

标准是衡量当事人是否切实履行证明责任的标准,如果当事人对其所主张的事实的证明没有达到法定的证明标准,其主张就不能成立,就应当承担败诉的法律后果。

3. 平衡功能。证明标准的这一功能主要体现在刑事诉讼中。由于刑事诉讼中控辩双方力量对比悬殊,为了实现双方的平等对抗,刑事诉讼中的证明责任一般由控方承担,并且为控方确立了很高的证明标准,以便对控方的追诉权力施加更多的约束。而为了避免正义的天平过分地向辩护方倾斜,在某些法定的例外情况下,基于控方证明的困难和辩方证明的便利,辩护方也要对特定事实承担证明责任。但是,辩方承担证明责任时的证明标准一般都低于控方承担证明责任时的证明标准。可见,从程序法的角度来看,证明标准承载着平衡诉讼结构的功能。

4. 权力制约功能。这是指刑事证明标准在抑制刑事司法权力、保障被追诉者权利方面所发挥的功能。"一切有权力的人都容易滥用权力,这是万古不易的一条经验。有权力的人们使用权力一直到遇有界限的地方才休止。"〔10〕刑事司法权也不例外。在刑事诉讼中,立案、强制措施、移送审查起诉、提起公诉和定罪的证明标准,既体现了国家刑事司法权限制的宽严,又体现了被追诉者权利保障的强弱。证明标准设置的高低和实际掌握的宽严在一定情况下影响着刑事案件的立案、强制措施、起诉和裁判。证明标准设置得越高,对国家刑事司法权限制也就越严格,对犯罪嫌疑人、被告人人权的保障也就越充分。相反,证明标准设置得越低,对国家刑事司法权限制也就越宽松,对犯罪嫌疑人、被告人人权的保障也就越不充分。

第二节　刑事诉讼的证明标准

一、域外刑事诉讼的证明标准

(一)英美法系国家刑事诉讼中的证明标准

在美国证据法则和证据理论中,将证明的程度一共分为九等:第一等是绝对确定,由于认识论的限制,认为这一标准无法达到,因此无论出于什么法律目的均无这样的要求;第二等即排除合理怀疑,为刑事案件作出定罪裁决所要求,也是诉讼证明方面的最高标准;第三等是清楚和有说服力的证据,在某些司法区在死刑案件中当拒绝保释时,以及作出某些民事判决时有这样的要求;第四等是优势证据,作

〔10〕［法］孟德斯鸠:《论法的精神》(上册),张雁深译,商务印书馆1959年版,第184页。

出民事判决以及肯定刑事辩护时的要求；第五等是合理根据，适用于签发令状，无证逮捕、搜查和扣押，提起大陪审团起诉书和检察官起诉书，撤销缓刑和假释，以及公民扭送等情况；第六等是有理由的相信，适用于“拦截和搜身”；第七等是有理由的怀疑，足以将被告人宣布无罪；第八等是怀疑，可以开始侦查；第九等是无线索，不足以采取任何法律行为。[11] 也有美国学者将证明标准划分为七个级别：第一个级别也是最低的级别“无意义”证明（no significant proof），即没有事实依据的猜疑，适用于不限制人身自由的侦查活动；第二个级别是“合理根据”（reasonable basis），即嫌疑人确有实施犯罪的可能性，适用于临时性限制人身自由的措施，如在街头“阻留拍查”嫌疑人；第三个级别是“盖然性理由”（probable cause），即嫌疑人具有实施犯罪的实质可能性，适用于逮捕嫌疑人；第四个级别是“优势证据”（preponderance of evidence），即基于全部已知证据，嫌疑人实施犯罪的可能性大于其没有实施犯罪的可能性，适用于交付预审等决定；第五个级别是“表见证据”（prima facie case），即仅根据公诉方的证据可以排除合理怀疑地相信被告人有罪，适用于提起公诉的决定；第六个级别是“排除合理怀疑地证明”（proof beyond a reasonable doubt），即根据所有证据可以排除合理怀疑地相信被告人有罪，适用于有罪判决；第七个也是最高级别的是“绝对有罪证明”（absolute proof of guilt），即可以排除无理怀疑在内的一切怀疑，适用于判处死刑的案件。[12] 由此可见，在美国刑事诉讼中，不同的诉讼阶段适用不同的证明标准。总的趋势是，随着诉讼进程的发展，证明标准越来越高。在这些证明标准中，有罪判决的证明标准“排除合理怀疑”最受关注。因此，我们重点介绍这一证明标准。

在英美法系国家，“排除合理怀疑”的证明标准最早产生于18～19世纪。在前述1970年的温西普案中，美国联邦最高法院将“排除合理怀疑”的证明标准上升到宪法所保护的正当程序的高度，最高法院指出，“除非以排除合理怀疑的方式证明构成指控犯罪所必需的每一个事实，否则依据正当程序条款，被告不受刑事定罪裁决”[13]。自此，控诉方排除合理怀疑地证明被告人犯有被控罪行成为美国宪法第5修正案和第14修正案中正当程序条款的要求。在英国，《1984年警察与刑事证据法》《1999年青少年审判和刑事证据法》等都对“排除合理怀疑”的证明标准作了明确规定。

根据“排除合理怀疑”的证明标准，公诉方必须运用证据证明被告人有罪达到排除合理怀疑的程度，才算卸除了自己的举证责任，事实裁判者才能够认定被告人

---

〔11〕《美国联邦刑事诉讼规则和证据规则》，卞建林译，中国政法大学出版社1996年版，第22页。

〔12〕何家弘主编：《法律英语》，法律出版社1997年版，第339－340页。

〔13〕In Re Winship，397 U.S.359（1970）.

有罪。如果公诉方仅仅能够运用证据证明被告人可能有罪,则被告人不能因此被定罪。换言之,事实裁判者在聆听完公诉方的所有证据之后,再把被告方的反驳证据考虑在内,如果觉得对被告人就是罪犯这一点不存在“合理怀疑”,就可以认定被告人有罪。那么,什么是“排除合理怀疑”呢?

丹宁勋爵(Lord Denning)在1947年的Miller v. Minister of Pensions一案中对“排除合理怀疑”一语作出了经典性的界说:“排除合理怀疑”是指无须达到确定,但必须包含高度的盖然性;排除合理怀疑的证明并不意味着排除任何怀疑的影子,如果对被告人不利的证据是如此之强,只留下了对他有利的一丝遥远的可能性,从而正好应了这么一句话“当然有这种可能性,但这种可能性没有一点儿现实性”,那么案件已获排除合理怀疑的证明;而任何低于此种情况的证明都不能说满足了要求。[14] 由此来看,“排除合理怀疑”并不是要求排除一切可能的怀疑,而只是要求排除那些具有一定现实可能性的怀疑。我国台湾地区学者李学灯对“合理怀疑”作出了更进一步的解释:“所谓怀疑,当然只是一种可以说出理由的怀疑,而不是无故质疑。否则,对于任何纷纭的物事,都可以发生想象的或幻想的怀疑。因此,所谓合理之怀疑,必须非以下各种的怀疑:非任意妄想的怀疑;非过于敏感机巧的怀疑;非仅凭臆测的怀疑;非吹毛求疵、强词夺理的怀疑;非于证言无证的怀疑;非故为被告解脱以逃避刑责的怀疑。如果属于以上各种的怀疑,即非通常有理性的人所为合理的、公正的、诚实的怀疑。”[15]

由于“合理怀疑”具有较强的主观色彩,内容上也不够稳定,而且缺乏可利用的监测手段,因此,“排除合理怀疑”这一术语从诞生迄今不断受到理论界和实务界的质疑。但是法学家和法官们也普遍认为,目前还没有更为准确、恰当的表述方式来取代这一标准。“排除合理怀疑”的证明标准已经成为英美刑事诉讼和证据制度的重要内容和标志之一。

在英美刑事诉讼中,控方承担对指控犯罪的举证责任是一项基本原则,但这一原则并不是绝对的,它存在一些重要的例外。在这些例外情形下,被告人必须对某些事实承担举证责任。在英国,需要由被告人承担举证责任的情形,主要包括以下几种:(1)“精神失常”(insanity)的辩护。(2)“减轻责任”(diminished responsibility)的辩护。(3)“自杀契约”(suicide pacts)的辩护。(4)《1956年性犯罪法》规定的“例外”辩护。该法第47条规定:“在以上各条中,对犯罪的描述凡限定其受制于该条提及的例外时,对该例外的证明由主张该例外的人负责”。据此,当被告人被指控犯有该法规定的某一罪行时,被告人如果主张自己符合某一例外情形,则应

〔14〕［英］丹宁勋爵:《法律的界碑》,刘庸安等译,群众出版社1992年版,第131页。

〔15〕李学灯:《证据法比较研究》,台北,五南图书出版股份有限公司1992年版,第667页。

当对此承担举证责任。(5)成文法规定的“推定为非法”的相反事实。(6)成文法规定的“无过错”或者“不存在不适当目的”的辩护。(7)“例外、豁免、但书、免责事实或限定事由”之类的辩护。在美国,根据《模范刑法典》和《联邦刑事诉讼规则》的规定,由被告人承担举证责任的情形包括自动症、无知或认识错误、被害人同意和警察圈套等。[16] 值得注意的是,被告人就上述例外情形所负的举证责任,在证明标准上,既不同于公诉人承担举证责任时的证明标准,也有别于被告人承担提供证据责任时的证明标准。公诉人承担举证责任时,其证明必须能够排除任何合理怀疑;被告人承担提供证据责任时,其证明仅需对其有罪认定造成合理怀疑。被告人承担举证责任时,其证明则需达到“优势证据”的程度。被告人在刑事诉讼中承担举证责任时的证明标准与民事诉讼中的证明标准并无二致。

(二)大陆法系国家刑事诉讼的证明标准

一般认为以法国和德国为代表的大陆法系国家的证明标准可以概括为“内心确信”(intimate conviction)。但是,大陆法系诉讼法中的证明标准并非如此简单,它也是一种多元化的证明标准。以德国为例,因证明对象的不同,德国证据法上的证明标准除了“内心确信”之外,还有释明。“内心确信”适用于法院的实体裁判,释明适用于程序裁判。释明比“内心确信”的要求要低,是指法官确信当事人主张的事实具有相当的可能性。该标准适用于法律明确规定的情况,主要是程序事项或者主张,如法官回避、诉讼费援助、诉讼耽误、扣押、临时处置等。另外,与英美刑事诉讼中不同诉讼阶段适用不同的证明标准相似,在德国刑事诉讼中,不同诉讼阶段也适用不同的证明标准。根据德国《刑事诉讼法典》第 112 条的规定,逮捕须具有“重大行为嫌疑”且“根据一定事实”可以确定被指控人可能实施逃跑、毁灭或者伪造证据等行为。对于起诉,该法典第 152 条第 2 款规定,须“有足够的事实根据”。在检察院起诉之后,根据该法典第 203 条规定,享有管辖权的法院须“认为被诉人有足够的犯罪行为嫌疑”,方可裁定开始审判。对于有罪判决,适用“内心确信”的证明标准,该法典第 261 条作了相应的规定,“调查证据后,法院未确信被告人有罪时,必须宣告他无罪”。

在大陆法系国家,刑事诉讼与民事诉讼中的实体裁判适用相同的证明标准,即“内心确信”。“内心确信”是法德等大陆法系著名的证据法原则——“自由心证”的基本内容。这一证明标准源于法国,是欧洲资产阶级革命时期矫正法定证据制度的产物。在法国大革命时期,法国国会议员杜波尔在宪法会议上提出了改革证据制度的议案。他建议废除法定证据制度,建立新型的由法官自由裁量的证据制度。经过激烈的辩论,他的议案于 1791 年 1 月 18 日正式通过。1795 年法兰西国

---

〔16〕 孙长永:《探索正当程序——比较刑事诉讼法专论》,中国法制出版社 2005 年版,第 193-202 页。

民议会制定的《罪行法典》第 372 条规定了自由心证原则："法律不要求陪审员说明他们是如何获得心证的。法律也不要求他们必须遵守关于证据的规则。法律命令他们以真挚的良心问自己：为了证明被告有罪而提出的证据和被告方面的防御给了他们的理性以何种印象……法律只向他们提出一个能够概括他们职务上全部尺度的问题：你们是真诚地确信的吗？"1808 年法国《刑事诉讼法典》第 342 条和现行法国《刑事诉讼法典》第 353 条均对"内心确信"的证明标准作出了明确规定。现行法国《刑事诉讼法典》第 353 条规定："在重罪法庭休庭前，审判长应责令宣读下列训示，并将内容大字书写成布告，张贴在评议室最显眼处：法律并不考虑法官通过何种途径达成内心确信；法律并不要求他们必须追求充分和足够的证据；法律只要求他们心平气和、精神集中，凭自己的诚实和良心，依靠自己的理智，根据有罪证据和辩护理由，形成印象，作出判断。法律只向他们提出一个问题：你是否已形成内心确信？这是他们的全部职责所在。"法国立法中确立的"内心确信"的证明标准对欧洲大陆各国产生了广泛和深远的影响。意大利、德国等国先后在其本国的刑事诉讼法典中确立了该证明标准。与刑事诉讼中的证明标准相同，在德国的民事诉讼中，"法官能够且必须使其已达到确信，这种确信与实际生活是相似的，而且这种确信并非完全排除怀疑"[17]。

"内心确信"证明标准的基本特征是：法律不预先规定各种证据的证明力和判断运用证据的规则；证据的取舍和证明力的大小，由法官自由判断；如果法官通过审查判断有罪证据和辩护理由，根据自己的诚实、良心和理智，对被告人有罪达到了深信不疑的程度，就可以认定被告人有罪；如果法官通过审查判断有罪证据和辩护理由，根据自己的诚实、良心和理智，对被告人有罪尚存怀疑，则不能认定被告人有罪。

在刑事诉讼中，以英国和美国为代表的英美法系国家以"排除合理怀疑"为证明标准；以法国和德国为代表的大陆法系国家以"内心确信"为证明标准。厘清"排除合理怀疑"和"内心确信"两者之间的关系对于我们把握这两种证明标准具有一定的帮助。

"排除合理怀疑"与"内心确信"两者之间既有联系又存在一定的区别。首先，"排除合理怀疑"与"内心确信"二者具有明显的同一性，这突出表现在二者相互依存的关系上。内心确信，就意味着排除合理怀疑，反之亦然。正如英国法学家塞西尔·特纳（J. W. C. Turner）所言："所谓合理的怀疑，指的是陪审员在对控告的事实缺乏道德上的确信、对有罪判决的可靠性没有把握时所存在的心理状态。因为，控

---

〔17〕 Kaplan, von Mehren & Schaefer, *Phases of German Civil Procedure* (*pt*. 1), 71 Hav. L. Rev. 1193, 1245 (1958).

诉一方只证明一种有罪的可能性(即使是根据或然性的原则提出的一种很强的可能性)是不够的,而必须将事实证明到道德上确信的程度——能够使人信服,具有充分理由,可以作出判断确信的程度。"[18]其次,"排除合理怀疑"与"内心确信"两者之间又存在一定的区别。这主要表现在以下两个方面:第一,在表达方式上,"内心确信"的措辞是从正面来表达证明标准的含义,而"排除合理怀疑"则是从反面来表达证明标准的含义。第二,"内心确信"的表达方式更为强调证明标准的主观方面,而"排除合理怀疑"的表达方式则更为注意主观方面和客观方面的平衡。

二、我国刑事诉讼的证明标准

(一)事实清楚,证据确实、充分的证明标准

《刑事诉讼法》第55条第1款规定:"对一切案件的判处都要重证据,重调查研究,不轻信口供。只有被告人供述,没有其他证据的,不能认定被告人有罪和处以刑罚;没有被告人供述,证据确实、充分的,可以认定被告人有罪和处以刑罚。"第200条规定:"在被告人最后陈述后,审判长宣布休庭,合议庭进行评议,根据已经查明的事实、证据和有关的法律规定,分别作出以下判决:(一)案件事实清楚,证据确实、充分,依据法律认定被告人有罪的,应当作出有罪判决;(二)依据法律认定被告人无罪的,应当作出无罪判决;(三)证据不足,不能认定被告人有罪的,应当作出证据不足、指控的犯罪不能成立的无罪判决。"上述两条明确了我国刑事诉讼中定罪量刑的证明标准是"事实清楚,证据确实、充分"。《刑事诉讼法》还对侦查终结、提起公诉的证明标准作了规定。《刑事诉讼法》第162条第1款规定:"公安机关侦查终结的案件,应当做到犯罪事实清楚,证据确实、充分……"第176条第1款规定:"人民检察院认为犯罪嫌疑人的犯罪事实已经查清,证据确实、充分,依法应当追究刑事责任的,应当作出起诉决定……"根据上述规定,侦查终结、提起公诉的证明标准也是"事实清楚,证据确实、充分"。

《刑事诉讼法》第55条第2款对"证据确实、充分"的含义作了解释,该款规定:"证据确实、充分,应当符合以下条件:(一)定罪量刑的事实都有证据证明;(二)据以定案的证据均经法定程序查证属实;(三)综合全案证据,对所认定事实已排除合理怀疑。"该款引入了"排除合理怀疑"这一英美法系的表述方式。因此,有的观点认为我国已经确立了"排除合理怀疑"的证明标准。本书认为,这并不意味着我国刑事诉讼中确立了"排除合理怀疑"的证明标准。《刑事诉讼法》只是将"排除合理怀疑"作为判断证据是否确实、充分的要素之一,其价值在于弥补了"证

---

[18] [英]特纳:《肯尼刑法原理》,王国庆等译,华夏出版社1989年版,第549页。

据确实、充分”的表述方式过于原则、抽象的缺陷,使证明标准更加具有可操作性。正如立法部门作出的说明:“这里使用‘排除合理怀疑’这一提法,并不是修改了我国刑事诉讼的证明标准,而是从主观方面的角度进一步明确了‘证据确实、充分’的含义,便于办案人员把握。”〔19〕

“证据确实、充分”证明标准包括对证据的质和量的要求。“证据确实”要求证据经庭审质证,具有真实性和客观性;“证据充分”则要求证据达到一定的量。而对于这种量的标准,实践中是由法官根据案件情况进行主观判断。对“证据充分”的主观判断在两类不同的案件中有着不同的把握方式。一是被告人作有罪供述的案件。对于这类案件,实践中的把握标准可以概括为“口供有效印证”标准,即对于被告人的有罪供述,只要有其他有效的定罪证据相印证,则可以认为达到“证据确实、充分”的程度。二是被告人没有作过有罪供述的案件,也就是实践中所称的“零口供”案件。对于这类案件,实践中往往在把握“证据确实、充分”证明标准时比较严格,要求必须有能够得到有效印证的直接证据(被害人陈述或目击证人证言)证明,或者间接证据形成完整的证据链。

(二)证据确实、充分与排除合理怀疑之间的关系

虽然我国《刑事诉讼法》规定的是“事实清楚,证据确实、充分”的证明标准而不是“排除合理怀疑”的证明标准,但是在司法实践中,公安司法人员出现将其把握成“排除合理怀疑”证明标准的倾向,在是否起诉、是否定罪等问题上,会充分考虑案件能否排除合理怀疑。因此,必须正确把握“证据确实、充分”和“排除合理怀疑”之间的关系:

1. 从法条表述来看,“证据确实、充分”与“排除合理怀疑”是包含与被包含的关系。按照《刑事诉讼法》第55条第2款的表述,“排除合理怀疑”是判断是否达到“证据确实、充分”的条件之一,即“证据确实、充分”的标准包含了“排除合理怀疑”这一必要条件。此外,对于“证据确实、充分”应当符合的三个条件之间的关系,一般理解为并列关系,即必须三个条件都同时具备才能达到“证据确实、充分”的标准。

2. 从内涵上看,“证据确实、充分”与“排除合理怀疑”存在一定程度的重合关系。虽然二者在汉语语境中含义似乎存在较大差异,但实质上,一般而言,公安司法人员只有已经对被追诉人定罪没有合理怀疑的情况下,才能认定达到证据确实、充分的标准。换言之,公安司法人员认为案件已经达到“证据确实、充分”,是其已经排除了案件中的合理怀疑。立法部门也认同这种关系:“只有对案件已经不存

---

〔19〕 全国人大常委会法制工作委员会刑法室编:《关于修改中华人民共和国刑事诉讼法的决定:条文说明、立法理由及相关规定》,北京大学出版社2012年版,第53页。

在合理的怀疑,形成内心确信,才能认定案件'证据确实、充分'。"[20]

3."证据确实、充分"具有较强的客观性,而"排除合理怀疑"具有较强的主观性,但二者均需要做到主客观相统一。作为证明标准,无论"证据确实、充分"还是"排除合理怀疑"实际上都具有主观性,都需要办案人员的裁量把握。但在汉语语境中,"证据确实、充分"的表述客观性更强,而"排除合理怀疑"的表述主观性更强。"排除合理怀疑"的主观性在英美法系司法实践中也体现得较为明显,在英美法系国家大多数法官都拒绝向陪审团给出明确的解释,认为该证明标准是不言而喻的。[21] 但是无论是按照"证据确实、充分"还是按照"排除合理怀疑"去把握证明标准,都必须是相关的客观证据加上办案人员的主观分析,均需要做到主客观相统一。正如立法部门所指出的:"'证据确实、充分'具有较强的客观性,但司法实践中,这一标准是否达到,还是要通过侦查人员、检察人员、审判人员的主观判断,以达到主客观相统一。"[22]

4.必须正确理解和把握"排除合理怀疑",才能确保达到"证据、确实充分"的证明标准。在《刑事诉讼法》已经明确将"排除合理怀疑"作为达到"证据、确实充分"的证明标准的最重要条件的情况下,司法实践中,必须正确理解和把握排除合理怀疑的内涵或条件,否则就会办出错案。对于如何把握"排除合理怀疑"的证明标准,一般认为,应当注意以下几点:第一,"合理怀疑"不能是凭空猜想、臆测,无端猜疑。合理怀疑应当是基于现有证据存在的问题而产生,而不是办案人员的臆想、猜测,尤其办案人员不能脱离当事人陈述的案件基本事实而在当事人未主张某种事实情节的情况下去设想某种事实情节的存在。第二,应当注意从以下方面判断怀疑是否具有合理性:一是"怀疑"是否符合情理分析,即必须首先分析判断怀疑是否符合情理;二是"怀疑"是否符合逻辑推理,即需要分析判断所持的怀疑在逻辑推理上能否成立;三是"怀疑"是否符合经验法则,即根据日常生活经验能否产生怀疑;四是"怀疑"是否有相应证据佐证,即怀疑是否基于现有证据存在的问题而产生,怀疑有无在案证据为基础加以佐证。

三、非定罪量刑的特别程序中的证明标准

《刑事诉讼法》没有对非定罪量刑的特别程序中的证明标准作出特别规定。最高法《刑诉法解释》对犯罪嫌疑人、被告人逃匿、死亡案件违法所得的没收程序

[20] 全国人大常委会法制工作委员会刑法室编:《关于修改中华人民共和国刑事诉讼法的决定:条文说明、立法理由及相关规定》,北京大学出版社2012年版,第53页。

[21] 参见[美]华尔兹:《刑事证据大全》,何家弘等译,中国人民公安大学出版社1993年版,第313页。

[22] 全国人大常委会法制工作委员会刑法室编:《关于修改中华人民共和国刑事诉讼法的决定:条文说明、立法理由及相关规定》,北京大学出版社2012年版,第53页。

中的证明标准作了专门规定。

(一)犯罪事实的证明标准

最高法《刑诉法解释》第613条规定,在受案审查时,对于不符合“有证据证明有犯罪事实”标准要求的没收违法所得申请,法院应当通知检察机关撤回。该规定虽然针对的是受案审查,但是由于在庭审中难以出现新的证据,所以,可以说根据最高法《刑诉法解释》第613条的规定,“有证据证明有犯罪事实”就是犯罪事实的证明标准。最高法《刑诉法解释》将犯罪事实的证明标准规定为“有证据证明有犯罪事实”,是基于如下理由:在逃匿型违法所得没收案件中,对犯罪嫌疑人、被告人进行通缉的条件就是犯罪嫌疑人、被告人逃匿且符合逮捕条件,逮捕的证据条件就是“有证据证明有犯罪事实”。对于“有证据证明有犯罪事实”的含义,最高人民法院、最高人民检察院《关于适用犯罪嫌疑人、被告人逃匿、死亡案件违法所得没收程序若干问题的规定》第10条作了规定:(1)有证据证明发生了犯罪事实;(2)有证据证明该犯罪事实是犯罪嫌疑人、被告人实施的;(3)证明犯罪嫌疑人、被告人实施犯罪行为的证据真实、合法。该规定也是参照了最高检《规则》第128条第2款对逮捕条件中“有证据证明有犯罪事实”的解释。[23]

(二)违法所得的证明标准

最高法《刑诉法解释》第621条第2款规定,“申请没收的财产具有高度可能属于违法所得及其他涉案财产的,应当认定为前款规定的‘申请没收的财产属于违法所得及其他涉案财产’”。由此可见,对于“申请没收的财产属于违法所得及其他涉案财产”,适用的证明标准是高度可能性标准。由于违法所得没收涉及的是财产性问题,因此,最高法《刑诉法解释》选择适用了一般民事案件的证明标准。

第三节 民事诉讼的证明标准

一、域外民事诉讼的证明标准

(一)英美法系民事诉讼的证明标准

在英美法系,普通民事诉讼中的证明标准是“优势证据”(preponderance of the evidence)。“优势证据”又被称为“盖然性占优势”(preponderance of probability)或“盖然性权衡”(balance of probabilities)。何谓“优势证据”?这在英美法上是一个

---

〔23〕《人民检察院刑事诉讼规则》第128条第2款规定:“有证据证明有犯罪事实是指同时具备下列情形:(一)有证据证明发生了犯罪事实;(二)有证据证明该犯罪事实是犯罪嫌疑人实施的;(三)证明犯罪嫌疑人实施犯罪行为的证据已经查证属实。”

非常微妙且难以解释的问题。在陪审团审理的案件中,法官要在举证结束时向陪审团解释"优势"的含义。法官常常感到难以解释"优势"的含义,即使竭尽全力作了适当的诉讼指示,陪审团也未必能够真正地理解。

对于"优势证据"的含义,丹宁勋爵所作的解释是引用频率最高的解释:"如果证据能够让审理者认为'我们宁信其有,而不信其无',那么当事人的举证责任就可以卸除。但如果两种盖然性势均力敌,则没有达到要求。"〔24〕摩根在解释"优势证据"时指出:"凡于特定事实之存在有说服负担之当事人,必须以证据之优势确立其存在。法官通常解说所谓证据之优势与证人多寡或证据数量无关,证据之优势乃在其使人信服的力量(convincing force),有时并建议陪审团,其心如秤(mental scales),以双方当事人之证据分置于其左右之秤盘,从而权衡何种有较大之重量。"〔25〕

据此,本书认为,"优势证据"证明标准的基本含义是,如果证明责任的承担者所提供的证据在总体上高出对方当事人或者更为可信,那么证明责任的承担者便完成了他的证明责任;相反,如果双方当事人提供的证据分量相等或者反证者的证据更为可信,那么,证明责任承担者便要承受败诉的结果。也就是说,如果一方当事人证明其主张的证据和另一方当事人证明其主张的证据相比占优势,前者的主张就可以成立;哪怕只是51∶49微弱优势,也是如此。但是,这并不是说,在所有的案件中只要一方当事人证明其主张有51%的可能性就可以胜诉。在英国,"优势证据"的证明标准具有一定的弹性,即证明标准随着争议事实严重程度的变化而变化,争议事实越严重,要求的盖然性程度也就越高。在英国适用较高证明标准的案件较多,如户籍地变更(change of domicile)、结婚手续有效推定之反驳(rebutting the presumption of the formal validity of marriage)、更正法律文件(rectification)、亲子关系(paternity)等案件。

这里需要指出的是,在美国,"优势证据"并不是在所有民事案件中都适用的证明标准。美国除了在普通的民事案件中适用"优势证据"标准外,在特殊情况下,还适用"明晰可信"标准(clear and convincing proof of evidences)。所谓明晰可信标准,就是要求事实裁判者内心中必须相信诉争事实大有可能(highly probable),即具有高度的可能性。由此可以看出,"明晰可信"标准高于"优势证据"标准,但是低于"排除合理怀疑"标准。"明晰可信"标准适用于特殊的民事诉讼。在美国,涉及如下内容的民事诉讼通常适用"明晰可信"标准:欺诈、不当影响(undue influence)、生前口头契约、灭失遗嘱的内容、口头契约的履行、书面协议事项的撤

〔24〕　吴杰:《英美法系民事诉讼证明标准理论基础研究》,载《法律科学》2003年第4期。
〔25〕　[美]埃德蒙·摩根:《证据法之基本问题》,李学灯译,世界书局1982年版,第48页。

销或变更、因欺诈或疏忽或不合格而发生的行政行为等。[26]

在英国和美国,刑事诉讼与民事诉讼适用不同的证明标准。无论是“优势证据标准”还是“明晰可信”标准都低于刑事诉讼中的“排除合理怀疑”标准,这常常导致同样的证据、同样的案件事实在不同的诉讼中裁判结果迥异。最为典型的例子莫过于被称为“世纪审判”的美国“辛普森案件”。美国橄榄球明星辛普森(Simpson)被控杀死其前妻及其前妻的男性朋友。虽然检方收集了大量的证据,但因未能达到“排除一切合理怀疑”的程度,故辛普森被宣告无罪,当庭释放。而同样的案情,同样的证据,在随后的民事诉讼中,另一个陪审团认定证据已经达到“盖然性占优势”的标准,认定辛普森对死者的死亡负有责任,判决其支付 3500 万美元的巨额赔偿。

(二)大陆法系民事诉讼的证明标准

一般认为,以法国和德国为代表的大陆法系的证明标准可以概括为“内心确信”或“高度盖然性”。大陆法系实行自由心证的证据制度。所谓“自由心证”是指关于法院认定用于判决基础的事项,应遵从法官基于在审理中出现的一切资料和状况,自由形成的具体的确信的原则。[27] 自由心证在证明标准的问题上体现为“高度盖然性”,即依据日常经验可能达到的那样高度,疑问即告排除,产生近似确然性的可能。

但是,大陆法系诉讼法中的证明标准并非如此简单,它也是一种多元化的证明标准。以德国和日本为例,因证明对象的不同,德日证据法上的证明标准除了“内心确信”之外,还有疏明。“内心确信”适用于法院的实体裁判,疏明适用于程序裁判。疏明比“内心确信”的要求要低,是指法官确信当事人主张的事实具有相当的可能性。该标准适用于法律明确规定的情况,主要是程序事项或者主张,如法官回避、诉讼费援助、诉讼耽误、扣押、临时处置等。

英美法系刑事诉讼与民事诉讼中的实体裁判适用不同的证明标准;而大陆法系刑事诉讼与民事诉讼中的实体裁判适用相同的证明标准,即“内心确信”。“内心确信”是法德等大陆法系国家著名的证据法原则——“自由心证”的基本内容。在德国的民事诉讼中,“法官能够且必须使其已达到确信,这种确信与实际生活是相似的,而且这种确信并非完全排除怀疑”[28]。“内心确信”证明标准的基本特征是:法律不预先规定各种证据的证明力和判断运用证据的规则;证据的取舍和证明

---

〔26〕 何家弘、刘品新:《证据法学》,法律出版社 2019 年版,第 351 页。

〔27〕 参见[日]新堂幸司:《新民事诉讼法》,林剑锋译,法律出版社 2008 年版,第 385 - 386 页。

〔28〕 Kaplan, von Mehren & Schaefer, *Phases of German Civil Procedure* (*pt.* 1), 71 Hav. L. Rev. 1193, 1245(1958).

力的大小,由法官根据自己的诚实、良心和理智自由判断。但在“盖然性”的程度要求上,二者实际上是有所不同的,即刑事诉讼比民事诉讼的要求更高。

二、我国民事诉讼的证明标准

理论界普遍认为,刑事诉讼与民事诉讼的性质不同决定着民事诉讼的证明标准应当低于刑事诉讼的证明标准。刑事诉讼所要解决的是犯罪嫌疑人、被告人的刑事责任与刑罚问题,它不仅关系到犯罪嫌疑人、被告人的人身自由、财产权利、政治权利甚至生命权是否受到限制或剥夺,而且还关系到社会利益和国家利益。而民事诉讼所要解决的是平等主体之间的人身权利、财产权利争议,一般只涉及公民、法人和其他组织的财产权利、较低层次的人身权利,而与人身自由、政治权利和生命权关系不大。

理论界对民事诉讼证明标准的这种普遍观点最早得到了最高法 2001 年《民诉证据规定》的认可。该规定第 73 条规定:“双方当事人对同一事实分别举出相反的证据,但都没有足够的依据否定对方证据的,人民法院应当结合案件情况,判断一方提供证据的证明力是否明显大于另一方提供证据的证明力,并对证明力较大的证据予以确认。因证据的证明力无法判断导致争议事实难以认定的,人民法院应当依据举证责任分配的规则作出裁判。”该条被认为在我国民事诉讼中确立了“优势证据”的证明标准。[29] 但是,“优势证据”的证明标准却与 1991 年《民事诉讼法》的规定不符。1991 年《民事诉讼法》第 153 条第 1 款规定:“第二审人民法院对上诉案件,经过审理,按照下列情形,分别处理:(一)原判决认定事实清楚,适用法律正确的,判决驳回上诉,维持原判决;(二)原判决适用法律错误的,依法改判;(三)原判决认定事实错误,或者原判决认定事实不清,证据不足,裁定撤销原判决,发回原审人民法院重审,或者查清事实后改判;(四)原判决违反法定程序,可能影响案件正确判决的,裁定撤销原判决,发回原审人民法院重审。”一般认为,该条体现了民事诉讼的证明标准是“事实清楚,证据充分”。很显然,“优势证据”的证明标准低于“事实清楚,证据充分”的证明标准。

2012 年《民事诉讼法》第 170 条第 1 款对 1991 年《民事诉讼法》第 153 条第 1 款作了修改,规定:“第二审人民法院对上诉案件,经过审理,按照下列情形,分别处理:(一)原判决、裁定认定事实清楚,适用法律正确的,以判决、裁定方式驳回上诉,维持原判决、裁定;(二)原判决、裁定认定事实错误或者适用法律错误的,以判决、裁定方式依法改判、撤销或者变更;(三)原判决认定基本事实不清的,裁定撤

---

〔29〕 参见李国光主编:《最高人民法院〈关于民事诉讼证据的若干规定〉的理解与适用》,中国法制出版社 2002 年版,第 462－464 页。

销原判决,发回原审人民法院重审,或者查清事实后改判;(四)原判决遗漏当事人或者违法缺席判决等严重违反法定程序的,裁定撤销原判决,发回原审人民法院重审。”2012 年《民事诉讼法》第 170 条第 1 款对 1991 年《民事诉讼法》第 153 条第 1 款的修改主要体现在两个方面:一是删除了第 1 款第 3 项中的“证据不足”;二是将第 1 款第 3 项中的“原判决认定事实不清”修改为“原判决认定基本事实不清”。由此可见,2012 年《民事诉讼法》对证明标准的要求已经没有 1991 年《民事诉讼法》那样严格。2012 年《民事诉讼法》为降低民事诉讼中的证明标准提供了空间。现行《民事诉讼法》保留了 2012 年《民事诉讼法》对该条款的规定,并调整为第 177 条第 1 款。

与 2012 年《民事诉讼法》降低民事诉讼中的证明标准相呼应,最高法 2015 年《民诉法解释》确立了我国民事诉讼中二元化的证明标准。该解释第 108 条第 1 款规定:“对负有举证证明责任的当事人提供的证据,人民法院经审查并结合相关事实,确信待证事实的存在具有高度可能性的,应当认定该事实存在。”该款确立了“高度盖然性”的证明标准。第 108 条第 3 款规定:“法律对于待证事实所应达到的证明标准另有规定的,从其规定。”为了响应该款的规定,第 109 条紧随其后规定:“当事人对欺诈、胁迫、恶意串通事实的证明,以及对口头遗嘱或者赠与事实的证明,人民法院确信该待证事实存在的可能性能够排除合理怀疑的,应当认定该事实存在。”该款确立了“排除合理怀疑”的证明标准。(2022 年最高法《民诉法解释》对以上条款予以保留)而随着最高法《民诉证据规定》将最高法 2001 年《民诉证据规定》第 73 条删除,我国民事诉讼排除了“优势证据”的证明标准,而代之以一般情形下适用“高度盖然性”的证明标准以及特殊情形下适用“排除合理怀疑”的证明标准。

第四节　行政诉讼的证明标准

一、域外行政诉讼的证明标准

(一)英美法系国家行政诉讼的证明标准

美国行政诉讼证明标准在世界范围内都比较有特殊性和代表性。“美国司法审查中区分事实问题和法律问题,分别适用不同的审查标准。因为对法律问题,法官是专家,法院对法律问题审查的范围和决定的权力比较大,可以用法院对法律问题的结论代替行政机关的法律结论。对事实问题,行政机关是专家,法院对事实问题一般尊重行政上决定，不能用法院的意见代替行政机关的意见。"[30]美国法学界普遍认为，美国行政诉讼中存在三个证明标准，即实质证据标准，专断、反复无常标准与重新审理标准。

1. 实质证据标准

实质证据标准（substantial evidence test）是上级法院对下级法院判决中关于事实问题的审查时所适用的标准。在进行实质审查时，如果行政行为有实质的证据支持，便具有说服力。至于怎样的证据才属于对行政行为具有"实质性"的支持，法院判例对此设定了细致的判断标准。[31]

实质证据标准所体现的是司法权对行政权的尊重，即在审查行政行为作出的基础上认定行政行为的合法性，而非简单依据证据的证明力来判断。通过对实质证据标准与民事诉讼中的证明标准进行比较，不难发现二者都是程度低于"排除合理怀疑"的优势证据标准。但是，二者也有所区别：民事诉讼中的优势证据标准侧重于司法权的判断，而行政诉讼中的实质证据标准则侧重于行政权的判断，即行政机关在作出行政行为时是否达到了优势证据标准。

2. 专横、反复无常标准

专横、反复无常标准（arbitrary and capricious test）主要用于审查行政机关依非正式程序所作出之行政行为的合法性，也可用于判断行政自由裁量的合法性。通常而言，在将诸如"专横""反复无常"等词语用于修饰证明标准时，其所表示的是行政行为的不合法，即行政行为侵犯或者剥夺了他人的合法权利。这一标准在本质上所追求的是"通过实质性的探索来发现事实"，即行政机关在作出行政行为时是否考虑到了其他相关因素，以及行政行为的作出是否存在明显错误、有不正当目的或者有显失公平的情形。

3. 重新审理标准

重新审理标准（de novo test）适用于需要重新进行司法审理的情形。重新审理标准较为模糊，依美国《联邦行政程序法》第706条第6项规定，适用重新审理标准的案件应当达到"（行政行为）没有事实的根据，已经达到必须由法院重新审理事实的程度"。但是至于应当达到何种"程度"，美国《联邦行政程序法》并没有作出明确规定。事实上，重新审理标准并非严格意义上的证明标准、而只是一种对法院的授权。

（二）大陆法系国家行政诉讼的证明标准

大陆法系国家在行政诉讼中通常会适用"明显优势"的证明标准。对于不同

---

[30] 马怀德主编：《行政诉讼原理》，法律出版社2009年版，第302页。
[31] 参见韩春晖：《美国行政诉讼的证明标准及其适用》，载《法商研究》2011年第5期。

类型的行政诉讼案件,所适用的证明标准也有所差异。在某些情况下,一味地适用“明显优势”的证明标准是不合理的,因此需要作出一定变通,以适应不同类型案件的需要。变通包括两种情况:一是提高标准,即“合理怀疑”的标准;二是降低标准,即“优势证据标准”。

1. 法国行政诉讼的证明标准

法国行政诉讼所采用的也是复合型证明标准,共分为三种,即最低程度的审查标准、一般程度的审查标准与严格审查标准。[32] 在适用最低程度的审查标准时,法官通常只需要对行政行为是否具有法律依据、行政权的行使是否正当以及行政机关是否滥用职权等进行审查。行政机关认定的事实一般不在最低程度的审查范围之内。只有在可以明显认定行政机关作出了错误的行政行为时,法院才能够对行政机关认定的事实进行审查。最低程度的审查标准所适用的范围很小,只针对技术性或者专业性非常强的行政行为,如政治安全警察的职务行为、外事警察的职务行为等。在适用一般程度的审查标准时,法院不仅要审查行政行为的合法性,还要审查行政机关对案件事实的认定是否正确、是否符合法律规定。严格审查标准一般只适用于法律有明确规定或者涉及公民重大利益的情形,法院需要审查行政权行使的合法性、行政机关对事实的认定、行政行为的合法性等内容。

2. 德国行政诉讼的证明标准

德国行政诉讼所适用的是高度盖然性的证明标准。特定情况下,法院也会适用低于高度盖然性的证明标准。德国行政诉讼制度与民事诉讼制度所确立的证明标准原则是一致的,即“内心确信”。当然,这种真实仅是相对意义上的真实,是诉讼中认定的真实,并非绝对意义上的真实。随着证明手段、证明方式等的不断丰富与完善,这一相对真实可以无限接近于绝对意义上的真实。因此,德国在行政诉讼中确立了高度盖然性标准,这一高度盖然性可以排除所有合理的怀疑。而低于高度盖然性的证明标准主要适用于存在法律明确授权与需要法院作出解释之处。[33]

二、我国行政诉讼的证明标准

我国《行政诉讼法》没有关于证明标准的明确表述,但是从相关规定中可以归纳出其证明标准。《行政诉讼法》第69条规定:“行政行为证据确凿,适用法律、法规正确,符合法定程序的,或者原告申请被告履行法定职责或者给付义务理由不成立的,人民法院判决驳回原告的诉讼请求。”第89条第1款规定:“人民法院审理上诉案件,按照下列情形,分别处理:(一)原判决、裁定认定事实清楚,适用法律、法

〔32〕 参见施鹏鹏:《证据法》,中国政法大学出版社2020年版,第294页。

〔33〕 参见高秦伟:《论行政诉讼的证明标准》,载《证据科学》2008年第4期。

规正确的，判决或者裁定驳回上诉，维持原判决、裁定；（二）原判决、裁定认定事实错误或者适用法律、法规错误的，依法改判、撤销或者变更；（三）原判决认定基本事实不清、证据不足的，发回原审人民法院重审，或者查清事实后改判；……”上述两条从正反两方面体现了行政诉讼的证明标准，可以将其归纳为“事实清楚，证据确实（凿）、充分”。由此可见，我国行政诉讼中的证明标准是“事实清楚，证据确实、充分”。

一般认为，案件事实清楚是指与被诉行政行为合法性有关的事实，都必须查清，而对不影响行政行为合法性判断的细微情节，则无须都要查清。所谓证据确实、充分，是对证据质和量提出的总体要求。证据确实，即每个证据应当具有证据能力，也就是具有关联性、合法性、真实性；证据充分，是指证明案件事实的证据在数量上要达到一定量，足以证明案件的真实情况。证据充分与证据不足或证据不充分相对立，但不能将其具体量化，要视具体案情而定。

但对于不同类型的行政诉讼案件，是否应适用不同的证明标准，理论界及实务界均进行了有益探索。理论通说认为，我国行政诉讼应当采多元证明标准。〔34〕但也有少数学说认为，我国行政诉讼应当建立以一般证明标准为中心的分层式证明标准。〔35〕最高人民法院对行政诉讼证明标准的相关解读采多元论，“由于被诉具体行政行为的类型多样化，与刑事诉讼和民事诉讼相比，行政诉讼证据的证明标准也不是单一的，因此因具体行政行为性质的不同而应适用不同的证明标准……从目前的审判实际看，对于涉及限制人身自由、大额罚没等对行政相对人人身、财产权益影响较大的具体行政行为的案件，可以比照适用类似于刑事案件的证明标准；对于行政裁决类行政案件和其他行政案件，可以比照适用类似于民事案件的证明标准”〔36〕。

具体而言，我国行政诉讼可以区分不同情形考虑确立以下证明标准：（1）当行政行为对原告的人身权、财产权等基本权利有重大影响时，适用“事实清楚，证据确实、充分”的证明标准。特别是当行政机关作出拒绝原告向被告提出最低生活保障等申请决定时，拒绝决定的证据应当确实、充分。（2）紧急处置行为的证明标准应当降低，只要有合理的理由证明行政机关应当采取紧急处置措施，法官就应当认定其合法性。（3）其他情形适用优势证据标准。案件事实清楚，证据确实、充分标准有利于引导法官认定客观事实，防止法官的主观臆断。但不可否认的是，在诉

---

〔34〕我国持多元论的见解，有二层标准说、三层标准说、四层标准说等。参见邓楚开：《行政诉讼证明标准再思考》，载《法治论丛》2010 年第 3 期。

〔35〕参见徐庭祥：《论建构我国行政诉讼的一般证明标准》，载《政治与法律》2019 年第 12 期。

〔36〕李国光：《努力开创行政审判工作新局面为全面建设小康社会提供司法保障》，载《最高人民法院公报》2003 年第 2 期。

讼中，受认识的时间、认识主体的水平、认识的手段和条件的限制等因素的限制，客观真实标准执行起来存在相当的难度，因此，对被诉行政行为，应当适用“事实清楚，证据确实、充分”的标准，有利于保护原告的权利。但在被诉行政行为对原告权利的影响不属于对人身权、财产权等基本权利有重大影响时，不宜再适用此标准，而应适用优势证据标准。[37]

典型案例评析

案例22－1　安徽李二胜故意杀人案：被告人翻供且缺乏客观证据情况下“排除合理怀疑”证明标准的把握[38]

安徽省滁州市人民检察院指控被告人李二胜犯故意杀人罪，向滁州市中级人民法院提起公诉。

被告人李二胜辩称没有将龚传福推下楼，有罪供述是在侦查人员的诱供、逼供下作出，不知道龚传福如何死亡，请求宣告无罪。李二胜的辩护人提出：(1)李二胜的有罪供述是公安机关采取非法限制人身自由的方法取得，且是在侦查人员的逼供、诱供下作出，不能作为认定李二胜有罪的证据；(2)法医物证鉴定不能证实李二胜与龚传福有过身体接触；(3)专家证人的观点属其推断，不应采信；(4)不能排除龚传福系醉酒后坠落或自杀的可能。公诉机关指控李二胜犯故意杀人罪的事实不清，证据不足，请求宣告李二胜无罪。

滁州市中级人民法院经公开审理查明：被告人李二胜和被害人龚传福均系安徽省定远县润鑫制衣有限公司（以下简称润鑫制衣公司）工人。2016年9月3日21时许，李二胜与龚传福酒后来到润鑫制衣公司四楼车间内休息。23时许，龚传福醉酒呕吐，后龚传福拿李二胜手机玩游戏，因游戏声音嘈杂引起李二胜的不满，双方发生口角。当龚传福走到车间四楼走廊窗户附近，双方又发生争执。李二胜趁龚传福不备，抱住龚传福左腿，将龚传福掀出窗外，致龚传福当场死亡。润鑫制衣公司院内一修理厂员工发现龚传福坠楼后报警。次日凌晨，警察在润鑫制衣公司四楼车间将正在睡觉的李二胜抓获。经定远县公安局司法鉴定中心鉴定，龚传福由于机械性暴力致颅脑损伤引起呼吸循环衰竭，合并腹腔脏器破裂致失血性休克死亡。

---

〔37〕 参见陈光中主编：《证据法学》，法律出版社2019年版，第364页。

〔38〕 樊朝勇：《李二胜故意杀人案——死刑案件被告人翻供且缺乏客观证据的审查判断》，载最高人民法院刑事审判第一、二、三、四、五庭主办：《刑事审判参考》总第124集，法律出版社2020年版。

滁州市中级人民法院经审理认为,被告人李二胜的行为构成故意杀人罪,鉴于因偶发矛盾临时起意,对李二胜判处死刑,可不立即执行,依法认定被告人李二胜犯故意杀人罪,判处死刑,缓期二年执行,剥夺政治权利终身。

一审宣判后,李二胜提起上诉。安徽省高级人民法院经审理,裁定驳回上诉,维持原判,同时核准李二胜的刑事判决。

| 评析 |

本案是一个证据"先天不足"的典型案件。公安人员在案发现场未提取到任何直接证明被告人李二胜到过现场的痕迹、物证;作案过程无目击证人,本案也无作案工具;李二胜又先供后翻,在一审开庭、二审时均称没有推龚传福,是一个难啃的"骨头案"。本案争议的焦点是案件证据是否达到确实、充分的证明标准,在被告人翻供且缺乏客观证据印证的情况下,能否排除合理怀疑地认定被告人有罪。法院经审理认为:通过审查在案间接证据,据以定案的间接证据已经形成完整的证明体系,且与被告人李二胜的有罪供述诸多细节能够相互印证,可以排除一切合理怀疑,足以认定李二胜实施了故意杀害龚传福的行为。法院主要从以下两个方面对证据进行了充分审查:一是审查判断被告人的有罪供述是否真实、可信,翻供理由是否合理,是否适用非法证据排除;二是审查其他间接证据是否能与被告人的有罪供述相互印证,形成完整的证据锁链,并排除合理怀疑。法院将关键证据与其他相关证据串起来进行综合审查判断,认为被告人翻供内容不属实,其有罪供述真实可信,且与其他证据相印证,能形成完整的证据锁链,从而得出本案事实清楚,证据确实、充分,足以排除合理怀疑的结论,最终依法作出有罪判决。

司法实践中,不少公安司法人员对口供有依赖性,存在"有口供胆子很大,无口供胆子很小"的问题,一旦被告人拒供或者翻供,就不敢依法作出有罪判决。本案的法官在被告人翻供,同时由于案情的特殊性,其他客观性证据不足的情况下,综合运用多种证据审查方法,最终排除一切合理怀疑,依法作出了有罪判决,是证据审查判断和证明标准把握的典型案例。

案例 22-2 辽宁欧宝公司与特莱维公司虚假诉讼案:认定"恶意串通"的"排除合理怀疑"证明标准的把握[39]

2010 年 6 月 13 日,欧宝公司向辽宁省高级人民法院提起诉讼,请求特莱维公司返还 8650 万元借贷本金及利息,特莱维公司对欧宝公司的诉讼请求完全认可。辽宁省高级人民法院于 2011 年 3 月作出一审民事判决,支持了欧宝公司的全部诉

[39] 《最高人民法院首次认定虚假诉讼案》,载最高人民法院网 2015 年 11 月 15 日,https://www.court.gov.cn/shenpan-xiangqing-16010.html。

请。判决生效后，因特莱维公司的其他债权人谢涛提出申诉，特莱维公司与欧宝公司恶意串通，通过虚构债务的方式，恶意侵害特莱维国际花园房地产项目投资人谢涛的合法权益，请求法院查明事实。辽宁省高级人民法院裁定再审并于2015年5月作出再审判决，撤销原一审民事判决，驳回欧宝公司的诉讼请求。欧宝公司不服该判决，向最高人民法院提起上诉。

2015年9月底，最高人民法院第二巡回法庭受理该案。鉴于本案当事人之间缺乏常见的诉讼对立，而申诉人谢涛及其他债权人又一直反映，该案系关联公司虚构债权制造的虚假诉讼，法院调阅了原一审、再审、执行程序的全部卷宗，并依职权调取了欧宝公司、特莱维公司及案涉其他关联公司工商档案和银行账户交易明细，对涉及的几万笔关联交易进行了认真比对和分析。从欧宝公司与特莱维公司及其他关联公司账户之间随意转款、款项用途随意填写的事实，结合在案其他证据，最高人民法院确信，该案债权系欧宝公司截取两公司之间的往来款项虚构而成。同时，结合欧宝公司和特莱维公司对谢涛及其他债权人与特莱维公司的债权债务关系明知，以及欧宝公司与特莱维公司人员混同、银行账户同为一人控制的事实，欧宝公司与特莱维公司构成恶意串通意图通过虚假诉讼损害他人合法权益的行为。2015年10月27日，最高人民法院第二巡回法庭经过持续一天的审理和合议后，当庭判决驳回欧宝公司的上诉、维持原判，并对该公司和特莱维公司各罚款人民币50万元。同时还宣布，对两公司的法定代表人和实际控制人，将视情节和态度另行处理。

| 评析 |

本案是我国最高人民法院首次认定民事虚假诉讼案，昭示了最高人民法院打击虚假诉讼的决心，也将推动地方各级人民法院进一步增强对虚假诉讼的防范意识、提高甄别能力、加大打击力度。本案案情复杂，涉及问题较多，其中虚假诉讼的认定是核心问题，这在一定程度上涉及民事诉讼的证明标准问题。在民事诉讼中，有两类证明标准，即高度盖然性与排除合理怀疑。前者属于一般证明标准，后者属于特殊证明标准。而对于虚假诉讼问题，最高法《民诉法解释》第109条将“恶意串通”的证明标准提高到刑事犯罪才要求的“排除合理怀疑”程度，使在民事诉讼程序中打击虚假诉讼面临一定的难度。

尽管本案当事人自述及提交的证据和其他在案证据之间存在无法消除的矛盾，当事人在诉讼前后的诸多行为违背常理，从借款合意形成过程、借款时间、借款数额、资金往来情况、所有关联公司之间转款情况、借款用途与两公司行为等七个方面均存在矛盾和违反常理之处，且两公司均未作出合理解释，但“恶意串通”的事实似乎难以达到“排除合理怀疑”的标准。因此，本案是通过否认两当事人法人人格的途径才解决“恶意串通”证明标准的难题，但对不具有关联关系和亲属关系的当事人所为的虚假诉讼则难以认定和制裁。因此,应当通过司法解释对恶意串通提起虚假诉讼的证明标准等问题制定可操作性的规范,进一步统一裁判标准。

案例22－3 泰国贤成两合公司、深圳贤成大厦有限公司诉深圳市工商局案:行政行为合法性证明标准的把握〔40〕

1988年12月5日,泰国贤成两合公司与深圳上海时装公司等四家中国公司(以下简称中方四家公司)签订《合作经营"深圳贤成大厦"有限公司合同书》,合同约定:中方四家公司以深圳市深南东路土地使用权为投资,泰国贤成两合公司以补偿土地使用费1500万元及负责建房全部资金为投资,合作兴建贤成大厦。合作期限初步确定为5年;如大厦建成提前或推迟,合作公司期限也相应提前或推迟等。1989年3月28日,深圳市人民政府批准该合作合同。而后,深圳贤成大厦有限公司在深圳市工商局注册登记,领取了企业法人营业执照。执照有效期限自1989年4月13日至1994年4月13日。1990年11月23日,合作双方又签订了《合作经营"深圳贤成大厦"有限公司补充合同书》,合同约定:合作经营期限为五年,大厦计划于1995年年底竣工;原合同与本合同不一致条款,以本补充合同为准,本补充合同是原合同不可分割的一部分。同年11月19日,深圳市人民政府批复同意该补充合同,但深圳贤成大厦有限公司未到深圳市工商局办理变更营业执照期限的手续。同年12月15日,深圳贤成大厦有限公司办理了使用深圳市深南东路的房地产证,该房地产证注明权利人是"深圳贤成大厦有限公司"。1991年11月29日,深圳贤成大厦动工兴建。后因泰国贤成两合公司内部发生股权纠纷、工程建设资金不能到位,深圳贤成大厦建设于1993年9月20日起全面停工。1994年11月23日,深圳市工商局作出核准企业注销登记通知书,注销了深圳贤成大厦有限公司企业登记。该通知书记载:"深圳贤成大厦有限公司已于1994年11月23日在我局办理注销登记手续。"但深圳贤成大厦有限公司一再申明没有向深圳市工商局申请注销登记,深圳市工商局也未能提供深圳贤成大厦有限公司董事长签署的申请文件和该公司债权债务清算报告。同年12月1日,深圳市引进外资领导小组办公室批准中方四家公司与我国(香港)鸿昌国际投资有限公司在1994年11月15日签订的《合作经营"深圳鸿昌广场"有限公司合同书》。该合同约定:中方四家公司以位于深圳市深南东路地的土地使用权为投资与我国(香港)鸿昌

〔40〕 参见最高人民法院行政判决书,(1997)行终字第18号。该案上诉至最高人民法院后,由时任全国政协副主席、最高人民法院副院长罗豪才担任审判长,与江必新、杨克佃、岳志强、赵大光、罗锁堂、胡兴儒六位法官组成合议庭审理此案,这是中国行政诉讼案件审判组织的最强阵容。本案委托代理人的阵容中则出现了江平教授、应松年教授、马怀德教授、袁曙宏教授等著名法学家。

国际投资有限公司合作经营深圳鸿昌广场有限公司;深圳鸿昌广场有限公司承担深圳贤成大厦有限公司在合法经营中实际产生的债权债务等。而后,深圳鸿昌广场有限公司在原深圳贤成大厦建设的基础上兴建深圳鸿昌广场。1995年8月1日,深圳市工商局作出决定称:根据《公司法》决定成立深圳贤成大厦有限公司清算组,负责该公司清算业务。泰国贤成两合公司、深圳贤成大厦有限公司对上述三个具体行政行为均不服先后提起诉讼。

一审法院广东省高级人民法院进行了合并审理。原告诉称被告在未收到深圳贤成大厦有限公司董事长签署的注销登记申请书和债权债务清算报告的情况下,根据深圳市人民政府办公厅的工作会议纪要注销了深圳贤成大厦有限公司企业登记,违反了《公司法》和《公司登记管理条例》相关规定。一审法院经审理认为,被告未能提供深圳贤成大厦有限公司董事长签署的申请文件和该公司的债权债务清算报告。被告给深圳市人民政府办公厅的函中也承认没有收取前述两份文件,而且还承认"在办理深圳贤成大厦有限公司的注销登记中,只是根据会议纪要的要求办理注销的"。一审法院据此认定被告注销深圳贤成大厦有限公司企业登记缺乏事实依据,与法律规定不符,判决撤销被告深圳市工商局1994年11月23日注销深圳贤成大厦有限公司企业登记的行政行为。最高人民法院二审判决维持了一审判决。

｜评析｜

该案曾被称为中国行政诉讼第一案,案情复杂,涉及问题较多,其中被告深圳市工商局作出的注销深圳贤成大厦有限公司的行政行为是否合法则是案件的焦点之一。根据1989年《行政诉讼法》第54条的规定,具体行政行为证据确凿,适用法律、法规正确,符合法定程序的,判决维持。因此,承担证明责任的被告行政机关,需要就与行政行为合法性相关的事实提供证据证明到事实清楚、证据确实充分的程度,法院方能作出维持其行政行为效力的判决。

本案中,虽然被告辩称深圳贤成大厦有限公司合作经营期限已届满,工商营业执照已经到期,该公司停工超过一年,不履行办理注销登记的义务,但由于未能提供原告董事长签署的申请文件和该公司的债权债务清算报告,不能证明收到企业的注销申请,而《公司法》《中外合作经营企业法》《公司登记管理条例》《企业法人登记管理条例》等有关法律、法规都没有明确授权工商行政管理机关未经清算和申请即可注销公司登记的权力。因此,法院审理认定被告注销原告公司登记的行为缺乏事实依据,与法律规定不符。

主要文献著述

1. 刘金友主编:《证明标准研究》,中国政法大学出版社 2009 年版。
2. 李玉华等:《诉讼证明标准研究》,中国政法大学出版社 2010 年版。
3. 郭志远:《证明标准研究——以刑事诉讼为视角》,中国人民公安大学出版社 2010 年版。
4. 陈虎:《死刑案件证明标准研究》,知识产权出版社 2015 年版。
5. 吴杰:《民事诉讼证明标准理论研究》,法律出版社 2007 年版。

第二十三章 证明环节

第一节 证明环节概述

一、证明环节的内涵

按《现代汉语词典》的解释,环节,即互相关联的许多事物中的一个。作为各环节的事物间往往密切相关,构成一个紧凑而有序的整体。证明环节,顾名思义,是指构成证明的密切相关的诸要素。当然,从不同的视角,可以对诉讼证明进行不同的构成分析。将证明分为证明主体、证明对象、证明责任、证明标准、证明方法等环节,主要是基于横向的静态观察,展现作为制度的诉讼证明赖以存在的必不可缺的重要因素。诉讼证明同时也是发生在诉讼领域的一种特殊活动和思维过程,"是一种特殊的对抗活动或矛盾运动,双方当事人在证明和反证明过程中既对立又统一,这种对立而统一的证明过程推动了诉讼程序的进行和运转,逐步揭示出案件事实的真相,由此为法官正确地适用法律做出裁判提供事实基础"。[1] 作为一个连续的动态推进过程,诉讼证明主要由取证、举证、质证、认证四个环节构成,或者说,取证、举证、质证、认证是诉讼证明的基本运作步骤。其中,取证是基础,举证、质证是核心,认证是归宿。毋庸置疑,对于一个完整的证明活动而言,上述四个环节均不可或缺,构成了一个环环相扣的体系。如果离开了任何一个环节,诉讼证明都会变成残缺的链条,其任务也就很难顺利完成,进而也会影响到诉讼的正常推进。

二、证明环节的意义

以事实为根据,以法律为准绳是司法的基本原则。诉讼证明的任务就是呈现作为司法根据的事实。而该任务是分散在每一个证明环节或者说依托于每一个证明环节才能完成。因此,取证、举证、质证、认证,每一个证明环节也都有各自的任

---

〔1〕 汤维建:《诉讼证明的构成环节及运行法则》,载《郑州轻工业学院学报(社会科学版)》2006 年第 4 期。

务、要求和标准。而强调证明环节的意义不仅仅是凸显诉讼证明的动态性、完整性,更重要的是将对诉讼证明问题的整体思考具体到证明环节的微观层面。比如,从证明环节的视角看,不少刑事错案的形成,既可能与取证环节的程序违法有关,也可能源于举证环节的粗略、质证环节的虚化、认证环节的草率等。可以说,只要有一个证明环节不能实现预期功能,都有可能影响诉讼证明的整体效果,甚至酿成错案。要完成诉讼证明的任务,切实保障案件质量,就必须重视每一个证明环节。

当然,诉讼性质不同,各环节的基本构造也会有所差异。比如,在民事诉讼中,原被告双方在取证环节地位平等、手段均衡,当事人均可并且一般也愿意积极收集对己方有利的证据,之后的举证、质证环节也因而能够呈现出较为典型的攻防轮转、平等对抗特征。而在刑事诉讼特别是公诉案件诉讼程序中,取证工作主要由侦查(或调查)机关承担,为此,侦查(或调查)机关也被赋予了充足的(乃至一些强制性的)取证手段,而辩方虽然也有收集证据材料的权利,但主要是通过之后的"阅卷"了解证据、准备辩护,这也导致公诉案件的举证、质证环节多呈现出一定的非均衡性特征,即通常情况下都是控方"举"、辩方"质"。

第二节 取 证

一、取证的概念和特征

取证,又称"证据收集",指的是特定的国家机关和有关的诉讼参与人,为了查明案件事实或证明自己的诉讼主张,依照法定的程序和方法,发现、提取、固定及保全证据的活动。证据是诉讼证明活动的基础,因此,取证是诉讼证明活动的前提和首要环节,对于查明案件事实,正确处理案件,具有十分重要的意义。

(一)取证主体的广泛性

根据三大诉讼法及相关司法解释的规定,在我国,取证的主体既包括特定的国家机关,也包括诉讼双方的当事人及其律师或代理人。

在刑事诉讼中,收集证据、支持控诉或查明案情是公安司法机关的职责。《刑事诉讼法》第 54 条第 1 款规定:"人民法院、人民检察院和公安机关有权向有关单位和个人收集、调取证据……"第 52 条则规定,"审判人员、检察人员、侦查人员必须依照法定程序,收集能够证实犯罪嫌疑人、被告人有罪或者无罪、犯罪情节轻重的各种证据……"因此,刑事诉讼中取证的主体主要是公安司法机关及其工作人员。同时,《刑事诉讼法》第 43 条规定:"辩护律师经证人或者其他有关单位和个人同意,可以向他们收集与本案有关的材料……"这表明,辩护律师也可以在刑事诉讼中收集证据,而且在特殊情况下,行政机关或其他国家机关也可能成为刑事诉讼证据的收集主体。《刑事诉讼法》第 54 条第 2 款规定:"行政机关在行政执法和查办案件过程中收集的物证、书证、视听资料、电子数据等证据材料,在刑事诉讼中可以作为证据使用。"而根据最高法《刑诉法解释》第 75 条的规定,此处的行政机关事实上也包括根据法律、行政法规规定行使国家行政管理职权的组织。而《监察法》则赋予了监察机关更为广泛的刑事诉讼证据收集权。《监察法》第 18 条第 1 款规定:"监察机关行使监督、调查职权,有权依法向有关单位和个人了解情况,收集、调取证据……"其第 33 条第 1 款又规定:"监察机关依照本法规定收集的物证、书证、证人证言、被调查人供述和辩解、视听资料、电子数据等证据材料,在刑事诉讼中可以作为证据使用。"最高法《刑诉法解释》第 76 条和最高检《规则》第 65 条也作了相关规定。应当指出,《刑事诉讼法》虽然没有明确规定当事人和诉讼代理人有收集证据的权利,但基于其诉讼地位和职能,其理应享有通过一定方法收集证据的权利。

《民事诉讼法》第 67 条第 1 款、第 2 款规定:"当事人对自己提出的主张,有责任提供证据。当事人及其诉讼代理人因客观原因不能自行收集的证据,或者人民法院认为审理案件需要的证据,人民法院应当调查收集。"最高法《民诉证据规定》第 1 条规定:"原告向人民法院起诉或者被告提出反诉,应当提供符合起诉条件的相应的证据。"第 2 条第 2 款规定:"当事人因客观原因不能自行收集的证据,可申请人民法院调查收集。"据此,在民事诉讼中,当事人及其诉讼代理人是主要的取证主体,在法定情形下,人民法院也可以调查、收集证据。

《行政诉讼法》第 34 条、第 37 条、第 38 条及最高法《行诉证据规定》第 1 条、第 4 条、第 5 条、第 6 条规定,被告对作出的行政行为负有举证责任,应当提供作出该行政行为的证据和所依据的规范性文件。原告可以提供证明行政行为违法的证据。在起诉被告不履行法定职责的案件中,原告一般应当提供其向被告提出申请的证据。在行政赔偿、补偿的案件中,原告应当对行政行为造成的损害提供证据。可见,与民事诉讼一样,行政诉讼中的取证主体主要是当事人及其诉讼代理人。当然,在必要时,人民法院也可以依申请或依职权调取证据。《行政诉讼法》第 40 条规定,人民法院有权向有关行政机关以及其他组织、公民调取证据。其第 41 条又规定,对与本案有关的特定证据,"原告或者第三人不能自行收集的,可以申请人民法院调取"。

(二)取证过程的合法性

取证必须由法定的取证主体,严格依照法律规定的程序,采取法律规定的取证方法和手段,收集符合法定形式的证据。一是取证的主体必须符合法律的规定。《刑事诉讼法》、《民事诉讼法》、《行政诉讼法》及相关司法解释对于取证的主体进行了限定,如《刑事诉讼法》第118条规定,讯问犯罪嫌疑人必须由人民检察院或者公安机关的侦查人员负责进行。不是法定主体收集的证据,除非依法经过补正或合理解释,否则,不能作为定案的根据。二是取证必须符合法定的程序。对于证据的制作、发现、提取和固定,法律也规定有严格的程序。例如,最高法《民诉法解释》第97条规定:"人民法院调查收集证据,应当由两人以上共同进行。调查材料要由调查人、被调查人、记录人签名、捺印或者盖章。"《行政诉讼法》第35条规定:"在诉讼过程中,被告及其诉讼代理人不得自行向原告、第三人和证人收集证据。"再如,《刑事诉讼法》第120条规定,"侦查人员在讯问犯罪嫌疑人的时候,应当首先讯问犯罪嫌疑人是否有犯罪行为,让他陈述有罪的情节或者无罪的辩解,然后向他提出问题……侦查人员在讯问犯罪嫌疑人的时候,应当告知犯罪嫌疑人享有的诉讼权利,如实供述自己罪行可以从宽处理和认罪认罚的法律规定"。相比而言,《监察法》对取证程序的要求尤为严格。根据该法第41条第2款、第42条等的要求,"调查人员进行讯问以及搜查、查封、扣押等重要取证工作,应当对全过程进行录音录像,留存备查","调查人员应当严格执行调查方案,不得随意扩大调查范围、变更调查对象和事项","对调查过程中的重要事项,应当集体研究后按程序请示报告"。三是取证的手段和方法必须合法。三大诉讼法及相关司法解释既有对取证方法的正面要求,也有排除通过非法取证方法获取的证据的反面规定。四是证据必须符合法定的形式。证据形式合法是取证合法性要求的当然内容。只有符合诉讼法规定的证据的表现形式,才具备形式上的合法性,该证据材料才能作为证据使用。

(三)取证目的的明确性

无论是公安司法机关,还是当事人及其诉讼代理人,取证的目的都是确定待证的案件事实。对于公安机关、检察机关和人民法院而言,收集证据是其职责所在,取证是为了准确地查明案件事实,使起诉意见、起诉决定、判决及其他定案处理的决定建立在确实、充分的事实基础之上。对于当事人及其辩护人或诉讼代理人来说,取证的目的则是证明案件事实,论证本方的诉讼主张或驳斥对方的诉讼主张。围绕着上述目的,取证主体可以收集一切同案件事实存在联系、可以证明案件事实的证据材料,包括肯定案件事实方面的证据材料,否定案件事实方面的证据材料以及和案件有关的其他证据材料。

二、取证的基本要求

取证是证明活动的重要组成部分,缺少这一环节,举证、质证和认证将成为无源之水、无本之木。为了保证取证活动的有效进行,确保取证目的的实现,为证明案件事实提供可靠的根据,公安司法机关、辩护律师、当事人及诉讼代理人等在取证时必须遵循一定的原则，满足一定的要求。

（一）遵守法律

为了确保与案件有关或了解案情的一切公民有客观、充分地提供证据的条件，防止可能出现的偏差和错误，维护取证活动中各诉讼参与人的合法权益，实现司法公正，三大诉讼法对于取证的程序作出了明确规定，甚至还就某些取证活动规定了具体的方式、方法。取证主体必须依照法定的程序和方法收集证据，否则，不仅该证据材料可能丧失证据资格，取证主体也可能招致实体制裁，甚至被追究刑事责任。《刑事诉讼法》第52条规定，严禁刑讯逼供和以威胁、引诱、欺骗以及其他非法方法收集证据，不得强迫任何人证实自己有罪。第56条第1款规定："采用刑讯逼供等非法方法收集的犯罪嫌疑人、被告人供述和采用暴力、威胁等非法方法收集的证人证言、被害人陈述，应当予以排除。收集物证、书证不符合法定程序，可能严重影响司法公正的，应当予以补正或者作出合理解释；不能补正或者作出合理解释的，对该证据应当予以排除。"而《刑法》第247条又规定："司法工作人员对犯罪嫌疑人、被告人实行刑讯逼供或者使用暴力逼取证人证言的，处三年以下有期徒刑或者拘役。致人伤残、死亡的，依照本法第二百三十四条、第二百三十二条的规定定罪从重处罚。"

相对而言，法律对民事诉讼或行政诉讼中的取证活动的约束要少一些，这主要是考虑到，民事、行政诉讼中作为主要取证主体的当事人及其诉讼代理人并没有采取诸如搜查、扣押、讯问等强制取证措施的权力，但是，这绝不意味着民事、行政诉讼中的取证活动可以超越法律，任意而为。相关法律及司法解释对于民事、行政诉讼中的取证活动也提出了一些具体要求。例如：最高法《民诉法解释》第106条强调，"对以严重侵害他人合法权益、违反法律禁止性规定或者严重违背公序良俗的方法形成或者获取的证据，不得作为认定案件事实的根据"；最高法《行诉证据规定》第57条详细列举了不能作为定案根据的证据材料，包括严重违反法定程序收集的证据材料，以偷拍、偷录、窃听等手段获取侵害他人合法权益的证据材料，以利诱、欺诈、胁迫、暴力等不正当手段获取的证据材料；等等。因此，民事、行政诉讼中的取证活动，也受到严格的法律约束。

（二）主动及时

这是对取证活动在时间方面提出的要求。世界上一切事物无不处于不断发展变化之中，静止性和稳定性都只是相对的，证据材料也不例外。随着时间的推移，受风吹、日晒、雨淋等自然条件的影响和其他客观条件的限制，遗留在犯罪现场记载犯罪信息的物品很可能发生变形、腐烂、损坏，指纹、足迹、车轮印痕等也会变得逐渐淡化直至消失，知情人对案件事实的记忆则会越来越模糊，证言的可靠性越来越差，录音录像材料也可能被覆盖或删除。而有些犯罪分子或者当事人为了逃避法律责任也会故意破坏犯罪现场,串供,胁迫证人,伪造、毁灭或隐匿关键证据。因此,取证人员应该在第一时间内采取必要的取证措施,尽早寻找、发现、提取、固定相关证据,以免情况发生变化,丧失获取有力证据的机会。此外,主动及时取证,还有利于降低诉讼成本,提高诉讼效率。

(三)客观全面

这是对取证活动在内容方面提出的要求。所谓客观,是指要实事求是地对待取证工作,从客观事实而非想当然出发,按照证据的本来面目认识和反映证据,不妄加夸大或缩小,不偏听偏信,更不弄虚作假,扭曲、掩盖事实,伪造或毁灭证据。所谓全面,就是要求从不同角度去收集能够证明所有案件事实的证据,凡是与案件有关的现场都应没有遗漏地进行检查,凡是与案件有关的物品和文书都应当提取,凡是与案件有联系的人和事,都应深入访问,凡是对查明案件事实有利的线索材料,都应当排查核实,不能只关注支持己方诉讼主张的证据而无视否定性的证据,只收集证明案件主要事实的证据而漠视证明次要事实的证据,只注重直接证据、原始证据而轻视间接证据、派生证据。尤其是在刑事诉讼中,由于作为主要取证主体的公安司法机关负有一定的客观责任,因此,《刑事诉讼法》对公安司法机关取证的全面性提出了明确要求。根据《刑事诉讼法》第 52 条、第 115 条的规定,审判人员、检察人员、侦查人员既要收集证明犯罪嫌疑人、被告人有罪、罪重和具有从重加重处罚情节的证据,又要注意收集能够证明犯罪嫌疑人、被告人无罪、罪轻和具有从轻减轻处罚情节的证据。

(四)深入细致

这是对取证主体工作态度的要求。所谓深入细致,就是在取证过程中,取证主体应当坚持严谨、耐心的作风,具有敏锐的洞察力,不放过任何疑点和微小的痕迹,不忽略任何似乎微不足道或不引人注目的情况和线索,并善于从纷繁复杂的表象或令人眼花缭乱的假象中看到本质,从大量与案件有关的信息或材料中,寻找到那些对案件有决定性作用的关键证据材料和线索。有些证据的存在形式较为隐蔽,或者较为细小,如一枚指纹、一根毛发。然而,这些不起眼的物品和痕迹有时可能会对案件事实的证明起着关键作用,而排除一个疑点也有可能成为一个复杂案件取证活动的转机。所以,取证人员如果走马观花、粗枝大叶,就很难完成收集诉讼证据的任务。只有深入细致,才能客观全面,分清主次,抓住本质地调查取证,从而少走弯路,减少不必要的人力、物力和时间耗费。

(五)依靠群众

依靠群众是我国长期司法经验的总结。不管是刑事案件,还是民事纠纷、行政争议,都发生在具体的时间、空间中。群众不仅了解案情,也能够提供有关纷争事实的线索或材料。所以,只有深入群众,信任群众,取得群众的支持,才能更充分地了解案件的真实情况，收集到更多有价值的证据。为此，《民事诉讼法》第70条、《行政诉讼法》第40条均规定，人民法院有权向有关机关、团体、企事业单位、公民个人调取证据。这既是对法院取证职权的明确宣示，又是对法院取证活动中"群众路线"的强调。《刑事诉讼法》除了在第6条规定了"依靠群众"的基本原则外，还在第52条、第54条第1款规定，公安司法机关有权向有关单位或个人取证，并须"保证一切与案件有关或者了解案情的公民，有客观地充分地提供证据的条件，除特殊情况外，可以吸收他们协助调查"。

（六）保守秘密

所谓保守秘密，是指取证主体对于在证据收集的活动中知晓或掌握的国家秘密、商业秘密或个人隐私，应当注意保守，不得扩散和传播。需要保守的秘密包括国家秘密、商业秘密和个人隐私三类。其中，国家秘密主要指两种情况：一是收集的证据本身是涉及国家秘密的文件、事项或物品；二是根据《保守国家秘密法》第9条的规定，追查刑事犯罪中的部分秘密事项也属于国家秘密，如采取卧底侦查等秘密侦查取证措施的有关情况。如果在取证过程中泄露秘密，不仅会侵犯国家利益或诉讼参与人的合法权益，产生不良的社会影响，还会影响到案件本身的查明。作为对取证中保密原则的体现，《刑事诉讼法》第54条第3款规定："对涉及国家秘密、商业秘密、个人隐私的证据，应当保密。"此外，《民事诉讼法》第71条，最高法《民诉法解释》第94条，最高法《行诉证据规定》第18条、第23条等也有相关的规定。

三、取证的基本方法

寻找、发现、获取证据，只能运用法律认可或许可的方法或手段。在此前提下，应当结合不同证据的特点采用不同的取证方法。根据法律及相关司法解释的规定，取证的方法主要有以下几种。

（一）询问、讯问

询问是取证人员通过向知情人问话的方式获取言词证据的取证活动。尽管询问的目的是了解案情或获得言词证据，但有时通过询问也能获得某些实物证据的线索。作为一种基本和常规的取证方法，询问几乎成了所有案件必不可少的取证手段。民事、行政诉讼中的当事人的陈述、证人证言以及刑事诉讼中的证人证言、被害人陈述均是以询问的方式获得的。

讯问是指公安司法机关盘诘、查问犯罪嫌疑人、被告人或者违法行为嫌疑人并要求其如实陈述的调查方式。相对于询问，讯问带有明显的强制性。基于其强制性，讯问只能由公安司法机关及其工作人员完成，而且必须遵循严格的程序要求，禁止采用刑讯、威胁、引诱、欺骗及其他非法的手段。刑事诉讼中犯罪嫌疑人、被告人供述和辩解一般都是讯问的产物。

（二）提交、提取原物、原件或复制

提交或提取原物、原件，是指当事人提交或公安司法机关提取与案件有关的物品、文书等材料。这种方式主要适用于便于移动或调取的物证、书证和视听资料。公安司法机关既可以依职权提取证据，也可以根据一方当事人的申请要求持有证据的单位或个人交出证据。由于原物、原件能基本保持原貌，从而准确反映与案件有关的事实情况，因此，法律要求，应以提交或提取原物、原件为原则。然而，对于某些不易移动、难以保存、无法调取的材料或者因其他原因导致提交或提取原物、原件确有困难的，也可以运用一定的方法或凭借相关的仪器设备，采用复制的方法，予以收集。摘录也可以成为不能获取原件时的一种取证或保全措施。最高法《民诉证据规定》第44条规定："摘录有关单位制作的与案件事实相关的文件、材料，应当注明出处，并加盖制作单位或者保管单位的印章，摘录人和其他调查人员应当在摘录件上签名或者盖章；摘录文件、材料应当保持内容相应的完整性。"

应当注意，当事人收集证据的能力不足、途径有限，长期以来制约着民事审判发现真实的诉讼目标，严重影响着当事人实体权利的保障和实体公正的实现。为此，最高法《民诉法解释》第112条、第113条对"书证提出命令"作了原则性规定。最高法《民诉证据规定》以此为基础，第45～48条对"书证提出命令"申请条件、审查程序、书证提出义务范围以及不遵守"书证提出命令"的后果进行规定，完善了"书证提出命令"制度。同时，还将视听资料和电子数据纳入"书证提出命令"的适用范围，进一步扩展了当事人收集证据的途径。

（三）鉴定

鉴定，是指具有专门知识的人，为解决案件涉及的专门性问题，而对相关材料进行分析、检验、鉴别并提供鉴定意见的活动。根据鉴定对象及方法的不同，鉴定可以分为物证技术鉴定、法医鉴定、司法精神病鉴定、司法会计鉴定、刑事技术鉴定等。鉴定意见是一种法定的证据形式，在诉讼证明过程中发挥着不可替代的作用，因此，鉴定也成为发现、获取证据的重要途径之一。公安司法机关、当事人及其律师或其他诉讼代理人均可依法通过该途径获取鉴定意见。《刑事诉讼法》第二编第二章第七节、最高法《民诉证据规定》第30～42条、最高法《行诉证据规定》第29～32条等对鉴定均有较为详细的规定。

（四）辨认

辨认，是指取证主体为了查明案情，在必要时让了解客体特征的人，对相关的物品、文件、场所或者犯罪嫌疑人进行分辨、识别或确认，以获得各种信息的一种活动。与鉴定一样，辨认既是一种验证证据的手段，本身也是一种收集证据的方法。辨认的主体可以是证人，也可以是当事人。辨认的对象可能是活人或尸体，也可能是物品或场所。在刑事诉讼中,辨认笔录是一种法定的证据形式。而在民事诉讼和行政诉讼中,反映辨认结果的证据主要表现为证人证言、当事人的陈述等。

(五)勘验、检查

勘验、检查是指公安司法机关对与案件有关的场所、物品、人身和尸体进行勘查和检验,以发现、收集相关物品、痕迹或者确定现场状况、伤情和生理状况的取证活动。根据勘验、检查对象的不同,勘验、检查可以分为现场勘验、物证检验、尸体检验及人身检查。勘验、检查不仅是发现和收集物证、书证、视听资料等诉讼证据的重要途径,勘验、检查笔录本身也是法定证据形式之一。在刑事诉讼中,勘验、检查的主体是公安司法机关及其工作人员。《民事诉讼法》、《行政诉讼法》及相关司法解释仅规定了物证和现场的勘验,没有提及对人身的检查。在民事、行政诉讼中,勘验主要由人民法院负责。需要注意的是,最高法《民诉证据规定》第 43 条在保留原规定勘验时制作笔录的相关要求的基础上,增加要求:"人民法院应当在勘验前将勘验的时间和地点通知当事人。当事人不参加的,不影响勘验进行。当事人可以就勘验事项向人民法院进行解释和说明,可以请求人民法院注意勘验中的重要事项。"

(六)实验

实验是指为了查明与案件有关的某些事实或者行为在某种条件下能否发生或如何发生,而按照原有条件对该事实或情节进行的一种模拟检验的专门活动。实验既是取证的方法,也是验证证据的重要措施。《刑事诉讼法》在第 135 条明确规定了侦查实验,将其作为勘验、检查的一种具体手段,并在第 50 条明确将侦查实验笔录规定为一种法定的证据形式。《民事诉讼法》《行政诉讼法》对实验没有明确的规定。但是,在民事、行政诉讼中,也可能需要运用这种模拟试验的方法查明事故的原因、验证当事人或证人陈述的真实性或者判明案件的关键事实或情节,记载实验过程和结果的实验笔录,同样可以作为证据使用。

值得一提的是,作为一种新的证据类型,电子数据表现形式多样,又涉及较为复杂的技术问题,因此,对于取证的方法也有特殊要求。为了确保电子数据取证的规范性,两院一部《电子数据规定》明确了电子数据收集、提取的程序、方法和标准。

四、证据的保全

(一)证据保全的概念

证据保全是指在证据可能灭失或者以后难以取得的情况下,有关主体根据当事人的申请或者依职权采取一定的手段或措施,对其进行固定和保管的活动。《民事诉讼法》第 84 条,《行政诉讼法》第 42 条,最高法《民诉证据规定》"证据的调查收集和保全”部分,最高法《行诉证据规定》第27条、第28条等专门规定了证据保全的程序、条件和具体的保全措施。《刑事诉讼法》中虽然没有出现证据保全的概念,但规定了一些固定和保管证据的具体措施,如对讯问、勘验、检查等制作笔录的要求。在理解证据保全概念时,应注意以下几个方面:

1. 证据保全是为了防止发现、获取的证据自然泯灭、因时过境迁无法取得或遭到人为的破坏,确保证据的完整真实,进而保证诉讼的顺利进行。

2. 证据保全的主体主要是公安司法机关,但也包括公证机关、行政执法机关。在民事诉讼、行政诉讼、刑事自诉或刑事附带民事诉讼案件中,人民法院可以根据当事人的申请或者依职权采取证据保全措施。此外,公证机关根据当事人的申请,行政执法机关依职权或者应当事人申请,也可以采取一定的证据保全措施。

3. 证据保全需要满足一定的条件,即要保全的证据必须有灭失或者以后难以取得之虞。具体包括:(1)证据可能自然灭失,如某些物品容易腐烂、变质;(2)证据易遭人为破坏,如某些物品易被转移或损毁;(3)证据以后难以取得,如某些证人需要出国定居。

4. 证据保全措施既可以在诉讼前采取,也可以在诉讼中采取;既可以根据当事人的申请,也可以依照职权主动采取;既可以针对实物证据,也可以针对言词证据。但是,不管哪一种证据保全,不管采取哪一种具体的证据保全措施,都必须符合法定的程序。

(二)证据保全的程序

1. 申请

当事人可以在诉讼过程中向人民法院申请保全证据。当事人在诉讼过程中申请证据保全的,按照最高法《民诉证据规定》第25条第2款、最高法《行诉证据规定》第27条第1款的要求,应当在举证期限届满前向人民法院提出。在情况紧急时,利害关系人也可以在提起诉讼前提出证据保全申请。证据保全申请应当以书面形式提出。证据保全申请书一般应当包括以下内容:需要保全的证据的基本情况、申请保全的理由以及采取何种保全措施等。

2. 担保

为了保护相关人的利益,保障证据保全工作的严肃性,根据相关法律规定,人民法院依照当事人的申请进行证据保全的,可以要求申请人提供相应的担保。最高法《民诉法解释》第98条第2款规定:“证据保全可能对他人造成损失的,人民法院应当责令申请人提供相应的担保。”最高法《民诉证据规定》第26条又要求:“当事人或者利害关系人申请采取查封、扣押等限制保全标的物使用、流通等保全措施,或者保全可能对证据持有人造成损失的,人民法院应当责令申请人提供相应的担保。担保方式或者数额由人民法院根据保全措施对证据持有人的影响、保全标的物的价值、当事人或者利害关系人争议的诉讼标的金额等因素综合确定。”当事人拒绝提供担保的,人民法院裁定驳回其申请。对于诉前申请民事证据保全的,利害关系人应当提供担保,不提供担保的,驳回申请。而根据《民事诉讼法》第 84 条、第 104 条的规定,申请人申请诉前证据保全的,应当提供担保,不提供担保的,人民法院将裁定驳回申请。

3. 裁定、执行和补救

对当事人或利害关系人提出的证据保全申请,人民法院应当认真审查,对于符合条件的申请,应当及时作出同意进行证据保全的裁定。必要时,人民法院也可以依职权主动作出证据保全的裁定。裁定采取证据保全措施的,应当立即开始执行。法院在进行证据保全时,可以要求当事人或者诉讼代理人到场。根据《民事诉讼法》第 84 条、第 108 条以及最高法《民诉证据规定》第 28 条的规定,申请证据保全错误造成财产损失,当事人请求申请人承担赔偿责任的,人民法院应予支持。最高法《民诉证据规定》第 29 条还规定了人民法院采取诉前证据保全措施后当事人又向其他有管辖权的人民法院提起诉讼的衔接程序,即“采取保全措施的人民法院应当根据当事人的申请,将保全的证据及时移交受理案件的人民法院”。

此外,《海事诉讼程序法》对于海事证据保全还规定了对证据保全裁定的复议与异议程序。当事人对裁定不服的,可以申请复议一次。利害关系人也可以对裁定提出异议。申请复议或者提出异议的理由成立的,海事法院应当裁定撤销证据保全,返还相关证据。

(三)证据保全的措施

不同种类的证据有不同的存在形式,不同的稳定性,固定和保管的方法也各不相同,因此,应当针对各类证据的特点,采取不同的证据保全措施。当然,由于在某些情况下发现、获取证据过程本身就起到了固定证据的效果,所以,某些证据保全的措施就是发现、获取证据的手段。目前常用的证据保全措施主要有制作笔录、查封、扣押、录音、录像、拍照、复制等。对于证人证言、被害人陈述、口供以及民事、行政诉讼中的当事人陈述,可以采用制作笔录或录音、录像的方法进行保全,笔录须经陈述人和询问(讯问)人签字或盖章;对于物证,可以采取提取原物、绘图、拍照、录像等方式予以固定;对于书证、视听资料、电子证据、痕迹物证等,可以采取制作复制品的方式予以保全;对于易被转移的大宗物证或涉案金钱等,可以采取封存、扣押或冻结账户等保全措施。民事诉讼法、行政诉讼法对证据保全措施有较为明确的要求。最高法《民诉证据规定》第 27 条第 2 ~ 3 款规定:“根据当事人的申请和具体情况,人民法院可以采取查封、扣押、录音、录像、复制、鉴定、勘验等方法进行证据保全,并制作笔录。在符合证据保全目的的情况下,人民法院应当选择对证据持有人利益影响最小的保全措施。”最高法《行诉证据规定》第 28 条第 1 款规定："人民法院依照行政诉讼法第三十六条规定保全证据的，可以根据具体情况，采取查封、扣押、拍照、录音、录像、复制、鉴定、勘验、制作询问笔录等保全措施。"

第三节　举　　证

一、举证的概念和特征

（一）举证的概念

举证，又称证据的提供、提出，是指相关主体将自己收集的证据提交给法院或法庭，以论证其诉讼主张或阐明案件事实的活动。举证是证明活动的重要环节。取证主体发现、获取、固定证据，是为了在审判中运用证据，论证自己的主张或阐明案件事实。但运用证据的前提是向法院或法庭提出证据。因此，获取证据、保全证据都只是在为举证做准备工作。相关主体只有在取证的基础上提出证据，才有可能实现取证的目的，其诉求才有可能得到支持。而且，根据三大诉讼法的规定，举证通常是人民法院受理案件的重要条件。我国刑事诉讼法规定，人民检察院在提起公诉时，应当将"案卷材料、证据移送人民法院"；人民法院对于自诉案件进行审查后，对于犯罪事实清楚、有足够证据的案件，应当开庭审判，缺乏罪证的案件，如果自诉人提不出补充证据，应当说服其撤诉，或者裁定驳回。最高法《民诉证据规定》第 2 条第 1 款要求："人民法院应当向当事人说明举证的要求及法律后果，促使当事人在合理期限内积极、全面、正确、诚实地完成举证。"其第 50 条第 1 款又要求："人民法院应当在审理前的准备阶段向当事人送达举证通知书。"最高法《行诉证据规定》第 4 条第 1 款则规定，公民、法人或者其他组织向人民法院起诉时，应当提供其符合起诉条件的相应的证据材料。一般而言，在上述各类案件中，起诉人如果不依法提出一定的证据，法院将不予受理。事实上，举证也是人民法院审判案件的前提和基础。只有举证主体提出相应的证据，人民法院才能顺利地进行审判活动，并据以查明案件事实，作出裁判。因此，举证环节对于诉讼证明和整个审判活动都具有十分重要的意义。

（二）举证的特征

举证具有以下几个特征：

1. 举证的主体主要是诉讼中的各方当事人，包括刑事公诉案件中的公诉机关。当事人与事实认定的结果及基于该认定作出的判决息息相关，因此，具有举证的积极性。实践中，绝大多数证据都是由各方当事人提供的。根据是否承担证明责任，这些举证的当事人又可分为两类：一类是举证的义务主体。这类主体负有举证责任,应当提出证据证明自己的控诉或主张,若提不出证据,主张就不能成立或者就要承担败诉的风险和后果。一般而言,这类主体包括刑事公诉案件中的公诉机关、刑事自诉案件的自诉人、民事案件的原告、提起反诉的被告、行政诉讼案件中的被告等。另一类是举证的权利主体。这类主体在诉讼中不负举证责任,对他们而言,举证不是履行义务,而是行使举证权利,因此,他们可以举证,也可以不举证,不会因为不举证本身而承担不利的后果。

2. 举证的客体是证据。这里的证据既包括对案件事实的证明具有实体法律意义的证据,如在刑事诉讼中反映有关犯罪行为构成要件和量刑情节事实的证据,在民事诉讼中反映民事纠纷产生和发展事实的证据,在行政诉讼中反映被诉具体行政行为合法性有关事实的证据,也包括证明程序法事实或对案件事实的证明具有程序法律意义的证据,如非法证据排除程序中证明取证合法性的证据,表明应当回避、改变管辖等事实的证据,在行政诉讼中表明原告的起诉符合法定条件的证据等。

3. 举证的时间主要是在审判阶段。在起诉或提交答辩状、庭审、提出上诉或二审、申请再审、申诉或再审过程中,各方当事人提出证据支持自己的主张或驳斥对方的主张,是典型的举证行为。因为举证主要是举证主体向人民法院提出证据,具体而言,就是向人民法院的立案部门、审判组织举证。此外,根据相关法律及司法解释的规定,在庭审前的证据展示程序中,各方当事人在法庭的主持下按照一定的规则和程序将己方持有的证据告知对方的行为,即所谓的证据开示行为,也属于举证活动。

4. 举证必须依法进行。举证必须由法定的举证主体在法律规定的时间、地点,以法律规定的程序和方式,向法定的机关或人员提出证据,否则,其所提出的证据可能将不被采纳。提出的证据必须符合法定的形式,如最高法《行诉证据规定》第13条对当事人提供的证人证言的要求,即必须写明证人的姓名、年龄、性别、职业、住址等基本情况;必须有证人的签名,不能签名的,应当以盖章等方式证明;必须注明出具日期;必须附有居民身份证复印件等证明证人身份的文件。

二、举证的基本方式

根据相关法律和司法解释的规定,举证的基本方式主要有狭义和广义两种。

(一)狭义的举证方式

在刑事公诉案件中,随案移送证据是举证的重要方式之一。按照2012年《刑事诉讼法》及《刑事诉讼法》的规定,人民检察院在提起公诉时,应当将“案卷材料、证据”移送法院,而不再像1996年《刑事诉讼法》那样仅仅要求移送“证据目录、证人名单和主要证据复印件或者照片”。根据最高法《刑诉法解释》第73条、第218

条等的规定,人民检察院是否随案移送了相关证据材料也是人民法院对公诉案件受理审查的重要内容。对于其他案件而言,随案移送证据也是举证的重要方式。刑事自诉案件的自诉人、民事案件的原告向人民法院提出诉讼时,应当在提出起诉状的同时提交有关证据。行政案件的原告在向人民法院起诉时,也应当同时提供其符合起诉条件的证据。人民法院在审查立案时,要求当事人补充证据的,当事人应当及时补交。最高法《民诉证据规定》第 19 条要求:“当事人应当对其提交的证据材料逐一分类编号,对证据材料的来源、证明对象和内容作简要说明,签名盖章,注明提交日期,并依照对方当事人人数提出副本。人民法院收到当事人提交的证据材料,应当出具收据,注明证据的名称、份数和页数以及收到的时间,由经办人员签名或者盖章。”

(二)广义的举证方式

除了狭义上的提交或移送外,举证主体展示证据的方式也被理解为广义上的举证方式。当然,也有人认为证据的展示属于质证的一个必要环节。

1. 当庭出示、播放。我国刑事诉讼法规定,公诉人、辩护人应当向法庭出示物证。民事诉讼法规定,证据应当在法庭上出示;法庭调查时,应当出示书证、物证、视听资料和电子证据。而最高法《行诉证据规定》第 35 条要求,所有证据均应在法庭上出示。尽管上述规定并非在同一层次上使用“出示”一词,但毋庸置疑,当庭提交展示证据是举证的基本方式。物证应当当庭出示,视听资料、电子证据应当当庭播放或显示。在出示或播放证据时,应当尽可能出示或播放原件或者原物,出示或者播放原件或原物确有困难的,经法庭准许也可以出示或播放复制件或者复制品。根据最高法《行诉证据规定》的要求,人民法院依职权获取的证据,应当由人民法院出示;人民法院依照当事人的申请调取的证据,应当由申请调取证据的当事人出示。

2. 讯问、询问或发问。讯问、询问或发问是提出言词证据的基本方式。根据刑事诉讼法的规定,公诉人在宣读起诉书和被告人、被害人就起诉书指控的犯罪进行陈述后,可以讯问被告人;控辩双方还可以通过向各自的证人、鉴定人发问,提交证人证言、鉴定意见。根据民事诉讼法和行政诉讼法的规定,经过法庭许可,当事人也可以通过向证人、鉴定人、勘验人发问提交证人证言、鉴定意见、勘验笔录等证据。

3. 宣读。宣读是提出笔录型证据、书证的基本方式。根据刑事诉讼法的规定,公诉人、辩护人对未到庭的证人的证言笔录、鉴定人的鉴定意见、勘验笔录和其他作为证据的文书,应当当庭宣读。民事诉讼法规定,在进行法庭调查时,应当宣读未到庭证人的证言、鉴定意见和勘验笔录。

三、举证的时限

举证时限制度,又称证据失效或证据失权制度,是指当事人必须在法律规定、法院指定或认可的期限内向法院提交证据,逾期举证将承担所举证据失效等法律后果的制度。作为一种限制当事人诉讼行为的制度,举证时限对当事人举证的有效性和法院裁判有很大的影响。逾期的证据很可能丧失作为裁判依据的资格,从而不利于案件事实的查明。但是,举证时限可以防范当事人故意拖延诉讼或者搞证据突袭,促使当事人积极举证,提高诉讼效率。

目前,三大诉讼法中只有《民事诉讼法》明确规定了举证期限。《民事诉讼法》第 68 条规定:"当事人对自己提出的主张应当及时提供证据。人民法院根据当事人的主张和案件审理情况,确定当事人应当提供的证据及其期限。当事人在该期限内提供证据确有困难的,可以向人民法院申请延长期限,人民法院根据当事人的申请适当延长。当事人逾期提供证据的,人民法院应当责令其说明理由;拒不说明理由或者理由不成立的,人民法院根据不同情形可以不予采纳该证据,或者采纳该证据但予以训诫、罚款。"结合最高法《民诉证据规定》的相关要求,在我国民事诉讼中,(1)举证期限的确定方式主要有两种:一是由双方当事人协商并经人民法院认可;二是由人民法院指定。其中,人民法院指定举证期限的,适用第一审普通程序审理的案件不得少于 15 日,当事人提供新的证据的第二审案件不得少于 10 日。适用简易程序审理的案件不得超过 15 日,小额诉讼案件的举证期限一般不得超过 7 日。(2)举证期限的重新确定也存在两种情形:一是举证期限届满后,当事人提供反驳证据或者对已经提供的证据的来源、形式等方面的瑕疵进行补正的,人民法院可以酌情再次确定举证期限,该期限不受前款规定的期间限制;二是符合最高法《民诉证据规定》第 53 条第 2 款规定的条件,当事人根据法庭审理情况变更诉讼请求的,人民法院应当准许并可以根据案件的具体情况重新指定举证期限。(3)就举证期限的申请延长而言,一方面要求当事人须在举证期限内提供证据存在客观障碍,属于《民事诉讼法》第 68 条第 2 款规定的"当事人在该期限内提供证据确有困难"的情形,之后,人民法院应当根据当事人的举证能力、不能在举证期限内提供证据的原因等因素综合判断。必要时,可以听取对方当事人的意见。另一方面又强调,当事人申请延长举证期限的,应当在举证期限届满前向人民法院提出书面申请。申请理由成立的,人民法院应当准许,适当延长举证期限,并通知其他当事人。延长的举证期限适用于其他当事人。申请理由不成立的,人民法院不予准许,并通知申请人。(4)就逾期举证的后果而言,如当事人逾期提供证据的,人民法院应当责令其说明理由;拒不说明理由或者理由不成立的,人民法院根据不同情形可以不予采纳该证据,或者采纳该证据但予以训诫、罚款。此外,最高法《民诉证据规定》第55条还规定了当事人提出管辖权异议、公告送达等五种特殊情形下举证期限的具体确定方式。

行政诉讼的举证时限制度在最高法《行诉证据规定》中有所体现。根据该规定，行政诉讼中举证期限的确定有两种方式，即法律直接规定和法院指定，以法定期限为主。对于被告，采取法定期限，即应在收到起诉状副本之日起10日内提供据以作出被诉具体行政行为的全部证据和所依据的规范性文件。被告不提供或者无正当理由逾期提供证据的，视为被诉具体行政行为没有相应的证据。对于原告或者第三人，采取法定期限与指定期限相结合的方式，即应在开庭审理前或者法院指定的交换证据之日提供证据。逾期提供的，视为放弃举证权利。有正当理由的，被告、原告、第三人均可申请延期举证，获准后，被告应当在正当事由消除后10日内提供证据，原告或第三人则可以在法庭调查时提供证据。原告或者第三人在第一审程序中无正当事由未提供而在第二审程序中提供的证据，人民法院不予接纳。

我国在刑事诉讼中并未确立举证时限制度。这主要是因为举证时限制度隐藏着这样的诉讼理念，即更加看重对“正当程序”的追求，只要程序是公正的和有效率的，即便结果不符合客观事实，也是正当的或者可以接受的。简言之，就是为了实现程序正义，可以限制甚至牺牲实体正义。该理念与我国刑事诉讼实事求是的立法宗旨和追求客观真实的司法理念相违背。刑事诉讼的结果直接关系着人的生命和自由，关系着公共安全、社会利益和国家利益，如果仅仅因为举证期限问题就否定证据的证据能力，不仅会影响打击犯罪的力度，也不利于人权保障。我国现行刑事诉讼法中有关举证的规定处处体现着“证据随时提出主义”，在这种背景下构建举证时限制度缺乏可行性。

四、证据开示

证据开示，又称证据展示、证据交换或证据先悉，是指双方当事人在庭审前依照一定的程序和方式，相互之间展示各自掌握的证据和与之有关的材料或信息的制度。这种审前机制的主要目的是保障诉讼一方从另一方获得充分的案件事实情况和其他相关信息，促进审判的顺利进行。证据开示制度的功能主要表现在两个方面：一是诉讼双方当事人有效的信息交换，可以防止一方实施“证据突袭”，并且为双方当事人充分准备庭审答辩提供了条件；二是通过双方当事人相互之间的证据披露，也能明确双方的共识，凸显双方争议的焦点，法院可以据此整理出争点，庭审时引导双方当事人围绕争点展开法庭对抗，而对庭审前没有争议的证据和事实可以直接采纳。

（一）民事诉讼证据交换制度

根据《民事诉讼法》第136条第4项规定，人民法院如果发现受理的案件需要开庭审理的,通过要求当事人交换证据等方式,明确争议焦点。以此为基础,最高法《民诉证据规定》在第56～58条建立起了基本的民事诉讼证据交换规则:在证据交换的时间上,既可以由当事人协商一致并经人民法院认可,也可以由人民法院指定。当事人申请延期举证经人民法院准许的,证据交换日相应顺延。而人民法院依照《民事诉讼法》第136条第4项的规定,通过组织证据交换进行审理前准备的,证据交换之日举证期限届满。在证据交换的程序上,应当在审判人员的主持下进行,在交换过程中,审判人员一方面要将当事人无争议的证据、事实记录在案,另一方面也要对有异议的证据分门别类地记录,并确定当事人的争点;在证据交换的次数上,当事人收到对方的证据后有反驳证据需要提交的,人民法院应当再次组织证据交换。最高法《民诉证据规定》取消了对证据交换的次数限制。上述规定在促进双方当事人的平等对抗、提高诉讼效率和审判质量方面已经初见成效。

（二）刑事诉讼证据开示制度

刑事诉讼证据开示制度是对抗制诉讼的必然产物,我国1996年《刑事诉讼法》及相关司法解释中就有与"证据开示"直接或间接相关的零星规定。具体包括:受托律师可以在侦查阶段向侦查机关了解涉嫌的罪名;辩护律师自人民法院受理案件之日起,可以查阅、摘抄、复制本案所指控的犯罪事实的材料;检察院对案件提起公诉时应附有证据目录、证人名单和主要证据复印件及照片;法庭审理中,辩护律师认为侦查、审查起诉阶段侦查机关、检察院收集的证明被告人无罪、罪轻的证据材料,需要在法庭上出示的,可以申请人民法院调取,并可到法院查阅、摘抄和复制;对决定开庭审理的案件,人民法院应通知被告人、辩护人于开庭5日前提供出庭作证的身份、住址、通讯处明确的证人、鉴定人名单及不出庭作证的证人、鉴定人名单和拟当庭宣读、出示的证据复印件、照片。相比而言,2012年及现行《刑事诉讼法》在证据开示方面有了长足的进步,表现在:(1)扩大了侦查阶段辩护律师的知情范围。除了可以了解犯罪嫌疑人涉嫌的罪名,还可以向侦查机关了解案件的有关情况,并且可以提出意见。(2)扩大了检察机关受理案件之后"阅卷"的范围。规定自审查起诉之日起,辩护律师或经人民法院、人民检察院许可的其他辩护人可以查阅、摘抄、复制本案的案卷材料。(3)扩大了申请调取证据权的范围。所有辩护人均可申请,在申请时间上,既可在审查起诉阶段,又可在法庭审理之前或者法庭审理过程中。(4)扩大了人民检察院随案移送证据的范围。规定应将"案卷材料、证据移送人民法院",即全案移送。(5)在法律上明确规定了辩护人的证据展示义务。要求辩护人将收集到的有关犯罪嫌疑人不在犯罪现场、未达到刑事责任年龄、属于依法不负刑事责任的精神病人的证据,及时告知公安机关、人民检察院。(6)规定了庭前会议机制,初步建立了庭前证据展示的平台。认罪认罚从宽制度的改革完善为刑事诉讼证据展示制度的发展提供了新的动力和契机。最高人民法院等2019年10月颁行的《关于适用认罪认罚从宽制度的指导意见》明确要求，"人民检察院可以针对案件具体情况，探索证据开示制度，保障犯罪嫌疑人的知情权和认罪认罚的真实性及自愿性"。随后颁行的最高检《规则》第269条要求，犯罪嫌疑人认罪认罚的，人民检察院就相关问题听取值班律师意见时，"应当提前为值班律师了解案件有关情况提供必要的便利。自人民检察院对案件审查起诉之日起，值班律师可以查阅案卷材料，了解案情。人民检察院应当为值班律师查阅案卷材料提供便利"。

（三）行政诉讼证据交换制度

较之于民事、刑事诉讼，行政诉讼中的证据交换制度最为粗疏。目前，专门规定证据交换的条文仅有一条，即最高法《行诉证据规定》第21条："对于案情比较复杂或者证据数量较多的案件，人民法院可以组织当事人在开庭前向对方出示或者交换证据，并将交换证据的情况记录在卷。"该司法解释中另有三个条文在规定其他制度时附带提及了"证据交换"问题。如第7条在规定举证时限时要求原告和当事人在开庭前或法院指定的交换证据之日提供证据；第35条在规定质证程序时指出，庭前证据交换中没有争议又记录在卷的证据，经审判人员在庭审中说明后，可以作为认定案件事实的依据；第36条在规定被告缺席审判而导致证据丧失证据能力时，将庭前证据交换程序中无争议的证据作为例外。上述规定显然不能满足行政案件审判实践的需要，应当在借鉴民事诉讼证据交换规则的基础上，从证据交换的启动、时间、范围、次数、步骤及救济等方面进一步完善。

第四节 质 证

一、质证的概念和意义

（一）质证的概念

质证是指在审理的过程中，在法庭的主持下，由当事人、诉讼代理人及第三人针对各自提出的证据，相互进行说明和质辩的活动或过程。有时，"质证"一词也在更广泛的意义上使用，指称在诉讼或仲裁中，相关主体使用各种方法，对各种证据进行的评价、质疑、辩驳、对质、询问等活动。作为一个法律术语，质证在我国最早出现于1979年《刑事诉讼法》第36条，主要针对证人证言。以后历经1984年最高人民法院《关于贯彻执行〈中华人民共和国民事诉讼法（试行）〉若干问题的意见》（已失效）第30条、1991年《民事诉讼法》第66条、1996年《刑事诉讼法》第47条，直至2014年及2017年《行政诉讼法》第43条、2017年《民事诉讼法》第68条、

《刑事诉讼法》第61条及第198条等,证逐步具有了科学、完整的内涵,质证制度也在我国逐步建立和完善起来。

(二)质证的意义

在诉讼活动中,质证至少具有三个方面的重要意义:

1. 质证体现着对当事人诉讼权利的尊重。人们对诉讼最基本也是最重要的期待就是获得平等的对待,得到公允的裁决。因此,当事人可以调动一切合法的诉讼手段和诉讼资源,通过在证据上的公平较量和辩论,以对其最有利的方式说服法官,促使法官在内心形成对其有利的心证,并据以作出判决。在诸多诉讼权利之中,质证是当事人所享有的一项最为基本的权利——每一个当事人都有针对对方提出的不利于己的证据提出异议的权利。

2. 质证有利于发现案件事实真相,实现实体公正。举证主体提出的证据材料,有的缺乏可靠性,有的在合法性上有欠缺,有的与案件不相关,而且即便相关的证据关联度也各不相同。而质证在很大程度上可以起到去伪存真、辨明合法性、甄别关联性的作用。因此,有效的质证是法院准确审核认定证据的基础和前提。通过质证,裁判者可以兼听则明,在充分把握双方证据和质证意见的基础上作出最接近案件真相的事实认定。

3. 质证保证了程序正义的实现。一方提交的证据,未经对方异议或质疑就作为定案根据,人们必然怀疑它的公正性。在质证时,由当事人双方在法律允许的范围内,平等利用各种攻击防卫手段,对对方提出的证据加以询问、质疑、说明、辩驳,裁判者在这一程序中保持中立地位,不偏袒任何一方当事人。在质证的过程中,正当程序的诸多要求得到了充分体现。因此,质证绝不仅仅是查明案件事实的工具,也是实现程序正义的有效途径。

二、质证的基本模式

受文化观念、法律传统及诉讼构造的影响,不同法系、不同国家在质证的程序模式上各有特点。

(一)当事人主导模式

当事人主导模式是以当事人主义为主要特征的质证程序模式。该质证模式主要适用于英美法系的对抗制诉讼中。在该种质证模式下,质证程序主要由当事人主导和控制,法官只是质证程序的组织者,在质证程序中处于相对消极的地位。质证主要通过交叉询问的方式进行。

交叉询问主要由两个方面构成,即主询问和反询问。主询问,又称直接询问,是由主询问方采取积极立证的方式,通过传唤和询问本方证人,证实有利于己方的事实。为了防止主询问人滥用与本方证人间的“亲密关系”,影响证言的客观性,法律对于主询问进行了严格的限制,如主询问应仅限于与案件具有关联性的事实,不得进行诱导性询问等。但是,这些规则也并不绝对,在一些特殊情形下,比如证人为未成年或胆怯受惊者时,可以对其进行诱导性询问。反询问,即狭义上的交叉询问,是指在主询问之后,由对方当事人的律师以消极证伪为原则对该证人进行诘问。反询问旨在通过寻找、暴露对方证人证言的瑕疵,削弱对方证言的真实性和可靠性,甚至让对方证人承认有利于反询问人的事实。鉴于反询问人与证人间已有的紧张关系,法律对反询问的限制较少,而且反询问不限于在主询问中证明的事实,而是可以针对一切争执中的事实或有关联性的事实以及尽管没有关联性但可以用来质疑证人信用或可靠性的事实。

在美国,在专门的证据开示程序、审前会议以及正式的庭审程序中都有可能使用交叉询问的质证方式。交叉询问的基本过程是,主询问、反询问、再主询问、再反询问。如果有必要,可以反复多次。在交叉询问过程中,法官起到消极组织作用:引导双方当事人围绕关键事实和情节的关键证据进行质证,防止陷入细枝末节上的无休止纠缠;保障双方当事人均等的询问或质证机会;及时制止交叉询问中出现的不当行为,如主询问一方的诱导性询问、恶意侮辱人格的提问、重复的提问以及其他不遵守质证规则的行为。

当事人主导模式可以充分发挥当事人的主观能动性,有助于裁判者更加中立、客观地认定证据,并体现出程序的正当性。然而,在该模式下,质证结果很容易受到双方询问策略和技术的左右,并且导致诉讼的拖延。

(二)法官主导模式

大陆法系一般实行法官主导的质证模式,即由法官主持质证活动并完全主导质证活动的进行。当事人则处于一种相对消极、被动的地位,在质证过程中的诉讼行为受法官严格控制。

在法官主导模式下,对证人的询问完全由法官主导,对当事人询问证人即便允许也施加了诸多限制。对其他证据的质证程序,也主要由法官控制。例如,根据法国《民事诉讼法》第208条、第213条、第214条第1~2款的规定,法官按照其确定的顺序,分别听取证人作证。听取证人证言时,各方当事人在场或者传唤他们到场;法官得就法律允许提出证据的所有事实听取证人证言,或者询问证人。当事人不得打断、责问或试图影响证人,亦不得直接向证人发问、说话,否则,驱逐出法庭;当事人对证言有疑问的,只能通过法官向证人提出;法官认为有必要时,可以向证人询问当事人提交的问题,或者命令证人相互对质,或者命令证人与当事人对质。

法官主导的质证模式可以有效克服当事人主导模式下效率不高的弊端,确保质证程序始终围绕有关证据的焦点议题高效展开,但很难摆脱法官控制权对质证程序正当性和质证效果的消极影响。

(三)混合模式

“二战”以后,意大利、日本等国在进行诉讼制度改革时大量吸收了美国的法律制度,在质证领域的表现就是适度引入美国的交叉询问制,构建法官主导的交叉询问模式,即混合模式。具体而言,就是由提交证据者进行主询问,然后,对方当事人进行反询问,之后,法官再进行补充询问。法官也可以依照职权随时自行询问或者准许当事人询问。审判长有权视情形变更当事人询问的顺序。

我国虽然将合理借鉴对抗式庭审模式作为改革的方向,但受职权主义诉讼构造的影响,再加上证人出庭作证制度、证据展示制度等配套制度的不完善,整体看来,目前所采用的质证程序特别是刑事诉讼中的庭审质证程序依然具有较强的职权主义色彩。法官仍处于绝对的主导地位,决定着质证程序的启动、进行及终结。质证通常按下列方式进行:对一方就某个事实提出的一个或一组证据,法官审阅后交由对方辩认?并询问:对此有无疑异。如提出疑异,原举证一方可以作一些必要的解释说明。若双方拟就该证据进行辩驳,通常会被法官告知到法庭辩论阶段进行。到辩论阶段,虽然双方可以就法庭调查阶段出示的所有证据进行辩驳,但进行到何种程度、何时终止仍完全由法官决定。

三、质证的基本要素

(一)质证的主体

质证的主体就是在庭审中有权对证据提出异议的人。根据我国三大诉讼法及相关司法解释的规定,在我国刑事诉讼中,质证的主体主要指控辩双方,具体包括公诉人、当事人或者辩护人、诉讼代理人。被告人如果是未成年人的,质证主体还包括他的法定代理人。在刑事附带民事诉讼中,质证的主体包括原告人、被告人及其诉讼代理人。在刑事自诉案件中,质证的主体是自诉人及其代理人、被告人及其辩护人。在民事诉讼、行政诉讼案件中,质证的主体是双方当事人和他们的诉讼代理人。有第三人参加诉讼的,第三人也是质证的主体。在法庭审理的过程中,法官也要对证据进行审核、查实、检验。比如,《刑事诉讼法》第191条第3款规定:“审判人员可以讯问被告人。”第194条第2款规定:“审判人员可以询问证人、鉴定人。”第196条第1款规定:“法庭审理过程中,合议庭对证据有疑问的,可以宣布休庭,对证据进行调查核实。”但法院此时履行的是查证的职责,并不是质证的主体。质证是当事人享有的诉讼权利。对于当事人而言,质证的目的是通过当事人对证据发表意见,使法官形成有利于自己的心证。而在客观效果上,质证是通过“兼听则明”的思路,帮助法官更好地审查和判断证据。

(二)质证的客体

一般而言,证据应当在法庭上出示,并经过当事人质证。未经质证的证据,不能作为定案的根据。原则上，诉讼双方提出的证据均可能成为质证的客体。质证的客体不仅包括言词证据，也包括实物证据，当然，质证方式可以采取向提供人或制作人发问，对证据内容提出意见等。对于涉及国家秘密、商业秘密、个人隐私的证据，根据三大诉讼法及相关司法解释的要求，不能公开质证。但不公开质证不等于不质证，只是要求在对这些证据进行质证时应当做好保密工作。值得注意的是，在特殊情况下，质证可以在庭外实现。最高法《民诉法解释》第 103 条第 2 款规定："当事人在审理前的准备阶段认可的证据，经审判人员在庭审中说明后，视为质证过的证据。"最高法《民诉证据规定》第 60 条第 1 款又规定："当事人在审理前的准备阶段或者人民法院调查、询问过程中发表过质证意见的证据，视为质证过的证据。"另外，根据最高法《刑诉法解释》第 271 条第 2 款的规定："对公诉人、当事人及其法定代理人、辩护人、诉讼代理人补充的和审判人员庭外调查核实取得的证据，应当经过当庭质证才能作为定案的根据。但是，对不影响定罪量刑的非关键证据、有利于被告人的量刑证据以及认定被告人有犯罪前科的裁判文书等证据，经庭外征求意见，控辩双方没有异议的除外。"从上述司法解释可以看出，质证的"质"不一定就是质疑，也包括认可，质证看重的是对证据征求意见的过程。

（三）质证的内容

质证的内容就是当事人可以围绕证据的哪些方面提出异议。对此，最高法《民诉法解释》第 104 条第 1 款和最高法《行诉证据规定》第 39 条作出了大致相同的规定，即质证时，当事人应当围绕证据的真实性、合法性以及与待证事实的关联性，针对证据有无证明力及证明力的大小进行。这表明，庭审质证的内容主要包括三部分内容：(1)证据的合法性。证据合法性是有效证据的特性之一。原则上，认定案件事实的证据必须是由合法的取证主体依照法庭的程序和方法获得的具有法定表现形式的证据。因此，民事诉讼和行政诉讼中均要求，以侵害他人合法权益或者违反法律禁止性规定的方法取得的证据，不能作为认定案件事实的依据。而《刑事诉讼法》专门用 5 条规定了非法证据的排除问题。在目前的刑事庭审实践中，控方证据的合法性是质证的焦点。(2)证据的真实性。作为认定案件事实根据的证据必须真实。质证主体可以从证据形成的原因、发现证据时的客观环境、提供者或证人与当事人的关系等影响客观真实性的因素展开质辩活动。(3)证据的关联性。证据关联性指的是作为证据内容的事实与案件事实之间存在某种联系。它反映出的是证据实质内容对事实认定的效用大小。一般而言，联系越紧密，证据的证明力就越大，而没有联系，就没有证明力。

（四）质证的规则

质证的规则是指指引和约束庭审质证的规则，其功能在于告诉庭审各方在质证过程中哪些可以做、应该怎么做和哪些不能做。质证规则与证据规则、法庭调查规则均有一定的联系和区别。质证规则是建立在程序法定原则、证据裁判原则和对质权理论等理论基础上的。构建和完善质证规则对于强化证据审查，查明案件事实，实现庭审实质化，实现以审判为中心具有重要意义。质证的规则可以分为一般规则和特殊规则。庭审质证的一般规则包括举证的一般规则、询问的一般规则、对质的一般规则、异议的一般规则；庭审的特殊规则包括脆弱证人的质证规则、诱导性询问规则、技侦材料的质证规则、鉴定意见的质证规则、物证保管人出庭询问规则等。[2]

四、质证的顺序和要求

（一）质证的顺序

最高法《民诉证据规定》第 62 条明确规定了民事诉讼中质证的顺序，即一般先由原告出示证据，被告、第三人与原告进行质证。然后，由被告出示证据，原告、第三人与被告进行质证。最后，案件存在第三人的，再由第三人出示证据，原告、被告与第三人进行质证。原告、被告和第三人可以相互发问、辩论。人民法院根据当事人申请调查收集的证据，审判人员对调查收集证据的情况进行说明后，由提出申请的当事人与对方当事人、第三人进行质证。人民法院依职权调查收集的证据，由审判人员对调查收集证据的情况进行说明后，听取当事人的意见。

最高法《刑诉法解释》第 267 条规定："举证方当庭出示证据后，由对方发表质证意见。"据此，刑事诉讼中的质证活动一般按照下列步骤进行：（1）公诉人提出和展示控方掌握的证据，包括所有的控诉证据和辩护证据，由被告人及其辩护人对公诉人出示的证据发表意见。对于每一起指控的犯罪事实，公诉人可以采取讯问被告人，向己方证人发问，出示物证，宣读未到庭证人的证言、鉴定意见、勘验笔录和其他作为证据的文书等方式进行举证，然后，经审判长许可，被害人、附带民事诉讼的原告人和辩护人、诉讼代理人，向被告人发问，当事人和辩护人、诉讼代理人向证人、鉴定人发问，审判人员听取当事人和辩护人、诉讼代理人对出示的物证、宣读的证据材料的意见。（2）辩方提出无罪、罪轻或应从轻减轻处罚的证据，由公诉人对辩方的证据发表意见。辩方可以采取提请证人、鉴定人出庭，出示物证，播放视听材料，宣读未到庭证人的证言、鉴定意见等方式展示证据，然后，经审判长许可，公诉人可以向证人、鉴定人发问，或对其他证据提出异议。

行政诉讼中的质证顺序同民事诉讼、刑事诉讼略有不同。一般情况下，庭审中由被告首先提供据以作出被诉具体行政行为的全部证据，之后由原告进行质证。再由原告出示证据，由被告质证。经法庭准许，当事人及其代理人可以就证据问题

---

〔2〕 参见潘金贵等：《刑事庭审质证规则研究》，中国检察出版社 2019 年版，第 238－278 页。

相互发问,也可以向证人、鉴定人或者勘验人发问。

(二)质证的要求

质证时,应当根据每一种证据的特点,灵活选用质证的方法。根据法律规定和司法实践,质证通常应遵循以下基本要求:(1)实物证据质证原则上应针对原物、原件,如最高法《民诉证据规定》第61条要求:“对书证、物证、视听资料进行质证时,当事人应当出示证据的原件或者原物。但有下列情形之一的除外:(一)出示原件或者原物确有困难并经人民法院准许出示复制件或者复制品的;(二)原件或者原物已不存在,但有证据证明复制件、复制品与原件或者原物一致的。”(2)当事人及其代理人相互发问,或者向证人、鉴定人、专门知识的人、勘验人等发问时,发问的内容应当与案件事实有关联,不得采用引诱、威胁、侮辱等语言或者方式。(3)对于庭审中补充的新证据或者在第二审程序或再审程序中依法提供的新证据,仍应进行质证。(4)质证原则上应采取言词方式,但特定情况下也可能考虑书面方式。就此,最高法《民诉证据规定》第60条第2款规定:“当事人要求以书面方式发表质证意见,人民法院在听取对方当事人意见后认为有必要的,可以准许。人民法院应当及时将书面质证意见送交对方当事人。”(5)法庭应当将当事人的质证情况记入笔录,并由当事人核对后签名或者盖章。(6)可以根据案件及证据的不同情况,合理选择“一证一质,逐个进行”或“数证一质,分组进行”的质证方式。最高法《刑诉法解释》第268条第1、2款规定,“对可能影响定罪量刑的关键证据和控辩双方存在争议的证据,一般应当单独举证、质证,充分听取质证意见。对控辩双方无异议的非关键证据,举证方可以仅就证据的名称及拟证明的事实作出说明”。该条第3、4款还同时要求,“召开庭前会议的案件,举证、质证可以按照庭前会议确定的方式进行。根据案件和庭审情况,法庭可以对控辩双方的举证、质证方式进行必要的指引”。

除了上述基本要求外,针对庭审实践中较为普遍的证人、鉴定人等不出庭现象,以及由此引发的言词证据质证形式化问题,三大诉讼法在修法时均日益重视证人、鉴定人等出庭规则的构建。《刑事诉讼法》从出庭条件、强制出庭、人身保护、出庭补助等几个方面基本健全了证人、鉴定人等出庭作证的规则体系。民事诉讼法也进行了相关的立法完善。特别值得一提的是,最高法《民诉证据规定》对证人、鉴定人、有专门知识的人出庭作证问题规定了17个条文,其中新增11个条文,涉及证人及鉴定人出庭的原则与例外,应当出庭而不出庭的法律后果,申请证人等出庭的程序和职权通知出庭,证人、鉴定人、有专门知识的人陈述及对其进行询问的要求等方方面面,足见对该问题的重视。此外,最高法《民诉证据规定》还完善了当事人、证人具结和鉴定人承诺制度以及当事人、证人虚假陈述和鉴定人虚假鉴定的制裁措施:一方面,对于当事人接受询问时的具结和证人作证时具结的方式、内容进行完善，增加了鉴定人签署承诺书的规定；另一方面，对于当事人、证人故意作虚假陈述以及鉴定人故意作虚假鉴定的行为，规定了相应的处罚措施。

第五节　认　　证

一、认证的概念和特征

（一）认证的概念

所谓认证，即证据的审核认定，是指审判人员对经质证的证据，依据法律规定、经验和逻辑，确定其证据能力和证明力的诉讼活动。对于证据的认定，过去很长一段时间都是使用证据的审查判断这个概念。但证据的审查判断不能凸显认证这种法官专责活动的特殊性。1999 年，最高人民法院《关于严格执行公开审判制度的若干规定》中明确使用了“当庭认证”一词。同一年，最高人民法院发布的《人民法院五年改革纲要》明确将“认证制度”作为法院改革的一项重要内容。之后，认证这个概念开始被理论界和实务界广泛使用。人民法院裁判任何案件，都应当以证据证明的案件事实为依据。因此，认证是裁判的前提。最高法《民诉证据规定》第 85 条第 2 款规定：“审判人员应当依照法定程序，全面、客观地审核证据，依据法律的规定，遵循法官职业道德，运用逻辑推理和日常生活经验，对证据有无证明力和证明力大小独立进行判断，并公开判断的理由和结果。”可见，认证制度作为继取证、举证、质证之后的最后一个重要的证明环节，关涉到案件结果的确定，对于查明案件事实，维护司法公正具有非常重大的意义。

（二）认证的特征

认证具有以下几个特征：

1. 认证的主体是审判人员。认证是审判活动的重要组成部分，认证权是审判权的当然内容，因此，认证是专属于审判人员的诉讼活动。此处的审判人员包括合议庭的审判长、审判员或陪审员以及独任庭的审判人员。有些质证主体，如刑事诉讼中的公诉机关，虽然也有权对证据进行审查判断，但不属于认证活动。由于认证是以举证、质证为基础的，因此有亲历性的要求，那些没有直接参与庭审的法官，比如院长、庭长、审判委员会成员，不应当成为认证的主体。

2. 认证的对象是证据，而非案件事实。认证的主要对象是经当庭质证的证据，但是，也包括那些虽未经过当庭质证但双方在审理前的准备阶段或者人民法院调查、询问过程中发表过质证意见的证据。

3. 认证的内容是证据的证据能力和证明力。在对单个证据进行认证时，实质就是判断该证据有无证据能力以及证明力的大小。只有具备证据能力，证据才可以被采纳。但是否采信及该证据对于待证事实的证明效果和价值，还取决于其证明力的大小。在对全案证据进行综合认证时，应当主要着眼于各证据与案件事实的关联程度、各证据之间的联系等方面。

4. 认证的依据是法律及相关司法解释的规定、专业知识、逻辑和经验。审判人员在认证活动中必须遵守法律规定，遵循法官职业道德，并且充分运用逻辑推理和自己的生活工作经验，对证据进行全面、客观和公正地分析判断。而且，审判人员要做好认证工作还必须掌握丰富的法律专业知识和相关学科的知识。

5. 认证具有一定的确定力。一旦审判人员依照法定程序对证据进行了审核认证，并公开了认证的理由和结果，该结果就会产生一定的确定力。判决和裁定的事实根据主要限于认证的范围内。未经认证的证据不能作为定案的根据。

二、认证的内容

通说认为，认证的内容即认证需要判断和解决的是证据的证据能力和证明力问题。证据能力和证明力是任何一个证据都会涉及的两个方面。确认证据能力是判断证明力的前提和基础。证据能力是审判人员认证时必须思考和解决的问题，一个证据材料如果没有证据能力，就根本谈不到证明力的问题。虽然认证都是围绕证据能力和证明力而展开，但是，单一证据和一组或全案证据在认证的内容上有不同的侧重。

（一）单一证据认证的内容

对于单一证据审核认定的内容，最高法《民诉证据规定》第 87 条提出了明确要求，即"审判人员对单一证据可以从下列方面进行审核认定：（一）证据是否为原件、原物，复制件、复制品与原件、原物是否相符；（二）证据与本案事实是否相关；（三）证据的形式、来源是否符合法律规定；（四）证据的内容是否真实；（五）证人或者提供证据的人与当事人有无利害关系"。简言之，单一证据的认证实质上主要就是审核认定证据的真实性、关联性和合法性，具体内涵如下：

1. 真实性。三大诉讼法均要求，证据必须查证属实，才能作为定案的根据。"属实"其实就是对证据真实性的要求。根据相关规定，审判人员在认定证据的真实性时，应当结合双方当事人质证的情况，从以下几个方面考察分析：（1）证据提供或收集的主体；（2）证据收集的方法；（3）证据形成的过程；（4）证据内容本身的一致性、合理性等。当然，审查单一证据的真实性时，也需要结合其他证据。

2. 相关性。又称证据的关联性，是指证据必须与案件事实有着实质性的联系。可以说，相关性牵涉到证据能力与证明力两个问题，相关性的有无属于证据能力问题，而相关性的大小则是证明力问题，因此，关联性是审核认定单一证据的一项重要内容。相应地,在对证据的相关性进行审查判断时,也应当从以下两大方面进行:(1)证据所能证明的事实同案件事实之间有无客观联系;(2)证据所能证明的事实同案件事实之间联系的紧密程度。

3. 合法性。合法性属于证据能力问题。三大诉讼法对证据的合法性既有正面的要求,也有排除非法证据的反面规定。当然,并不是所有不符合法律要求的证据都会丧失作为定案根据的资格。合法性的审查判断应关注以下几个方面:(1)证据是否符合法定的形式;(2)收集证据的主体的合法性;(3)收集证据的程序的合法性;(4)收集证据的方法的合法性;(5)是否有影响证据能力或证明力的其他违法情形。

(二)一组或全案证据认证的内容

一组或全案证据的认证,又称综合认证,是指对某组证据或案件中的所有证据进行综合的分析、比对、鉴别、研究和判断。对证据的综合审查,应当结合案件的具体情况,从各证据与待证事实的关联程度、各证据之间的联系等方面进行。只有各证据之间具有内在联系,共同指向同一待证事实,并且不存在无法排除的矛盾和无法解释的疑问的,才能作为定案的根据。

1. 各证据与待证事实的关联程度。结合案情,总体判断各证据的关联性,审查定罪量刑的事实是否都有证据证明,一组或全案证据是否具有了足够的数量,据以认定的事实能否排除合理怀疑。应当说,确定各证据与待证事实的关联程度是综合认证的主要任务和核心内容。

2. 各证据之间的联系。重点是审查各个证据是否存在内在联系,能否相互印证或者指向同一待证事实,是否存在根本性的或不能合理解释的矛盾。当然,内容一致的多个证据也不一定都真实,比如串供所形成的多份内容协调一致的口供;而内容不完全一致的多个证据也不一定就存在虚假的证据,因为不同类型的证据在反映同一事实时可能会出现偏差。

三、三大诉讼法在认证要求上的共性与差异

(一)共同要求

在对证据的审核认定上,三大诉讼法有一些类似要求。譬如,在孤证不能定案的要求方面,三大诉讼法都规定对特定证据证明力评价上的限制规则。最高法《行诉证据规定》第71条除兜底条款外,共列举了六种具体的不能单独作为定案依据的证据,包括未成年人所作的与其年龄和智力状况不相适应的证言,与一方当事人有亲属关系或者其他密切关系的证人所作的对该当事人有利的证言或者与一方当事人有不利关系的证人所作的对该当事人不利的证言,应当出庭作证而无正当理由不出庭作证的证人证言,难以识别是否经过修改的视听资料,无法与原件、

原物核对的复制件或者复制品,经一方当事人或者他人改动而对方当事人不予认可的证据材料等。最高法《民诉证据规定》第90条也列举了五种不能单独作为认定案件事实根据的证据,包括当事人的陈述,无民事行为能力人或者限制民事行为能力人所作的与其年龄、智力状况或者精神健康状况不相当的证言,与一方当事人或者其代理人有利害关系的证人陈述的证言,存有疑点的视听资料、电子数据,以及无法与原件、原物核对的复制件、复制品。而《刑事诉讼法》第55条第1款规定,只有被告人供述,没有其他证据的,不能认定被告人有罪和处以刑罚。最高法《刑诉法解释》第143条则要求,生理上、精神上有缺陷,对案件事实的认知和表达存在一定困难,但尚未丧失正确认知、表达能力的被害人、证人和被告人所作的陈述、证言和供述,以及与被告人有亲属关系或者其他密切关系的证人所作的有利被告人的证言,或者与被告人有利害冲突的证人所作的不利于被告人的证言,应当慎重使用,有其他证据印证的,才可以采信。

(二)差异性规定

在对证据的审核认定上,三大诉讼法也有一些反映自身特点的特殊要求。有些规定只存在于某一种诉讼法中,如最高法《行诉证据规定》第59条规定:"被告在行政程序中依照法定程序要求原告提供证据,原告依法应当提供而拒不提供,在诉讼程序中提供的证据,人民法院一般不予采纳。"其第60条还否定了部分证据材料作为认定被诉具体行政行为合法的证据资格,这些证据包括被告及其诉讼代理人在作出具体行政行为后或者在诉讼程序中自行收集的证据,被告在行政程序中非法剥夺公民、法人或者其他组织依法享有的陈述、申辩或者听证权利所采用的证据,原告或者第三人在诉讼程序中提供的、被告在行政程序中未作为具体行政行为依据的证据。有些规定在民事诉讼法、行政诉讼法中有,刑事诉讼法中则没有类似要求,如最高法《民诉证据规定》第89条及《行诉证据规定》第67条规定的对当事人认可证据的认证规则。此外,还有些规定虽然在三大诉讼法中都有,但详尽程度差别很大,如关于具体证据的认证要求:最高法《刑诉法解释》用41个条文详细规定了每种法定证据类型的审核认定问题;最高法《民诉证据规定》仅用5个条文专门规定了公文书证、私文书证、电子数据及证人证言的认定问题;而最高法《行诉证据规定》专门规定具体证据类型如何认定的条文更少。

四、认证的分类

根据不同的标准,认证可以分为不同的类型。

(一)单一认证和综合认证

根据认证对象的数量不同,可把认证分为单一认证和综合认证。单一认证就是对单个证据经当事人双方举证和质证后,由审判人员对相关问题作出认定,并说明理由。这种认证方式思路清晰、简单明了,但是由于以单个证据为单位,易于割断各个证据之间的联系,从而以偏概全。而综合认证就是对多个证据、一组证据或者全案证据的审核认定。综合认证虽然有一定的难度,但由于认证的结果是基于审判人员对多个或全案证据的全面、系统的理解,因而可以有效避免单一认证容易出现的错误。在认证活动中,应将单一认证和综合认证相结合。一般而言,对于证据能力问题的认证,适宜采用单一认证的方式,因为证据是否具备证据资格、能否作为证据使用的问题须逐个审查。对于证明力的问题,宜兼采单一认证与综合认证。

(二)一步认证和分步认证

根据审判人员在认证时是否区分阶段,可把认证分为一步认证和分步认证。所谓一步认证,是指待全案所有的证据全部提出并质证完毕以后,审判人员对其进行全面的审查判断,一次性地完成对全案证据证据能力和证明力的认定,并说明理由。所谓分步认证,是指审判人员将认证工作分为两个或两个以上的阶段去完成。法官可以根据认证的内容划分阶段,比如对证据能力的认证和证明力的认证分两个阶段进行。法官也可以根据认证的对象划分阶段,每次完成一组证据甚至一个证据的审核认定,前者称为一组一认,后者称一证一认。一步认证的方式只适用于案件特别简单的案件。对于大多数案件,审判人员都应当采取分步认证的方式。

(三)庭前认证、当庭认证和庭后认证

根据认证的时间不同,可把认证分为庭前认证、当庭认证和庭后认证。庭前认证是指在庭审之前就对有关证据材料的证据能力和证明力进行审核认定。当庭认证就是审判人员在法庭上当即对经过质证的证据进行审核认定。庭后认证则是指审判人员对于经过法庭质证的证据不当即进行审查判断,而是在庭审之后或者直接在裁判文书中进行认证。

(四)直接认证和间接认证

根据认证主体对证据审查方式的不同,可把认证分为直接认证和间接认证。直接认证是指审判人员在对证据进行直接审查之后作出的认证。如果审判人员只是在对有关证据进行书面审查之后作出认证,则属于间接认证。我国三大诉讼法均在原则上要求证据必须在法庭上出示、质证,查证属实以后才能作为定案的根据,因此,审判人员一般情况下都应在直接审查双方当事人提出的证据的基础上作出该证据是否具有证据能力、具有怎样的证明力的认定,即应以直接认证为原则。

此外,根据认证主体的不同,认证可分为个体认证与合议庭认证;根据认证表现形式的不同,认证还可分为口头认证与书面认证。

五、认证的方法

审判人员要有效地进行认证活动，必须借助正确的认证方法。根据不同证据的特点及不同的认证类型，具体采取的认证方法也各不相同。司法实践中，以下几种认证方法较为常用。

（一）甄别法

甄别法，又称鉴别法、个别审查法，是指依据客观事物发生、发展、变化的一般规律和常情常识常理，逐一对单个证据进行审查、鉴别，以对该证据的真实性、合法性、关联性作出判断。甄别法是对证据进行初筛或初步审查判断的常用手段。一些明显需要排除的证据，如以严重违法的手段获取的证据、内容自相矛盾的证据及明显违背常识的证据，可以通过该法识别。

（二）验证法

验证法，又称实验法，即通过模拟重演或情景再现等方式查验某证据的内容是否符合实际情况。例如，在某种光线下是否能看清某物体或行为，在某种环境中能否听到某种强度的声音，某种条件下能否发生某种现象，某种情况下使用某种工具是否会形成特定的痕迹等。该法一般用于审核认定证人证言、当事人陈述的真实性。值得强调的是，通过该法验证为不可能的，一般可以认定为假，但验证为真的，则必须结合其他证据才能认定为真。

（三）鉴定法

鉴定法是指审判人员对涉及专门知识的有关问题，通过指定或聘请鉴定人进行鉴定或要求重新鉴定、补充鉴定的方式，予以查明，并形成结论性意见的认证方法。对于某些物证、书证、视听资料等涉及的专门问题，如笔迹的同一性，仅凭法官的法律专业知识和常情常识常理是很难判明的，此时，鉴定就成为审核证据的必要手段。

（四）辨认法

辨认法是指在审判人员的主持下，组织当事人、证人等对相关的物证、书证等进行辨别和确认的活动。作为一种有效的认证方法，其与证据收集阶段比如刑事诉讼侦查阶段的辨认不同。认证中的辨认必须公开进行，一般都是对实物、图像或痕迹的辨认，不采用混杂原则，可以把辨认对象单独提供给辨认人。

（五）对质法

对质法是指审判人员组织对同一案件事实在陈述上存在较大分歧的当事人、证人、被害人等，当面就分歧的问题陈述、质询和答辩，以判明证据真伪的认证方法。对质须在个别询问或讯问的基础上进行，而且以双方陈述上存在较大分歧为前提条件。对质可以在证人之间、当事人之间、鉴定人或具有专门知识的人之间以及这些人相互之间进行。通过对质双方的相互盘诘，通常可以发现问题，排除矛盾，判明言词证据的真伪。

（六）比对印证法

比对印证法就是将两个、两个以上乃至全案的证据联系起来综合审查，比对分析，确定证据之间是否存在相互照应、协调一致的关系，是否存在矛盾，从而对证据进行"去粗取精""去伪存真"，并使对全案证据的证明力的认识实现"由表及里""由浅入深"。尤其是我国在评断全案证据的证明力时，特别强调不同证据之间的相互印证，反对孤证定案。有学者将我国实践中对全案证据证明力的审查判断归结为两种较为固定的模式：[3]一是以直接证据为主的模式，即重点审查间接证据与起到支撑作用的直接证据之间、直接证据与案件事实之间的关联度；二是以间接证据为主的模式，即重点审查各个间接证据证明的对象及证明的确定程度，相关证据能否形成一个相互依赖、相互连结、环环相扣的证据锁链。当然，不管采用哪一种模式，在使用比对印证法对全案证据进行综合性地审查判断时，必须结合证明标准，遵守同一率、矛盾律和排中率等形式逻辑思维规律，善于使用归纳、演绎、反证、排除等逻辑方法，同时注重运用辩证的、系统的思维方式。

必须指出的是，不管是对于单个证据证据能力的审查，还是对全案证据证明力的综合判断，以上认证方法的运用都不是孤立和相互排斥的，对一个证据或某项内容的认证可能需要运用多种方法。

典型案例评析

案例 23－1　海南陈满杀人案：证据未经法定程序查证属实不得作为定案的依据[4]

1992 年 12 月 25 日 19 时 30 分许，海南省海口市原振东区（现美兰区）上坡下村 109 号发生火灾。19 时 58 分，海口市消防中队接警后赶到现场救火，并在灭火过程中发现室内有一具尸体，立即向公安机关报案。20 时 30 分，海口市公安局接报警后派员赴现场进行现场勘查及调查工作。经走访调查后确定，死者是居住在 109 号的钟某，曾经在此处租住的陈满有重大作案嫌疑。同年 12 月 28 日凌晨，公安机关将犯罪嫌疑人陈满抓获。1993 年 9 月 25 日，海口市人民检察院以陈满涉嫌

〔3〕 参见何家弘、张卫平主编：《简明证据法学》，中国人民大学出版社 2007 年版，第 311－314 页。

〔4〕 最高人民检察院检例第 26 号。

故意杀人罪，将其批准逮捕。1993年11月29日，海口市人民检察院以涉嫌故意杀人罪对陈满提起公诉。海口市中级人民法院一审判决认定以下事实：1992年1月，被告人陈满搬到海口市上坡下村109号钟某所在公司的住房租住。其间，陈满因未交房租等，与钟某发生矛盾，钟某声称要向公安机关告发陈满私刻公章帮他人办工商执照之事，并于同年12月17日要陈满搬出上坡下村109号房。陈满怀恨在心，遂起杀害钟某的歹念。同年12月25日19时许，陈满发现上坡下村停电并得知钟某要返回四川老家，便从宁屯大厦窜至上坡下村109号，见钟某正在客厅喝酒，便与其聊天，随后从厨房拿起一把菜刀，趁钟某不备，向其头部、颈部、躯干部等处连砍数刀，致钟某当即死亡。后陈满将厨房的煤气罐搬到钟某卧室门口，用打火机点着火焚尸灭迹。大火烧毁了钟某卧室里的床及办公桌等家具，消防队员及时赶到，才将大火扑灭。经法医鉴定：被害人钟某身上有多处锐器伤、颈动脉被割断造成失血性休克死亡。

1994年11月9日，海口市中级人民法院以故意杀人罪判处陈满死刑，缓期二年执行，剥夺政治权利终身；以放火罪，判处有期徒刑九年，决定执行死刑，缓期二年执行，剥夺政治权利终身。该案经抗诉、申诉等程序后，2015年12月29日，浙江省高级人民法院公开开庭审理了本案。法院经过审理认为，原审裁判据以定案的主要证据即陈满的有罪供述及辨认笔录的客观性、真实性存疑，依法不能作为定案依据；本案除原审被告人陈满有罪供述外无其他证据指向陈满作案。因此，原审裁判认定原审被告人陈满故意杀人并放火焚尸灭迹的事实不清、证据不足，指控的犯罪不能成立。2016年1月25日，浙江省高级人民法院作出再审判决：撤销原审判决裁定，原审被告人陈满无罪。

| 评析 |

证据是认定案件事实的基础。虽然根据《刑事诉讼法》第50条第1款的规定，“可以用于证明案件事实的材料，都是证据”，但并不是所有证据都必然成为定案的根据，该条第3款也同时强调，“证据必须经过查证属实，才能作为定案的根据”。而且，按照《刑事诉讼法》第55条第3款的要求，据以定案的证据均须经法定程序查证属实。换言之，不仅证据的收集程序要符合法律的要求，举证、质证、认证也需要严格遵循法定程序，仅当如此，证据才有可能成为定案的根据。这是因为合理的证明环节——查证属实程序——的设置不仅是保障证据真实性、客观性的重要措施，其本身也是证据合法性的基本支撑。因此，要想完成诉讼证明的任务，切实保障案件质量，就必须重视和遵守每一个证明环节的程序要求。在陈满申诉案中，一个非常关键的问题是，对于在案发现场提取的带血白衬衫、黑色男西装等实物证据，未经鉴定，且在诉讼过程中丢失或者毁灭，无法在庭审中出示、辨认、质证，未经法庭调查程序查证属实，因而无法作为定案的根据，而陈满有罪供述的主

要情节也得不到其他证据印证,从而导致认定陈满故意杀人并放火焚尸灭迹的事实不清、证据不足。

案例 23-2 张某诉吕某离婚案:私人侦探的取证主体资格

张某与吕某于2008年7月登记结婚。婚后由于一直未能生育子女,双方感情不太融洽。2010年10月,张某发现吕某有了婚外情。2011年12月,张某向法院起诉,要求与吕某解除婚姻关系,依法分割财产,并且根据《婚姻法》第46条的规定,以吕某在"有配偶的情况下与他人同居"为由,请求损害赔偿。张某向法庭提交的主要证据是张某委托一具有私人侦探性质的女子维权中心偷拍到的一段影像和数张照片,这些材料记录了吕某与另一名年轻女子在宾馆等场所约会的场面。经法庭审查鉴定,这些材料未经剪辑、拼凑或篡改。但被告代理律师认为,这些材料由私家侦探偷拍偷录,取证主体不合法,而且取证过程也侵犯了当事人的隐私权,因此,不能作为认定案件事实的依据。

|评析|

私人侦探通常指接受雇主委托,通过一些公开或秘密的调查活动去获取各种材料或证据的个人或组织。在我国,私人侦探尚未获得合法的地位。公安部在1993年9月7日甚至还专门颁布了一个针对私人侦探的禁令,即《关于禁止开设"私人侦探所"性质的民间机构的通知》。但近年来,巨大的市场需求使私人侦探业在我国得以迅猛发展,私人侦探性质的公司及从业人员的数量都在成倍增长。私人侦探的调查取证是基于雇主的委托,从本质上而言,是公民取证权的延伸,是一种私力救济的手段。因此,国家需要加以合理规制,使私人侦探的调查谨守私力救济的原则和界限,如目的正当、手段合法等。

目前,私人侦探多承揽调查"第三者"、调查债务人财产状况等业务,而这些业务通常无法通过一般的手段获取证据。所以,私人侦探在调查时经常会用到跟踪、盯梢、偷拍、偷录等手段。那么,私人侦探通过上述手段获取的证据能否作为定案的依据呢?对此,不可一概而论。以民事诉讼为例。最高人民法院的相关司法解释并没有完全否定"偷拍偷录材料"的证据资格。最高法《民诉法解释》第106条规定:"对以严重侵害他人合法权益、违反法律禁止性规定或者严重违背公序良俗的方法形成或者获取的证据,不得作为认定案件事实的根据。"据此,只要私人侦探在偷拍偷录取证时没有严重侵害他人合法权益,没有违反法律禁止性规定,没有采用严重违背公序良俗的方法,其获取的证据就可以作为定案的依据。当然,偷拍、偷录方式是否严重侵犯了他人合法权益,在实践中不太容易把握,需要法官结合具体案情进行判断。在本案中,女子维权中心偷拍偷录的材料虽然涉及被偷拍偷录者特别是那名年轻女子的隐私,但考虑到"婚外情"案件取证手段的有限性,对无过错方张某配偶权的保护,未违反法律的禁止性规定以及材料未经剪辑、拼凑或篡改等因素,这些偷拍偷录材料总体上仍可以被认为符合证据合法性的要求,可以作为认定案件事实的根据。

主要文献著述

1. 龙宗智等编:《刑事庭审证据调查规则研究》,中国政法大学出版社 2021 年版。
2. 潘金贵等:《刑事庭审质证规则研究》,中国检察出版社 2019 年版。
3. 刘静坤:《证据审查规则与分析方法:原理 · 规范 · 实例》,法律出版社 2018 年版。
4. 肖晗:《民事证据收集制度研究》,湖南师范大学出版社 2010 年版。
5. [美]法兰西斯 · 威尔曼:《交叉询问的艺术》,周华、陈意文译,红旗出版社 2000 年版。

第二十四章 证 明 方 法

第一节 证明方法概述

一、证明方法的概念

方法,在古代指称测定方形之法则或者办法、门径,现在则指为了获取某种东西、实现某种目的或解决某个问题而采取的步骤、程序和方式。当然,在不同的领域,对于方法有着不同的理解。所谓证明方法,是指相关主体运用已经查证属实的证据论证案件事实的具体方法。证明方法的内涵可以从三个方面来理解。

1. 证明方法的运用主体主要是证明主体,但也可以包括司法机关。当事人及其辩护人、诉讼代理人等是取证、举证乃至质证的主体,也是证明方法的运用主体。刑事诉讼中的控诉机关承担着收集证据并运用证据论证指控事实的责任,因此,也是证明方法的运用主体。严格说来,法院运用证据认定案件事实的活动在性质上是判明而非证明。但如果从更广泛的意义上理解,将审判机关综合认证的方法即运用全案证据确定案件事实的方法理解为证明方法也未尝不可。

2. 运用证明方法论证案件事实的前提条件是证据已被查证属实。如果尚未对单个证据进行有效的审查判断,不能保证单个证据的客观性、合法性和关联性,从而也难以保证运用证明方法确定的案件事实的准确性。但需要注意的是,由于单个证据真实性、关联性的判断经常需要综合全案证据,因此,单个证据的判断使用和全案证据的综合运用很难截然分开。

3. 运用证明方法的目的是论证案件事实。以事实为依据,以法律为准绳是司法机关必须坚持的一项基本原则。然而,作为定案依据的事实是证据证明的事实,即法律事实。法律事实与案件的本来面目或真实情况有时候并不完全一致,这主要取决于全案证据的"质"和"量"以及运用证据的情况。而如何运用证据证明案件事实就是证明方法问题。

证明是诉讼的核心,全部诉讼活动都是围绕证明活动而展开的。对于证明主体而言,要完成证明案件事实的任务,一方面需要具有满足"质"和"量"要求的证据,另一方面就需要发挥主观能动性,通过分析、推导、演绎等,充分运用证据、发挥证据的证明作用。合理地选择和运用证明方法,可以最大限度地发挥证据的证明效用,完成证明任务,产生事半功倍的效果。因此,证明方法与证明活动的成败息息相关,是一个十分重要的问题。

二、证明方法的特征

(一)思维方式的特殊性

证明方法是主体观念地把握客体的方式和途径,不管是哪个层面上的证明方法,通常都体现着思维规律,是对抽象思维和形象思维的综合运用。证明方法的规范化过程就是思维规律不断总结和探索的过程。然而,证明方法中所应用的思维方式具有特殊性,具体包括:(1)思维的逆向性,即主体的思维方向与客观事物的发展方向相反,不是从事物的原因去探索结果及结果的结果,而是从结果去探索原因及原因的原因。(2)思维的时限性,即思维的过程和结果要受审理诉讼中时间条件的制约。法律对运用证据证明案件事实的活动是有时间要求的,运用证明方法的思维活动也必须在一定时间内完成,才具有法律效力。

(二)适用范围的确定性

任何一种方法都有其特定的适用范围。证明方法只适用于相关主体运用证据证明案件事实的过程。该活动是一种法律活动,受到法律的严格限制和充分保障,必须遵守法定的程序。运用证明方法必须坚持一定的原则,如证据确实和达到一定量的原则,事实清楚和完整的原则、结论唯一和排他的原则等,而且还必须受证明要求和标准的制约和限制,遵循一些证明力的评价规则。

(三)适用目的的特定性

证明方法就是运用诉讼证据证明案情的方法。证明案情是运用证明方法的根本目的。因此,有利于案件事实的证明也就成为选择和运用证明方法的根本准则。当然,在不同类型的诉讼案件中,适用证明方法的直接目标可能会有所差异。

(四)适用依据的丰富性

证明方法的选择和运用,势必需要一定的依据,如逻辑、经验、知识、情感等以及法律的直接规定。其中,逻辑又可分为形式逻辑和辩证逻辑,其中形式逻辑又包括演绎逻辑和归纳逻辑,辩证逻辑又包含三个规律(对立统一、否定之否定、质量互变)和五个维度(原因、主次、一般—特殊、相对—绝对以及整体—局部)。依据的丰富性也决定了证明方法的多样性。

(五)适用过程的动态性

证明方法的运用过程是一个主客观相结合的过程,是一个多个诉讼主体的互动过程,是随着诉讼进程特别是证明环节而循序推进的过程,这就决定了整个过程的动态性。证明方法不同于作为证明手段的证据本身。如果说证据解决的是用什么证明的问题，证明方法解决的就是如何发挥证据效能，怎样去证明的问题。"司法证明不是诉讼证据的堆积，案件的最终证明结果，亦非全案证据力的算术之和。"[1]只有审判人员灵活运用正确的证明方法，才能整合全案证据的证据效力并发挥其整体作用。

三、证明方法的分类

证明方法多种多样，根据不同的标准可以划分为不同的类别。学界对证明方法的常见分类主要有以下几种。

（一）以"神证"、"人证"和"物证"为主的证明方法

此种分类的标准是证明方法发展的历史轨迹和一定历史时期认定案件事实的主要依据。"神证"为主的证明方法是证明方法发展的第一个历史阶段。"神谕"或者神灵意志是该阶段主要的定案根据，因此也成为该时期证明方法的标志。以"神证"为主的证明方法又可分为"神誓"与"神判"两类。随着人类认识水平的提高，证明方法也发生了向以"人证"为主的转变。该阶段证明方法的核心特征就是倚重言词证据及证据证明力的法定化。近现代的诉讼制度开始强调"证据裁判"，不再刻意凸显言词证据的证明作用。有学者还矫枉过正地提倡以"物证"为主的证明方法。[2] 所谓以"物证"为主的证明方法就是更加强调"物证"的运用，但其能否被称为证明方法发展的方向或新的历史阶段尚有争议。

（二）要素证明法和系统证明法

此种分类的标准是证明要素事实和整体事实的先后顺序。要素证明法基本思路是先证明构成案件事实的每一个要素，再据以确定全案事实。它的证明过程是由单一到综合，由要素到整体，由小及大，故又被称为"自下而上"的证明方法。系统证明法的思路则是先从整体上证明案件事实的概况或结构，再分别证明每一个要素事实。其证明过程是先综合后单一，先整体后要素，先大后小，故又被称为"自上而下"的证明方法。要素证明法和系统证明法表面上仅仅是证明次序上的差异，其实二者证明的重心是不相同的，证明的结果也不完全一样。因为在有些情况下，证明了每一个要素不等于证明了全案事实，而且有些案件中，证明某单一要素虽然不可能，但证明包含该要素的整体案件事实却是完全可能的。所以，两种方法应当适用于不同情况的案件。

---

〔1〕 何家弘主编：《证据法学研究》，中国人民大学出版社 2007 年版，第 247 页。

〔2〕 参见何家弘、吕宏庆：《间接证据的证明方法初探》，载《证据科学》2021 年第 3 期。

(三)简单证明法和复杂证明法

此种分类主要根据在案证据对案件事实的反映能力。简单证明法,就是不经复杂推理,可以直接运用证据揭示或认定案件主要事实的方法。在有些案件中,证据事实与案件事实大部分或全部重合,只要证据查证属实,无须推理、分析,即可基本完成对案件事实的证明。这些案件往往是有一个或一个以上直接证据的案件,尤其是存在当事人陈述或目击证人提供的证言的案件。所谓复杂认定法,是指只有经过对全案证据的综合推理、分析等相对复杂的逻辑思维活动,才能证明案件事实的方法。在有些案件中,每个证据只能证明部分案件事实,案件事实的全貌只有在经过推理、分析等复杂的思维活动才能得出。这些案件主要是只存在间接证据的案件,相关主体必须发挥主观能动性才能使全案证据形成能够确认案件事实的证据锁链。

(四)客观存在的证明方法、心理事实的证明方法和法律关系的证明方法

根据证明对象的不同,证明方法还可以分为客观存在的证明方法、心理事实的证明方法和法律关系的证明方法。要证明客观事实的存在,必须更多借助自然科学而非法学等社会科学。因为客观存在是不以人的意志为转移的,客观存在的运动规律遵循的是自然法则。而在证明心理事实或意思表示时,就需要运用不同的证明方法。原因是心理事实或意思表示都是人的一种思维活动,是对客观存在的反应。审判人员通常把心理事实当作一个需要确定真伪的命题来证明,需要遵循的是思维规律。心理事实证明的任务主要有两个:一个是证明意思表示是否真实,另一个是证明意思表示与客观存在的关系。法律关系的证明在方法上既不同于客观事实的证明,也不同于心理事实的证明。对法律关系的证明,通常使用演绎法。法律关系的证明以法律关系的主体、客体与内容为对象。

(五)逻辑证明法、经验证明法和特殊证明法

根据证明所依据的规则不同,证明方法也可以分为逻辑证明法、经验证明法和特殊证明法等。作为一种具体的证明方法,逻辑推理在证明方法体系中占有极为重要的地位。诉讼证明的过程始终与推理有着密切的关系。绝大多数案件的诉讼证明中都包含着多个推理,有的案件的证明更是一个多层次多种类的复杂的推理体系。逻辑推理包括形式推理和辩证推理两大方式。后一种方式主要用于复杂疑难案件的证明。经验证明法是指相关主体根据自己积累的经验,对案件事实作出论断的证明方法。所得出的结论称为经验命题。有论者指出:"经验证明就是人们凭借感官认识事物,再对这些事实作出证明的活动,也就是人们将已经认识的事实再讲出来的活动。"[3]由于经验命题真假性的判断要考量事情发生的概率,是一

〔3〕 裴苍龄:《证据法学新论》,法律出版社1989年版,第14页。

种偶然知识,所以带有较大的不确定性。这种证明方法只能适用于较为简单的事物,而且对其适用条件也应严格限制。特殊证明法主要指推定和司法认知等。当然,特殊证明中的证明已不再是严格意义上的证据运用。

(六)直接证明法和间接证明法

根据逻辑推理思维的向度不同,证明方法可以分为直接证明法和间接证明法。直接证明法是指运用证据直接证明案件事实的真实性。证据事实与待证的案件事实具有同向性。作为实践中最为常用的证明方法,直接证明法又分为演绎证明法和归纳证明法两类。所谓的演绎证明法,一般是指以法律或一般的原理、原则为大前提,以个案中的证据事实为小前提,进而推出个别结论的证明方法。所谓归纳证明法,是从个别事实推出一般结论的证明方法。演绎证明法和归纳证明法在诉讼证明实践中都可能被用到。但由于归纳推理中认识的对象很难穷尽,归纳往往只是不完全的归纳,所以,相比而言,演绎证明法的可靠性较高。间接证明法是指通过证明与案件事实相反的事实为假从而证明案件事实为真的证明方法,包括反证法和排除法。它利用的是证据与待证事实间反向的证明关系,以间接证明案件事实。

第二节 推 定

一、推定的概念和意义

(一)推定的概念

作为一种特殊的事实认定方法,推定通常是指根据法律规定或者逻辑与经验法则,当基础事实已被确认时,据以推断出未知的结果事实存在,并允许当事人提出证据予以反驳。证据裁判主义是现代法治国家普遍确立的司法原则。但实践中,有可能出现这样的情况,某种事实的存在具有较大可能性,承担证明责任的一方却难以取得证据予以证明,而该事实的确认又非常关键。对此,为了节省诉讼成本,更为合理的配置证明责任,法律直接规定或者允许根据逻辑与经验法则,在具备某一前提事实的条件下,如无相反的证据,则可以直接确认某一未知事实的存在,这就是推定。

运用推定确认案件事实的做法由来已久。作为成文的规定,推定最早可追溯至古罗马时期。根据相关记载,罗马法中已经规定了很多种推定,包括死亡的推定、婚生子女的推定、要式买卖的推定、善意的推定、占有为所有的推定、占有意思的推定等。当然,在这个时代,推定和拟制关系混淆不清,而且带有很大的任意性。

此后相当长的时期内,推定制度发展缓慢。直到1804年法国《民法典》才对推定进行相对系统的规定,并将推定作了分类:法律推定和事实推定以及绝对推定与相对推定。后来,其他各国在立法中也纷纷仿效,推定制度逐步在世界范围内普遍确立。

在理解推定的概念时,应注意以下几个方面:

1. 推定是一种认定案件事实的方式,是一种极为特殊的"证明"方法。对于案件事实的确定,主要存在两种方法:一是运用查证属实的证据予以证明;二是采取推定或司法认知等方式直接予以认定。前者是一般的证明方法,也是各国案件事实认定的首选方式;后者只在特定情况下使用,是法律直接规定或许可的认定案件事实的特殊手段,对运用证据证明案件事实的方法起到辅助和补充作用。

2. 推定中的事实一般包括两个部分,即基础事实和推定事实。基础事实是指作为推断或者认定根据的事实,而推定事实则是指根据基础事实推定其存在的事实。设置推定就是在基础事实和推定事实间建立起一种法律关系。该法律关系原则上应当基于基础事实与推定事实间的常态联系,即人们从长期的社会实践中总结出来的事物之间的内在联系。但即便如此,客观上而言,有了基础事实,推定事实也不是必然发生。所以,据以确立推定的常态联系其实还是一种或然性的联系。

3. 推定可能影响证明责任的分配。主张推定事实的一方当事人对于推定事实通常无须举证,但一般应当提出证据证明基础事实的存在;否定推定事实的一方也负担一定的举证责任,即不能提出足以反驳或足以推翻的证据时,接受推定事实;法院在基础事实已经被证实、认知或承认而否定推定事实的一方又不能提出反证时,可以直接认定推定事实。

4. 推定的理论基础是多元的。和运用证据认定案件事实的证明方法相比,推定在理论基础上具有多元性。推定既有认识论的基础,又有价值论根基,而且更偏重价值衡量。认识因素的考量确保了推定是特定情况下发现事实的最合理机制,而对发现真实的价值与其他竞争价值的权衡则保证推定事实的正当性。

(二)推定的意义

作为一种特殊的证明方法,推定的适用至少产生以下几个方面的积极作用。

1. 消除对某些事实的证明困难,化繁为简,提高诉讼效率。在某种情况下,负有证明责任的一方证明某些案件事实可能极为困难,法院对该事实的查明也存在很大的难度,但是诉讼的顺利进行又要求必须查清该事实。此时,借助推定可以变更证明的对象,从较难证明的事实转换为容易证明的事实,使证明摆脱窘境。法院根据基础事实直接认定结果事实,大大简化了诉讼证明的过程,减少了当事人的举证成本和法院的查证成本,提高了诉讼效益。

2. 在特定情况下发现真实的有效手段。运用推定认定案件事实虽然不及直接运用查证属实的证据证明案件事实可靠,或者说,通过推定所确定的事实包含着一定程度的或然性,但这绝不意味着推定事实不可靠。推定从根本上说是根据事物之间的规律性联系得出一定的结论。推定的基础事实必须确实、可靠,其所依据的推理过程也都建立在以科学的思维方法对相关事实的感性材料加工、提炼的基础之上。因此,在一定意义上可以说,推定是特定情况下最适当的发现真实的方式。

3. 合理配置证明责任,并敦促有便利的一方举证。某些案件事实的证据材料可能主要由不负担证明责任的一方掌握和控制,在这种情况下,由这些掌握证据材料的人举证,可能是更加合理的。证明上的便利是设置推定考虑的重要因素之一。但值得强调的是,证明上的便利只是设置推定的考量因素之一,并非唯一的尺度。推定除了要敦促有便利的一方举证、追求事实的准确性之外,还必须确保获得一个正当的可以作为裁判基础的事实。比如,在刑事诉讼中,被告人可能对自己是否犯罪及相关情况最为了解,但立法者却不可能通过推定为被告人配置过多的证明责任。推定的设置实质上也是价值权衡的过程,反映了在特定情况下对多种诉讼价值的权衡。

4. 有利于贯彻社会政策。贯彻一定的社会政策也是推定的重要功能之一。推定一般能够反映出立法者在一定时期内的价值偏爱和政策导向。而在适用推定规则时,这种内在的价值偏爱和政策导向也可以为事实裁决者在基础事实证明、反驳等环节行使自由裁量权提供有效指引。

(三)与相关概念的关系

1. 推定与拟制。拟制是指立法者通过法律规定,把甲事实直接视为乙事实,使甲事实产生与乙事实相同的法律效果。例如,《刑法》第 269 条规定,犯盗窃、诈骗、抢夺罪,为窝藏赃物、抗拒抓捕或者毁灭罪证而当场使用暴力或者以暴力相威胁的,依照本法第 263 条的规定(抢劫罪)定罪处罚,即发生了第 269 条描述的事实,就视为发生了第 263 条抢劫的事实。再如,《民法典》第 25 条规定:"自然人以户籍登记或者其他有效身份登记记载的居所为住所;经常居所与住所不一致的,经常居所视为住所。"第 621 条第 1 款规定:"……买受人怠于通知的,视为标的物的数量或者质量符合约定。"拟制与推定在形式上有相似之处:两者都牵涉两个事实,而且只要证明前一事实的存在,就能产生后一事实的法律效果。但二者之间有本质的区别:作为一种立法技巧,拟制是无法反驳的,不利方不能通过提出一定的反证加以推翻。因此,拟制不直接牵涉证明责任问题,不影响证明责任的分配。

2. 推定与假定。通说认为,假定是指对某种事实进行猜测的一种思维形式。作为一种假设,假定不需要前提事实,通常也不具有任何法律效力。这和在适用程序和条件上受到严格的法律约束,能够影响证明责任,并能深刻影响诉讼结果的推定是有质的区别的。推定与假定在整体思路上也是不同的:推定是除非反证为假,否则认定为真;而假定则是除非证明为真,否则认定为假。

3.推定与推理。作为司法实践中最常见的一种思维活动,推理是指从已知的事实和判断出发,根据一定的逻辑规则,推导出新的事实和判断。推理与推定有着一定的联系。二者都属于证明方法,都是证明案件事实的手段,都牵涉到前提事实和结论事实,而且推定从创制到适用一般是以推理为基础的。但是,二者的区别也很明显。(1)推定是一套法律机制,主要依据法律规定而设立,即便是事实推定,法律一般也设置了严格的适用条件。而推理则是一种思维活动,主要依据逻辑规则,不影响证明责任。(2)推理的目的是根据认识论上的一般原理发现真实,而推定则主要考虑的是法律的直接规定。(3)受到各种主客观因素的影响,推理的结论会出现多种可能性,不同主体对相同情况可能会形成不同的推论。但推定事实则是确定的。(4)作为一种特殊的事实认定方法,推定只适用于认定案件事实,而推理则可在诉讼的各个环节广泛使用。

4.推定与无罪推定。无罪推定是指在刑事诉讼中,任何被怀疑犯罪或者受到刑事指控的人在未经司法程序最终确认为有罪之前,应被"推定"为无罪。无罪推定没有基础事实,甚至在大多数情况下都和客观事实相违背,实质上是一种假定。无罪推定的设立旨在促进证明有罪过程的合法性和正当性,并纠正有罪推定的错误观念。因此,无罪推定并不排斥作为事实认定特殊方法的不利于被告人的推定。当然,无罪推定在程序上意味着对被追诉人的保护,在证明规则上意味着"应由国家积极证明被告犯罪事实之确实存在",[4]而刑事诉讼中的推定绝大多数是不利于被追诉人的,多是给被追诉人配置了一定的举证责任。因此,作为事实认定方法的刑事推定与作为人权保障原则的无罪推定之间有一定的紧张关系,刑事诉讼法对刑事推定的创设和运用作了严格限制。

二、推定的分类

自推定产生以来,人们对推定进行了大量的研究。据说,意大利法学家开辟了推定分类学说的先河。他们发展了罗马法上的推定理论,根据效力将推定分为"强固的推定"、"薄弱的推定"和"中庸的推定"。[5] 目前,由于对推定概念理解上的差异,学界在推定的分类上仍然聚讼纷纭。

(一)法律推定与事实推定

目前,最广为接受的一种分类是根据推定的依据不同而划分的法律推定和事实推定。法律推定即法律明文规定的推定。具体而言,就是法律明确规定,当基础

〔4〕 王士帆:《不自证己罪原则》,春风煦日基金2007年版,第94页。
〔5〕 樊崇义主编:《证据法学》,法律出版社2017年版,第326页。

事实存在时,在当事人未提出反证的情况下,可直接认定推定事实存在。而事实推定,又称裁判上的推定或诉讼上的推定,是指法院从基础事实出发,根据逻辑和经验法则,推定与之相关的另一未知事实的存在。法律规定通常产生于事实推定,是事实推定的法律化、定型化。

个别学者否认事实推定的存在,[6]或者断言,"事实推定只能存在于美国证据法的语境"[7]。本书认为,要想准确判定推定的界限,必须首先明确是在何种意义上使用推定概念。如果是在一种特殊的事实认定方式的意义上使用推定,则判断是否构成推定就应该有一个能反映其特定结构与功能的内在标准,即除了结合功能和效果的综合判断外,关键是要看其是否具备推定的构成要素,包括基础事实、推定事实、基础事实与推定事实间的常态联系、融权利与责任于一体的相对方的举证反驳。如果一个事实认定过程符合以上四个要素,它就构成推定而不是推论。相反,即使法律上明确使用了推定术语,如不符合推定的构成要素,那它也只能是假定、拟制或其他实体性规则。当然,承认事实推定,容易导致法官滥用权力,影响司法公正,尤其是在刑事诉讼中,承认事实推定有可能会暗合有罪推定思想,但这些可以通过推定程序规则的完善加以避免。

(二)不可反驳的推定和可反驳的推定

有学者根据推定法律效力的不同将推定分为"不可反驳的推定"与"可反驳的推定"。[8] 这种分类源自英美法系的证据法学理论。所谓不可反驳的推定,又称终局性推定、决定推定,是指当事人不能提出反证加以推翻的推定。而可反驳的推定则指根据旁证作出的并且允许当事人以相反的证据予以推翻的推定。但不少人提出,不可反驳的推定是不存在的。主要依据是,推定基于的常态联系是或然性的,并非都符合实际,理应允许反驳、质疑,如果有足够的相反的证据,就应当排斥其适用。"不可反驳的推定"有推定之名,但无推定之实。就其本质而言,"不可反驳的推定"应当是"设定"和"规定",而非"推定",而证据法学只应当研究作为特殊事实认定方式的"可反驳的推定"。事实上,即使是英美法系的学者,在谈到不可反驳的推定时,绝大多数也认为,在本国判例中出现的此类表达,只是"对一项实体法律规则的笨拙表达方式",根本就不是推定。

(三)有基础事实的推定和无基础事实的推定

还有学者将推定分为"有基础事实的推定"和"无基础事实的推定"。该分类以是否要求具备作为推定前提的基础事实为标准。认可该分类的学者认为,尽管推

---

[6] 参见龙宗智:《推定的界限及适用》,载《法学研究》2008 年第 1 期。

[7] 钟朝阳:《美国证据法中的刑事推定》,载《中国刑事法杂志》2008 年第 6 期。

[8] 江伟主编:《证据法学》,法律出版社 1999 年版,第 133 页。

定中绝大部分是有基础事实的,但并不是所有的推定都需要基础事实。这些论者的一个主要的论据是,“无基础事实的推定虽然不同于正常的推定规则,但是,所形成的效果即对举证责任和证明标准的影响与有基础事实的推定没有什么区别,因此无基础事实的推定应当属于证据法上的推定的范畴”[9]。本书认为,如上所述,推定会影响证明责任的分配,甚至会影响证明标准设定和把握。但所谓的无基础事实的推定不具有这一效果。而更为重要的是,这种所谓的推定由于缺少基础事实,并非建立在基础事实与推定事实之间的逻辑关系之上,充其量只是以推定之名表现出来的实体法规范。

此外,还有学者根据推定事实的性质将推定分为因果关系的推定、过错推定和责任推定。因果关系的推定是指按照法律规定可推断出案件事实之间因果关系的推定。过错推定是按照法律规定可推断出案件当事人主观上是否有过错的推定。而责任推定则指依法可推断出案件当事人是否承担某种法律责任的推定。这种分类主要适用于民事诉讼。

三、推定的适用

(一)基础事实已经被确认

推定事实毕竟是根据基础事实作出的推断,而该推断能够直接给当事人带来不利益,在刑事诉讼中甚至能直接置被追诉人于被追究刑事责任的风险之中,因此,基础事实必须确实可靠。如果基础事实不真实,推定也就失去了根基,通过推定认定案件事实的准确性就无从谈起。一般而言,确立基础事实的责任需要由主张适用推定的一方当事人承担,即由该方当事人举证证明基础事实的存在。除此以外,基础事实的确认还有以下两种方式:一种是对于众所周知的事实、裁判文书所确定的事实、公证证明的事实等,司法机关依当事人申请或者依职权直接确认;另一种是基础事实获得了申请适用推定方之对方当事人的承认。正是出于对基础事实可靠性的要求,多数学者主张“不得进行二次推定”。因为推定事实与基础事实的联系本就带有或然性,在或然的基础上再进行推定,或然性会成几何倍数增加,势必会影响推定事实的准确性。

(二)必须有明确或充分的根据

对于法律推定而言,推定的适用必须根据明确的法律规定。我国法律中已经有不少关于推定的明文规定。例如:民法中关于死亡的推定、关于死亡先后顺序的推定、关于作品署名人即为作者的推定。在刑事推定领域,有《刑法》第282条对明知为绝密、机密对象的推定;2007年最高人民法院、最高人民检察院、公安部《办

---

[9] 刘金友主编:《证据法学(新编)》,中国政法大学出版社2003年版,第266页。

理毒品犯罪案件适用法律若干问题的意见》对明知走私、贩卖、运输、非法持有毒品行为的性质的推定;《刑法》第395条财产来源非法的推定;2007年最高人民法院、最高人民检察院《关于办理与盗窃、抢劫、诈骗、抢夺机动车相关刑事案件具体应用法律若干问题的解释》物品系以盗、抢、骗等非法手段获取的推定。

事实推定要求基础事实与推定事实之间必须要有以经验常识为基础的常态联系。具备常态联系是适用事实推定的关键条件。基础事实与推定事实之间是否具备这种联系,审判人员要依据逻辑法则与经验法则判断,这种联系必须与一般人的期待相符,必须为公众所能认可和接受。审判人员在进行事实推定时并不能主观臆断、随心所欲。对于法律推定而言,该问题已经在推定的创制阶段解决。而且在法律推定中,并不必然要求推定事实与基础事实具备常态联系。法律推定可以建立在人类的普遍经验和一定的逻辑规则之上,但也可能以刑事政策、价值权衡等其他因素为依据。比如,依据一定前提事实对被告人具备出庭能力事实的推定,或对具备犯罪要件事实的推定,前提事实和推定事实的联系也许只在可能性与不可能性之间,但法律就可基于价值权衡等创设该类推定。

(三)允许对方当事人提出反证

无论是基于实体真实,还是程序公正,作为案件事实认定特殊方式的任何推定都应当是可反驳的,即允许对方当事人提出反证,并视反证情况决定推定的成立与否。反证作为推定的构成要素,不仅是对方当事人的一种权利,更是一种义务或负担,放弃反证或反证未达要求就意味着要承担不利后果。对方当事人既可反证基础事实,又可反证推定事实。本书认为,对于基础事实的反证,其程度只需使基础事实达到真伪不明的状态,而对于推定事实的反证需要满足的要求,取决于推定对证明责任的实际影响,如果影响了说服责任,则需要达到严格标准,如果影响的只是证据提出责任或争点形成责任等,则反证的要求相对宽松些。但需要注意的是,在反证问题上,法律推定与事实推定有一定区别。通常认为,事实推定在证明效果上要弱于法律推定,事实推定的适用并不转移证明责任,而只是对法官的"心证"形成过程产生影响。"当不利一方对事实推定进行反驳,也无需积极地证明反对事实的不存在,能使法官之心证产生动摇时,事实推定就被推翻。"〔10〕德国法上也同样认为,反驳事实推定"仅须提出足以动摇法院心证之反证即可"〔11〕。

(四)特定的适用范围

推定毕竟只是末位适用的事实认定方法,对于其适用的范围必须加以严格限制。尤其是在强调不得强迫任何人证实自己有罪的刑事诉讼中,在设置和运用推

〔10〕 黄朝义:《刑事证据法研究》,台北,元照出版公司2000年版,第275页。
〔11〕 雷万来:《民事证据法论》,台北,瑞兴图书股份有限公司1997年版,第315页。

定时,立法者或司法者首先要考虑证明的难度及付出的成本,以及是否为被追诉者所独知,在此基础上,兼顾刑事政策和经验规则,并权衡秩序、效率、人权等多重价值,仅当推定保护的利益明显大于可能牺牲的利益时,该推定才是必要而正当的。域外刑事推定目前主要集中于以下事实:明知、故意、犯罪目的、过失、非法持有、非法获取、危险犯、共同预谋、因果关系、非法行为、封闭场所发生的事实、所有人或雇主责任等。在我国,通过刑法和司法解释创制的几处真正属于刑事推定的规定中,有部分是推定明知的,有部分则是推定非法获取的。相对而言,目前我国民事诉讼中推定的适用范围要广一些,可适用于意思、证据事实、能力、过错、因果关系等诸多方面。根据法律和司法实践,在行政诉讼中,推定则主要适用于被告的过错、被告举证不能、被告隐匿证据、原告未过起诉期限、原告委托成立以及原告放弃举证权利等事实。

第三节 司法认知

一、司法认知的概念与特征

(一)司法认知的概念

司法认知又称审判上的确认、审判上的知悉或司法确认,是指法官在审判过程中,依职权或依当事人申请对某些特定的事项无须当事人举证证明而直接确认并将其作为定案根据的诉讼行为和事实认定方式。根据司法认知的事项是否为法律强行规定为标准,可以分为强制的司法认知和任意的司法认知。根据司法认知程序启动的方式不同,可以分为依申请的司法认知和依职权的司法认知。根据司法认知的外在表现不同,可以分为口头的司法认知和书面的司法认知。

司法认知制度可追溯至古罗马法中古老的法律格言——“显著的事实,无须证明”。在当代,不论是在大陆法系还是在英美法系,不管法律上是否有明确的规定,都存在对某些众所周知的事项或无须争执的事项由法院进行认知的做法。我国立法上对司法认知没有规定,但司法实践中法官运用司法认知的现象比较普遍。而最高法《民诉证据规定》第10条、《行诉证据规定》第68条、最高检《规则》第401条等都规定了一些无须举证即可直接认定的事实。这些规定虽然没有使用“司法认知”一词,但实质上从一个侧面规定了司法认知的一些对象。

(二)司法认知的特征

与其他司法证明方法相比,司法认知具有如下特征:

1. 司法认知的主体是法官。司法认知是法官的职权活动,法官既可依照当事人的申请进行,也可依职权进行。不管采取哪一种方式,决定是否认知,如何认知,认知什么,属于法官的专属权力。即便在当事人主义的诉讼模式下,作为辩论原则的例外,只要属于司法认知的范围,即便当事人没有申请司法认知,法官也可以依照职权主动加以考虑。司法认知的事实可能直接成为定案的根据,对裁判活动产生关键影响,因此,只能由法官行使司法认知的权力。

2. 司法认知的对象是特定事实。司法认知的对象是有严格限制的。运用证据证明案件事实是认定案件事实的一般方式。但在特定情况下,某些事实不需要当事人举证证明,法官可以直接认定其为真实。司法认知就属于这种特定情况。当然,司法认知不能完全等同于免证事实。某些事实,如当事人自认的事实,即使免除了当事人的举证责任,法院也不一定直接认定。司法认知的对象主要是众所周知的事实和法院在职务或经验上明了的事实。

3. 司法认知结果的可反驳性。对于司法认知对象的认识并非确定的、一成不变的、完全客观的,这种认识也要受特定时空条件的限制,要受法官自身知识、经验乃至情感的影响。即便是对所谓众所周知事实的认定也可能会出现偏差。这就说明,司法认知的过程也具有某种程度的相对性和主观性。因此,应当赋予当事人对司法认知提出反驳和异议的权利。法官在适用司法认知时,应当在程序上保障当事人具有反驳的机会。当然,这并不意味着对于任何实践中的司法认知对象都有提出反驳的现实可能性,如对于自然规律及定理、定律的司法认知通常不允许反驳。

二、司法认知的功能

司法认知之所以能在世界范围内得到广泛运用,并逐渐实现规范化和制度化,是和它的多种功能和作用分不开的。其具有以下功能:

1. 司法认知可以提高诉讼效率。"证明显而易见的事实的证据将投入成本,但不产生收益。"〔12〕而司法认知恰恰可以解决这个问题。对于法官而言,通过司法认知可以及时确定案件事实,免除了对某些事实不必要的调查,从而可以把有限的司法资源投入需要调查和审查的其他事实中。对于当事人而言,司法认知可以及时消除没有必要的争议,免除了当事人不必要的举证负担,减少了当事人的讼累。因此,英国证据法学者曾说:"在缩短和简化程序方面,司法认知有巨大的作用,在有能力的法官手里是一个有用的工具。"〔13〕

---

〔12〕 [美]理查德·A.波斯纳:《证据法的经济分析》,徐昕、徐昀译,中国法制出版社2001年版,第110页。

〔13〕 江伟主编:《证据法学》,法律出版社1999年版,第159页。

2. 司法认知有利于查明案件事实。某些事实存在的可能性远远超过不存在的可能性,这些事实采取反证的方式不仅会提高诉讼效率,还更加有利于案件事实的查明。司法认知的对象就属于这类事实。法院适用司法认知,直接确认某一事实的真实性,但这只是一种初步确认,它并没有完全免除当事人的举证负担。确切地说,它在免除一方当事人举证负担的同时,为另一方当事人设置了新的举证负担,即必须提出证据予以反驳,否则将承担该事实被最终确认的不利后果。对于司法认知的对象而言,这是一种更为合理的证明责任配置方式。

3. 司法认知可以起到"平衡器"的作用。司法认知既能满足国家通过最有效率地行使审判权,实现社会公正,维护社会秩序的目的,又能满足当事人对事实认定的真实性和程序正当性的需求,反映了个人利益与国家利益的平衡。司法认知所具有的良好张力也可以为迅速解决不断涌现的新型诉讼和新型矛盾提供可能的空间。在某些案件中,司法认知还可以促进"法庭和处理国家对外事务的行政机关之间确保一致性",〔14〕并且可以确保案件"在同一法院的不同案件之间、在不同辖区的法院之间","有一个统一的处理结果"。〔15〕 此外,对于不同的诉讼模式而言,司法认知制度也起到了"取长补短"的平衡作用。司法认知可以在一定程度上克服当事人主义下"司法竞技化"的弊端,加强法官职权干预的因素,防范陪审团作出某些荒谬的事实认定,同时,司法认知的程序化、法定化也能削弱职权主义下法官滥用职权、大包大揽的倾向,增强诉讼的对抗性。

三、司法认知的范围

司法认知的范围又称司法认知的对象或事项。通过设定司法认知的对象,既可防止法官运用司法认知的任意性,又可减少对司法认知的不当限制,充分发挥司法认知的功用。

在英美法系,司法认知的事项较为宽泛。英国证据法将司法认知的事项分为四类:众所周知的事实,即为社会大众普遍知晓的事实;经过调查后在司法上所知悉的事项;英国法、欧盟法或英国国会的立法程序;成文法的有关规定。美国《联邦证据规则》第 301 条规定,司法认知的对象"必须是不会引起合理争议的以下两种事实之一:在审判法院管辖范围内众所周知的事实;能够被准确地确认和随时可借助某种手段加以确认,该手段的准确性不容被合理质疑"。在司法实践中,大部分司法管辖区的法院司法认知的事项,既有事实问题,又有法律问题。英美国家不

---

〔14〕 See I. H. Dennis, *The Law of Evidence*, Sweet & Maxwell, 1999, p. 394.

〔15〕 参见[美]约翰·W. 斯特龙主编:《麦考密克论证据》,汤维建等译,中国政法大学出版社 2004 年版,第 628 页。

同时期的判例已经形成了极为复杂的司法认知事项体系，囊括法律、政府事项、司法事项、自然现象、商业、历史、地理、财政、经济、科学、医术、人事、时间、距离、字义、名称等各种显著事实。这也促使它们近年来逐渐加强了对于司法认知问题的成文立法。

而在大陆法系，立法或学理上归纳的司法认知的范围较为抽象和概括。德国《民事诉讼法》第 291 条和日本《民事诉讼法》第 257 条均规定，对于已经显著的事实无须举证。按照德国学者的解释，这类事实包含两种：一种是普遍熟知的事实，另一种则是法院作为一种机构所熟知的事实。中国台湾地区"民事诉讼法"第 278 条也规定，对法院已显著或为其职务上所已知的事实，毋庸举证。大陆法系一般不将其有关规定作为司法认知的对象，而对于域外规定，也是区别情况对待。

我国有关司法认知的规定主要体现在相关司法解释中。最高法《民诉证据规定》第 10 条第 1 款列举了七种当事人无须举证证明的事实，具体包括：(1)自然规律以及定理、定律；(2)众所周知的事实；(3)根据法律规定推定的事实；(4)根据已知的事实和日常生活经验法则推定出的另一事实；(5)已为仲裁机构的生效裁决所确认的事实；(6)已为人民法院发生法律效力的裁判所确认的基本事实；(7)已为有效公证文书所证明的事实。

最高法《行诉证据规定》第 68 条第 1 款列举了五类法庭可以直接认定的事实，即众所周知的事实、自然规律及定理、按照法律规定推定的事实、已经依法证明的事实以及根据日常生活经验法则推定的事实。

最高检《规则》第 401 条则列举了六项法庭审理中不必提出证据进行证明的事实：(1)为一般人共同知晓的常识性事实；(2)人民法院生效裁判所确认并且未依审判监督程序重新审理的事实；(3)法律、法规的内容以及适用等属于审判人员履行职务所应当知晓的事实；(4)在法庭审理中不存在异议的程序事实；(5)法律规定的推定事实；(6)自然规律或者定律。

但在理解上述规定中，特别需要注意：最高法《民诉证据规定》中提及的"当事人无须举证证明"、最高检《规则》中提及的"在法庭审理中，下列事实不必提出证据进行证明"以及最高法《行诉证据规定》中提到的"法庭可以直接认定"都不能简单等同于司法认知。因此，在三个司法解释所列举的事实中，既有事实推定和法律推定事实，也有在法庭审理中不存在异议的程序事实，甚至还有已经依法证明的事实。事实上，推定事实、无争议事实以及证据证明的事实在基本原理上均与需要司法认知的事实有本质差异。结合上述司法解释的规定，我国司法认知的范围主要包括：

1. 众所周知的事实。众所周知的事实就是为一般人所普遍知悉的事实。该事实在具有通常知识经验的一般人的常识范围之内，其真实性不存在争议。在理解

“众所周知”时,应注意三个方面:在时间上,该事实应当于审判当时达到了众所周知的程度;在地域范围上,该事实应当在审判地为一般人所知;在主体上,应当是一般民众所周知并且法官认为达到了众所周知的程度。

2. 职务上已知的事实。职务上已知的事实指法官因行使司法职务而已经掌握的事实。主要包括法官在履行审判职能时已知的司法事项、政治事实或其他应当了解的基础知识。其中,司法事项包括法官在审理案件中亲自处理的事实如查封的财产事实、当事人未到庭的事实、诉讼中止的事实、法庭的记录、文书、术语等。政治事实则主要指国家领土主权的范围、行政区域的划分、战争状态的存在、国家立法、司法、行政机关重要领导人的任命、职责、任期等。

3. 自然科学定律。自然科学定律反映的是客观事物在一定条件下的本质联系和运动变化的必然趋势,如万有引力定律、能量守恒定律、物质不灭定律等。它们是以大量的研究为基础的、经过实践检验的并被自然科学界普遍接受的原则和原理。所以,一般情况下,其客观性和真实性能够得到保障,法院可以直接予以司法认知。

4. 易被查明的事实。这类事实虽然不为公众所知或者其公知、公认性是隐性的,但是很容易通过查阅普通的材料而得到确认。这类事实也具有较强的客观性,法官可以借助一定的资料和手段迅速查明,从而为法官或使当事人知晓。如果一项事实需要长期调查后才能变得无可争议,则不适用司法认知。属于司法认知对象的易被查明的事实包括暂时不为公众所知悉的历史事实、地理事实、经济发展的事实、商业事实、社会事实、国家机关公报的事实等。

5. 其他对于法院而言显著的事实。除上述四个方面的事实外,其他对于对法院而言显著的事实,法院也可以采取司法认知的证明方法。但需要特别注意预决事实和公证事实问题。预决事实主要表现为已为人民法院发生法律效力的裁判或者仲裁机构的生效裁决所确认的事实。公证事实主要指为有效公证文书所证明的事实。预决事实和公证事实虽然也常被列为免证事实,但其和司法认知的基本原理不尽一致。预决事实之所以免证是因为该事实已经经过举证质证环节或者严格的审查、认证程序,公证事实免证主要考虑到公证的权威性和说服力,而司法认知则主要考虑的是事实本身的公知性和显著性。

四、司法认知的程序

司法认知意味着一方当事人举证负担的减少和另一方当事人举证负担的增加,如果适用不当,反而导致双方力量的失衡,损害司法的中立性和公正性。因此,为了防止司法认知运用上的任意性,有必要遵循严格的程序规则。

(一)司法认知的启动

司法认知程序的启动既可以依当事人申请,又可以由法院依职权主动进行。当事人如果认为某一事实符合了公知或显著性的要求,可以向法院提出司法认知的申请,是否进行认知,由法院审查后决定。法官在审判过程中如果发现某些事实符合司法认知的条件的,也可以依职权直接决定启动司法认知程序。我国司法认知程序的启动总体上秉承当事人申请为主,法官依职权启动为辅的原则。法官依职权启动的司法认知事项主要限于那些必须认知的事项,即众所周知的事实、自然科学定律或职务上已知的事实。其他事项的司法认知一般以当事人提出申请为条件。

(二)法官的调查

为了有效地进行司法认知,保证认知结果的准确性,保障当事人的诉讼权利,法官在决定对某一事项采取司法认知后,在对该事项正式作出司法认知的决定之前,应当进行必要的调查研究。法官调查的方式主要有查阅有关资料,向具有专门知识的人进行咨询,听取当事人陈述及询问证人等。法官可以庭内调查,也可以进行庭外调查。法官在调查时可以不受当事人申请的限制。应当指出,调查是法官进行司法认知的必要准备,但该调查必须是快捷的,如果调查过于耗时耗力,对该事项就不应当采取司法认知。

(三)不利方当事人的反驳

在司法认知的决定作出之前,应赋予当事人提出质疑或反驳的权利。具体说来,在决定启动司法告知程序后,应当及时告知当事人,包括拟进行司法认知的事项以及决定启动司法认知的理由,以让当事人有充分的时间查阅相关材料,提出意见或抗辩。此外,法院还应当向不利方当事人展示法院已经掌握的作为司法认知根据的一些必要信息,如国家机关的有关公报、公安司法机关的相关文书、文史资料及相关新闻报道等。法院应允许当事人以书面或口头的方式提出异议,但当事人应当提供相应的证据。

(四)作出决定

法官在进行调查及听取不利方当事人提出的反驳后,认为某事实符合法律规定的司法认知条件的,应当直接认定该事实的存在。在相关笔录中应当载明司法认知的对象以及采取司法认知的根据。如果法院经过审查认为相关事实不符合司法认知的条件的,应当终止司法认知程序,对相关事实采取运用证据证明或其他的认定方式。在二审程序中,二审法院有权对不当的司法认知进行纠正,也可以依职权对符合条件的事实进行司法认知。

目前,我国仅仅在司法解释上有体现司法认知内容的几条粗疏规定,这既反映出理论研究的不足,也反映出立法者尚未给司法认知制度足够的重视。因此,有必要在加强研究、总结经验的基础上,通过法律或司法解释进一步明确司法认知的范围、程序和效力。

第四节 印 证

一、印证的概念与特征

(一)印证的概念

印证是指在诉讼中利用不同证据内含信息的同一性来证明待证事实的方法。[16] 从我国相关法律规定来看,"印证"可以分为两个层次理解其内涵:其一是审查判断单个证据真实性的方法,也是对多个证据、全案证据进行审查判断的方法,即印证是一种证明方法。这是本节阐述的重点。其二是在全案证据"相互印证"的情况下可以作为综合认定案件事实的定罪标准。在此层含义上,印证是一种证明模式。

证明模式通常是指实现诉讼证明的基本方式,即人们在诉讼中以何种方式达到证明标准,实现诉讼证明目的。[17] 由于刑事诉讼的证明标准更严格,因此,刑事诉讼中更强调证据的相互印证。多数学者认为,印证证明标志了我国刑事证明制度的显著特征,是具有中国特色的证明模式。[18] 但是,印证作为一种证明方法,不仅在刑事诉讼中适用,在民事、行政诉讼中审查判断证据时同样适用,在民事、行政审判实践中同样重视证据的印证问题。

印证证明具体有两个方面的要求:一是形式标准或称数量标准,即用以定案的证据至少有两个以上;二是实质标准,即证据所含的信息在内容上必须相互印证。就实质标准而言,主要包含两种情形:一是证据内容信息同一;二是具有相同的证明指向性。比如,证人甲说"我看见被告人杀人了",勘验笔录记载在案发现场发现了被告人的指纹和头发。这两个证据反映的事实内容是不同的,但依据事理或经验法则可以认为,两个证据对"被告人杀人了"这一待证事实具有相同的证明指

---

〔16〕 参见龙宗智:《刑事印证证明新探》,载《法学研究》2017 年第 2 期。

〔17〕 参见龙宗智:《印证与自由心证——我国刑事诉讼证明模式》,载《法学研究》2004 年第 2 期。

〔18〕 印证能否构成"证明模式"仍是学界尚存争议的问题,主要有三种基本观点:一是肯定说,认为印证证明标识了中国刑事证明模式的特点,也是中国刑事诉讼证明的基本方法。二是部分肯定说,认为印证证明模式只能部分地体现中国刑事证明模式的特征。三是否定说,认为印证不能标识中国刑事证明模式的特征。但学界主流观点及我国刑事证明实践均持肯定说。

向性。[19] 该要求亦在司法解释中得到了明确的体现，即“证据之间具有内在联系”，“共同指向同一待证事实”，才得成为定案的根据。[20]

（二）印证的特征

印证的主要特征是：

1. 获得印证性的直接支持证据是证明的关键。在印证证明中，证明的关键在于获得相互支持的其他证据。这种证据之间的相互支持，也可以称为相互佐证。证据的印证就要求必须要有一定的证据数量支撑。例如，在我国的刑事司法实践中，仅依据孤证不能定案。

2. 注重证明的“外部性”而不注重“内省性”。外部性指证据之间的相互支持，对该种支持的判断具有客观性的特征。内省性即求诸内心，看事实判定者是否“真诚确信”，或在自己认识中排除合理怀疑。内省性侧重于证明活动的主观性。

3. 证据之间相互印证成为达到证明标准的基本要求。我国司法解释明确地将“证据相互印证”作为定罪标准。例如：最高法《刑诉法解释》第 140 条依据间接证据定案规则要求，依据间接证据定案，证据之间应当“相互印证，不存在无法排除的矛盾和无法解释的疑问”。第 141 条“先供后证规则”规定，“根据被告人的供述、指认提取到了隐蔽性很强的物证、书证，且被告人的供述与其他证明犯罪事实发生的证据相互印证，并排除串供、逼供、诱供等可能性的，可以认定被告人有罪”。该规则实际也是印证证明在具体情形下的特殊表现形式。

4. 证据印证作为刑事案件综合分析证据的基本证明方法，对证据的运用起到了指引作用。证据印证要求证据内容信息的同一或者证明指向的同一。据此，在证明活动中，控方注重获取和运用直接反映要件事实的“内容性”信息，认为这样的核心证据才是能够形成印证的“真凭实据”；而较为忽视与要件事实具有疏远联系的补助证据（如证明犯罪嫌疑人或被害人心理活动、行为习惯、事后状态的证据），认为这类补助证据具有较强的主观性和推断性，不足以成为判定印证的独立证据。

二、印证认知模式与印证证明规则

如果将印证更宽泛地视为相对于孤证的概念，注重分析证据之间内在联系的评价方法，那这样的印证证明广泛地存在于各国的刑事实务中。具体表现在：

1. 在域外部分国家的司法实务中，“印证证明”不是一种强制性的规定，但却

---

〔19〕 参见周洪波：《中国刑事印证理论批判》，载《法学研究》2015 年第 6 期。关于学界对印证证明实质标准的不同界定与表述，同见该文。

〔20〕 两院三部《办理死刑案件证据规定》第 32 条第 2 款。

是控方为避免无罪判决所尽力追求的案件证据构造,缺少任何证据补强的“孤证”案件在司法实务中仅占少数。英国的法律虽承认,“案件只有一个证人证言,但如果陪审团对此相信,那么几乎所有的案件中就能足以(定罪)。然而,……如果没有补强的间接证据,证人的信用很少能被确认,而缺乏补强证据常常会导致法院作出判决无罪的建议”[21]。在20世纪90年代,受英国皇家委员会的委托,两个不同的研究对口供补强规则进行了实证考察。第一个研究发现,治安法院办理的2210件样本案件中,仅有30件案件只是依据口供定案。第二项研究估算出,524件案件中,14件仅依据口供的案件很可能会由于缺乏任何支持性的证据而被作出无罪判决。[22] 这些研究表明,在英格兰和威尔士等不要求口供补强的国家及地区,很少有检察官会对那些缺少补强证据的案件真正地提起追诉。

2. 对于存有多个直接或间接证明案件事实证据的案件,事实裁判者同样会对证据之间是否相互印证进行审查判断。美国有州法院在判例中明确指出,“口供中陈述的整体事实和细节必须与‘通过其他途径了解或确认的事实’相互一致。例如,如果一个人主动供述说他亲密地抚摸了某个小孩,但其他证据表明他从未与该小孩有过近距离接触,他的口供可能是虚假的,因为供述中的事实与通过其他途径了解或确认的事实不相一致”[23]。

3. 警察为获得全案证据在证明内容的一致而“制造印证”的现象在西方国家也时有发生。西方国家虽未确立印证证明模式,但刑事诉讼程序中也不同程度地存在侦诉机关为消除证据之间的矛盾而违法取证、隐匿证据和伪造证据的行为。研究表明,1989~2014年美国经DNA检测平反的错案中,66件案件存在虚假供述,其中94%(62/66)案件中,无辜被告人口供都充满了仅有作案人才知道的丰富细节。警察声称犯罪嫌疑人自愿供述了犯罪的关键细节,包括那些与犯罪现场证据、法医学证据或者被害人描述相吻合的事实。无辜被告人本来无法知悉犯罪现场等细节的信息,这些口供几乎毫无例外地受到了警察审讯的“污染”。[24] 毫无疑问,除了显性的印证证明规则之外,还有一只“看不见的手”指引着刑事司法诉讼主体查明与认定事实的活动,使其致力于达到证据印证的要求。

---

〔21〕 See Chalmers J., *Corroboration, Consequences and Criticism*, in Chalmers J., Leverick F. and Shaw A., eds., Post-Corroboration Safeguards Review Report of the Academic Expert Group, The Scottish Government, Edinburgh, 2014, p. 5.

〔22〕 See Chalmers J., *Corroboration, Consequences and Criticism*, in Chalmers J., Leverick F. and Shaw A., eds., Post-Corroboration Safeguards Review Report of the Academic Expert Group, The Scottish Government, Edinburgh, 2014, p. 6.

〔23〕 State v. Mauchley, 67 P.3d 477, 489 (2003)

〔24〕 See Brandon L. Garrett, *Contaminated Confessions Revisited*, 101 Va. L. Rev. 395, 410(2015).

此外，有学者在对域外国家的证明制度进行详尽考察后，指出不论英美法系还是大陆法系，其主导的证明制度和证明理论，就刑事证据间的印证，即证明信息一致性的要求，并无根本区别。[25] 各国刑事司法实务中普遍存在的印证认知模式可直接归因于刑事诉讼中适用的高度盖然性的证明标准。刑事案件中的证明标准为诉讼制度中的最高标准，在实行自由心证的西方国家多采取“排除合理怀疑”或其制度对应物“内心确信”，在我国体现为“证据确实、充分”与“排除合理怀疑”。尽管这些证明标准的含义存在一定差异，但却有两个共同点：(1)作为人类实践层面能够实现的最高的证明标准，刑事证明标准要求对事实认定具有高度的确定性，仅次于或者是接近于绝对的确定性。通常情形下，缺乏补强或印证的孤证很难使裁判主体获得这样的确信。(2)证据相互矛盾和抵触、相关证据指向不同的待证事实，不符合人类认知的一般经验法则，因为刑事诉讼中追求的客观真相只有一个。实行自由心证的西方国家并不排斥少数情形下的孤证定案，但如果一个案件已经获取了多个证据，证据印证是一种普遍适用的具体证明方法。可见，不论法律层面上是否明确确立了印证规则，只要有刑事诉讼高度盖然性证明标准的存在，就必然会排斥证据之间的矛盾，追求证据在证明内容与证明方向的一致。

综上，印证证明既可以指综合分析证据内容信息之间联系的观念要求，又可以指规范层面的具体印证规则。前者是一种整体主义的认知模式，具有合理性与普适性；后者是规范意义上的法律规则，反映了一国证明制度的特点。我国印证证明模式与大多数西方国家存在差异，表现为：证据相互印证在规范层面获得了明确规定，并作为判断证明标准达成的主要指标；印证证明在证明实践中运用也具有普遍性。

我国证明制度之所以形成了印证证明的特色，除了印证证明方法在证明技术上的价值之外，也与我国诉讼实践中通常实行非直接、非言词的审理方式，审理与裁判相脱离的审决结构，重复的事实审理，以及主导的哲学真实（真理）观等因素相关。由于法庭审判难以贯彻直接言词原则，交叉询问和察言观色等事实判定方法较少付诸实施，裁判者对证据可靠性的审查判断缺乏充分的程序保障。在此情形下，从证据评价方法上要求证据之间相互印证，能够防止法官的主观臆断，保障事实的准确认定。也正是基于对实体真实的追求，司法实务部门长期倚赖印证证明来审查评价全案证据。

三、印证证明的适用弊端与理论发展

印证证明在司法适用中存在一定的弊端，这在刑事诉讼中体现得最为明显：

---

〔25〕 参见龙宗智：《比较法视野中的印证证明》，载《比较法研究》2020年第6期。

1. 印证是一种很高的定罪要求，刑事司法的现实环境和客观条件常不能达到印证的要求，从而导致部分案件定罪困难。例如，对犯罪隐蔽性强、核心证据欠充分的案件，如性侵犯罪、贿赂犯罪等，适用印证证明模式通常要求“一对一”言词证据相互印证，在被告人拒绝作出有罪供述的情形下，案件证明活动容易陷入僵局。

2. 印证证明模式难以防止无辜者被错误定罪，甚至在一定程度上还起到了推波助澜的作用。印证证明模式过于关注案件本身的证据构造而忽略了单个证据的确实性，侦查机关通过“制造”出能够与客观证据互相印证但真实性存疑的主观证据（如被告人口供、证人证言），形成虚假印证。印证证明模式未能有效发挥防范事实误判的作用，与我国的印证规则过于粗疏而缺乏刚性相关。粗疏的印证规则往往使裁判者满足于经验层面的基本印证，而基本印证规则的适用进一步强化了侦查机关反复获取言词证据甚至人为施加影响的动因，为审判阶段事实认定的错误埋下了隐患。但是，需要注意的是，印证证明模式不是生成刑事错案的根本原因和唯一因素。刑事错案的产生源于程序法、证据法和司法体制等多方面，不能将应由其他配套制度承担的责任简单地归咎于印证。

3. 印证证明理论在一定程度上形成对公安司法人员的误导，片面追求印证，导致机械印证而形成不合理怀疑，不敢运用其他证明方式定案。由于印证证明模式理论本身存在的缺陷，司法实践中，不少公安司法人员未能正确理解印证证明规则，出现片面追求印证、机械理解印证的问题，进而对案件产生了并不合理的怀疑，不敢大胆地运用逻辑分析、情理判断、经验法则等其他证明方式认定案件事实。这种机械印证主要表现为两种形式：（1）强调案件每一个情节一定要有证据印证，但实际上案件中并非每个情节都影响定罪量刑。例如，被告人供述其 24 时左右驾车从甲镇到乙镇将毒品卖给了买家，法官认为其供述的行车路线没有现场监控等证据证实，不能定案，但实际上行车路线对本案定罪量刑并无实质性影响。（2）强调案件某个关键情节一定要有证据印证，一旦缺失印证，即不敢定案，但实际上运用其他证明方式可以认定案件事实。例如，被害人被分尸，但部分尸体残骸没有找到，办案人员认为死因不明，尽管被告人翻供的辩解理由明显自相矛盾、不能成立，但法官最终认为被害人死因缺乏物证印证，本案不能排除合理怀疑，判决被告人无罪。实际上该案如果运用逻辑分析、情理判断、经验法则以及充分评估其他证据的证明力等完全可以认定被告人的辩解不能成立，被害人系其杀害。

随着对印证模式的批判性研究的兴起，为弥补其不足，降低事实误判的风险，我国学界大致有两种改革主张：第一种主张是改革完善印证证明模式。例如，强调对证据来源的独立性、可靠性、全面性，证据数量的充分性和证据质量关键性的审查；摒弃粗疏化的基本印证规则，确立精细化的印证规则；确立印证、心证、追证与验证相结合的证明方式，要求加强心证功能，保障参与印证的证据质量，要求主观证据形成的印证事实应由客观证据或客观事实所验证，局部印证事实应当与案件整体事实相协调等。还有学者从程序机制角度提出改进印证证明模式的运用，如建构有正当程序支撑的印证模式；区分案件类型确立不同强度的程序保障与印证规则等。第二种改革主张是提出新的理论替代印证证明或与印证证明形成互补。例如，学者提出建构整体主义证明模式、情理推断证明模式、综合型证明模式等。

尽管印证证明在司法适用中存在过于简单和僵化的问题，但不可否认，印证证明模式具有简单易把握、节省司法资源的优点，能够在大多数案件中完成证明任务。但是，对于核心证据欠充分的疑难案件，办案机关有着广泛搜集各类证据以发现真相的强烈需求，往往会摒弃严苛的印证证明，转而采用综合型证明模式。综合型证明模式，是指以自然生活经验事实为证明对象，综合运用核心证据与补助证据，容许依据或然性法则进行最佳解释推理的司法证明模式。相较于印证证明模式，综合型证明模式是在证明对象、证据类型、证明方法与证明标准方面更为宽泛和包容的证明模式，也更能实现客观真实。〔26〕 印证证明模式在法律规范与证明实践中居于垄断地位，但司法实务中办案人员常在事实疑难案件中对综合型证明模式有隐性、零散的适用。在我国办案机关已习惯于印证证明的办案方式而司法资源有限的情形下，应对案情重大、复杂的疑难案件可以运用综合型证明模式，而对案情简单、核心证据丰富的案件，可以适用精细化的印证证明模式，从而形成印证为主、多元求真的证明格局。

---

〔26〕 本书认为，它具有如下特点：其一，就证明对象而言，印证证明模式沿袭传统证明理论的要件事实说，主张诉讼中的待证事实系法律规范对应的经验事实。综合型证明模式则要求，事实认定应建构以犯罪行为为核心的完整叙事，不应局限于狭隘的要件事实的证成。其二，就证据类型而言，印证证明模式依赖的主要证据类型为要件事实生成的核心证据，补助证据通常只能作为审查判断证据真实性的因素。综合型证明模式则承认补助证据与核心证据具有平等的证明价值。事实认定既可以通过核心证据之间的相互印证而达成，也可以通过综合运用核心证据与补助证据，依据或然性法则进行推论获得确认。其三，就证明方法而言，印证证明模式要求通过证据的外部印证积极建构唯一的客观事实，而综合型证明模式不排斥积极建构式的印证证明方法，也允许采用最佳解释推理的证伪方法，即从几个潜在假说中挑选出唯一的、能够对全案证据作出最佳解释的事实假说。其四，就证明标准而言，印证证明模式要求全案证据需要呈现"证据印证"和"结论唯一性"的客观证明度，而综合型证明模式容许独立适用排除合理怀疑的证明标准，接受高度盖然性而非绝对确定性的事实认定结论。参见向燕：《论刑事综合型证明模式及其对印证模式的超越》，载《法学研究》2021 年第 1 期；向燕：《综合型证明模式：性侵未成年人案件的证明逻辑》，载《中国刑事法杂志》2021 年第 5 期。

第五节 经验法则

一、经验法则的概念、特征与分类

(一)经验法则的概念

"经验法则"的概念最初由德国学者弗里德里希·斯坦(Friedrich Stein)提出,意为"一个来源于一般性确定性经验基础上所形成的一般性法则"[27]。此概念随后逐渐被意大利、西班牙、日本、中国台湾地区等所接受。一般认为,经验法则是指人们从生活经验中归纳获得的关于事物因果关系或属性状态的知识或者法则。这里的"法则",是指一种通过归纳形成的规律或者定理,表示某种或某类事物的运动或存在规则,即当一定条件满足时,人们可以期待发生或不发生某种结果的规律。经验法则既包括一般人日常生活所归纳的常识,也包括某些专门性的知识,如科学、技术、艺术、商贸等方面的知识等。[28]

关于经验法则的性质,学界有较大争议。有的学者主张经验法则属于证明对象,认为"一般经验法则是人们从日常社会生活或者法律生活中所体验、感知的一类事实,由于这类事实构成要素之间的因果关系经过长期的反复验证,代表着一种类型事物发展的通常趋势或规律,它是以事实的盖然性作为其内容,由此而形成的规则,其本身自无证明的必要。因此,一般经验法则可不作为利用其他证据加以证明的对象。但是,就特别经验法则而论,因其规则的形成是基于特别知识或经验所取得的事实,对这种事实本身在诉讼上仍可作为证明的对象"[29]。有的学者则认为,"经验法则是不以法律的存在而存在的。同时,在诉讼中,经验法则也是独立于案件证据的,不需要案件证据的证明"[30]。本书赞同后一种观点,认为经验法则不应作为证明对象,同时认为,经验法则可以作为特定情形下审查判断证据和认定案件事实的一种证明方法。

(二)经验法则的特征

1.经验法则具有较强的规律性。通过经验归纳之所以能够形成经验法则并用于司法证明,就是因为这种归纳体现了事物之间联系的高度盖然性,符合事物运动的规律和人类认知的规律。也正是经验法则的这种规律性,使得经验法则能够作

[27] 参见[意]米歇尔·塔鲁否、孙维萍:《关于经验法则的思考》,载《证据科学》2009年第2期。
[28] 参见[日]新堂幸司:《新民事诉讼法》,林剑锋译,法律出版社2008年版,第375页。
[29] 毕玉谦:《试论民事诉讼中的经验法则》,载《中国法学》2000年第6期。
[30] 刘昊阳:《诉讼证明科学》,中国人民公安大学出版社2007年版,第229页。

为认定事实的前提,根据经验法则推断和认定未知的事实就具有了正当性。[31]

2. 经验法则具有一定的主观性。经验是人用感官直接获得的对客观事物的认识,属于认识的感性阶段。经验法则是人们对事实状态的一种认识,而非事实本身。这种认识存在于人们的意识之中,是人们对事物状态、性质的归纳。尽管经验法则是经过概括和总结的理性认识,但终归是以盖然性大小的判断为依据。经验法则盖然性始终是一种主观盖然性,体现的是主体对其的信任,因此避免不了会受到认识主体主观因素的影响。

3. 经验法则具有一定的普遍性。经验法则所涉领域范围十分广泛,包括日常生活、学术、艺术、技术、工商业、语言等各类活动的一切惯例和习惯。可以说,在社会生活的任何方面,只要是具有较高理性的经验知识,都可能在司法证明情境下被法官挖掘出而成为经验法则。

(三)经验法则的分类

1. 以是否需要一定的专门性为标准,可以分为普通经验法则与特殊经验法则。普通经验法则指人们对实践经验的一般性归纳总结;特殊经验法则指人们对实践经验的真理性归纳总结。两者的主要区别是有无经过严格的逻辑证明和严格的观察与实验的验证。[32] 普通经验法则与特殊经验法则亦被称为一般经验法则和特别经验法则,前者相当于平常人们所说的常识、常情、常理,是人们从日常社会生活或者法律生活中所体验、感知的经验认识,其形成需要通过长期的经验积累,其内容为一般人所熟悉;后者即专门性的经验法则,是某一专门领域的"内行"们所共知的法则,但通常不为该领域的"外行"们所知悉或理解。"就经验法则与待证事实之间的关系上是否具有直接适用功能的价值而论,在证据证明上,经验法则常指一般经验法则。"[33]

2. 以盖然性程度的高低为标准,可以分为生活规律、经验基本原则和简单的经验规则。生活规律是在数学上可以证明的,或者符合逻辑的,或者不可能有例外的经验,其表达形式为"如果……总是"。这些规律符合人类的认知,没有这些认知规律,法官不可能形成心证,如自然规律,思维规律,指纹、血型、DNA 与人的联系等。经验基本原则不排除例外的情形,但它必须具备高度的盖然性,其表达形式为"如果……则大多数情况下是"。该规则必须有共同的基础和可验证性,甚至如果有必要,可以经得起科学的检验。按照其特征,如果依据生活经验它具备高度的证明力,一般没有必要在具体情况下用科学数据验证。例如,医生在手术时把镊子、

---

〔31〕 参见张卫平:《民事证据法》,法律出版社 2017 年版,第 124 – 125 页。

〔32〕 刘昊阳:《诉讼证明科学》,中国人民公安大学出版社 2007 年版,第 228 – 233 页。

〔33〕 毕玉谦:《试论民事诉讼中的经验法则》,载《中国法学》2000 年第 6 期。

丝线或者药棉遗留在伤口内,可认定为医生的责任。简单的经验规则的表达形式为“如果……则有时是”,它以较低的盖然性为标志,不能独立地帮助法官形成完全的心证,只是在法官没有形成完全的心证时起一种辅助作用,法官还要从其他各种证据、证明手段的综合联系中求得心证。在这种场合中,对方当事人完全可能提出简单的经验法则的反证的质疑,一旦质疑成立,原来的心证就可能被动摇,简单的经验规则便不被采纳。例如,高速公路紧急停车道上停了一辆汽车,有时是汽车出现故障,有时则是司机由于身体方面的原因而停车。[34]

二、经验法则的运用

(一)经验法则运用的意义

1. 经验法则的运用有助于克服证明难题,发挥认定案件事实的作用。根据证据裁判原则,事实认定应当以证据为依据,但并不是所有的案件仅通过证据信息就能直接得出事实结论,尤其是在主要证据之间相互矛盾或仅有间接证据定案的案件中,经验法则的运用就非常重要。一方面,经验法则可以矫正对证据评价过程中主观性要素的排斥态度,扭转过度客观化、印证化的证据裁判模式,克服客观性证据短缺、全案证据印证性不足的证明难题。另一方面,经验法则可以检验已有的事实主张,将不符合经验、情理、常识的事实情节予以揭露,保证事实认定的准确性。

2. 经验法则的运用有助于限制主观臆断,对自由心证进行合理引导。自由心证的证明模式在充分尊重司法主体的理性与经验的同时,也给予了裁判者很大的自由裁量权,不受约束的自由心证曾导致很多违背常理的裁判。不同主体对事实与证据的差异化认识是不可能完全消除的,司法证明能做的只能是在赋予法官自由裁量权的同时,将其异于共识的个性控制在司法所能忍受的程度。具有规律性的经验法则作为自由心证制度中的一种约束机制,可以将个人经验控制在有效范围之内,防止其偏向绝对自由心证。相对自由心证中的“自由”仅指证据证明力不为法律规则所事先规定,其心证依然要受到推理规则和经验规则的约束。[35]

(二)经验法则运用的方式

1. 经验法则可以作为司法认知的手段。司法认知是一种事实认定方式,由法官根据法律规定对某一事实直接予以认定,一般无须当事人举证证明,由此提高审判的效率,而经验法则可以作为司法认知的一种方法或者手段。根据最高法《民诉证据规定》第10条第2款规定,当事人无须对根据已知的事实和日常生活经验

〔34〕 参见[德]汉斯·普维庭:《现代证明责任问题》,吴越译,法律出版社2000年版,第155页。

〔35〕 [美]米尔吉安·R.达马斯卡:《比较法视野中的证据制度》,吴宏耀、魏晓娜等译,中国人民公安大学出版社2006年版,第213-214页。

法则推定出的另一事实进行举证,但当事人有相反证据足以反驳的除外。根据最高法《行诉证据规定》第68条第2款的规定,法庭可以直接认定根据日常经验法则推定的事实,但当事人有相反证据足以推翻的除外。这种类型的司法认知事实是推定与经验法则综合运用的结果,但正如前述,经验法则具有盖然性,根据经验法则推定得出的司法认知事实也不一定完全准确,所以在有相反证据足以反驳或推翻时,该司法认知事实不成立。

2. 经验法则可以作为审查判断证据的方法。证据蕴含直接或间接反映案件事实的信息,因此对证据"三性"或"两力"的判断,均可以用到经验法则。根据最高法《刑诉法解释》第88条第2款规定,证人的猜测性、评论性、推断性的证言,不得作为证据使用,但根据一般生活经验判断符合事实的除外。根据最高法《民诉证据规定》第85条第2款规定,审判人员应当依照法定程序,全面、客观地审核证据,依据法律的规定,遵循法官职业道德,运用逻辑推理和日常生活经验,对证据有无证明力和证明力大小独立进行判断,并公开判断的理由和结果。根据最高法《行诉证据规定》第54条规定,法庭应当运用逻辑推理和生活经验,进行全面、客观和公正地分析判断,确定证据材料与案件事实之间的证明关系,排除不具有关联性的证据材料。对于证据的审查判断,经验法则主要发挥的是验证作用,通过符合一般认识规律的经验,判断证据信息是否真实,是否与待证事实相关。

3. 经验法则可以作为认定案件事实的方法。在运用在案证据认定案件事实时,逻辑与经验的运用是必不可少的,不同的案件会因为证据的数量多少和效力大小存在逻辑推理与经验法则运用程度的差别。对于具有直接证据的案件,经验法则主要发挥的是验证作用,用于检验其中的事实疑点。对于没有直接证据,只有间接证据的案件,经验法则除了用于检验"故事"版本的合理性外,主要用于事实推理本身,保证事实认定过程的正当性和可接受性。最高法《刑诉法解释》第140条就明确指出,在没有直接证据,运用间接证据认定被告人有罪时,运用证据进行的推理应符合逻辑和经验。

需要指出的是,我国司法实践中存在公安司法人员机械理解印证规则,片面追求印证,在案件的证据体系不完整时,不敢大胆运用经验法则审查判断证据并认定案件事实的问题,这就需要加强公安司法人员的证据素养,提升其在运用经验法则方面的方法和技能。

(三)经验法则运用的保障

1. 经验法则运用的印证支持。经验法则与印证这两种证明方法并不是对立的,而是相辅相成的。印证作为我国刑事案件事实认定的主要方法,过于依赖印证和虚假印证的弊端已经引起各方反思,为了弥补印证证明方法的缺陷,学界和实务界开始强调经验法则对印证证明的检验作用。反过来,运用经验法则进行证明同样需要印证支持,两种证明需要相互验证。由于认定被告人有罪的证明标准明显高于民事诉讼和行政诉讼事实认定的证明标准,所以刑事诉讼有罪事实的认定不能同其他诉讼那样可以主要通过经验法则作出判断,当经验法则发挥关键作用时,应当寻求印证支持。经验法则应用是否正确,常常需要通过是否与其他证据协调一致予以检验。如果间接证据之间相互印证,或直接证据印证了间接证据,同时这些证据本身可靠,经验法则判断的合理有据就能被确认。[36]

2. 经验法则运用的程序支持。经验法则的适用只有经得起检验,裁判依据的事实才具有正当性。经验法则适用的可视化是检验经验法则运用是否得当的基础,这就需要足够的程序支持。具体而言,第一,在运用经验法则推导案件事实时,应当通过实质化的庭审充分保障诉讼双方的论证与反驳,从而全面地展示经验法则运用的理据和风险;第二,裁判公文应当公开运用经验法则认定案件事实的过程,对经验法则的运用进行细致阐释。

3. 经验法则运用的救济机制。违反或错误运用经验法则时,可以通过上诉予以救济,这在大陆法系的学界和实务界均已得到认可和实施。在大陆法系国家(地区),如日本、德国和中国台湾地区,违反经验法则的直接法律后果是可以将其作为上诉的理由。上诉审法院查明有违反或错误运用经验法则的,可以废弃原判决。[37] 我国司法实践中法官、当事人及其代理人在诉讼中都会自觉或不自觉地运用经验法则,但在法律文书中很少使用经验法则的概念。在上诉案件中,极少见到直接将原审法院违反或错误适用经验法则作为上诉理由的,审判实务中也没有直接以违反或错误适用经验法则撤销原判发挥重审的案例,这说明我国理论界对经验法则的研究和实务界对经验法则的运用都应当加强。

典型案例评析

案例 24-1 洪某贩卖毒品案:对毒品"明知"和对"贩卖故意"的推定[38]

被告人洪某在乘坐长途客车途经某高速收费站时,由于其下线李某的举报,被侦查人员缴获其随身携带的两个共计装有800克冰毒的鞋盒。随后,侦查人员又从洪某的住处缴获冰毒300克。归案后,洪某如实交代了其曾经三次贩卖毒品500克给自己的下线李某,供述的细节与其下线李某的证言一致。但是,洪某对当

[36] 龙宗智:《刑事证明中经验法则运用的若干问题》,载《中国刑事法杂志》2021年第5期。

[37] 张卫平:《民事证据法》,法律出版社2017年版,第132页。

[38] 载《中国检察官·经典案例》2012年第9期。

场缴获的这批毒品表示完全不知情,拒不承认鞋盒里的冰毒是其所有。但侦查人员在鞋盒内的冰毒小包装袋上提取到指纹一枚,经鉴定,与洪某右手食指指印同一。最终一审法院认定,被告人洪某贩卖、运输毒品1600克,判处死刑,缓期两年执行。

|评析|

就刑事推定而言,毒品犯罪案件是运用较为集中的领域之一。在本案中,法院至少用到了两种类型的推定,即对"明知"的推定和对"贩卖故意"的推定。第一,对"明知"的推定。根据最高人民法院、最高人民检察院、公安部《办理毒品犯罪案件适用法律若干问题的意见》的规定,在八种情形下,"嫌疑人、被告人不能做出合理解释的,可以认定其'应当知道',但有证据证明确属被蒙骗的除外"。其中第一种情形就是"箱包带毒"的情形,即"执法人员在口岸、机场、车站、港口和其他检查站检查时,要求行为人申报为他人携带的物品和其他疑似毒品物,并告知其法律责任,而行为人未如实申报,在其所携带的物品内查获毒品的"。本案被告人洪某就属于该种情形。侦查人员能够证实鞋盒为洪某持有和控制,而且从鞋盒内冰毒小包装袋上提取到了洪某的指纹,洪某虽然否认鞋盒里的毒品和自己有关,但却不能作出合理的解释,更提不出证明其确属被蒙骗的证据,可以推定其对鞋盒内的毒品是"应当知道"。第二,对"贩卖故意"的推定。2008年最高人民法院印发的《全国部分法院审理毒品犯罪案件工作座谈会纪要》中提出:"对于以贩养吸的被告人,其被查获的毒品数量应认定为其犯罪的数量,但量刑时应考虑被告人吸食毒品的情节,酌情处理。"据此,本案中法院又考虑到"洪某自己有多次贩卖大宗毒品的经历",以及"从鞋盒内以及从其住所查获的毒品数量巨大,按常理不可能为自己吸食或持有",而洪某又提不出任何证明不是为了贩卖或者毒品为他人所有的材料或证据,故而作出了"贩卖故意"的推定,将从鞋盒及其住所查获的全部毒品计入了犯罪总数。当然,必须指出,推定毕竟只是末位适用的特殊事实认定方法,对于其适用的范围必须加以严格限制。尤其是在刑事诉讼中,考虑到其与不得强迫证实己罪等原则的紧张关系,在设置和运用推定时更须谨慎。

案例24-2 北京东方旭煜商贸有限公司诉海淀区劳动和社会保障局不履行法定职责案:合理邮寄的邮件推定为收件人已收到〔39〕

原告北京东方旭煜商贸有限公司诉称,原告于2007年1月31日收到被告2006年12月28日作出的海劳仲字〔2006〕第1583号裁决书,裁决书是依据2006

〔39〕 参见最高人民法院中国应用法学研究所编:《人民法院案例选》(第4辑),人民法院出版社2009年版,第404页。

年9月25日被告作出的工伤认定而作出的。但事实上原告至今未收到上述工伤认定。原告收到被告作出的裁决书后,多次与被告交涉,请求被告依法送达工伤认定书,但被告置之不理。故依法起诉至人民法院,请求依法判令被告履行行政作为义务,依法送达工伤认定结论通知书。被告海淀区劳动和社会保障局辩称,2006年9月25日,该局作出京海劳社工伤认(1080T0077743)号工伤认定结论通知书,并于当日按照原告提供的地址,以特快专递方式送达给原告的委托代理人王春利律师,收件人完全能够接收到该局送达的法律文书。故请求法院驳回原告诉求。一审法院经审理认为,本案的争议焦点是,被告海淀区劳动和社会保障局送达的函件中是否放置了相关的文书。经对原告提交的证据3原件,与被告提交的证据5原件比对,双方提交的详单为同一份单据的不同联,但均有邮局打印的重量30克的字样。因此,是否为空邮件袋可以通过称重对比进行判断。经当庭征得双方当事人同意,法院组织双方当事人到邮局,现场对邮件原件(已张贴详情清单)进行称重。邮件中无任何物品时的重量为28克,放置一页工伤认定结论通知书后的重量为32克。邮局工作人员解释说,邮局对寄送的邮件称重时,尚未张贴详情单。因此,本案中详情清单的30克重量,表明邮件不是空的。北京东方旭煜商贸有限公司主张未收到工伤认定结论通知书,缺乏充分的证据,法院不予支持。故判决驳回原告诉讼请求。后原告依法上诉,在二审期间,原告自行撤诉,二审法院作出了准予撤诉的裁定。

|评析|

由于现代社会对邮递的信赖和对邮递过程中证据较难获得的考虑,不少国家在立法中都将"合理邮寄的邮件推定为收件人已收到"作为推定的一种情形。当法律无明文规定时,考虑到现实的证明困难,也可以对这一情形适用事实推定。在本案中,被告一方无法对邮递过程全程参与,也无法有效控制邮递的风险,在获取证明原告确已收到相应文书的证据上,存在极大困难。因此,法院适用事实推定,通过"装有工伤认定结论通知书的特快专递已经被合理寄出"这一基础事实的证明,免除被告一方对原告已收到相应法律文书的证明,进而对该争议事实作出认定,整体上看是合理的。但本案中也有两个问题值得注意:一是基础事实的确认问题。基础事实得到确认是进行推定的前提,就本案而言,对于事实推定的基础事实,即被告已将装有工伤认定结论通知书的特快专递寄出,法院通过称重比较,论证"邮件不是空的",进而再推出"应该有工伤认定结论通知书",是缺少说服力的。现有的证据只能证明被告"已邮寄出特快专递,且特快专递不是空的",是否装有工伤认定结论通知书未能得到有效证明。针对基础事实,可以再补充邮寄工伤认定结论通知书的工作人员证言等证据材料。二是原告的反证责任问题。本案中的推定属于事实推定,原告有对推定进行反驳的权利,但并不承担主观或客观的证明

责任，因此，本案的一审法院在判决书中写“现东方旭煜公司主张未收到工伤认定结论通知书，缺乏充分的证据，本院不予支持”，并据此判决原告败诉，不够妥当。

主要文献著述

1. 何家弘：《司法证明方法与推定规则》，法律出版社 2018 年版。
2. 毛淑玲：《推定原理研究》，中国政法大学出版社 2019 年版。
3. 张海燕：《实体与程序双重视角下的民事推定》，法律出版社 2020 年版。
4. 封利强：《司法证明过程论——以系统科学为视角》，法律出版社 2012 年版。
5. 阎朝秀：《司法认知研究》，中国检察出版社 2008 年版。